Exploraciones

with iLrn™ Heinle Learning Center

Volume I

Mary Ann Blitt / Margarita Casas

CENGAGE
Learning™

Australia • Brazil • Japan • Korea • Mexico • Singapore • Spain • United Kingdom • United States

CENGAGE
Learning™

Exploraciones: with iLrn™ Heinle Learning
Center, Volume I

Exploraciones, 1st Edition
Mary Ann Blitt / Margarita Casas

© 2012 Cengage Learning. All rights reserved.

Executive Editors:
Maureen Staudt
Michael Stranz

Senior Project Development Manager:
Linda deStefano

Marketing Specialist:
Courtney Sheldon

Senior Production/Manufacturing Manager:
Donna M. Brown

PreMedia Manager:
Joel Brennecke

Sr. Rights Acquisition Account Manager:
Todd Osborne

Cover Image:
Getty Images*

*Unless otherwise noted, all cover images used by Custom
Solutions, a part of Cengage Learning, have been supplied
courtesy of Getty Images with the exception of the Earthview
cover image, which has been supplied by the National
Aeronautics and Space Administration (NASA).

For product information and technology assistance, contact us at
Cengage Learning Customer & Sales Support, 1-800-354-9706

For permission to use material from this text or product,
submit all requests online at **cengage.com/permissions**
Further permissions questions can be emailed to
permissionrequest@cengage.com

This book contains select works from existing Cengage Learning resources and
was produced by Cengage Learning Custom Solutions for collegiate use. As such,
those adopting and/or contributing to this work are responsible for editorial
content accuracy, continuity and completeness.

Compilation © 2011 Cengage Learning

ISBN-13: 978-1-133-19225-1

ISBN-10: 1-133-19225-4

Cengage Learning
5191 Natorp Boulevard
Mason, Ohio 45040
USA
Cengage Learning is a leading provider of customized learning solutions with
office locations around the globe, including Singapore, the United Kingdom,
Australia, Mexico, Brazil, and Japan. Locate your local office at:
international.cengage.com/region.

Cengage Learning products are represented in Canada by Nelson Education, Ltd.
For your lifelong learning solutions, visit **www.cengage.com/custom.**
Visit our corporate website at **www.cengage.com.**

Printed in the United States of America

Custom Contents

Most people who study another language would like to be able to speak it. **Exploraciones** will help you do just that. You'll learn to talk about yourself, your community and the world around you. You'll start out asking and answering questions, then you'll narrate events and make comparisons, and eventually you'll be able to express your opinions. At the same time, you'll read real world samples of the language such as flyers, magazine articles and menus and you'll write letters and e-mails in Spanish.

In order to become a good language learner, it's important to learn to analyze the language and figure out the rules for yourself. In the grammar sections of **Exploraciones,** you'll be guided through a process of observing the language in use and deducing the rules. Eventually, you'll sharpen this skill, and be able to use it beyond this textbook, as you become a successful language learner.

You can't learn a language without studying the cultures of the people who speak it. In every chapter you'll learn about the practices of Spanish-speakers from around the world and the countries they live in. This will enable you to make cultural comparisons, finding both similarities and differences between their cultures and your own. We hope that you'll find the study of the Spanish language exciting and fun, and that it opens many doors in your future explorations.

Organization of Exploraciones

Exploraciones has fourteen chapters, each consisting of two independent parts that are identical in organization. Each chapter starts with the chapter outline and provides a learning strategy. The remainder of each of the chapters is set up in the following manner:

Exploraciones léxicas

You will be introduced to vocabulary through illustrations and lists. Then, in the **Práctica** section, you will work through a series of activities that will require you to speak minimally at first and then progress to more open-ended communicative activities.

En vivo

You will improve your reading skills while continuing to practice vocabulary through authentic readings from a variety of sources such as magazines and websites.

Exploraciones gramaticales

You will be guided through the discovery of the rules for Spanish grammar through a dialogue or paragraph in the **A analizar** section. This section is followed by **A comprobar,** in which you can compare your conclusions with the explanation of the rules. Then in the **A practicar** section, you will practice the grammar concept in a variety of activities.

Conexiones culturales

This section has short cultural information pieces and tasks that encourage you to go beyond the reading and research various aspects of the Spanish-speaking world.

Lectura

This section allows you to learn more about the culture of Spanish-speaking countries while improving your reading skills. Each section starts with a strategy to help you improve your reading in Spanish.

Redacción

At the end of each chapter, you will develop your writing skills through a process-writing, in which you are guided to brainstorm, write a draft and revise.

Exploraciones profesionales

These short career-focused vignettes allow you to observe the Spanish language within a professional context. The **Vocabulario** section provides useful vocabulary and expressions that you would use in a field in which you currently work or in which you may intend to work, while the **Datos importantes** feature gives important information about the career such as education, salary and work environment.

Exploraciones de repaso

At the end of each chapter, there are two pages of review activities. The **Exploraciones de repaso: estructuras** provides a structured review of the grammar concepts from the chapter while the **Exploraciones de repaso: comunicación** lets you practice the vocabulary and grammar through communicative partner activities.

Exploraciones literarias

After every second chapter, there is a literary selection that will introduce you to different writers from throughout the Spanish-speaking world and a sample of their work. You will also learn the basics of literary analysis through the **Investiguemos la literatura** box accompanying each selection.

Study Suggestions

1. Study every day. For most students, it is more effective to study for 15-20 minutes 3 times a day, than to spend one full hour on the subject.

2. Listen to the audio recordings. When studying the vocabulary, take time to listen to the pronunciation of the words. It will help your pronunciation, as well as help you learn to spell them properly.

3. Get help when you need it. Learning a foreign language is like learning math; you will continue to use what you have already learned and to build upon that knowledge. So, if you find you don't understand something, be sure to see your instructor or a tutor right away.

4. Participate actively in class. In order to learn the language, you have to speak it and to learn from your mistakes.

5. Make intelligent guesses. When you are reading, listening to your instructor, or watching a video make intelligent guesses as to the meaning of words you do not know. Use the context, cognates (words that look or sound like English words), intonation, and if possible visual clues such as body language, gestures, facial expressions and images, to help you figure out the meaning of the word.

6. Study with a friend or form a study group. Not only might you benefit when your friend understands a concept that you have difficulty with, but you will have more opportunities to practice speaking as well as listening.

7. Find what works for you. Use a variety of techniques to memorize vocabulary and verbs until you find the ones that are best for you. Try writing the words, listening to recordings of the words, and using flash cards.

8. Review material from previous lessons. Because learning a language is cumulative, it is important to refresh your knowledge of vocabulary, verbs and structures learned in earlier lessons.

9. Avoid making grammar comparisons. While it is helpful to understand some basic grammar concepts of the English language, such as pronouns and direct objects, it is important not to constantly make comparisons and to learn the new structures.

10. Speak Spanish. Try to use Spanish for all your classroom interactions, not just when called on by the instructor or answering a classmate's question in a group activity. Don't worry that your sentence may not be structurally correct; the important thing is to begin to feel comfortable expressing yourself in the language.

Acknowledgments

We would like to express our most sincere gratitude and appreciation to everybody who has played a role in the making of **Exploraciones,** and to those who have supported us. In particular, we are grateful to the instructors and students who used **Exploraciones** in its previous edition, and helped us to improve it. The following faculty has made **Exploraciones** a better book thanks to all their comments and valuable insights:

Metropolitan Community College-Maple Woods: Emily Armstrong, Ruth Heath, Fenton Gardner, Carol Kuznacic, Chad Montuori, Jennifer Rogers, Don Swanson, Jefferson Bingham, Sherri Clayton, James Clutter, Linda Cobb, Jeffrey Finnie, Eugenio González, Jan Good-Bollinger, Nancy Hake, Gary Metzger, Elizabeth Norwat, Sue Willams, ErinWoste-Littlejohn, Chris Yannitelli

Linn-Benton Community College: Brian Keady, Wendy Pilkerton, Claudia Bolais, David Lane, Monica Olvera, Michelle Barnes, and the tutors Diva Rodriguez and Miranda Prince

Butler County Community College: Calisa Marlar, Marsha Mawhirter, Kerry Locke

Kansas State University: Mary Copple, Katherine Brinkman, Angelique Courbou, Adam Miller, Sarah Murdoch

University of Arkansas at Little Rock: David McAlpine and Joy Saunders

There were numerous people who played a role in the production and promotion of the custom version of **Exploraciones,** which allowed us to class test it with over 8,000 students. We would like to thank Bob Tessman, Nathan Anderson, Kalina Ingham Hintz, Kim Fry, Cydney Capell, Cecilia Lause, Kirk Scott, Keith Tudor, Markosa Studios, Lauren Aspenlieder, Tony Sosa, Jacqueline Chávez, Diana Pérez, Bogart Sauza, Ingrid Fernández, and José Vásquez.

We wish to express a giant thank you to the wonderful people who have worked so hard at Cengage to make this project become a reality. We would like to give a very special thank you to Harold Swearingen, our developmental editor; we are most grateful for his thoughtful revisions and the insight that he brought to **Exploraciones.** His patience, humor and enthusiasm were invaluable to us. We would also like to thank Heather Bradley, our acquisitions editor who believed in **Exploraciones** and brought it to fruition. A huge thank you goes to Esther Marshall—we do not know how the project would have been completed without her. Our thanks also go to Ben Rivera, Linda Jurras, and Sara Dyer; Hermann Mejia for the great illustrations, Alice Bowman and Harry Druding from Nesbitt Graphics for their dedicated work and professional contribution, and the other freelancers who worked on this project: Poyee Oster, Luz Galante, Margaret Hines, Grisel Lozano-Garcini.

A very, very special thank you goes to Russ Boersma whom we can credit with the seed of the project. Thank you for supporting us all the way through!

Reviewers and Contributors

Special thanks go to the following professors who have written the outstanding supplements to accompany the book: Mary Copple, Angelique Corbou, Yasmin Diaz, all of Kansas State University, wrote the extensive Testing program; Jennifer Rogers, of Metropolitan Community College—Blue River, prepared the grammar and vocabulary worksheets; Lisa Barboun, of Coastal Carolina University, wrote the Web quizzes; Maria Fidalgo-Eick, of Grand Valley State University, created the cultural Web activities to enhance the culture sections.

We are thankful to the following members of the **Exploraciones** Reviewer Panel who provided thoughtful commentary on the manuscript through detailed reviews during its development:

Luz-Maria Acosta-Knutson, Morton College
Ana Afzali, Citrus College
Tim Altanero, Austin Community College
Lisa Barboun, Coastal Carolina University
Cristian Batalla Candas, University of North Carolina—Charlotte
Cathy Briggs, North Lake College
Steve Budge, Mesa Community College
Mary Copple, Kansas State University
Kristy Cross, Orange Coast College
Alicia del Campo, California State University at Long Beach
Kent Dickson, California State University at Pomona
Ronna Feit, Nassau Community College
Maria Fidalgo-Eick, Grand Valley State University
Leah Fonder-Solano, University of Southern Mississippi
Jose M. Garcia-Paine, Georgia Perimeter College
Ana Giron, Hill College
Ruth Heath, Metropolitan Community College—Penn Valley

Joshua Hoekstra, Bluegrass Community and Technical College
Todd Lakin, City Colleges of Chicago—Richard J. Daly College
Monica Malamud, San Mateo County Community College District
Eric Mayer, Central Washington University
Bryan McBride, Eastern Arizona College
Stephanie Panichelli-Batalla, Wingate University
Graciela Perez-Boruskzo, Pepperdine University
Robert H. Rineer, Lehigh Carbon Community College
Jennifer Rogers, Metropolitan Community College-Blue River
Laura Ruiz-Scott, Scottsdale Community College
Joy Saunders, University of Arkansas, Little Rock
Carter E. Smith, University of Wisconsin—Eau Claire
Hilde Votaw, University of Oklahoma
Renee Wooten, Vernon College

We are also grateful for the valuable feedback and suggestions offered by the following professors through their participation in live and virtual focus groups, one-on-one interviews, and chapter reviews:

Thomas Acker, Mesa State College
Maria Akrabova, Wichita State University
Sylvia Albanese, Nassau Community College
Luz Maria Alvarez, Johnson County Community College
Aleta Anderson, Grand Rapids Community College
Margarita Andrade-Robledo, Southwestern College
Debra D. Andrist, Sam Houston State University
Emily Armstrong, Metropolitan Community College-Longview
Robert Baum, Arkansas State University
Kevin Beard, Richland College
Anne Becher, University of Colorado—Boulder
Flavia Belpoliti, University of Houston
Maria Alejandra Bonifacino, Wichita State University

Greg Briscoe, Utah Valley University
Sara Burns, Gainesville State College
Julia Bussade, University of Mississippi-Oxford
Mónica Cabrera, Loyola Marymount University
Gabriela Cambiasso, City Colleges of Chicago—Harold Washington College
Kelly Campbell, Saint Michaels College
Doug Canfield, University of Tennessee
Beth Cardon, Georgia Perimeter College
Carmen Carracelas-Juncal, University of Southern Mississippi
Lissette Castro, Mount San Jacinto College
Alicia Cipria, University of Alabama
Dennis Cokely, Northeastern University
Sandra Contreras, Kansas State University
Fatima Cornwall, Boise State College
Jose Cortes-Caballero, Georgia Perimeter College
Dulce de Castro, Collin College

Lorena Delgadillo, University of North Carolina—Charlotte

Luis Delgado, City Colleges of Chicago - Olive Harvey College

David Detwiler, Mira Costa Community College

Yasmin Diaz, Kansas State University

Wendy Dodge, University of Central Arkansas

Margaret Eomurian, Houston Community College

Luz Marina Escobar, Tarrant County College, Southeast

Addison Everett, Dixie State College

Dina Fabery, University of Central Florida

Irene Fernandez, North Shore Community College

Alejandro Garza, Tarrant County College, Northwest

Edmund Gert, Rose State College

Scott Gibby, Austin Community College

Patsy Gilbert, Trinity Valley Community College

Juana Goergen, DePaul University

J. T. Golden, Austin Community College

Sandra Contreras Gomez, Kansas State University

Yolanda Gonzalez, Valencia Community College

Vanessa Gutierrez, Palomar College

John Haan, Grand Valley State University

Eduardo Hernandez, Elgin Community College

Jennifer Horvath, Johnston Community College

Antonio Iacopino, William Rainey Harper College

Francisco Javier Iñiguez Becerra, Cabrillo College

Becky Jaimes, Austin Community College

Valerie Job, South Plains College

Lauri Hutt Kahn, Suffolk Community College

Anne Kelly-Glascoe, South Puget Sound Community College

Deborah Kessler, Bradley University

Julie Kleinhans-Urrutia, Austin Community College

Carol Kuznacic, Metropolitan Community College-Longview

Marta LaCorte, City Colleges of Chicago—Harold Washington

Wayne Langehennig, South Plains College—Reese Center

Stephanie Langston, Georgia Perimeter College

Nicole Lasswell, University of Dallas

Luis Latoja, Columbus State Community College

Mercedes Limon, Chaffey College

Jeff Longwell, New Mexico State University

Iraida Lopez, Ramapo College of New Jersey

Guadalupe López-Cox, Austin Community College

Nuria Lopez-Ortega, University of Cincinnati

Gillian Lord, University of Florida

Matthew Lubeck, University of Miami

Lunden MacDonald, Metropolitan State College of Denver

Juan Manuel Soto, El Centro College

Calisa E. Marlar, Butler Community College

Trina Marmarelli, Reed College

Marsha Mawhirter, Butler Community College

Francisco Mazno-Robledo, Washington State University

David McAlpine, University of Arkansas, Little Rock

Alba-Leonor Melo-Carvajal, Richland College

Ivan Miño, Tarrant County College, Southeast

Teresa Moinette, University of Central Oklahoma

Bill Monds, Trinity Valley Community College

Mónica Montalvo, University of Central Florida

Delia Montesinos, Austin Community College

Chad Montouri, Metropolitan Community College-Maple Woods

Rosa-Maria Moreno, Cincinnati State Technical and Community College

Eric Narvaez, Normandale Community College

Ruth Navarro, Grossmont Community College

Mai Nazif, Santa Rosa Junior College

Jose Ramon Nunez, Long Beach City College

Tina Oestreich, Case Western Reserve University

Carmel O'Kane, Northeastern Illinois University

Elizabeth Olvera, University of Texas at San Antonio

Lois O'Malley, Kansas State University

Mirta Pagnucci, Northern Illinois University

James Palmer, Tarrant County College, Northeast

Florencia Pecile, Kirkwood Community College

Carlos Pedroza, Palomar College

Tammy Perez, San Antonio College

Maria Perez, University of Houston

Todd Phillips, Austin Community College

Mercedes Rahilly, Lansing Community College

Dr. Kay Raymond, Sam Houston State University

John Riley, Greenville Technical College

Maria Rocha, Houston Community College

Theresa Ruiz-Velasco, College of Lake County

Lowell "Bud" Sandefur, Eastern Oklahoma State College

John Sanders, Metropolitan Community College—Penn Valley

Bethany Sanio, University of Nebraska-Lincoln

Jose Sanquintin, Piedmont Technical College

Rosalba Scott, University of North Carolina—Charlotte

Inigo Serna, Washington State University

Gilberto Serrano, Columbus State Community
   College
Virginia Shen, Chicago State University
Paul Siegrist, Fort Hays State University
Marvin Skinner, Strayer University
Stuart Smith, Austin Community College
Irena Stefanova, Contra Costa College
Mingyu Sun, University of
   Wisconsin- Milwaukee
Cristina Szterensus, Rock Valley College
Gigi Terminel, Whittier College
Tamara Townsend, Wheaton College
Elvira Ventimiglia, Rock Valley College

Natalia Verjat, Tarrant County College,
   Northeast
Mary Frances Wadley, Jackson State
   Community College
Alina Waguespack, Austin Community College
Sue Williams, Metropolitan Community
   College-Maple Woods
Gloria Yampey-Jorg, Houston Community
   College – Central
Olivia Yanez, College of Lake County
Chris Yanitelli, Metropolitan Community
   College-Maple Woods
Melissa Young, Georgia State University

In addition to the instructors listed above, hundreds of additional instructors took the time to respond to surveys which gathered information about preferred supplementary items, product packaging formats and other critical issues. We appreciate their time and advice.

We are especially grateful for the feedback and suggestions we have received from thousands of students during the years when the book was being developed and used in the classroom as a custom edition. The comments and suggestions of students who have used this material have informed every aspect of this program. In addition to students who learned from the custom editions, students from the following schools offered extremely useful suggestions about preferences on content, design and the use of technology during focus groups and surveys:

Austin Community College, Bradley University, Butler University, Central Michigan University, Central Piedmont Community College, Cincinnati State and Technical College Clemson University, College of Charleston, DePaul University, George Washington University, Kansas State University, Minnesota State University, North Lake College, Oklahoma University, Rock Valley College, Saint Louis University, Temple University, Trinity College, University of Maryland—College Park, University of Wisconsin—Milwaukee, University of Dallas, University of Texas—Arlington, Washington State University

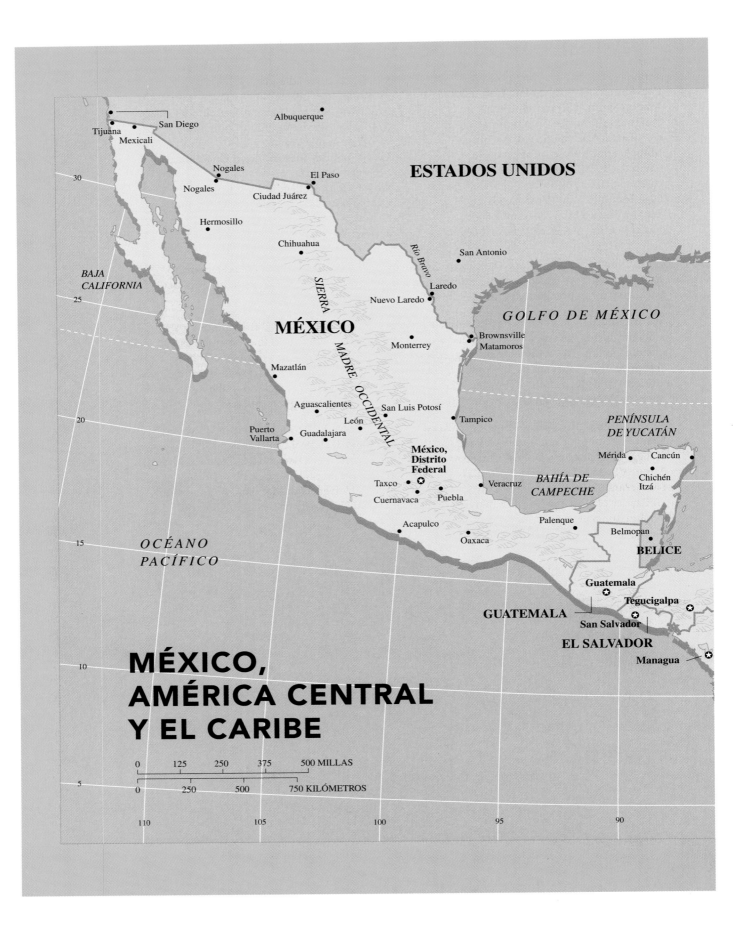

México, América Central y el Caribe

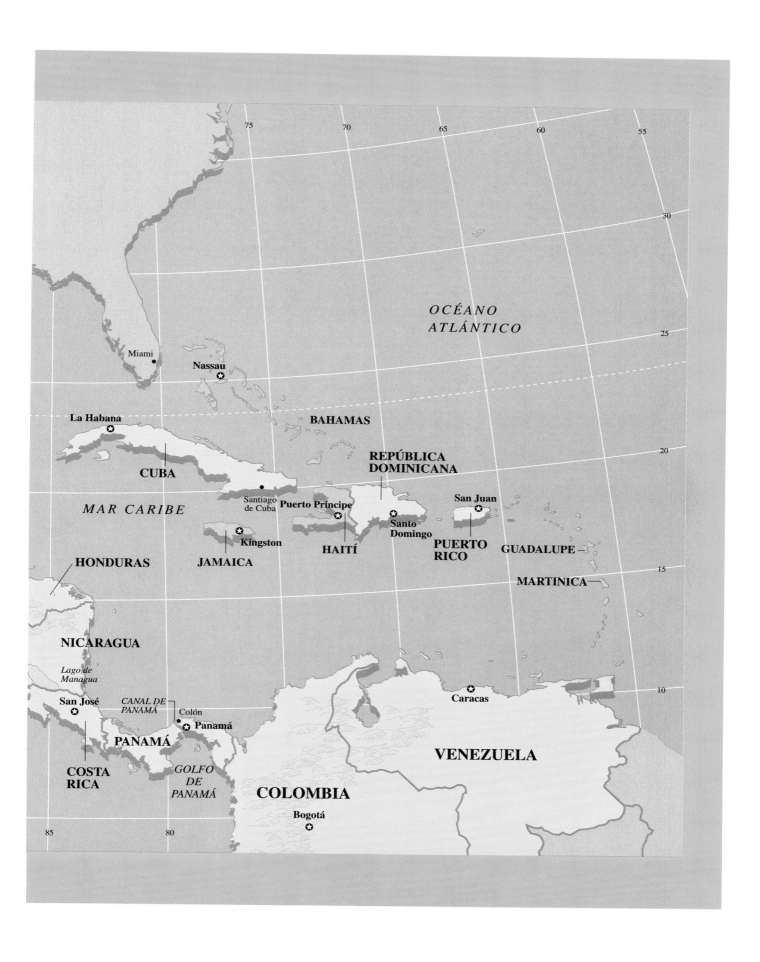

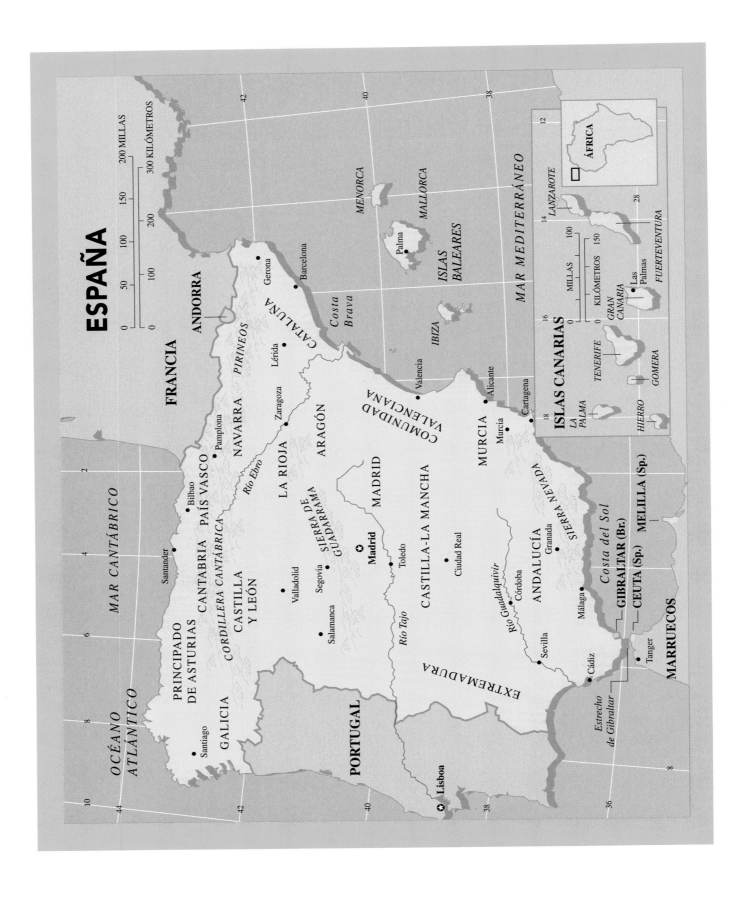

ESPAÑA

AMÉRICA DEL SUR

Learning Strategy

Study frequently

When learning a foreign language it is important to study every day. Aside from any written homework you may have, plan to spend some time each day learning the current vocabulary and verbs. For most students, it is more effective to study for 15–20 minutes three times a day, than to spend one full hour on the subject. It might also be a lot easier for you to find time to study if you break it into smaller periods.

In this chapter you will learn how to:

- Greet and say good-bye to people in formal and informal situations
- Describe your classroom, your friends, and other people
- Use numbers up to 100 and exchange telephone numbers
- Spell names

© Blend Images/Jupiter Images

Este es el salón de clases de Mariana. ¿Qué hay en la clase?

- el reloj
- el salón de clases
- la ventana
- la puerta
- el mapa
- ¿De dónde eres tú?
- el cartel
- la bandera
- la pizarra
- el libro
- Yo soy de San Juan.
- la silla
- la profesora
- el lápiz
- la mesa
- ¡Hola! ¿Cómo estás?
- Muy bien. ¿Y tú?
- la computadora
- el papel
- el escritorio
- la mochila
- el cuaderno
- el televisor
- el bolígrafo
- el estudiante
- la estudiante
- el pupitre

Saludos formales	Respuestas	Despedidas		Me llamo...	My name is . . .
Buenos días.	Buenos días.	Adiós.	Good-bye.	Le presento a...	I'd like to introduce you to . . . (formal)
Buenas tardes.	Buenas tardes.	Chao.	Good-bye. (informal)		
Buenas noches.	Buenas noches.	Hasta luego.	See you later.	Te presento a...	I'd like to introduce you to . . . (informal)
¿Cómo está (usted)?	Bien, gracias./ Mal./Regular, gracias. ¿Y usted?	Hasta pronto.	See you soon.		
		Hasta mañana.	See you tomorrow.	Encantado(a).	Nice to meet you.
Saludos informales	**Respuestas**	¡Nos vemos!	See you later!	Mucho gusto.	Nice to meet you.
¡Hola!	¡Hola!	¡Qué tengas un buen día!	Have a nice day! (informal)	¿Cómo se escribe...?	How do you spell . . . ?
¿Cómo estás (tú)?	Bien, gracias./ Mal/Regular, gracias. ¿Y tú?	**Presentaciones**			
¿Qué tal?		¿Cómo te llamas?	What is your name? (informal)		
¿Qué hay de nuevo?	Nada.				
¿Qué pasa?	Nada.				

Práctica

1.1 **Escucha y responde** Listen to the following list of common classroom items. If the item is in your classroom, give a thumbs-up; if it is not, give a thumbs-down.

CD1-2

1.2 **En la mochila** Indicate which of the following items could go into a student's backpack.

1. la pizarra
2. el cuaderno
3. el papel
4. la silla
5. el bolígrafo
6. el escritorio
7. la puerta
8. los lápices

1.3 **Un poco de lógica** Match each question or statement on the left with a logical response on the right.

1. ¿Cómo te llamas?
2. ¿De dónde eres?
3. ¿Cómo estás?
4. ¿Qué hay de nuevo?
5. Te presento a Jairo.

a. Soy de California.
b. Me llamo Marcos.
c. Nada.
d. Mucho gusto.
e. Bien, gracias. ¿Y tú?

1.4 **Mucho gusto** First, read the dialogue aloud with a partner. Then, read it again, substituting all the parts in italics with your own information or preferred greetings/farewells.

Estudiante 1: *¡Hola!*
Estudiante 2: *¡Hola!*
Estudiante 1: Me llamo *Rafael.* ¿Y tú? ¿Cómo te llamas?
Estudiante 2: Me llamo *Carlos.*

Estudiante 1: Mucho gusto, *Carlos.* ¿De dónde eres?
Estudiante 2: Soy de *México.* ¿Y tú?
Estudiante 1: Yo soy de *Argentina.*
Estudiante 2: ¡Qué bien!
Estudiante 1: *Bueno... ¡adiós!*
Estudiante 2: *¡Chao!*

🔊 El alfabeto
CD1-3

Letra	Pronunciación de la letra	Letra	Pronunciación de la letra	Letra	Pronunciación de la letra	Letra	Pronunciación de la letra
A	a	H	hache	Ñ	eñe	U	u
B	be	I	i	O	o	V	ve
C	ce	J	jota	P	pe	W	doble ve
D	de	K	ka	Q	cu	X	equis
E	e	L	ele	R	ere	Y	i griega
F	efe	M	eme	S	ese	Z	zeta
G	ge	N	ene	T	te		

1.5 **¿Cómo se escribe...?** Read through the following dialogues. Then, using the same format, find out the names of three of your classmates and how to spell them.

1. —¿Cómo te llamas?
   —Me llamo Jorge.
   —¿Cómo se escribe Jorge?
   —J-O-R-G-E

2. —¿Cómo te llamas?
   —Me llamo Raquel.
   —¿Cómo se escribe Raquel?
   —R-A-Q-U-E-L

3. —¿Cómo te llamas?
   —Me llamo Xochitl.
   —¿Cómo se escribe Xochitl?
   —X-O-C-H-I-T-L

What school supplies would you expect to buy for a student entering fifth grade? Make a list. The following is a list of recommended school supplies for students in fifth grade in Mexico. Compare your list of school supplies to the one in the article. Which required supplies were not on your list?

Keith Dannemiller/Corbis

La SEP difunde lista de útiles escolares

Ciudad de México–
La Secretaría de Educación Pública (SEP) dio a conocer la lista oficial de útiles escolares para el próximo ciclo escolar.

Quinto grado

- Cuatro cuadernos, tres de cuadrícula chica y uno de hojas blancas, tamaño carta, de 100 hojas

- Un cuaderno de rayas, de 100 hojas

- Un lápiz del número dos, un bicolor y un bolígrafo

- Una caja de 12 lápices de colores de madera y una goma para borrar

- Un pegamento líquido o un lápiz adhesivo, ambos no tóxicos

- Un juego de geometría con regla graduada de 30 cm., un sacapuntas y unas tijeras de punta roma

- Un compás de precisión

- Un bloc de hojas blancas, tamaño carta, o un paquete de 100 hojas blancas

- Un diccionario escolar

- Una calculadora con las cuatro operaciones básicas (suma, resta, multiplicación y división)

Más allá

What supplies do you use for your classes?

A analizar

Read the following paragraph in which a teacher describes his classroom. Which vocabulary words are singular? Which ones are plural?

Hay muchas sillas. También hay un escritorio, pero no hay una computadora. No hay carteles, pero hay un mapa. Hay una pizarra. Cuando hay estudiantes también hay muchos libros, cuadernos, lápices y mochilas.

1. How are nouns made plural in Spanish?
2. What is the plural of **lápiz**?

INVESTIGUEMOS LA GRAMÁTICA

Throughout the book, you will be given examples of structures in Spanish and asked to come up with the rules based on those examples. The process of figuring out the rules on your own not only helps you to remember the rules but will also help you to develop important skills such as inference and pattern recognition, which will make you a better language learner.

© Avava/Shutterstock

A comprobar

Gender and number of nouns

1. A noun (**sustantivo**) is a person, place, or thing. In order to make a noun plural:

• add an **-s** to words ending in a vowel	libro → libro**s**; silla → silla**s**
• add an **-es** to words ending in a consonant	profesor → profesor**es**; papel → papel**es**
• change a final **-z** to **-c** and add an **-es**	lápiz → lápi**ces**

2. You will notice that some nouns lose an accent mark or gain an accent mark when they become plural. You will learn more about accent marks in **Capítulo 2.**

televisión → televisiones
examen → exámenes

3. In Spanish, nouns have a gender. In other words, they can be masculine or feminine.

The endings of nouns not referring to people often indicate a word's gender.

Masculine nouns:
- often end in **-o,** such as **el libro** and **el cuaderno**
- can refer to a man, such as **el profesor** and **el estudiante**

Feminine nouns:
- often end in **-a,** such as **la silla** and **la pizarra**
- can refer to a woman, such as **la profesora** and **la estudiante**

There are some exceptions such as:

Masculine	Feminine
el día	**la** mano
el mapa	**la** foto
el problema	**la** moto

4. Here are the numbers from 0 to 20.

Los números

0	cero	7	siete	14	catorce
1	uno	8	ocho	15	quince
2	dos	9	nueve	16	dieciséis
3	tres	10	diez	17	diecisiete
4	cuatro	11	once	18	dieciocho
5	cinco	12	doce	19	diecinueve
6	seis	13	trece	20	veinte

A practicar

1.6 **Género** Using the rules that you have learned, decide whether the following words are masculine (**M**) or feminine (**F**).

	M	F
1. saludo	_____	_____
2. actriz	_____	_____
3. cafetería	_____	_____
4. rosa	_____	_____
5. doctor	_____	_____
6. teatro	_____	_____
7. mano	_____	_____
8. supervisora	_____	_____
9. mapa	_____	_____
10. autor	_____	_____

1.7 **De singular a plural** Change the following vocabulary words from singular to plural.

Modelo cuaderno → *cuadernos*

1. mochila

2. lápiz

3. papel

4. pupitre

5. reloj

6. bandera

7. libro

8. cartel

© MARCELODLT/Shutterstock

1.8 **En la clase** Listen to Carolina describe how many of the following items are in her classroom. As you listen, write the number next to each item. Then decide whether each statement is **cierto** or **falso** according to your own classroom.

CD1-4

Modelo You will hear: *Hay once escritorios.*
You will write: _____11_____ escritorios

1. _____ estudiantes
2. _____ pizarras
3. _____ sillas
4. _____ ventanas
5. _____ mapas
6. _____ computadoras

1.9 **Los útiles** Look at the picture below and identify the school supplies, telling how many there are. Then work with a partner and take turns identifying the school supplies you each have. **¡OJO!** Pay attention to singular and plural forms of the vocabulary words.

© Mike Flippo/Shutterstock

1.10 **La clase de matemáticas** Work with a partner and take turns saying the following mathematical equations in Spanish and giving their solutions. You will need the following words: **más (+)**, **menos (–)** and **son (=)**.

Modelo 6 + 10 =
Seis más diez son dieciséis.

1. 4 + 5 =
2. 16 – 6 =
3. 20 – 2 =
4. 7 + 9 =
5. 3 + 12 =
6. 11 – 4 =
7. 13 + 1 =
8. 14 + 5 =

Conexiones culturales

Latinos e hispanos en el mundo

Conexiones... a la geografía

Look at the map and write the names of all Spanish-speaking countries that you can locate. Then indicate in what region each country is located: North America (**América del Norte**), Central America (**América Central**), South America (**América del Sur**), the Caribbean (**el Caribe**), Europe (**Europa**), or Africa (**África**). When you finish your list, match each of the countries with its capital city from the box below. ¡OJO! One of the countries has two capital cities.

Montevideo	Tegucigalpa	San Juan
Buenos Aires	Lima	San Salvador
La Habana	Asunción	Bogotá
La Paz	Managua	Santiago
Sucre	Madrid	Ciudad de Panamá
Quito	Ciudad de Guatemala	Caracas
Santo Domingo	Ciudad de México	Malabo
San José		

 iTunes
Listen to the song "Latino" by Adolescent's Orquesta. What Latin American countries are named?

Comparaciones

How different is the Spanish used in Spain from the Spanish spoken in Latin American countries? It is important to understand that it is the same language and both will be understood in every country where Spanish is spoken. However, there are regional differences in vocabulary as well as accents, just as there are between the English spoken in England and the English used in the United States. Come up with a list of five or six regional vocabulary variations in English and compare your list with a partner's. Do your words fit into specific categories? What factors do you think influence differences in vocabulary within the same language? Write five words that you would expect to vary in Spanish-speaking countries.

© Jose AS Reyes/Shutterstock

Cultura

Cultural practices and products of Spanish-speaking countries vary from country to country. Putting aside preconceived ideas will help you gain a better understanding of these cultures. Work in groups of three or four to determine if the statements below are true or false. Then, search the Internet to correct the false statements.

© sportgraphic/Shutterstock

1. All Latin Americans speak Spanish.

2. Flamenco is a popular dance throughout South America.

3. The majority of the population in Spanish-speaking countries is Catholic.

4. **Tortillas** are a typical dish in Spain.

5. Some indigenous people in Mexico and Guatemala still wear traditional clothing.

6. Chiles are a cooking staple in Paraguay, Uruguay, and Argentina.

7. Soccer is the most popular sport in South America.

8. In many Spanish-speaking countries, children can attend school in the morning or the afternoon.

9. Bullfighting is a popular sport in Cuba.

10. In most Spanish-speaking countries, the main meal is between 5:00 and 7:00 P.M.

> Investiga en Internet autores hispanoamericanos.

Comunidad

If there are any international students or ESL students in your school that are native Spanish speakers, introduce yourself to one of them and find out where he or she is from. You may want to become conversation partners.

© Petar Tasevski/Shutterstock

A analizar

Read the following paragraph and answer the questions below.

> En el salón de clase hay unas mesas para los estudiantes y un escritorio para la profesora. En el escritorio hay unos libros y una computadora.

1. Write the word that comes before each of the following nouns. Do these words change according to the nouns that follow? Explain.

   _____ salón de clase

   _____ mesas

   _____ estudiantes

   _____ escritorio

   _____ profesora

   _____ libros

   _____ computadora

2. What do you think **hay** means?

A comprobar

Definite and indefinite articles and **hay**

1. The definite article *the* is used with a specific noun or a noun that has previously been mentioned. In Spanish, the definite article indicates whether a noun is masculine or feminine as well as whether it is singular or plural. It can be expressed in four different ways.

los artículos definidos

	masculino	femenino
singular	**el**	**la**
plural	**los**	**las**

¿De dónde es **el** profesor?
*Where is **the** professor from?*

2. The indefinite articles *a/an* or *some* are used when referring to a noun that is not specific or that has not previously been mentioned. They also indicate gender (masculine/feminine) and number (singular/plural), and

can be expressed in four different ways in Spanish.

los artículos indefinidos

	masculino	femenino
singular	**un**	**una**
plural	**unos**	**unas**

¿Hay **una** ventana en el salón de clases?
*Is there **a** window in the classroom?*

3. **Hay** means *there is* or *there are*. It is used with the indefinite article to talk about singular nouns and to indicate *some* with plural nouns. The indefinite article is often omitted after **hay** in plural expressions.

Hay un escritorio.
There is a desk.

No hay lápices.
There are no pencils.

Hay (unas) ventanas.
There are (some) windows.

No hay una pizarra.
There isn't a board.

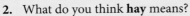

4. When using **hay** with numbers, do not use an article.

No hay tres libros.   Hay cinco libros.
There aren't three books. *There are five books.*

21	**veintiuno**	28	**veintiocho**	70	**setenta**
22	**veintidós**	29	**veintinueve**	80	**ochenta**
23	**veintitrés**	30	**treinta**	90	**noventa**
24	**veinticuatro**	31	**treinta y uno**	100	**cien**
25	**veinticinco**	40	**cuarenta**	101	**ciento uno**
26	**veintiséis**	50	**cincuenta**		
27	**veintisiete**	60	**sesenta**		

> **INVESTIGUEMOS LA ORTOGRAFÍA**
>
> Notice that numbers below 30 are only one word, whereas numbers above 30 take the word **y** *(and)*, for example, **treinta y uno.** Note that with the numbers 21, 31, etc., **uno** changes to **un** when followed by a masculine noun: **Hay treinta y un libros** and **una** when followed by a feminine noun: **Hay treinta y una sillas.**

A practicar

1.11 **¿Lógico o no?** Read the statements and decide if they are logical or not.

1. Hay un cuaderno en la mochila.
2. No hay una puerta en la clase.
3. Hay una estudiante en la clase.
4. Hay cinco libros en el escritorio.
5. Hay unos papeles en la mesa.
6. Hay una pizarra en la silla.

© barang/Shutterstock

1.12 **Los artículos** Look at the sentences and decide if you need the definite article or the indefinite article. Circle the correct answer.

David es (**1.** un / el) estudiante en (**2.** una / la) universidad de los Estados Unidos. En su salón de clases hay (**3.** unos / los) carteles y (**4.** una / la) ventana. (**5.** Una / La) ventana es muy grande. En (**6.** una / la) mochila de David hay (**7.** unos / los) libros para (**8.** una / la) clase de español de David.

© Monkey Business Images/Shutterstock

1.13 **¿Cuántos hay?** Look at the picture below and take turns answering the following questions.

1. ¿Cuántos mapas hay?
2. ¿Cuántas sillas hay?
3. ¿Cuántos libros hay?

4. ¿Cuántos lápices hay?
5. ¿Cuántas banderas hay?
6. ¿Qué más hay? (*What else is there?*)

1.14 **¿Qué hay?** With a partner, take turns asking and answering the questions about the items in your classroom. If you have them in your classroom, tell how many there are. Remember, if there is only one item, you must use **un** or **una**.

Modelo ¿Hay una mesa?
Estudiante 1: *¿Hay una mesa?*
Estudiante 2: *Sí, hay una mesa./No, hay dos mesas./*
No, no hay una mesa.

1. ¿Hay un reloj?
2. ¿Hay una pizarra?
3. ¿Hay una bandera?
4. ¿Hay un mapa?

5. ¿Hay una ventana?
6. ¿Hay un cartel?
7. ¿Hay una computadora?
8. ¿Hay una silla?

1.15 El número, por favor Look at the page from a tourist guide for Madrid, Spain. What number would you need to call for the following services?

1. atención médica
2. servicio de autobús
3. servicio de taxi
4. medicina
5. información sobre los restaurantes y museos

Números importantes

Madrid

Oficinas de turismo
Aeropuerto Internacional Barajas.....................................913 05 86 56
Plaza Mayor..915 88 16 36

Transporte
Estación de autobús (Continental Auto)..........................917 45 63 00
Tele-Taxi...913 71 21 31

Farmacias
Farmacia de la Paloma c/Toledo, 46.............................913 65 39 18
Farmacia del Globo c/Goya...915 75 33 16

Urgencias
Hospital Doce de Octubre Avenida Andalucía, s/n...........913 90 80 00
Hospital La Paz Paseo Castellana, 241..........................917 27 73 39

Puerta de Alcalá

1.16 En la librería It is the end of the year, and the employees are taking inventory at the bookstore. Tell how many items they have using the verb **hay.**

1. 50 cuadernos
2. 85 diccionarios
3. 100 bolígrafos
4. 78 lápices
5. 94 paquetes de papel
6. 31 libros de español
7. 62 mapas
8. 49 mochilas

© Monkey Business Images/Shutterstock

Lectura

Antes de leer

Look at the advertisement for a school. Using the cognates to help you, answer the questions.

LINGUAMAX

Establecido en 1980, **Linguamax** ofrece clases de inglés y francés para adolescentes y adultos.

- Profesores nativos con mucha experiencia
- Clases con un máximo de 5 estudiantes
- Precios razonables

Los cursos comienzan el 1° de junio

Para más información llame al 1-23-45-67 o visite **Linguamax** en la Avenida Bolívar, 203

¡Cursos de lenguas con garantía de calidad!

Obtenga un descuento del 10% al mencionar esta publicidad

a. When was the school established?

b. What classes are offered at the school?

c. Who can take classes?

d. What are three benefits of taking classes at this school?

e. When do classes begin?

f. How can you get more information?

g. How can you receive a discount?

Now look at the reading on the next page. The red, bold words are cognates. What do they mean?

© Keith Dannemiller/Alamy

A leer

countries/right

3 year pre-university course
shifts/attend

free
must buy/supplies

La escuela es para todos

En los **países** latinoamericanos y en España, **la educación** es un **derecho** de los niños. En unos países la escuela **primaria** y la **secundaria** son **obligatorias**. En otros países la **preparatoria** es obligatoria. Para satisfacer la **demanda**, muchas escuelas tienen dos **turnos**: unos niños **asisten** a la escuela por la mañana, y otros por la tarde.

[la educación es un derecho de los niños]

Por lo **general**, los libros de texto son **gratuitos**, pero las familias **deben comprar** otros **útiles** escolares. También en muchos **casos** las **familias** necesitan comprar **uniformes** para los niños porque es **común** usarlos.

Estudiantes en la Plaza de Armas, Lima, Perú

© Author's photo

Comprensión

Decide whether the following statements are true or false.

1. En Latinoamérica la escuela primaria es obligatoria.
2. Todos *(All)* los niños están en la escuela por la mañana.
3. Es necesario comprar *(to buy)* los libros para la escuela.
4. Muchos niños usan uniformes.

Después de leer

Even though school is free, there are many expenses associated with it, such as purchasing uniforms, lab coats, fees for special equipment, etc. What expenses are associated with K-12 in the United States? Can you think of other hidden expenses?

Estas personas van a un concierto. ¿Cómo son?

Las descripciones de la personalidad

bueno(a) / malo(a)
cruel / cariñoso(a)
generoso(a) / egoísta
idealista / realista
inteligente / tonto(a)
interesante / aburrido(a)
optimista / pesimista
liberal / conservador(a)
paciente / impaciente
serio(a) / cómico(a)
tímido(a) / sociable

Más adjetivos:

antipático	*unfriendly*
amable	*kind*
bonito(a)	*pretty*
corto(a)	*short (length)*
difícil	*difficult*
fácil	*easy*
feo(a)	*ugly*

largo(a)	*long*
nuevo(a)	*new*
perezoso	*lazy*
pobre	*poor*
rico(a)	*rich*
simpático(a)	*nice*
trabajador(a)	*hardworking*

Más cognados:

agresivo(a)
atlético(a)
famoso(a)
honesto(a)

Palabras adicionales

el hombre	*man*
el niño	*boy*
la niña	*girl*
la mujer	*woman*

Práctica

1.17 **Escucha y responde** Look at the picture and listen to the different adjectives. Write the letter **D** on one piece of paper and the letter **S** on another. If the adjective you hear describes Don Quijote, hold up the **D**. If it describes Sancho Panza, hold up the **S**.

CD1-5

1.18 **Identificaciones** Look around the classroom and identify someone that fits the following descriptions.

1. pelirrojo
2. alto
3. joven
4. atractivo
5. moreno
6. rubio
7. bajo
8. delgado

1.19 **Sinónimos** Identify a word from the vocabulary list that has a similar meaning.

1. afectuoso
2. introvertido
3. sincero
4. tolerante
5. complicado
6. atractivo
7. simple
8. positivo

1.20 **La personalidad y las profesiones** Make a list of the ideal personality traits for the following jobs.

Modelo profesor
paciente, interesante, inteligente

1. policía
2. estudiante
3. actor
4. espía *(spy)*
5. político
6. doctor

1.21 **¡Adivina!** Cristóbal attended an all-boys' school. Look at the photos of his classmates and take turns describing one person at a time without telling which one you are describing. Use as many adjectives as necessary until your partner can guess who you are describing. You might even imagine what their personalities are like.

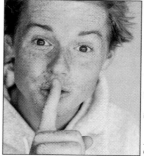

1.22 **Veinte preguntas** Follow the steps below to play "twenty questions."

Paso 1 In groups of three, write a list of the names of famous men who are familiar to everybody in the group.

Paso 2 One person in the group chooses a name from the list but doesn't say which name it is. The other two members of the group guess the name by asking yes/no questions.

Modelo ¿Es (Is he) *joven?*
¿Es rubio?
¿Es alto?

Many people change their hair color. Why do you think this is? The following appeared in the magazine *People en español*. Read the captions. Why did each of these actresses change their hair color?

¿Las prefieres rubias o pelinegras?

ANGÉLICA RIVERA

Ahora que es la novia del gobernador del Estado de México, Enrique Peña Nieto, la actriz ha optado por un color de cabello[1] más conservador, un castaño claro. En una época Rivera llevaba el cabello completamente rubio.

CAMERON DÍAZ

La actriz de ascendencia cubana casi siempre anda rubia, pero cuando se le antoja[2] meterse un poquito más en la onda latina se obscurece[3] el cabello. ¿O será que los cambios dependen del novio[4] de turno?

[1]*hair*   [2]*she feels like*   [3]*darkens*   [4] *boyfriend*

Más allá

¿Eres rubio, moreno o pelirrojo? ¿Qué color de pelo prefieres tú?

A analizar

Read the following paragraph in which Mercedes introduces herself and her friends.

Yo **soy** Mercedes y **soy** de España. Ellos **son** mis amigos, Vilma y David. Vilma **es** de La República Dominicana. Ella **es** un poco tímida. David **es** de Honduras. Él no **es** tímido; **es** muy sociable. Nosotros **somos** estudiantes en Miami. ¿Y tú? ¿De dónde **eres** tú?

© Andresr/Shutterstock

1. Does **ellos** refer to one person or more than one person? In the paragraph, who does **él** refer to? And **ella**?

2. The verb **ser** *(to be)* is used throughout the paragraph. Its forms are in bold. Write the appropriate form that is used with each of the following pronouns.

   yo _____   ella _____

   tú _____   nosotros _____

   él _____   ellos _____

3. Look at the following conversations, paying attention to the use of **tú** and **usted**. Both mean *you* in English. What do you think the difference is?

Buenos días, señor Martínez. ¿Cómo está usted?

Bien, gracias. ¿Y tú?

¡Hola! ¿Cómo estás?

Bien. ¿Y tú?

A comprobar

Subject pronouns and the verb ser

singular		plural	
yo	*I*	**nosotros/nosotras**	*we*
tú	*you (familiar)*	**vosotros/vosotras**	*you (familiar in Spain)*
usted	*you (formal)*	**ustedes**	*you (formal)*
él	*he*	**ellos**	*they (group of males or a mixed group)*
ella	*she*	**ellas**	*they (group of females)*

INVESTIGUEMOS LA GRAMÁTICA

In Spanish **ser** and **estar** both mean *to be*. You will learn more about **estar** in **Capítulo 4.**

1. When addressing one person, Spanish speakers use either **tú** or **usted** (sometimes abbreviated **Ud.**). **Tú** is informal. It is used with family, friends, classmates, and children. It denotes familiarity. **Usted** is formal. It is used with people in a position of authority, older people, strangers, and people in a professional setting. It denotes respect and more distance.

2. When referring to groups of females, use **nosotras** and **ellas,** and when referring to groups of males, use **nosotros** and **ellos.** When the groups are mixed, use the masculine forms **nosotros** and **ellos,** as they have a generic meaning that implies the presence of both genders.

3. In Spain, **vosotros** and **vosotras** are used to address a group of people and denote familiarity, and follow the same rules as **nosotros** and **nosotras** with regard to gender; **ustedes** is used to address a group of people and denotes respect. In Latin America, **ustedes** (sometimes abbreviated **Uds.**) is used to address any group of people, regardless of the relationship.

4. The verb **ser** means *to be*. Just as there are different forms of the verb *to be* in English (*I am, you are, he is,* etc.), there are also different forms of the verb **ser** in Spanish. Changing a verb into its different forms to indicate who is doing the activity is called *conjugating*.

ser					
yo	**soy**	*I am*	nosotros/nosotras	**somos**	*we are*
tú	**eres**	*you are*	vosotros/vosotras	**sois**	*you all are*
usted	**es**	*you are*	ustedes	**son**	*you all are*
él/ella	**es**	*he/she is*	ellos/ellas	**son**	*they are*

5. Use **ser**
   - to describe what someone is like.

     Él **es** alto, pero ellos **son** bajos.
     *He **is** tall, but they **are** short.*

   - to say where someone is from.

     Yo **soy** de Lima, Perú.
     *I **am** from Lima, Peru.*

INVESTIGUEMOS LA GRAMÁTICA

Use **de dónde** to ask where someone is from.

¿De dónde **eres** tú?
Where are you from?

A practicar

1.23 ***¿Tú o usted?*** Which pronoun would you use **to address** each of the following people?

Modelo un niño → *tú*

1. un policía
2. un profesor
3. mamá
4. un amigo
5. el presidente
6. un estudiante en la clase de español

1.24 **Sustituciones** Which pronoun would you use **to talk about** the following people?

Modelo Rebeca → *ella*

1. Felipe
2. Silvia y Alicia
3. tu amigo y Ricardo
4. Regina

5. la señora Marcos
6. Javier y yo
7. Lola, Ana, Sara y Luis
8. Miguelito

1.25 **Parejas** Match the subject with the remainder of the sentence.

1. Yo
2. Rafael y Carlos
3. La profesora
4. Tú
5. Maite y yo

a. es joven.
b. somos trabajadores.
c. soy optimista.
d. eres inteligente.
e. son guapos.

1.26 **El verbo *ser*** Complete the paragraph with the correct form of the verb **ser**.

¡Hola! Yo **(1)** _____ Antonio y **(2)** _____ de Santiago, Chile. Mis amigos
(3) _____ Laura y Víctor. Nosotros **(4)** _____ estudiantes en la Universidad de
Santiago. Laura **(5)** _____ estudiante de biología y Víctor y yo **(6)** _____
estudiantes de ciencias políticas. Y tú, ¿también **(7)** _____ estudiante?

1.27 **¿De dónde son?** In groups of three, look at the map and complete the following
sentences telling where the different people are from. Then, find out from the other
members of your group where they are from. Be sure to use the correct forms of the verb **ser**.

Modelo Carolina...
Carolina es de Chile.

1. Margarita…
2. Arturo…
3. Carolina y Pilar…

4. Antonio y yo…
5. Tú…
6. Ustedes…
7. Ricardo y Anita…

Cultura

In *Sueño de una tarde dominical en la Alameda Central,* the Mexican artist Diego Rivera paints himself along with others who were important to him. Figures of personal significance as well as those of historical and cultural importance are represented. For example, you can see the former president/dictator of Mexico, Porfirio Díaz, revolutionary heroes, and even La Catrina, the cultural representation of death.

Pick three different people in the painting and describe them in Spanish using vocabulary from the chapter. You might speculate what their personalities are like.

© Schalkwijk/Art Resource, NY

Sueño de una tarde dominical en la Alameda Central de Diego Rivera

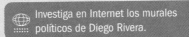 Investiga en Internet los murales políticos de Diego Rivera.

Comparaciones

There is great cultural diversity among Spanish-speaking countries. One thing all Hispanic countries have in common is that Spanish is an official language, but in most cases it is not the only one. Why do you think there are "official" languages and what impact do they have on communities? Look at the information below. How can you explain the variety of languages in these countries? What do you think is the difference between a "national" language and an "official" language?

SPAIN

Official language:	Spanish (Castilian)
Official regional languages:	Galician, Basque (Euskara), Catalan, Valenciano
Other languages spoken:	14

MEXICO

National language:	Spanish
Other languages spoken:	298 (náhuatl is the only one spoken by over one million speakers)

GUATEMALA

Official language:	Spanish
Other languages spoken:	55

BOLIVIA

Official languages:	Spanish, Quechua, Aymara
Other languages spoken:	45

UNITED STATES

National languages:	English (official in some states)
Regional languages:	Hawaiian, Spanish (in New Mexico)
Other languages spoken:	178

Source: The Ethnologue Report, Almanaque Mundial 2010

Conexiones... a la geografía

The people in the photos are all from Latin America. In Spanish, tell what country each person is from and describe him or her. If possible, locate the countries using Google Earth. Why do you think there is such great ethnic diversity in Latin America?

Rigoberta Menchú, Guatemala, activista política

Luis Miguel, México, cantante

Evo Morales, Bolivia, presidente

Celia Cruz, Cuba, cantante (RIP)

Lupita Ferrer, Venezuela, actriz

Comunidad

Find out if there are any businesses in your community that have a Spanish-speaking office assistant. Set up a time to meet with the person. When you meet, introduce yourself and tell him or her that you are a Spanish student (**un estudiante de español**). Then find out how he or she uses Spanish in the office.

A analizar

Read the following paragraph in which Cristina introduces herself and her friend, Mario. Then underline the adjectives.

¡Hola! Me llamo Cristina. Yo soy una chica muy extrovertida. Mi mejor amigo, Mario, no es extrovertido. Él es muy tímido. Mario es inteligente, muy simpático e idealista. Yo también soy inteligente y simpática, pero no soy idealista. Soy realista, trabajadora y también soy liberal. Además, Mario es alto, rubio y atlético, y yo soy baja y morena. Mario y yo somos muy diferentes, pero lo importante es que somos buenos amigos.

Using the underlined adjectives as well as what you learned about **encantado** and **encantada,** complete the following chart.

masculine singular	masculine plural	feminine singular	feminine plural
bajo	_____	_____	_____
_____	inteligentes	_____	_____
_____	_____	idealista	_____
liberal	_____	_____	_____
trabajador	_____	_____	_____

A comprobar

Adjective agreement

Adjectives describe a person, place, or thing. In Spanish, adjectives must agree with the person or the object they describe both in gender (masculine/feminine) and in number (singular/plural).

Singular masculine adjectives...		singular	plural
ending in **-o**	masculine	simpático	simpáticos
	feminine	simpática	simpáticas
ending in **-a**	masculine	idealista	idealistas
	feminine	idealista	idealistas
ending in **-e**	masculine	sociable	sociables
	feminine	sociable	sociables
ending in a consonant*	masculine	ideal	ideales
	feminine	ideal	ideales
*exception: ending in **-or**	masculine	trabajador	trabajadores
	feminine	trabajadora	trabajadoras

INVESTIGUEMOS LA PRONUNCIACIÓN

For pronunciation purposes, **y** *(and)* becomes **e** when followed by a word beginning with the letter(s) **i** or **hi.**

Mi amigo es simpático, sociable e idealista.

Mi amiga también es simpática, sociable e idealista.

Mis amigos son simpáticos, sociables e idealistas.

A practicar

1.28 **¿Quién es?** Listen to the eight descriptive statements and decide which person is being described. In some cases, the description may apply to both. Place a check mark in the appropriate blanks. **¡OJO!** Pay attention to the adjective endings!

CD1-6

1. _____ Jennifer López   _____ Ricky Martin
2. _____ Lorena Ochoa   _____ Sammy Sosa
3. _____ Daisy Fuentes   _____ George López
4. _____ Isabel Allende   _____ Gabriel García Márquez
5. _____ Shakira   _____ Gael García Bernal
6. _____ Penélope Cruz   _____ Paul Rodríguez

1.29 **La atracción de lo opuesto** Complete each sentence with an adjective that has the opposite meaning of the underlined word. **¡OJO!** Be sure the adjectives agree with the subject they are describing.

1. Susana es <u>generosa</u> y su esposo es _____.
2. Fernando es <u>tímido</u> y su esposa es _____.
3. Mis amigas son <u>delgadas</u> y sus esposos son _____.
4. Marcos es <u>trabajador</u> y su esposa es _____.
5. Mis amigos son <u>cómicos</u> y sus esposas son _____.
6. Mi amigo es _____ y su esposa es _____.
   (Choose adjectives not used in the sentences above.)

1.30 **En el café** Work with a partner and take turns giving true/false statements about the people in the drawing. You should correct any false statements. **¡OJO!** Be sure the adjectives agree with the subject they are describing.

Modelo Estudiante 1: *Vicente es calvo.*
        Estudiante 2: *Falso, él es rubio.*

1.31 **Los ideales** Complete the following statements expressing your own opinion regarding the ideal characteristics of each subject. Then compare your list with a partner's and come to an agreement on two characteristics for each.

1. La profesora ideal es… No es…
2. El estudiante ideal es… No es…
3. Los amigos ideales son… No son…
4. La madre (mother) ideal es… No es…
5. Los políticos ideales son… No son…
6. Las mascotas (pet) ideales son… No son…

INVESTIGUEMOS EL VOCABULARIO
Use the words **muy** (very) and **un poco** (a little) to discuss degrees.

1.32 **El horóscopo** Find your astrological sign below and read the descriptions. Choose two characteristics that describe you. You may use those listed for your sign or choose others that are more accurate. Then, talk to three classmates and find out their signs and the characteristics that describe them.

Modelo   Estudiante 1: *¿Cuál es tu signo?*
         Estudiante 2: *Yo soy Aries.*
         Estudiante 1: *¿Cómo eres tú?*
         Estudiante 2: *Yo soy extrovertido(a) y emocional.*

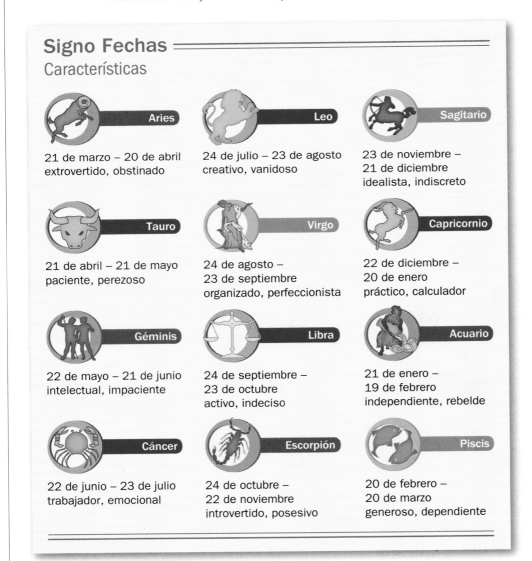

Signo Fechas
Características

Aries
21 de marzo – 20 de abril
extrovertido, obstinado

Tauro
21 de abril – 21 de mayo
paciente, perezoso

Géminis
22 de mayo – 21 de junio
intelectual, impaciente

Cáncer
22 de junio – 23 de julio
trabajador, emocional

Leo
24 de julio – 23 de agosto
creativo, vanidoso

Virgo
24 de agosto –
23 de septiembre
organizado, perfeccionista

Libra
24 de septiembre –
23 de octubre
activo, indeciso

Escorpión
24 de octubre –
22 de noviembre
introvertido, posesivo

Sagitario
23 de noviembre –
21 de diciembre
idealista, indiscreto

Capricornio
22 de diciembre –
20 de enero
práctico, calculador

Acuario
21 de enero –
19 de febrero
independiente, rebelde

Piscis
20 de febrero –
20 de marzo
generoso, dependiente

Redacción

Write a paragraph in which you describe yourself and your best friend.

Paso 1 Create a Venn diagram such as the one below. In the middle section where the circles overlap, write any adjectives that are common to both yourself and your best friend. Write any adjectives that are unique to yourself in the circle on the left and adjectives that are unique to your best friend in the circle on the right.

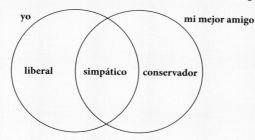

yo   mi mejor amigo

liberal   simpático   conservador

Paso 2 Write a sentence in which you introduce your reader to yourself and to your best friend.

Paso 3 Write two or three sentences in which you describe the qualities that you and your friend have in common.

Paso 4 Write two or three more sentences that describe the qualities that are unique to you and unique to your best friend.

Paso 5 Write a conclusion sentence that wraps up the paragraph.

Paso 6 Edit your paragraph:

1. Do the adjectives agree with the person they describe?
2. Check your spelling, including accent marks.
3. Are there any sentences that could be joined with either y *(and)* or pero *(but)*?
4. Can you vary some of the sentences by using expressions like también *(also)* and los/las dos *(both of us)*?

Lectura

Antes de leer

Write a list of names of famous contemporary U.S. citizens in the fields of pop culture, politics, movies, and sports. Why are they famous? Compare lists with a classmate. Together, try to come up with names of contemporary famous Latinos. What are their professions?

A leer

Algunos famosos de Latinoamérica

Muchas personas de países hispanos se distinguen en todas las áreas y es difícil escribir una lista corta. A continuación hay descripciones de algunas personas muy populares en el mundo contemporáneo.

Deportes
Manu Ginóbili (**julio** 1977), deportista **argentino,** es un excelente jugador de **básquetbol** de la NBA de los Estados Unidos. Habla fluidamente español, inglés e italiano y tiene su propia página en el Internet.

> [Muchas personas de países hispanos se distinguen en todas las áreas y es difícil escribir una lista corta.]

teach reading

Cine
Gael García Bernal (noviembre 1978) es actualmente uno de los actores latinoamericanos más **famosos,** gracias a su **participación** en **filmes** como *Los diarios de motocicleta* (2004), *El crimen del Padre Amaro* (2002) y *Babel* (2006). Un dato interesante es que Gael participó en campañas para **enseñar a leer** a los **indígenas** huicholes en el norte de México.

Música

Olga Tañón (**abril** 1967) es una cantante y actriz de Puerto Rico. Es famosa en Latinoamérica por su música **rítmica**, y ahora planea grabar **música** en inglés. Tañón participó en la **controversial** versión en español del himno estadounidense en 2006.

Política

Felipe Calderón Hinojosa (agosto 1962) es el **presidente** de México desde diciembre del 2006. Calderón ganó las **elecciones** más controversiales en la historia de México... tan controversiales que muchas personas en México no **reconocen** a Calderón como el presidente. Felipe Calderón es licenciado en **derecho,** con una maestría de la Universidad de Harvard.

law

Comprensión

To which of the people mentioned in the reading does the statement refer?

1. Es famosa por su música.
2. Estudió en los Estados Unidos.
3. Es un actor popular.
4. Es atlético.
5. Es puertorriqueña.
6. Juega al básquetbol.

Después de leer

What other famous people do you know from Spanish-speaking countries? Work with a partner to come up with a list of names, then choose one of the people on your list and write a short description of him/her. Read your description to the class and have them guess whom you are describing.

> **iTunes**
> Listen to the Mocedades song, "Eres tú". Write down as many cognates as you can as well as words you recognize. What do you think the theme of the song is?

Asistente de oficina ▶

Vocabulario

Sustantivos

buena presencia	*good appearance*
la cita	*appointment*
el formulario	*form*
la oficina	*office*
la reunión	*meeting*

Verbos

contestar el teléfono	*to pick up the phone*
inscribir	*to register*
interpretar	*to interpret*
preparar informes	*to prepare reports*

Frases útiles

¿En qué puedo servirle?
How can I help you?

Un momento, por favor.
One moment, please.

Está ocupado. ¿Desea hacer una cita?
He is busy right now. Would you like to make an appointment?

¿Cuál es su número de teléfono?
What is your phone number?

Más despacio, por favor.
Slower, please.

Disculpe.
Excuse me. I'm sorry.

Necesita hablar con...
You need to speak to . . .

¿Con quién quiere hablar?
Whom do you want to speak to?

Tiene que ver a...
You have to see. . . .

© Yuri Arcurs/Shutterstock

DATOS IMPORTANTES

Educación: Escuela secundaria con entrenamiento especial en tecnología o *community college*; algunos puestos *(some positions)* requieren una licenciatura *(bachelor's degree)*

Salario: Entre $23 000 y $36 000

Dónde se trabaja: Variedad de organizaciones; aproximadamente 90% de los asistentes trabajan en la industria de servicio, como *(like)* la educación, el gobierno *(government)*, la salud *(health)* y ventas *(retail)*

María Bravo es secretaria ejecutiva y trabaja en una escuela privada. Allí hay muchos estudiantes de otros países *(countries)*. Ella necesita comunicarse en inglés y en español continuamente. María se encarga *(is in charge of)* de los trabajos administrativos de la escuela y ayuda *(helps)* a los padres *(parents)* y estudiantes que necesitan información. En el video, María habla con el padre de un estudiante que no habla inglés.

Antes de ver

Administrative assistants and executive secretaries are the connections between a company and their clients. What questions do you think a parent would ask a secretary at a private school? How important do you think it is to have bilingual administrative personnel in a school? Why?

Comprensión

Answer the following questions according to the video.

© Heinle/Cengage Learning

1. ¿Qué tiene que hacer el señor Molina? *(What does Mr. Molina have to do?)*

2. ¿De dónde son el Sr. Molina y su familia? *(Where are Mr. Molina and his family from?)*

3. ¿Cuántos años tiene el hijo del Sr. Molina? *(How old is Mr. Molina's son?)*

4. Según la Sra. Bravo, ¿a qué grado entra el hijo del Sr. Molina? *(According to Mrs. Bravo, what grade will Mr. Molina's son go into?)*

5. ¿Cuántos maestros bilingües hay? *(How many bilingual teachers are there?)*

Después de ver

With a partner, play the roles of the parent of a Latin American student who has just arrived in the United States and the secretary of a school. Greet and introduce yourself to the secretary. The secretary should ask how he/she can help you. Explain what you need.

Here are some useful phrases:

Quiero inscribir a mi hijo.   *I want to register my son.*
¿Cuántos años tiene?   *How old is he?*
Él tiene _____ años.   *He is . . . years old.*

1.33 **¿Qué hay?** A student is in her room studying. Mention five items that are in the room, and then mention one thing that is not.

Modelo *Hay unos libros.*

© Sofos Design/Shutterstock

1.34 **Los famosos** Tell where the following famous people are from. Search the Internet for information on those you don't know.

1. Enrique y Julio Iglesias
2. Marc Anthony
3. Salma Hayek
4. Daisy Fuentes y Gloria Estefan
5. Hugo Chávez
6. Shakira y Juanes

1.35 **Mi amiga Mónica** Complete the paragraph with the appropriate forms of the verb **ser** and the adjectives, as indicated by the words in parentheses.

¡Buenos días! Yo (**1.** ser) _____ Jacobo, y ella (**2.** ser) _____ Mónica. Nosotros (**3.** ser) _____ estudiantes en la Universidad Central de Venezuela. Mónica (**4.** ser) _____ estudiante de literatura, y es muy (**5.** inteligente) _____ y (**6.** trabajador) _____ . Las clases (**7.** ser) _____ muy (**8.** difícil) _____ , pero los profesores son (**9.** bueno) _____ y (**10.** simpático) _____ .

1.36 **Comunicación** Work with a partner. Using the adjectives below, find three things you have in common. **¡OJO!** Pay attention to the adjective endings.

**generoso   realista   inteligente   optimista   conservador
cómico   tímido   atlético   trabajador   cariñoso**

Modelo   Estudiante 1: *Yo soy paciente. ¿Eres tú paciente?*
Estudiante 2: *Sí, soy paciente. Yo soy idealista. ¿Eres tú idealista?*
Estudiante 1: *No, no soy idealista.*

1.37 **Diferencias** Working with a partner, one of you will look at the picture on this page, and the other will look at the picture in the Appendix A. Take turns describing the pictures using the expression **hay,** numbers, and the classroom vocabulary. Find the eight differences.

Modelo   Estudiante 1: *En A hay una computadora.*
Estudiante 2: *Sí. En B, hay una silla.*
Estudiante 1: *No, en A no hay una silla.*

A.

CAPÍTULO 1

🔊 Vocabulario 1

CD1-7

Saludos

bien	*fine*
buenas noches	*good night*
buenas tardes	*good afternoon*
buenos días	*good morning*
¿Cómo estás?	*How are you? (informal)*
¿Cómo está usted?	*How are you? (formal)*
hola	*hello*
mal	*bad*
nada	*nothing*
¿Qué hay de nuevo?	*What's new?*
¿Qué pasa?	*What's going on?*
¿Qué tal?	*How's it going?*
regular	*so, so*
¿y tú?	*and you? (informal)*
¿y usted?	*and you? (formal)*

Presentaciones

Encantado(a).	*Nice to meet you.*
Me llamo...	*My name is . . .*
Mucho gusto.	*Nice to meet you.*
Le presento a...	*I'd like to introduce you to . . . (formal)*
Te presento a...	*I'd like to introduce you to . . . (informal)*

Despedidas

adiós	*good-bye*
chao	*bye*
Hasta luego.	*See you later.*
Hasta mañana.	*See you tomorrow.*
Hasta pronto.	*See you soon.*
Nos vemos.	*See you later.*
¡Qué tengas un buen día!	*Have a nice day!*

El salón de clases

la bandera	*flag*
el bolígrafo	*pen*
el cartel	*poster*
la computadora	*computer*
el cuaderno	*notebook*
el diccionario	*dictionary*
el escritorio	*teacher's desk*
el (la) estudiante	*student*
el lápiz	*pencil*
el libro	*book*
el mapa	*map*
la mesa	*table*
la mochila	*backpack*
el papel	*paper*
la pizarra	*chalkboard*
el (la) profesor(a)	*professor*
la puerta	*door*
el pupitre	*student desk*
el reloj	*clock*
el salón de clases	*classroom*
la silla	*chair*
el televisor	*television set*
la ventana	*window*

Los números

See pages 8, 13

Palabras adicionales

hay	*there is/there are*
¿De dónde eres tú?	*Where are you from?*
Yo soy de...	*I am from . . .*

Diccionario personal

_____

_____

_____

◀)) Vocabulario 2

CD1-8

Adjetivos para describir la personalidad

aburrido(a)	*boring*	interesante	*interesting*
agresivo(a)	*aggressive*	liberal	*liberal*
amable	*kind*	malo(a)	*bad*
antipático(a)	*unfriendly*	optimista	*optimist*
atlético(a)	*athletic*	paciente	*patient*
bueno(a)	*good*	perezoso(a)	*lazy*
cariñoso(a)	*loving*	pesimista	*pessimist*
cómico(a)	*funny*	pobre	*poor*
conservador(a)	*conservative*	realista	*realist*
cruel	*cruel*	rebelde	*rebel*
egoísta	*selfish*	rico(a)	*rich*
famoso(a)	*famous*	serio(a)	*serious*
generoso(a)	*generous*	simpático(a)	*nice*
honesto(a)	*honest*	sociable	*sociable*
idealista	*idealist*	tímido(a)	*timid, shy*
impaciente	*impatient*	tonto(a)	*dumb*
inteligente	*intelligent*	trabajador(a)	*hardworking*

Adjetivos para describir el aspecto físico

alto(a)	*tall*	guapo(a)	*handsome*
bajo(a)	*short*	joven	*young*
bonito(a)	*pretty*	moreno(a)	*dark-skinned/ dark-haired*
calvo(a)	*bald*		
delgado(a)	*thin*	pelirrojo(a)	*red-haired*
feo(a)	*ugly*	pequeño(a)	*small*
gordo(a)	*fat*	rubio(a)	*blond(e)*
grande	*big*	viejo(a)	*old*

Otros adjetivos

corto(a)	*short (length)*	fácil	*easy*
difícil	*difficult*	largo(a)	*long*

Verbos

ser *to be*

Palabras adicionales

el hombre	*man*	el (la) niño(a)	*child*
la mujer	*woman*	un poco	*a little*
muy	*very*		

Diccionario personal

_____

_____

Learning Strategy

Listen and repeat vocabulary

When studying the vocabulary, take time to listen to and repeat the pronunciation of the words included on the audio recordings. It will help your pronunciation, which in turn will help you learn to spell them properly. You may want to download the audio onto your MP3 player or cell phone so it will be more accessible.

In this chapter you will learn how to:
- Talk about your classes
- Describe your family and tell ages
- Talk about what people do routinely
- Express ownership

¿Cómo es tu vida?

© Ariel Skelley/Corbis

Exploraciones gramaticales

The verb **tener**

Adjective placement

Regular **-ar** verbs

Possessive adjectives

En vivo

Un plan de estudios

Una tarjeta

Conexiones culturales

La educación

El papel de la familia y su valor

Lectura

Otros sistemas universitarios

La familia típica latinoamericana

▶ **Exploraciones profesionales**

La educación

Exploraciones léxicas

En la librería de la universidad hay muchos libros para las clases. ¿Para qué clases son los libros?

Las materias académicas

la criminología	criminology
la expresión oral	speech
la informática	computer science
la ingeniería	engineering
los negocios	business
el periodismo	journalism
la redacción	writing, composition

Cognados

el arte
la filosofía
la literatura
la música
el teatro

Palabras adicionales

el/la compañero(a) de clase	classmate
la nota	grade
la tarea	homework

Práctica

2.1 Escucha y responde Listen to the following list of classes. When you hear a humanities class mentioned, raise your left hand; if a science class is mentioned, raise your right hand.

CD1-9

2.2 Relaciones Match each course from the first column with a related topic from the second column.

1. _____ periodismo
2. _____ ciencias políticas
3. _____ química
4. _____ alemán
5. _____ veterinaria
6. _____ geometría
7. _____ informática
8. _____ teatro

a. los animales
b. la computadora
c. los eventos internacionales
d. el triángulo
e. los elementos
f. el actor
g. los verbos
h. los presidentes

2.3 **Especialidades** Look at the list of famous people. What classes do you associate with each person?

1. Salvador Dalí
2. Sigmund Freud
3. Cameron Díaz
4. Hugo Chávez
5. Sandra Cisneros
6. Plácido Domingo
7. Sócrates
8. Albert Einstein

2.4 **¿Qué opinas?** Read the statements and decide which ones you agree with and which ones you don't. Then, walk around the classroom and ask your classmates what they think.

Modelo Las clases de informática son difíciles.
Estudiante 1: *¿Las clases de informática son difíciles?*
Estudiante 2: *Sí, las clases de informática son difíciles.*
No, las clases de informática son fáciles.

1. Las clases de historia son buenas.
2. La clase de español es fácil.
3. Las clases de literatura son aburridas.
4. Las clases de ciencias son difíciles.
5. Las clases de matemáticas son mis favoritas.
6. Las clases de arte son interesantes.

> **INVESTIGUEMOS LA GRAMÁTICA**
> In order to talk about a specific class or a specific instructor, you can use the expressions **La clase de...** or **El profesor de... El profesor de historia es inteligente.** *The history instructor is intelligent.*

2.5 **Opiniones** With a classmate, take turns completing the sentences with a word from the vocabulary list and finishing the sentences logically.

1. Me gusta (*I like*) la clase de _____ porque (*because*) es...
2. No me gusta mucho la clase de _____ porque es...
3. El profesor/La profesora de la clase de _____ es...
4. Los exámenes en la clase de _____ son...
5. El libro para la clase de _____ es...
6. La tarea de la clase de _____ es...

Me gusta la clase de historia.

© Monkey Business Images/Shutterstock

How many classes does a full-time student in the United States usually take? Look at the plan of study from the Universidad Iberoamericana in Mexico City and answer the questions: ¿Qué carrera (*major*) es? ¿Cuántas clases hay en el primer semestre? ¿y en el segundo? ¿Te gusta (*Do you like*) el plan de estudios? ¿Piensas (*Do you think*) que es fácil o difícil?

© Photos To Go

Una estudiante de la Universidad Iberoamericana en la Ciudad de México

Plan de estudios

Semestre 1	Cálculo I y Taller	Algoritmos y Diseño de Programación	Física Universitaria I y Taller	Laboratorio de Física Universitaria I
	Gráficos y Dibujo por Computadora	Introducción a la Ingeniería	Química General	Laboratorio de Química General
Semestre 2	Cálculo II y Taller	Física Universitaria II y Taller	Laboratorio de Física Universitaria II	Álgebra Lineal
	Estructuras Isostáticas	Taller de Geometría	Prácticas de Geometría	

Más allá

Choose another major and list classes you think would be appropriate for the first two semesters of study.

A analizar

Read the following paragraph, paying particular attention to the forms of the verb **tener** in bold. Then answer the questions below.

Yo **tengo** una clase de psicología este semestre y es muy difícil. **Tengo** miedo de recibir una mala nota. Nosotros **tenemos** mucha tarea y los exámenes **tienen** muchas preguntas (*questions*). Afortunadamente, el profesor **tiene** mucha experiencia y es muy simpático. ¿**Tienes** tú una clase difícil este semestre?

1. What does the verb **tener** mean?

2. Using the examples in the paragraph, complete the chart with the forms of the verb **tener**.

   yo _____   nosotros, nosotras _____

   tú _____   vosotros, vosotras tenéis

   él, ella, usted _____   ellos, ellas, ustedes _____

3. Using context clues to help you, what does the expression **tener miedo** mean?

   a. to have to   **b.** to need   **c.** to be afraid

A comprobar

The verb **tener**

tener (*to have*)			
yo	**tengo**	nosotros(as)	**tenemos**
tú	**tienes**	vosotros(as)	**tenéis**
él, ella, usted	**tiene**	ellos, ellas, ustedes	**tienen**

*Notice that the original vowel **e** changes to **ie** in some of the forms. This is what is known as a stem-changing verb. You will learn more about stem-changing verbs in **Capítulo 3**.

1. There are a number of expressions in which the verb **tener** is used where *to be* would be used in English. The following are noun expressions with the verb **tener**:

tener... años	*to be . . . years old*
tener (mucho) calor	*to be (very) hot*
tener (mucho) cuidado	*to be (very) careful*
tener (mucho) éxito	*to be (very) successful*
tener (mucho) frío	*to be (very) cold*

tener (mucha) hambre	*to be (very) hungry*
tener (mucho) miedo	*to be (very) afraid*
tener (mucha) prisa	*to be in a (big) hurry*
tener (mucha) razón	*to be right*
tener (mucha) sed	*to be (very) thirsty*
tener (mucho) sueño	*to be (very) sleepy*
tener (mucha) suerte	*to be (very) lucky*

2. Unlike adjectives, noun expressions do not change in gender and number.

   Mis hermanos tienen frío.
   My brothers are cold.

   Mi hermana tiene frío.
   My sister is cold.

A practicar

2.6 **¿Qué tienen?** Match the sentences to the appropriate picture.

a.

b.

c.

d.

e.

f.

1. Tenemos hambre. _____
2. Tienen miedo. _____
3. Tengo 5 años. _____
4. Tiene sed. _____
5. ¿Tienes sueño? _____
6. Tiene prisa. _____

2.7 **¿Cuántos años tienes?** Complete the paragraph with the correct forms of the verb **tener**.

Yo soy estudiante en la Universidad de Salamanca y **(1.)** _____ 20 años. Mis amigos Sara y Fernando **(2.)** _____ 19 años. Sara y yo **(3.)** _____ nuestro cumpleaños *(birthday)* en noviembre. Fernando **(4.)** _____ su cumpleaños en diciembre. ¿Y tú? ¿Cuántos años **(5.)** _____?

iTunes
Kumbia Kings is a group from Texas whose music combines cumbia, hip-hop, and R&B. Listen to their song "No tengo dinero." What do you think is the message of the song? What did you like about it? What did you not like about it?

2.8 **¿Cuántos años tiene?** Ask your partner how old the following people are. If you are not sure, guess and use the expression **probablemente.**

Modelo tu profesor de inglés
   Estudiante 1: *¿Cuántos años tiene tu (your) profesor de inglés?*
   Estudiante 2: *Mi (My) profesor (probablemente) tiene 35 años.*

1. tú
2. tu mejor amigo (*best friend*)
3. tu profesor de la clase de español
4. el presidente de los Estados Unidos
5. tu actor favorito (¿Cómo se llama?)
6. tu actriz favorita (¿Cómo se llama?)

2.9 **¿Qué tienen?** Describe the scenes using expressions with **tener.**

Modelo Ronaldo
   Ronaldo tiene razón.

1. Lola y yo   **2.** Marcia   **3.** yo

4. Isabel y Mar   **5.** tú

2.10 **Entrevista** Interview a classmate using the questions below.

1. ¿Cuántos años tienes?
2. ¿En qué clase tienes mucho sueño?
3. ¿Tienes hambre por la noche?
4. ¿Tienes miedo de un profesor? ¿De quién?
5. ¿En qué clase tienes éxito en los exámenes?
6. ¿Tienes frío ahora (*now*)?

Cultura

One of the largest universities in the world is the **Universidad Nacional Autónoma de México (UNAM).** The university is so large that the applicants have to take their admission exam in a sports stadium. UNAM is considered one of the best universities in the world and is free.

The Central University City Campus of UNAM is one of three universities in the world that was designated as a World Heritage site by UNESCO in 2007. It was designed by over 60 architects, engineers, and artists, and is an exceptional display of twentieth-century modernism. The campus has numerous impressive works of art, such as murals and mosaics. Is there art in your university? Where? What do you think of it?

Sources: Times Higher Education; UNESCO; www.topuniversities.com

La Biblioteca Central de la UNAM fue diseñada por Juan O'Gorman, un artista mexicano.

🌐 Investiga en Internet Universidades hispanoamericanas.

Comunidad

Find an international student from a Spanish-speaking country and ask him or her for additional information about their school system. For example, you can talk about the subjects they learn, the price of textbooks, and the number of hours they spend at school every day. The following are some possible questions for your interview:

> ¿De dónde eres?
> ¿Qué clases tienes?
>
> ¿Es similar la universidad en _____(country)_____?
> ¿Cuántas horas están en la escuela los estudiantes de primaria/secundaria/preparatoria?

¿De dónde eres?

Comparaciones

While in the United States students are required by law to attend school until they are 16, in Mexico students are legally required to attend school until the completion of **secundaria,** or **preparatoria,** depending on the state. After **preparatoria,** Mexican students can choose to go to a **tecnológico** and learn a trade, or attend university. Students have the option of either going to school in the mornings or in the evenings. How does the education system of the United States compare to the Mexican system? Complete the table with the equivalents in the United States.

	México	**Estados Unidos**
3–5 años	jardín de niños (kinder)	_____
6–11 años	primaria (6 años)	_____
12–14 años	secundaria (3 años)	_____
15–18 años	preparatoria (3 años)	_____
18+	tecnológico/universidad (2–4 años)	_____
	diplomados	_____
	maestría	_____
	doctorado	_____

Conexiones... a la educación

In Spanish-speaking countries, it is common for elementary and secondary students to wear uniforms to school. What are the advantages and disadvantages of using them? Did you ever wear a uniform to school? Are uniforms popular in the United States? Why?

Niñas cubanas en sus uniformes

© Dmitry Matrosov/Shutterstock

A analizar

You will recall from **Capítulo 1** that adjectives are words that describe nouns. Read the paragraph and identify the adjectives. Then, answer the questions below.

> Historia es una clase interesante pero muy difícil. Hay mucha tarea y exámenes muy largos, pero mi profesora es una mujer simpática e inteligente.

© photos.com

Where are the adjectives placed in relation to the noun they describe? What is the exception?

A comprobar

Adjective placement

1. In Spanish, adjectives are generally placed *after* the nouns they describe.

   > El cálculo es una clase **difícil.**
   > *Calculus is a **difficult** class.*

   > La señora Muñoz es una profesora **interesante.**
   > *Mrs. Muñoz is an **interesting** professor.*

2. However, adjectives such as **mucho** (*a lot*), **poco** (*few*), and **varios** (*several*) that indicate quantity or amount are placed in front of the object.

   > **Muchos** estudiantes estudian francés.
   > ***Many** students study French.*

   > Tengo **varios** libros para esta clase.
   > *I have **several** books for this class.*

   > Hay **pocos** estudiantes en clase hoy.
   > *There are **few** students in class today.*

3. When using more than one adjective to describe an object, use commas between adjectives and **y** *(and)* before the last adjective.

   > Tengo un cuaderno pequeño **y** rojo.
   > *I have a small, red notebook.*

   > El profesor es un hombre honesto, serio **e** inteligente.
   > *The professor is an honest, serious, and intelligent man.*

A practicar

2.11 **Mi clase de español** Listen to the statements about your Spanish class and decide whether they are true (**cierto**) or false (**falso**).

CD1-10 Modelo (you hear) La clase de español tiene estudiantes simpáticos.
        Cierto

2.12 **¿Cómo son?** Complete the sentences with a logical adjective from the list on the right. Be sure to make the adjective agree with the noun it describes.

Modelo Eva Longoria es una actriz... talentoso
Eva Longoria es una actriz talentosa.

1. Julio César Chávez Jr. es un hombre...
2. Santana es un grupo...
3. Jessica Alba es una mujer...
4. "Bésame mucho" es una canción (*song*)...
5. *Don Quijote de la Mancha* es un libro...
6. Buenos Aires es una ciudad...
7. Puerto Rico es una isla...
8. Gloria y Emilio Estefan son artistas...

a. grande
b. atlético
c. guapo
d. musical
e. argentino
f. mexicano
g. cubano
h. pequeño

¿TE ACUERDAS?
Remember that adjectives must agree in both number (singular/plural) and gender (masculine and feminine) with the object they describe.

2.13 **Mis clases** With a classmate, complete each of the following sentences with the name of a class and an appropriate adjective.

Modelo En la clase de _____ hay un profesor _____ .
En la clase de historia hay un profesor inteligente.

1. El profesor de _____ es un hombre _____ .

2. La profesora de _____ es una mujer _____ .

3. En la clase de _____ tenemos un libro _____ .

4. En la clase de _____ hay unos estudiantes _____ .

5. En la clase de _____ tenemos exámenes _____ .

6. _____ es una clase _____ .

7. En la clase de _____ tenemos tarea _____ .

8. En la clase de _____ hay un estudiante _____ .

2.14 **En busca de...** Circulate throughout the classroom and find eight different students to whom one of the following statements applies. Be ready to report to the class, so remember to ask for the names of your classmates if you don't know them.

1. Tiene una clase difícil.
2. Tiene mucha tarea este semestre.
3. Tiene un profesor rubio.
4. Tiene una computadora nueva.
5. Tiene pocos libros en la mochila hoy (*today*).
6. Siempre (*Always*) tiene notas excelentes.
7. Tiene un lápiz corto.
8. Tiene un compañero de clase muy inteligente.

2.15 Comparaciones Find the five differences in the drawings, then complete the following statement.

En **A** hay…

y en **B** hay…

2.16 Hablemos de las clases Interview a classmate with the following questions.

1. ¿Tienes muchas clases hoy? ¿Qué clases tienes?
2. ¿Tienes un profesor muy simpático este semestre? ¿Cómo se llama?
3. ¿Tienes una clase con pocos estudiantes? ¿Cuántos estudiantes hay?
4. ¿Tienes una clase favorita? ¿Qué clase es?
5. ¿En qué clase tienes exámenes muy largos?
6. ¿En qué clase tienes tarea difícil?

2.17 ¿Tienes…? Use different adjectives to talk about the following items with a partner. Possible adjectives: **inteligente, simpático, viejo, nuevo, grande, pequeño, difícil, fácil, interesante, aburrido, largo, corto**

Modelo   una computadora
         Estudiante 1: *¿Tienes una computadora?*
         Estudiante 2: *Sí, tengo una computadora nueva.*
         Estudiante 1: *Yo tengo una computadora vieja. / Yo también* (also) *tengo una computadora nueva.*

1. una casa/un apartamento
2. un auto
3. unas clases
4. unos profesores
5. una familia
6. un amigo

2.18 ¿Cierto o falso? Complete the statement below to form four true/false statements that describe the people and objects in the classroom. Then read your statements to your partner, who will tell you whether they are true or false. **¡OJO!** Pay attention to the position of the adjective.

En la clase hay...

Modelo Estudiante 1: *En la clase hay un estudiante pelirrojo.*
Estudiante 2: *Falso.*

2.19 ¿Estás de acuerdo? Take turns expressing your opinions about something or someone in the following categories. Your partner will have to agree or disagree with you and explain why.

Possible adjectives: **aburrido, bueno, bonito, cómico, grande, guapo, inteligente, interesante, malo, pequeño, simpático, talentoso**

Modelo un atleta
Estudiante 1: *Albert Pujols es un atleta talentoso.*
Estudiante 2: *Estoy de acuerdo. / No estoy de acuerdo. Él es muy viejo.*

1. un actor/una actriz
2. un hombre/una mujer
3. una ciudad (*city*)
4. un profesor
5. un estudiante
6. un programa de televisión

Albert Pujols es un atleta talentoso.

Lectura

Antes de leer

1. The title of this article is **"Otros sistemas universitarios."** Use your knowledge of cognates to deduce what it means, and then mention three ideas that you would expect to find in a text with this title.

2. Work with a partner to ask and answer the following questions.

   a. ¿Cuántas clases tienes este semestre?

   b. ¿Qué clases tienes?

A leer

Otros sistemas universitarios

Las universidades en diferentes partes del **mundo** tienen diferentes sistemas de educación. En muchas universidades de España y Latinoamérica los estudiantes no **necesitan** obtener un cierto número de créditos para graduarse, pero tienen un "plan de estudios", que es una lista de clases que los estudiantes necesitan tener en un semestre.

world

need

© Liset Alvarez/Shutterstock

La Universidad de La Habana en Cuba

[en muchas universidades no hay clases de educación general]

En muchas universidades no hay clases de educación general. Un estudiante de literatura tiene diferentes clases de literatura, pero no necesita estudiar matemáticas ni ciencias si no son parte de su plan de estudios. En consecuencia, es necesario especializarse inmediatamente en su área cuando un estudiante inicia la **licenciatura.**

En muchas partes del mundo, la educación universitaria es un **derecho** y es prácticamente **gratuita.** Sin embargo, si los estudiantes tienen dinero y lo prefieren, es posible asistir a una universidad privada.

bachelor's degree

right

free

En muchas partes del mundo, la educación universitaria es un derecho.

Comprensión

Decide whether the statements are true or false. Correct the false statements.

1. En muchas universidades hispanas no existen los créditos.
2. La lista de clases que los estudiantes necesitan tomar se llama "el plan de estudios".
3. Los estudiantes en Latinoamérica y España necesitan tomar clases de educación general.
4. Los estudiantes tienen clases en diferentes facultades.
5. Las universidades privadas también son gratuitas.

Después de leer

Look for a university in a Spanish-speaking country. Then find your major in the index and answer the following questions.

1. ¿Cuántos años de estudios son necesarios para completar la carrera?
2. ¿Qué cursos necesitan tomar?

Esta es la familia de Hernán. ¿Quiénes son las personas en su familia?

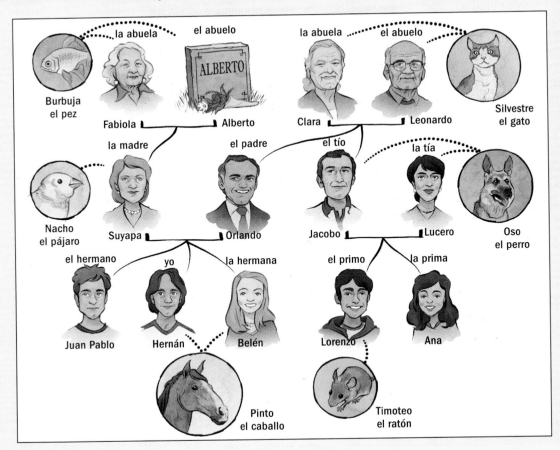

La familia

cuñado(a)	brother-in-law/sister-in-law	padrastro	stepfather
esposo(a)	spouse	los parientes	relatives
hijo(a)	son/daughter	medio(a) hermano(a)	half brother/half sister
nieto(a)	grandson/granddaughter	nuera	daughter-in-law
sobrino(a)	nephew/niece	suegro(a)	father-in-law/mother-in-law
hermanastro(a)	stepbrother/stepsister	yerno	son-in-law
madrastra	stepmother		

Otras relaciones

amigo(a)	friend	la mascota	pet
novio(a)	boyfriend/girlfriend		

Práctica

2.20 **Escucha y responde** Listen to the following statements about Hernán's family. Based on the drawing, give a thumbs up if the statement is true or give a thumbs down if it is false.

CD1-11

2.21 **¿Cómo se llama...?** Give the names of the following people using the information provided in the drawing on p. 54.

1. la madre de Suyapa
2. el padre de Lorenzo
3. los padres de Orlando y Jacobo
4. la hermana de Juan Pablo
5. los tíos de Lorenzo
6. el caballo de Hernán

INVESTIGUEMOS EL VOCABULARIO
Remember that most of the words in the vocabulary can be used to refer to a female by changing the final **o** to an **a**. When talking about a mixed group, the masculine plural form is used:

hijos   *sons and daughters*
hermanos *brothers and sisters*
padres   *parents*

However, note that some words are specific to a gender and cannot change: **nuera** and **yerno**. **La mascota** is used for both male and female pets.

2.22 **¿Quién es?** Complete the following sentences about Hernán's family with the appropriate vocabulary word.

1. Suyapa es la _____ de Lorenzo.
2. Fabiola es la _____ de Suyapa.
3. Hernán es el _____ de Orlando.
4. Belén es la _____ de Lorenzo.
5. Jacobo y Orlando son _____.
6. Hernán es el _____ de Jacobo.
7. Clara es la _____ de Leonardo.
8. Fabiola es la _____ de Juan Pablo.

2.23 **Un árbol genealógico** Working with a partner, take turns describing your families. Be sure to include the names, ages, and a brief description of each family member. As you describe your family, your partner will draw your family tree.

Modelo *Mi madre se llama Nora. Ella tiene 52 años. Ella es alta y delgada.*

2.24 **En busca de...** Circulate throughout the classroom and find students to whom the following statements apply. Find a different student for each statement. Take notes and be ready to report to the class.

Modelo Tiene un gato.
   Estudiante 1: *¿Tienes un gato?*
   Estudiante 2: *No, no tengo un gato. / Sí, tengo un gato.*
   Estudiante 1: *(reporting to the class):* _____ *tiene un gato.*

1. Tiene un hijo.
2. Tiene dos hermanos.
3. Tiene muchos primos.
4. Tiene un caballo.
5. Tiene un padrastro o una madrastra.
6. Tiene una mascota.
7. Tiene esposo.
8. Tiene sobrinos.

 iTunes
Pimpinela is an Argentine brother-sister duo whose songs are often conversations between a man and a woman. Listen to their song "Señorita" and write down any family vocabulary words you can hear in the song.

2.25 **¿Cómo son?** Talk to six different classmates and ask each one to describe a member of his or her family or a pet. Be prepared to report your findings to the class.

Modelo Estudiante 1: *¿Cómo es tu abuela?*
   Estudiante 2: *Mi abuela es muy vieja. Ella es baja y gorda.*
   También es simpática y muy extrovertida.

To whom do you give greeting cards? On what occasions? Look at the card below. Who is it for?

Gracias por ser mi amiga

Gracias por tu amor

Gracias por la felicidad que traes a nuestra casa

y por el cariño que tienes para tus hijos

¡Gracias por ser la persona más paciente del universo!

¡Feliz 10 de mayo!

Más allá

Create a simple greeting card for a family member. You may want to search the Internet for holidays that are observed in Spanish-speaking countries.

A analizar

Read the conversation, paying attention to the endings of the words in bold. Then answer the questions.

Paula: ¿**Trabajan** tus padres?

Eva: Sí, mi madre **trabaja** en la universidad. Ella es profesora de historia. Mi padre **trabaja** en una compañía internacional y viaja a México y Estados Unidos con frecuencia.

Paula: ¡Qué interesante! ¿Y tú **trabajas?**

Eva: No, yo no **trabajo.**

1. What does the word **trabajar** mean?

2. You have learned that the verbs **ser** and **tener** have different forms depending upon the subject. The verb **trabajar** also has different forms. Looking at the different forms of the verb **trabajar** in the conversation, complete the following chart.

yo _____   nosotros(as) trabajamos

tú _____   vosotros(as) trabajáis

él, ella, usted _____   ellos, ellas, ustedes _____

A comprobar

Regular -ar verbs

1. An infinitive is a verb in its simplest form. It conveys the idea of an action, but does not indicate who is doing the action. The following are verbs in their infinitive form. You will notice that their English translations are all *to _____*.

ayudar	*to help*	**esquiar**	*to ski*	**necesitar**	*to need*
bailar	*to dance*	**estudiar**	*to study*	**practicar (deportes)**	*to practice (to play sports)*
buscar	*to look for*	**hablar (por teléfono)**	*to talk (on the phone)*	**preguntar**	*to ask*
cantar	*to sing*				
caminar	*to walk*	**limpiar**	*to clean*	**regresar (a casa)**	*to return (home)*
cocinar	*to cook*	**llamar**	*to call*		
comprar	*to buy*	**llegar**	*to arrive*	**tomar (café)**	*to take, to drink (coffee)*
desear	*to want, to desire*	**mirar (la tele)**	*to look, to watch (TV)*		
enseñar	*to teach*			**trabajar**	*to work*
escuchar	*to listen*	**nadar**	*to swim*	**viajar**	*to travel*

2. You learned that the verbs **ser** and **tener** must be conjugated in agreement with the subject. In other words, they have different forms that indicate who the subject is. The verbs in the list on page 57 all end in **-ar** and are all conjugated in the same way. To form a present tense verb, the **-ar** is dropped from the infinitive and an ending is added that reflects the subject (the person doing the action).

INVESTIGUEMOS LA GRAMÁTICA
When telling where someone travels to, you will need to use the preposition **a** with the verb **viajar.**
Mi familia **viaja a** Puerto Rico.
*My family **travels to** Puerto Rico.*

llegar

yo	-o	llego	nosotros(as)	-amos	llegamos
tú	-as	llegas	vosotros(as)	-áis	llegáis
él, ella, usted	-a	llega	ellos, ellas, ustedes	-an	llegan

3. When using two verbs together that are dependent upon each other, the second verb remains in the infinitive.

> Él **necesita viajar** mucho.
> *He needs to travel a lot.*

> Ellas **desean estudiar** inglés.
> *They want to study English.*

However, notice that both verbs are conjugated in the following sentences because they are not dependent on each other.

> Yo **estudio** en la universidad y **trabajo** en un restaurante.
> *I **study** in the university and **work** in a restaurant.*

> Édgar **nada, esquia** y **practica** el tenis.
> *Édgar **swims, skis,** and **plays** tennis.*

4. When creating a negative statement, place the word **no** in front of the verb.

> Ella **no** baila bien.
> *She **doesn't** dance well.*

> No, yo **no** trabajo.
> *No, I **don't** work.*

5. In order to create a simple yes/no question, it is not necessary to use helping words. Simply place the subject after the verb and change the intonation, raising your voice at the end.

> ¿Estudias tú mucho?
> *Do you study a lot?*

> ¿Habla usted español?
> *Do you speak Spanish?*

INVESTIGUEMOS LA GRAMÁTICA
When the recipient of the action (direct object) is a person or a pet, an **a** is used in front of the object. This is known as the **a personal.** It is not translated into English and is not used with the verb **tener.** You will learn more about this concept in **Capítulo 7.**
Los estudiantes buscan **a** la profesora.
Los niños llaman **a** los perros.

A practicar

2.26 **Mi familia y mis amigos** Decide which of the two phrases best completes the sentences. ¡OJO! You must decide which verb ending agrees with the subject.

1. Mi padre...
   a. mira la tele mucho
   b. miran la tele mucho

2. Mis padres...
   a. viaja mucho
   b. viajan mucho

3. Mi esposo...
   a. baila bien
   b. bailan bien

4. Mi hermana...
   a. toma mucho café
   b. toman mucho café

5. Mis amigos...
   a. estudia mucho
   b. estudian mucho

6. Mi profesor de español...
   a. trabaja en la oficina
   b. trabajan en la oficina

2.27 **Un día ocupado** Fedra and Bruno are very busy. Look at the drawings and describe what they do on a typical day.

Modelo *Fedra y Bruno toman un café.*

1.

2.

3.

4.

5.

2.28 **¡Yo también!** Place a check mark next to four of the following activities that you do. Then, find four different classmates, each of whom also does one of those activities. When you are finished, report to the class something that you and another classmate both do using the **nosotros** form.

_____ buscar un trabajo

_____ viajar con frecuencia (*frequently*)

_____ mirar la tele mucho

_____ trabajar en un restaurante

_____ cantar bien

_____ cocinar

_____ hablar mucho por teléfono

_____ llamar a un amigo con frecuencia

_____ escuchar la radio

_____ usar la computadora

_____ nadar

_____ comprar muchos regalos (*gifts*)

_____ esquiar

_____ ¿?

2.29 **La familia de Gabriela** Complete the paragraph with the correct form of the verb in parentheses.

Yo (**1.**) _____ (ser) Gabriela, y mi esposo Nicolás (**2.**) _____ (trabajar) en un hospital. Él (**3.**) _____ (pasar – *to spend*) mucho tiempo en el trabajo. Nuestros dos hijos Dora y Ernesto (**4.**) _____ (estudiar) en la universidad. Mi esposo necesita (**5.**) _____ (trabajar) mucho, pero nosotros siempre (**6.**) _____ (tener) vacaciones en julio. La familia (**7.**) _____ (viajar) a Bariloche, Argentina, y nosotros (**8.**) _____ (esquiar). Yo no (**9.**) _____ (esquiar) muy bien, pero es muy divertido.

Cultura

What determines whether a group is considered a family? The painting entitled *La familia presidencial* (1965) was created by Colombian artist Fernando Botero. With this painting, the artist consolidated his now famous style of fat figures. Look at the painting. Do you think that they are a blood family, or are they related in a different way? Can you think of any other groups of people who are considered to be like families?

La familia presidencial de Fernando Botero.

Digital Image © The Museum of Modern Art/Licensed by SCALA/Art Resource, NY. © Fernando Botero, courtesy Marlborough Gallery, New York.

Investiga en Internet el artista colombiano, Fernando Botero.

Comunidad

Families play a huge role within the different Hispanic cultures. What about in your community? Are there organizations within your community that support families? Make a list of those organizations, and contact them to find out what services are available for Spanish-speaking people.

Mi familia y yo pasamos mucho tiempo juntos.

© Golden Pixels LLC/Shutterstock

Comparaciones

What are some of the important events that bring families together in the United States? In Spain and Latin American countries there are numerous events that allow families to get together. Some are religious celebrations such as Christmas (**Navidad**) and **las Posadas,** the nine days of celebration before Christmas re-enacting Mary and Joseph's search for shelter; others are non-religious celebrations such as Mother's Day, Father's Day, Children's Day, and any birthday or anniversary within a family. The **quinceañera,** the 15th birthday of a girl, is a particularly important celebration.

Although the celebrations may seem very similar, there might be important differences. For example, in Mexico Mother's Day is always on May 10th, so it could be any day of the week. Many companies organize activities to honor mothers, and oftentimes allow employees to leave early so they can take their mothers out to eat. If it falls on a weekend, many people will hire a mariachi group and serenade their mothers.

Children's Day takes place on April 30th. It is usually celebrated with big parties at schools, city parades with clowns, and other types of entertainments. Many organizations will give away toys or other items for children on this day. This photo and the one on the previous page are of family events in Latin America. How are these photos similar to ones you might take during your own family events? How are they different?

La Quinceañera es una celebración importante.

Conexiones... a la sociología

In Spanish-speaking countries, the family is very important. It is common for the children to live with their parents until they marry. How can this impact other areas of the society (for example, housing, jobs, eating habits, etc.)? Does it have any impact on the life of college students? What do you think are advantages and disadvantages of living with your family until getting married?

Es común vivir con la familia hasta casarse.

Exploraciones **gramaticales**

A analizar

Read the paragraph in which Gabino describes his family, and note the words in bold. Then answer the questions below.

> **Mi** familia no es muy grande. **Mis** padres se llaman Enrique y Angélica, y **mi** hermana se llama Chantal. Tenemos dos mascotas; **nuestra** perra se llama Bibi y **nuestro** gato se llama Félix.

The words in bold are used to show possession.

1. What are the two ways of expressing *my* in Spanish? What is the difference between the two forms? Why do you think they are different?

2. What are the two forms of **nuestro** in the paragraph? What is the difference between the two forms? Why do you think they are different?

A comprobar

Possessive adjectives

mi(s)	*my*	**mi** hermano, **mis** hermanos
tu(s)	*your*	**tu** primo, **tus** primos
su(s)	*his, her, its, your*	**su** mascota, **sus** mascotas
nuestro(s),	*our*	**nuestro** primo, **nuestros** primos,
nuestra(s)		**nuestra** prima, **nuestras** primas
vuestro(s),	*your*	**vuestro** tío, **vuestros** tíos,
vuestra(s)		**vuestra** tía, **vuestras** tías
su(s)	*their, your*	**su** abuelo, **sus** abuelos

1. Similar to other adjectives, possessive adjectives agree in number (singular/plural) with the object they modify (that is, the object that is owned or possessed).

   Mi familia es muy grande.
   My family is very large.

   Sus padres hablan italiano.
   His parents speak italian.

2. **Nuestro** and **vuestro** agree in gender (masculine/feminine) as well as in number.

   Nuestra gata se llama Lili.
   Our cat is named Lili.

   ¿Cómo se llaman **vuestras hijas**?
   What are your daughters' names?

© Sean Locke/iStockphotos

3. In Spanish, the 's does not exist. Instead, if you want to be more specific about who possesses or owns something, it is necessary to use **de**.

> Es la casa **de mi hermano.**
> It is **my brother's** house.
>
> Es **su** casa.
> It is **his** house.
>
> Ella es la hija **de Patricia.**
> She is **Patricia's** daughter.
>
> Ella es **su** hija.
> She is **her** daughter.

4. Just as there are contractions in English (can't, don't), there are also contractions in Spanish. However, these contractions are not optional. When using **de** in front of the masculine article **el**, it forms the contraction **del (de + el = del)**. **De** does not contract with the other articles.

> Macarena es la esposa **del** profesor.
> *Macarena is the professor's wife.*
>
> Max es el perro **de la** familia Pérez.
> *Max is the Pérez family's dog.*

A practicar

2.30 **¿De quién es?** Match the objects with the instructor they belong to and form a sentence.

Modelo el libro de Nietzche/el profesor de filosofía
El libro de Nietzsche es del profesor de filosofía.

1. el libro de Don Quijote
2. los mapas
3. el cartel de París
4. los exámenes de álgebra
5. la computadora
6. los lápices de color

a. la profesora de francés
b. el profesor de arte
c. la profesora de matemáticas
d. la profesora de español
e. el profesor de geografía
f. el profesor de informática

2.31 **Mi familia** Indicate whether each of the sentences requires **mi** or **mis**.

1. (Mi/Mis) madre es bonita.
2. (Mi/Mis) padre es alto.
3. (Mi/Mis) hermanas son cómicas.
4. (Mi/Mis) perro es pequeño.
5. (Mi/Mis) abuelos son simpáticos.
6. (Mi/Mis) amigos son inteligentes.

2.32 **Su familia** Complete the following paragraph with the correct form of **su** or **sus.**

Alberto, David y Óscar son hermanos y tienen un apartamento en Lima. **(1.)** _____ apartamento es pequeño, pero cómodo. Alberto y David comparten (*share*) un cuarto (*bedroom*) y hay muchos carteles en **(2.)** _____ cuarto. **(3.)** _____ hermano, Óscar, tiene un cuarto pequeño. Él tiene dos gatos y un perro. **(4.)** _____ animales molestan (*bother*) mucho a **(5.)** _____ hermanos porque **(6.)** _____ perro siempre está en el sofá y **(7.)** _____ gatos siempre están en la mesa.

El perro de mi hermano siempre está en el sofá.

© Bryan Firestone/Shutterstock

2.33 ¿De quién es? Andrés' mother is cleaning the living room where her children have left their things. She is unsure about what belongs to him and what belongs to his sister, Ana. With a partner, take turns playing Andrés and his mother. Look at the picture to decide how Andrés answers her questions. Be sure to use the correct possessive adjective in the proper form.

Modelo

Estudiante 1 (madre):   *¿De quién* (Whose) *es el cuaderno?*
Estudiante 2 (Andrés):   *Es su cuaderno.*
Estudiante 2 (madre):   *¿De quién son los papeles?*
Estudiante 1 (Andrés):   *Son mis papeles.*

1. ¿De quién es la mochila?
2. ¿De quién son los libros?
3. ¿De quién es el diccionario?
4. ¿De quién es el cartel?
5. ¿De quién son los bolígrafos?
6. ¿De quién es la soda?
7. ¿De quién es la pizza?
8. ¿De quién son los CDs?

2.34 Las cosas *(things)* de nuestros parientes Describe the following items that your family owns and ask your partner about the items his/her family owns.

Modelo el televisor

Estudiante 1: *Nuestro televisor es nuevo. ¿Cómo es su televisor?*
Estudiante 2: *Nuestro televisor es pequeño.*

1. la casa/el apartamento
2. el auto/los autos
3. la mascota (el perro, el gato, los peces, etc.)
4. la computadora
5. los primos
6. la familia

Redacción

Write a letter to a pen pal and tell him or her about your family and your classes.

Paso 1 Jot down a list of the members of your family.

Paso 2 Beside each person, write down his or her age and two adjectives that describe the person. Be sure to use different adjectives for each person so your paragraph will not be repetitive.

Paso 3 Jot down a list of the classes you are taking.

Paso 4 Choose one of the classes in the list and give an adjective to describe it (**fácil, difícil, aburrido, interesante,** etc). Then jot down a series of phrases about it including the following: how many students are in the class and what they are like, and who the teacher is and what he or she is like.

Paso 5 Start your letter with **Hola** or **¿Qué tal?** (*greetings*) and introduce yourself to your pen pal. Tell your pen pal something about yourself, such as where you are from, your age, or what you are like.

Paso 6 Tell your pen pal whether you have a large or small family. Then tell who each of the members of your family are and give your pen pal some information about each one using the ideas you generated in **Paso 2.**

Paso 7 Begin a second paragraph telling your pen pal that you are a student and where you are studying.

Paso 8 Tell your pen pal what classes you have this semester. Then introduce the class you brainstormed ideas for in **Paso 4,** giving your opinion of the class.

Paso 9 Using the information you generated in **Paso 4,** describe the class.

Paso 10 Finish the letter with **Hasta pronto** or **Tu amigo(a).**

Paso 11 Edit your letter:

1. Are there any sentences that are irrelevant to the topic? If so, get rid of them.
2. Are there any spelling errors?
3. Do your adjectives agree with the person/object they describe?
4. Do your verbs agree with the person doing the action?
5. Are there any sentences you can join using **y** or **pero**?

Lectura

Reading Strategy: Predicting
Read through the comprehension questions before reading the article. This will help give you a better idea as to what to expect.

Antes de leer

What does the modern American family look like? What do you think the modern Latin American family looks like?

A leer

La familia típica latinoamericana

change

Es difícil hablar de una familia típica latinoamericana, especialmente porque en todas las sociedades las familias **cambian** para adaptarse a los tiempos modernos. La familia típica latinoamericana urbana tiene pocos hijos, y el hombre y la mujer trabajan. Las familias extendidas son muy importantes, pero en la mayoría de las casas no **viven** muchos familiares: en México, en **promedio** viven 4.2 personas en una casa. En el 74% de las casas viven solamente los padres y los hijos, y solo en el 26% de las casas viven otros

live
average

En México, en promedio viven 4.2 personas en una casa.

© Andy Dean Photography/Shutterstock

such as

[las familias extendidas son muy importantes]

miembros de la familia **como** abuelos, nietos, u otros familiares. Evidentemente, para los mexicanos es muy importante ayudar a los miembros de la familia, pero solo en una de cuatro casas vive un miembro de la familia extendida.

Otro cambio importante es el del **papel** de la mujer. La mayoría de las familias está **encabezada por** hombres, pero el número de familias encabezadas por mujeres **está aumentando** rápidamente.

role
headed by
is increasing

Algunos datos de las familias mexicanas son un buen ejemplo de la tendencia general en Latinoamérica:

- El 75% de las familias nucleares mexicanas tienen hijos.

- El 21% de las familias son parejas que viven en unión libre y no tienen hijos.

- En México hay solamente 7 divorcios por cada 100 matrimonios.

- En la Ciudad de México, las uniones civiles entre miembros del mismo sexo son legales.

Source: DIF (Sistema Nacional para el Desarrollo Integral de la Familia).

El número de familias encabezadas por mujeres está aumentando.

Comprensión

Decide whether the following statements are true or false. Correct any false statements.

1. Las mujeres latinoamericanas no trabajan.
2. La familia extendida es muy importante.
3. Ahora hay más (*more*) familias encabezadas por mujeres.
4. En la mayoría de las casas viven tres generaciones (los abuelos, los padres y los hijos).
5. Pocos matrimonios terminan en divorcio.
6. ¿Cómo se comparan estas estadísticas a las de los Estados Unidos?

Después de leer

With three or four other classmates, discuss the following questions:

¿Es importante la familia para ti?
¿Qué personas consideras tú como parte de tu familia?
¿Qué actividades haces (*do you do*) con tu familia?

Vocabulario

Sustantivos

el aprendizaje	*learning*
el departamento	*department*
el/la director(a)	*principal*
las horas de clase	*class hours*
la prueba	*quiz*

Adjetivos

aplicado	*studious*
estricto	*strict*
estudioso	*studious*
flexible	*flexible*
organizado	*organized*

Verbos

atrasarse	*to get behind*
calificar	*to grade*
copiarse	*to cheat*
entregar	*to deliver; to hand over*
faltar	*to be absent*
pasar al frente	*to speak in front of the class*
repasar	*to review*

Frases útiles

Su hijo(a) tiene dificultades en....
Your son or daughter has trouble in . . .

¿Entendieron?
Did you understand?

¿Tienen preguntas?
Do you have any questions?

Los trabajos deben estar hechos en computadora.
The papers should be typed.

Por favor, vaya a la oficina del (de la) director(a).
Please go to the principal's office.

La semana que viene hay examen.
You will have an exam next week.

Hoy vamos a estudiar los adjetivos posesivos.

© GoGo Images/JupiterImages

DATOS IMPORTANTES

Educación: Licenciatura o Maestría en Educación o materia específica, como español, historia, matemáticas, etcétera. Algunas escuelas aceptan licenciaturas. Muchos estados requieren una certificación estatal adicional.

Salario: Entre $40 000 y $100 000, dependiendo de la escuela, los títulos y las horas de clases.

Dónde se trabaja: Escuelas públicas y privadas, facultades comunitarias y centros de educación para adultos.

Alejandro Blanco es un maestro con mucha experiencia. Enseña historia en una escuela secundaria pública. En el video hay una entrevista entre Alejandro y la directora de una escuela privada de Miami, donde desea trabajar.

Antes de ver

Interviews are one of the most important steps toward getting a job. In the case of a teacher who wants to work in a private school, what questions do you think he or she will be asked? How do you think speaking Spanish might help someone get a teaching job? What would be a good strategy when interviewing for a job in teaching?

Comprensión

Answer the following questions according to the video.

© Heinle/Cengage Learning

1. ¿Qué enseña el Sr. Blanco?
2. ¿Cuántos años de experiencia tiene como maestro en Boston?
3. ¿Tiene experiencia en Florida? ¿Dónde?
4. ¿Con quién habla español el Sr. Blanco?
5. ¿Qué tipo de maestro es el Sr. Blanco?
6. ¿La directora le ofrece el puesto (position) al Sr. Blanco?

Después de ver

In groups of three, play the role of a teacher and two students. The teacher will tell the students what to expect from their class (quizzes, tests, projects, etc.). The students will ask the teacher questions to be sure they know what they need to do to succeed in the class.

2.35 **La Universidad de Puerto Rico** Complete the paragraph with the appropriate form of the verb or the possessive in parentheses.

(**1.**) _____ (mi) hermana Victoria y yo (**2.**) _____ (estudiar) en la Universidad de Puerto Rico. (**3.**) _____ (nuestro) clases son difíciles y nosotras (**4.**) _____ (tener) mucha tarea. Los profesores son muy amables y (**5.**) _____ (ayudar) mucho. Yo (**6.**) _____ (tener) tres clases: cálculo, biología e inglés. La clase de inglés es muy interesante, y yo (**7.**) _____ (hablar) bien. Victoria (**8.**) _____ (tener) cuatro clases. Ella (**9.**) _____ (tomar) historia, filosofía, literatura y francés. (**10.**) _____ (su) clases favoritas son las de historia y de literatura.

2.36 **Así es mi familia** Add the adjectives in parentheses to the sentences. Be sure to put them in the proper place and in the proper form (masculine, feminine, singular, plural).

1. Tengo una familia. (interesante)
2. Tengo dos hermanas. (pequeño)
3. No tenemos mascotas. (mucho)
4. Tenemos un perro. (cariñoso)
5. Tenemos una gata. (perezoso)
6. Tengo familiares en la ciudad (*city*) donde vivo. (vario)

2.37 **¿Cómo son?** Using the descriptive adjectives in parentheses and the possessive adjectives (**mi, tu, su,** etc.), tell what the family members and pets of the people below are like. ¡OJO! Be sure to use the correct form of the possessive and descriptive adjectives.

Modelo Natalia tiene perros. (agresivo)   *Sus perros son agresivos.*
　　　　Mi hermano tiene una esposa. (rubio)   *Su esposa es rubia.*

1. Geraldo tiene una hermana. (simpático)
2. Mis abuelos tienen gatos. (cariñoso)
3. Nosotros tenemos un caballo. (viejo)
4. Tú tienes primos. (cómico)
5. Yo tengo una sobrina. (bonito)
6. Rufina tiene hijos. (grande)

Tenemos un caballo.

2.38 **En familia** In groups of three or four, each student chooses a different photo to describe to the rest of the group. Tell the following about the people in the photo: their names, what their relationship is, how old they are, what they are like, and what they are doing.

2.39 **Datos personales** Working with a partner, one of you will look at the chart below and the other will look at the chart in the Appendix A. Take turns asking questions in order to fill in the missing information.

Modelo *¿Cuántos años tiene Diego?*   *Diego tiene veinte años.*
         ¿Qué parientes hay en la familia de Diego?   *Diego tiene dos hermanos.*
         ¿Qué clase tiene Diego?   *Diego tiene informática.*
         ¿Diego estudia ahora (now)?   *No, Diego limpia la casa.*

Nombre	Edad	Familia	Clase	Actividad
Diego	20	dos hermanos	informática	limpia la casa
Alonso	18		química	
Magdalena	22	padrastro		baila salsa
Cristina			historia	
Pablo		dos hijos	arte	
Gabriel		una hermana		mira la tele
Rufina	41			toma un café

◀))Vocabulario 1
CD1-12

Las materias académicas

el alemán	*German*	la física	*Physics*
el álgebra	*Algebra*	el francés	*French*
el arte	*Art*	la geografía	*Geography*
la biología	*Biology*	la geometría	*Geometry*
el cálculo	*Calculus*	la historia	*History*
las ciencias naturales	*Natural Science*	la informática	*Computer Science*
		la ingeniería	*Engineering*
las ciencias políticas	*Political Science*	el inglés	*English*
		la literatura	*Literature*
las ciencias sociales	*Social Science*	las matemáticas	*Mathematics*
		la música	*Music*
la criminología	*Criminology*	los negocios	*Business*
la economía	*Economy*	el periodismo	*Journalism*
la educación física	*Physical Education*	la psicología	*Psychology*
		la química	*Chemistry*
la expresión oral	*Speech*	la redacción	*Writing*
		el teatro	*Theater*
la filosofía	*Philosophy*	la veterinaria	*Veterinary Medicine*

Expresiones con *tener*

tener… años	*to be … years old*	tener (mucho) miedo	*to be (very) afraid*
tener (mucho) calor	*to be (very) hot*	tener (mucha) prisa	*to be in a (big) hurry*
tener (mucho) cuidado	*to be (very) careful*	tener (mucha) razón	*to be right*
tener (mucho) éxito	*to be (very) successful*	tener (mucha) sed	*to be (very) thirsty*
tener (mucho) frío	*to be (very) cold*	tener (mucho) sueño	*to be (very) sleepy*
tener (mucha) hambre	*to be (very) hungry*	tener (mucha) suerte	*to be (very) lucky*

Palabras adicionales

el (la) compañero(a) de clase	*classmate*	mucho	*a lot*
el curso	*term*	la nota	*grade*
el examen	*exam*	poco	*a little, few*
las lenguas	*languages*	la tarea	*homework*
		varios	*several*

Diccionario personal

_____

_____

◄》Vocabulario 2

CD1-13

La familia

el (la) abuelo(a)	*grandfather/ grandmother*
el (la) amigo(a)	*friend*
el (la) cuñado(a)	*brother-in-law/ sister-in-law*
el (la) esposo(a)	*spouse*
el (la) hermanastro(a)	*stepbrother/ stepsister*
el (la) hermano(a)	*brother/sister*
el (la) hijo(a)	*son/daughter*
la madrastra	*stepmother*
la madre (mamá)	*mother*
el (la) medio(a) hermano(a)	*half brother/ half sister*

el (la) nieto(a)	*grandson/ granddaughter*
el (la) novio(a)	*boyfriend/ girlfriend*
el padrastro	*stepfather*
el padre (papá)	*father*
la pareja	*couple; partner*
el pariente	*relative*
el (la) primo(a)	*cousin*
el (la) sobrino(a)	*nephew/niece*
el (la) suegro(a)	*father-in-law/ mother-in-law*
el (la) tío(a)	*uncle/aunt*

Las mascotas

el caballo	*horse*
el (la) gato(a)	*cat*
el pájaro	*bird*

el (la) perro(a)	*dog*
el pez	*fish*
el ratón	*mouse*

Los verbos

ayudar	*to help*
bailar	*to dance*
buscar	*to look for*
caminar	*to walk*
cantar	*to sing*
cocinar	*to cook*
comprar	*to buy*
desear	*to wish*
enseñar	*to teach*
escuchar	*to listen*
esquiar	*to ski*
estudiar	*to study*
hablar (por teléfono)	*to talk (on the phone)*

limpiar	*to clean*
llamar	*to call*
llegar	*to arrive*
mirar (la tele)	*to look, to watch (TV)*
nadar	*to swim*
necesitar	*to need*
practicar (deportes)	*to practice (to play sports)*
preguntar	*to ask*
regresar (a casa)	*to return (home)*
tomar (café)	*to take, to drink (coffee)*
trabajar	*to work*
viajar	*to travel*

Diccionario personal

_____

_____

Gustavo Adolfo Bécquer
Biografía
Gustavo Adolfo Bécquer (1836–1870) was a Spanish writer associated with the post-romanticism movement. Some of his recurrent topics are the night, love, human fragility, and death. His best known book was *Rimas y leyendas*, a collection of poems and tales that has become an essential reading for anyone studying Spanish literature.

© Felipe Rodríguez/age fotostock

Antes de leer

1. In your opinion, what is poetry?

2. Have you ever written a poem?

3. Based on the title, what do you think this poem is going to be about?

¿Qué es poesía?

while you pierce

¿Qué es poesía?, dices **mientras clavas**
En mi pupila tu pupila azul.
¡Qué es poesía! ¿Y tú me lo preguntas?
Poesía eres tú.

Rimas, Rima XXI.

© OlgaLis/Shutterstock

Después de leer

A. Comprensión

1. To whom is the poetic voice talking?

2. In your opinion, what is meant by the last line, "Poesía eres tú"?

B. Conversemos

1. Why do people write poetry?

Investiguemos la literatura: La voz poética

The poetic voice is the person that speaks in the poem. It would be incorrect to say that the poet is actually speaking. He or she usually takes on the persona of someone in a particular situation. As you read through a poem, it is important to ask yourself who is speaking.

Gloria Fuertes
Biografía
Gloria Fuertes (1917–1998) was a Spanish writer born in Madrid. She wrote her first poem at the age of fourteen and published her first poems in 1935. She continued writing during the Spanish Civil War (1936–1939) while working as an accountant and a secretary. The civil war had a profound effect on her as she struggled to understand how modern civilizations could go to war over things of little importance with no concern for the children destroyed by it. As a result, a large percentage of her works were written for children.

Antes de leer

1. What do you know about Somalia?
2. What would you expect a poet to write about children in Somalia?

Niños de Somalia

eat

Yo **como**
Tú comes
Él come
Nosotros comemos
Vosotros coméis
¡Ellos no!

Authorized by Luz María Jimenez, heiress of Gloria Fuertes.

Después de leer

A. Comprensión

1. According to the poem, who eats? Who does not?
2. What do you think is the message of the poem?

B. Conversemos

1. Both Becquer's poem and Fuertes' poem are simple, but they are very different in style. Which poem do you prefer? Why?
2. Do you enjoy reading poetry? Why?

Investiguemos la literatura: Interpretación

It is important to realize that there are often multiple interpretations of a literary piece. Each reader brings his or her own experiences to the reading, and these experiences influence his or her interpretation. So don't be afraid to express your ideas. Look for ways to support them with a part or parts of the text.

Learning Strategy

Understand before moving on

Learning a foreign language is like learning math: you will continue to use what you have already learned and to build upon that knowledge. Therefore, if you find you don't understand something, make an appointment to see your instructor or a tutor right away in order to get some extra help.

In this chapter you will learn how to:

- Communicate dates, time, and seasons
- Talk about the weather
- Discuss clothing
- Discuss your likes and dislikes
- Use question words to ask for specific information

© Christopher Pillitz/Getty Images

¿Cuál es la fecha? ¿Qué día es hoy?

Días de la semana	Meses		Palabras adicionales	
lunes	enero	julio	**el cumpleaños**	*birthday*
martes	febrero	agosto	**la fecha**	*date*
miércoles	marzo	septiembre	**hoy**	*today*
jueves	abril	octubre	**mañana**	*tomorrow*
viernes	mayo	noviembre	**todos los días**	*every day*
sábado	junio	diciembre		
domingo				

1. To tell time, the verb **ser** is used. Use **es la** with **una** and **son las** with all other hours.
   ¿Qué hora es?   *What time is it?*
   Son las tres.   *It's three o'clock.*   **Es** la una.   *It's one.*

2. To tell time from the hour to the half hour (1–30 minutes), use **y** between the hour and the minutes. To tell time after the half hour (31–59 minutes), use **menos** and the minutes until the next hour.

   Son las siete **y** cinco.   Son las tres **menos** veinte.

3. Use **cuarto** to express a quarter before or after the hour, and use **media** to express half past the hour.

   Son las diez y **cuarto.**   Son las once menos **cuarto.**   Son las ocho y **media.**

4. It is also common to express time as read on a digital clock.
   Es la una y cincuenta.   *It's one fifty.*   **Son las seis y quince.**   *It's six fifteen.*

5. To ask or tell at what time something is done, use the preposition **a.**
   ¿A qué hora trabajas?   *At what time do you work?*
   Trabajo **a** las cuatro de la tarde.   *I work at 4:00 in the afternoon.*

6. To express *A.M.* or *P.M.*, use the following expressions: **de la mañana** (*in the morning*), **de la tarde** (*in the afternoon*), and **de la noche** (*in the evening*). To express *noon* use **mediodía** and to express *midnight* use **medianoche.**

Práctica

3.1 **Escucha y responde** Write the word **mes** on one piece of paper and **día** on another. Listen to a list of months and days of the week. If you hear a month hold up **mes**; if you hear a day of the week, hold up **día.**

CD1-14

3.2 **En orden** Complete the following sequences with the missing word.

1. enero, febrero, marzo, _____
2. viernes, sábado, _____
3. lunes, miércoles, _____
4. septiembre, octubre, _____
5. lunes, martes, _____
6. junio, julio, _____
7. jueves, sábado, _____
8. mayo, agosto, noviembre, _____

3.3 **¿Qué hora es?** Look at the clocks and tell what time it is.

1.   2.   3.   4.   5.   6.

3.4 **La tele** With a partner, take turns asking what times the shows are on and using the television listing to answer your partner's questions.

PROGRAMACIÓN
○ Películas ○ Especiales ○ Deportes ○ Nuevos

Jueves 10 de agosto

		14:00	14:30	15:00	15:30	16:00	16:30	17:00	17:30	18:00	18:30
Galavisión	Cable 10	Héroe	El Amor no	El Chapulín Colorado		Laura en América				La Oreja	
Canal 22	Cable 22	TV UNAM	De Cine	Película se Anunciará			México	La Magia de la Naturaleza		Ciencia Cierta	
Discovery Channel	Cable 35	MythBusters: Cazadores		Cazadores de Monstruos		Adictos	Adictos	Rides 3		Los Archivos del FBI	
TNT	Cable 37	(:15)★★"Aprendiendo a Vivir" (1995) Peter Falk, D.B. Sweeney.				★ "Las Aventuras de Rocky y Bullwinkle" (2000)				Harry Potter	
Cine Canal	Digital 482	"Vacaciones en Familia"		(:10)★★★ "Las Ballenas de Agosto" (1987, Drama)				(4:55) "Durmiendo con el Enemigo"			Seducción
Movie City	Digital 480	(1:40)★★"Dos Ilusiones" (2004)			(:35) "A los 30 Años" (Francia, 2004)				(:20) ★ "Gritos del Más Allá (2005)		

¿A qué hora es… ?

1. "El Chapulín Colorado"
2. "Los Archivos del FBI"
3. "México"
4. *Dos Ilusiones*
5. *A los 30 Años*
6. *Aprendiendo a vivir*
7. *Durmiendo con el Enemigo*
8. *Gritos del Más Allá*

3.5 **Entrevista** Working with a partner, take turns asking and answering the following questions.

1. ¿Cuándo es tu cumpleaños?
2. ¿Cuándo es el cumpleaños de tu mejor (*best*) amigo?
3. ¿Cuál es tu día feriado (*holiday*) favorito? ¿Cuándo es?
4. ¿Qué mes del año es tu favorito?
5. ¿Qué días tienes clases? ¿A qué hora es tu primera clase de la semana?
6. ¿Trabajas? ¿Qué días trabajas? ¿Normalmente a qué hora trabajas?

What information does a theater listing generally have? Check the theater listing
from a tourist guide to see if that information is included. Then answer the following
questions: ¿Qué obras (*plays*) presentan el sábado 7 de noviembre? ¿A qué hora y qué
día presentan *Julieta y Romeo*? ¿Qué días hay una obra a la una de la tarde?

N O V I E M B R E

Resumen del 8 encuentro de Teatro

Miércoles	4	**La Prohibida** 18:00 hrs. **Soplador de Estrellas** 20:00 hrs.
Jueves	5	Roma al Final de la Vía 20:00 hrs.
Viernes	6	**Anatol** 20:00 hrs. **Javiera en el Acuario de los Peces Rotos** 20:00 hrs.
Sábado	7	La Inútil Precaución 13:00 hrs. ¡Ay Carmela! 20:00 hrs.
Domingo	8	**El Gran Teatro del Mundo** 13:00 hrs. **Voces en el Umbral** 20:00 hrs. **El Circo: Maroma y Teatro** 19:00 hrs.
Lunes	9	Opción Múltiple 18:00 hrs. Barrionetas 20:00 hrs.
Martes	10	**Pedro y el Capitán** 18:00 hrs.
Miércoles	11	Sazón de Mujer 20:00 hrs. Los Invisibles 20:00 hrs. Clavos de Plata 20:00 hrs.
Jueves	12	**El Cepillo de Dientes o Naufragos en el Parque de Atracciones** 20:00 hrs.
Viernes	13	Sólo para Machos 18:00 hrs Julieta y Romeo 20:00 hrs.
Sábado	14	**Las Preciosas Ridículas** 13:00 hrs. **Historias de Vivos y Muertos** 18:00 hrs.
Domingo	15	Salvemos el Bosque 13:00 hrs. El Libertino 18:00 hrs. Mentir está Barato 20:00 hrs.
Lunes	16	**La Maestra** 18:00 hrs. **La Revolución** 20:00 hrs.
Martes	17	Ni Esclavo ni Amo, Simplemente Cucurumbé 18:00 hrs. Para ti... Sor Juana 20:00 hrs.
Miércoles	18	**Un pañuelo el mundo es** 18:00 hrs. **Los enemigos** 20:00 hrs.

Más allá

Find a local theater listing or one from a city near where you live and choose one of the plays.
Then answer the following questions in Spanish.

1. ¿Cómo se llama la obra?
2. ¿Qué días presentan la obra?
3. ¿A qué hora?
4. ¿Cuánto cuesta la entrada? (*How much does the ticket cost?*)

A analizar

Read the paragraph, paying particular attention to the verb **gustar.** Then answer the questions.

> Yo soy Alonso y soy un estudiante colombiano. **Me gusta** el mes de diciembre porque **me gusta** mucho la Navidad. **Me gustan** las decoraciones y la comida especial. ¡Y **me gustan** mucho las fiestas con amigos! También **me gusta** escribir y recibir tarjetas (*cards*), pero no **me gusta** el frío, y aquí hace frío en diciembre.

1. The verb **gustar** is used to express likes and dislikes. What do you think **me gusta** means?
2. When is **gusta** used? And **gustan**?

A comprobar

Me gusta/te gusta/le gusta

1. The Spanish equivalent of *I like* is **me gusta,** which literally means *it pleases me.* The expressions **me gusta** (*I like*), **te gusta** (*you like*), and **le gusta** (*he/she likes*) are followed by singular nouns.

> **Me gusta** el chocolate.
> *I like chocolate. (Chocolate **pleases me.**)*
>
> **¿Te gusta** la pizza?
> *Do **you like** pizza? (Does pizza **please you**?)*
>
> **Le gusta** la comida mexicana.
> *He/She likes Mexican food. (Mexican food **pleases him/her.**)*

2. The expressions **me gustan, te gustan,** and **le gustan** are followed by plural nouns.

> **Me gustan** los animales.
> *I like animals. (Animals **please me.**)*
>
> **¿Te gustan** tus clases?
> *Do **you like** your classes? (Do your classes **please you**?)*
>
> **Le gustan** el béisbol y el fútbol.
> *He/She likes baseball and football.*
> *(Baseball and soccer **please him/her.**)*

3. When followed by a verb or a series of verbs, the singular form of **gusta** is always used.

> Me **gusta** correr y nadar.
> *I like to run and swim.*

> Le **gusta** leer novelas de ciencia ficción.
> *He/She likes to read science fiction novels.*

4. Contrary to English, when using **gustar** with a noun, you must use the definite article as well.

> Me gustan **las ciencias.**
> *I like science.*
>
> ¿Te gusta **el café?**
> *Do you like coffee?*

5. To clarify who *he* or *she* is, it is necessary to use an **a** in front of the name.

> **A** Mario le gustan los perros.
> *Mario likes dogs.*
>
> **A** Alba le gusta cocinar.
> *Alba likes cooking.*

6. To express different degrees, use the terms **mucho** (*a lot*), **un poco** (*a little*), and **para nada** (*not at all*).

> Me gustan **mucho** los fines de semana.
> *I like the weekends a lot.*
>
> Me gusta **un poco** la clase.
> *I like the class a little.*
>
> ¡No me gustan los exámenes **para nada!**
> *I don't like exams at all!*

> **INVESTIGUEMOS EL VOCABULARIO**
>
> When using **gusta** with people, it has a romantic implication. In **Capítulo 8** you will learn the expression **caer bien,** which is used to say that you like a person.
>
> **Me gusta Julio.**
> ***I like Julio (as a romantic interest).***

A practicar

3.6 **Combinaciones lógicas** Decide which phrases in the second column best complete the sentences in the first column.

1. En el restaurante me gustan...
2. En el restaurante no me gusta...
3. En la universidad me gusta...
4. En la universidad no me gustan...
5. En casa me gusta...
6. En casa no me gustan...

a. la clase de inglés.
b. los menús variados.
c. ayudar a mis hijos con su tarea.
d. el servicio malo.
e. los exámenes difíciles.
f. las tareas domésticas (*chores*).

3.7 **¿Qué te gusta?** Complete the following mini-dialogues with **me** or **te** and **gusta** or **gustan**.

1. Elena: Sonia, ¿ _____ _____ mirar la tele?
   Sonia: Sí, _____ _____ mirar la tele mucho.
   Elena: ¿ _____ _____ los programas cómicos?
   Sonia: No, _____ _____ más los programas dramáticos.

2. Hugo: ¿ _____ _____ practicar deportes, Raúl?
   Raúl: Sí, _____ _____ los deportes mucho.
   Hugo: ¿ _____ _____ el básquetbol?
   Raúl: ¡No _____ _____ para nada! _____ _____ el fútbol y el tenis.

3. Marcela: ¿ _____ _____ escuchar música?
   Enrique: _____ _____ escuchar y bailar música rock. ¿Y a ti?
   Marcela: _____ _____ mucho la música. También _____ _____ cantar.

3.8 **Me gusta** Ask your partner if he/she likes the things in the list below. When answering the questions, be sure to tell your partner why. **¡OJO!** You will need to decide whether to use **gusta** or **gustan**.

Modelo sábados
   Estudiante 1: *¿Te gustan los sábados?*
   Estudiante 2: *No, no me gustan los sábados porque trabajo.*
      Sí, me gustan los sábados porque no hay clases.

1. la clase de español
2. las clases
3. el mes de diciembre
4. viajar a otros países (*countries*)
5. las vacaciones
6. los animales

3.9 **Los gustos de Octavio** Look at the pictures below and, using the expression **le gusta(n)**, tell what Octavio likes and doesn't like.

Modelo
No le gusta estudiar.

1.

2.

3.

4.

5.

3.10 **¿Te gusta...?** Circulate throughout the classroom and talk with 10 different students about their likes and dislikes. Be sure to use some of the following expressions: **mucho, un poco,** and **para nada.**

Modelo bailar
      Estudiante 1: *¿Te gusta bailar?*
      Estudiante 2: *Sí, me gusta (mucho) bailar.*
                No, no me gusta bailar (para nada).

1. el café
2. las clases de ciencias
3. practicar deportes
4. la música rock
5. los caballos

6. comprar y escuchar música
7. los chocolates
8. las novelas románticas
9. la Navidad
10. ¿?

3.11 **En común** Choose four of the following items that you like. Then circulate throughout the classroom and interview your classmates to find out if they like the same things. For each of the items you chose, find at least one other classmate who shares your opinion.

_____ los perros
_____ cocinar
_____ la música clásica
_____ los programas cómicos
_____ mirar los deportes

_____ la pizza
_____ los autos rápidos
_____ el fútbol y el béisbol
_____ la universidad
_____ ¿?

Cultura

Guadalupe Posada was a Mexican artist who produced numerous engravings depicting skeletons in everyday scenes, usually having fun. Although Posada's intention originally was satirical, as his work dealt with political and social issues, his art has been consistently used by Mexicans to decorate and celebrate **el Día de los Muertos.** Research and report to the class when and where **el Día de los Muertos** is celebrated and what other activities are typical of **el Día de los Muertos.**

 iTunes

"La Llorona" is a well-known Mexican legend associated with the Day of the Dead. Listen to the song "La Llorona" sung by Lila Downs, a Mexican-American artist whose music is influenced by the music of Mixtec, Zapotec, Maya, and Nahuatl cultures. What is the tone of the song? What words can you understand?

© Giraudon/Art Resource, NY

Investiga en Internet otras obras de arte de Guadalupe Posada.

Comparaciones

The following are celebrations in Spain or Latin American countries. Are there similar celebrations in the United States? If so, when are they celebrated? Can you think of holidays that are unique to the United States?

San Fermín	el 7 de julio	Los españoles corren (*run*) con los toros.
El Día de los Muertos	el 1 y 2 de noviembre	Los mexicanos celebran la muerte (*death*).
El Día de los Inocentes	el 28 de diciembre	Los latinos hacen bromas (*jokes*).
El Carnaval	la semana antes del Miércoles de Cenizas	Los latinos cantan y bailan en las calles.
San Juan	el 24 de junio	Los paraguayos juegan (*play*) con fuego (*fire*).
El Año Nuevo	el 1° de enero	Los latinos celebran la llegada del nuevo año.
La Tomatina	el último (*last*) miércoles de agosto	Los españoles pelean (*fight*) con tomates.
El Día del Estudiante	el 21 de septiembre	Los estudiantes argentinos tienen fiestas en el parque y juegan al fútbol.

Conexiones... a la religión

Another Catholic tradition widely spread in the Spanish-speaking world is the celebration of **el santo.** Each day of the year is attributed to a particular saint, and it is a common practice to give a baby the name of the saint of the day when he or she was born. When babies aren't given the name of the patron saint of their birthday, their **santo** is celebrated like a second birthday. For example, suppose a baby born on October 5 receives the name of Fernando. Fernando will celebrate his birthday on October 5, and then his **santo** on May 30th, **día de San Fernando.** Look at the calendar and determine when these people would celebrate their **santo.**

Óscar de la Renta
Rómulo Gallegos
Gilberto Santa Rosa
Alejandro Fernández
Rufino Tamayo

Febrero

1 San Cecilio	11 Nuestra Sra. de Lourdes	20 San Eugenio
2 San Cornelio	12 San Damián	21 San Pedro Damián
3 San Óscar	13 Santa Maura	22 Santa Leonor
4 San Gilberto	14 San Valentín	23 Santa Marta de Astorga
5 Santa Felicia	15 San Faustino	24 San Sergio
6 Santa Dorotea	16 San Elías	25 San Valerio
7 Santa Juliana	17 San Rómulo	26 San Alejandro
8 San Lucio	18 San Eladio	27 San Basilio
9 San Abelardo	19 San Gabino	28 San Rufino
10 San Jacinto		29 Santa Emma

If you and or your family members have a Christian name, find out when you would celebrate your **santo.**

Comunidad

On the Internet, research the importance of **el Cinco de Mayo** in Mexican history. Then find out how it is celebrated in your community. Why do you think it has become a holiday celebrated more in the United States than in Mexico?

A analizar

Read the paragraph paying particular attention to the forms of the verbs in bold.

El miércoles es un día muy ocupado. Primero **asisto** a la clase de francés. Es difícil y no **comprendo** mucho. Luego Mariana y yo **asistimos** a la clase de historia donde **aprendemos** sobre la Revolución Cubana. Después Mariana **asiste** a la clase de literatura, y yo **bebo** un café y estudio francés. Después de su clase, Mariana y yo **comemos** con su familia. Ellos **viven** muy cerca (*near*) de la universidad y llegamos rápido. Por la tarde yo **leo** el libro de historia y ella **escribe** una composición.

The verbs in the paragraph (**asistir, comprender, aprender, beber, comer, vivir, leer,** and **escribir**) are -**er** and -**ir** verbs. Using the examples in the paragraph and what you have learned about -**ar** verbs, complete the following charts for the verbs **comprender** and **asistir**.

comprender

yo _____   nosotros(as) _____

tú _____   vosotros(as) _____

él, ella, usted _____   ellos, ellas, ustedes _____

asistir

yo _____   nosotros(as) _____

tú _____   vosotros(as) _____

él, ella, usted _____   ellos, ellas, ustedes _____

A comprobar

Regular -**er** and -**ir** verbs

1. In **Capítulo 1** we learned the forms of verbs whose infinitives end in -**ar**. The following are regular -**er** and -**ir** verbs:

Los verbos -*er*			
aprender (a + infinitive)	*to learn (to do something)*	creer	*to believe*
beber	*to drink*	deber	*should*
comer	*to eat*	leer	*to read*
comprender	*to understand*	vender	*to sell*
correr	*to run*		

Los verbos -ir

abrir	*to open*	recibir	*to receive*
asistir a	*to attend*	vivir	*to live*
escribir (un mensaje)	*to write (a message)*		

2. Regular **-er** and **-ir** verbs follow a pattern very similar to regular **-ar** verbs.

beber

yo	**-o**	beb**o**	nosotros(as)	**-emos**	beb**emos**
tú	**-es**	beb**es**	vosotros(as)	**-éis**	beb**éis**
él, ella, usted	**-e**	beb**e**	ellos, ellas, ustedes	**-en**	beb**en**

escribir

yo	**-o**	escrib**o**	nosotros(as)	**-imos**	escrib**imos**
tú	**-es**	escrib**es**	vosotros(as)	**-ís**	escrib**ís**
él, ella, usted	**-e**	escrib**e**	ellos, ellas, ustedes	**-en**	escrib**en**

Remember the following rules:

To form negative sentences, the word **no** is placed in front of the conjugated verb.

> Los niños no comprenden inglés.

When using two dependent verbs together, the second verb stays in the infinitive.

> Debemos estudiar el lunes.

> Los estudiantes aprenden a hablar español.

To form simple questions, place the subject after the conjugated verb and add the question marks at the beginning and end of the question.

> ¿Vive Alfredo en Bogotá?

A practicar

3.12 **¿Qué tienen?** Choose the most logical verb to complete the sentence.

1. Cuando tengo hambre, yo _____ un sándwich.

    a. como   **b.** creo   **c.** corro

2. Vanesa y Nelson tienen prisa y _____ a clase.

    a. comprenden   **b.** escriben   **c.** corren

3. Cuando tienen calor, mis padres _____ las ventanas.

    a. beben   **b.** asisten a   **c.** abren

4. Belinda y yo tenemos éxito en la clase de cálculo y _____ buenas notas.

    a. vendemos   **b.** recibimos   **c.** aprendemos

5. Cuando Leopoldo tiene sed, _____ agua.

    a. debe   **b.** come   **c.** bebe

3.13 **Mis amigos y yo** Complete the sentences with the correct forms of the verbs indicated.

(**leer**) Mi amigo Gustavo y yo (**1.**) _____ muchos libros. Yo (**2.**) _____ novelas de ciencia ficción y él (**3.**) _____ novelas de suspenso.

(**comer**) Durante la semana, la familia (**1.**) _____ a la una. Por la noche, los niños (**2.**) _____ a las ocho, y mi esposa y yo (**3.**) _____ a las nueve.

(**vivir**) Mi familia es de Guadalajara, pero yo (**1.**) _____ en Oaxaca y mi hermana (**2.**) _____ en Xalapa. Mis padres todavía (**3.**) _____ en Guadalajara.

(**escribir**) Mis amigos y yo siempre (**1.**) _____ mensajes. Ellos (**2.**) _____ mensajes todos los días y ahora yo debo (**3.**) _____ un mensaje para ellos.

3.14 **Un día en la vida de Antonio** With a partner, take turns describing Antonio's activities; be sure to include the time. Use the **-er** and **-ir** verbs from this lesson as well as other verbs you know.

3.15 **En busca de...** Circulate throughout the classroom and find classmates who do the following activities. Be sure to list a different person for each activity.

1. leer novelas románticas
2. recibir buenas notas
3. correr en la mañana
4. beber mucho café
5. vivir en un apartamento
6. escribir muchos mensajes
7. asistir a conciertos
8. comer en McDonalds

3.16 **Entrevista** Take turns asking and answering the following questions.

1. ¿Asistes a clases todos los días?
2. ¿Comprendes al profesor de español?
3. ¿Lees mucho? ¿Lees novelas o revistas (*magazines*)?
4. ¿Dónde vives? ¿Vives con otra persona?
5. ¿A qué hora comes los domingos?
6. ¿Recibes muchos mensajes? ¿De quién?
7. ¿Debes escribir muchas composiciones para (*for*) tus clases? ¿Para qué clases?
8. ¿Crees que (*that*) aprender español es fácil o difícil? ¿Por qué?

3.17 **¿Qué debe hacer?** With a partner, come up with recommendations for what the following people should do. Use the verb **deber** and one of the following verbs.

aprender	asistir	buscar	comer	correr	estudiar
hablar	practicar	ser	trabajar	vender	

Modelo Carla tiene problemas con su novio.
Ella debe hablar con su novio.

1. Julio y Claudia tienen malas notas en sus clases.
2. Mónica no habla español muy bien.
3. Yo necesito dinero.
4. El señor Ortiz desea perder peso (*to lose weight*).
5. Pablo y yo no tenemos muchos amigos.
6. La señorita García desea ser doctora.

3.18 **¿Qué hacen?** Tell your partner about the things you and others do. Choose a subject from the first column and combine it with a verb from the second column. Be sure to add a phrase from the parentheses to complete your sentence. **¡OJO!** Pay attention to the form of the verb.

yo	deber (estudiar, escribir la tarea, leer el libro)
mis compañeros de clase	recibir (buenas notas, muchos mensajes, cartas de su familia)
mis amigos y yo	asistir a (clase de español, muchos conciertos, muchas fiestas)
mi mejor amigo	vivir en (una casa, un apartamento, el campus)
mi profesor de español	comprender (el español, las matemáticas, el inglés)
mi familia	comer (en restaurantes, en la cafetería, mucha pizza)

3.19 **Yo también** Using the verb indicated, tell your partner what you do. Your partner will tell you if he or she does the same activities or not.

Modelo correr
Estudiante 1: *Yo corro en la mañana.*
Estudiante 2: *¡Yo también!/Yo corro en la noche.*

1. beber
2. comer
3. leer
4. escribir

5. asistir a
6. deber
7. vivir
8. comprender

© ArtmannWitte/Shutterstock

Lectura

Antes de leer

In many countries there are important celebrations and holidays that are unique to the
country. Make a list of the holidays that are important in the United States. Which ones do
you celebrate and why? Look back at the celebrations mentioned in **Conexiones culturales.**
Do you know other celebrations from a Spanish-speaking country? The following reading is
about Christmas, a particularly important celebration because the majority of the population
in Spain and Latin America is Catholic.

A leer

La Navidad en algunos países hispanos

Muchas de las tradiciones
en Latinoamérica son
religiosas y tienen sus
orígenes en tradiciones
españolas. Una de estas
tradiciones es la de la
Navidad. Para muchos, la
celebración de la Navidad
se inicia **antes** del
25 de diciembre. Desde
noviembre es posible
escuchar **villancicos** en los
comerciales de televisión
y de la radio. En varios
países las fiestas se
inician el 16 de diciembre y

before

Christmas carols

© Mary Ann Blitt

continúan todas las noches hasta el
24 de diciembre. Estas fiestas se
llaman *las posadas*. En las posadas
muchas personas visitan otras casas
en la comunidad.

> [...les gusta cantar villancicos,
> comer comida tradicional y
> romper piñatas.]

food

Les gusta cantar villancicos, comer **comida** tradicional y romper piñatas. A los niños
les gusta mucho romper piñatas. A veces, también hay *pastorelas,* que son similares
a pequeñas obras de teatro con lecciones religiosas o morales.

church

gifts

the Three Kings
ring-shaped bread

En muchos países, el 24 de diciembre (Nochebuena) las personas van a la **iglesia,** comen en familia, y a la medianoche abren los **regalos** de Navidad. El final de las celebraciones de Navidad es el 6 de enero, el Día de los Reyes Magos. En unos países los niños reciben regalos de los **Tres Reyes Magos,** y todos comen la famosa **rosca** de reyes.

Comprensión

Decide whether the following statements are true or false. Correct any false statements.

1. En toda Latinoamérica las celebraciones de Navidad se inician el 25 de diciembre.
2. Las Pastorelas son fiestas en las que las personas cantan villancicos.
3. Es tradicional ir a la iglesia en Nochebuena.
4. El Día de los Reyes Magos, los niños reciben regalos.
5. La rosca de Reyes es una comida tradicional.

Después de leer

With a partner, come up with a list of activities you do to celebrate Christmas **(Navidad),** Hanukkah, Kwanzaa, another winter solstice celebration, or the New Year **(Año Nuevo).**

Modelo *En Navidad cantamos villancicos.*

En Janucá comemos postres deliciosos.

¿Qué estación es? ¿Qué ropa debes llevar?

El tiempo

Hace (muy) buen tiempo.	The weather is (very) nice.
Hace (muy) mal tiempo.	The weather is (very) bad.
Hace (mucho) calor.	It's (very) hot.
Hace fresco.	It is cool.
Hace (mucho) frío.	It's (very) cold.
Hace sol.	It's sunny.
Hace (mucho) viento.	It's (very) windy.
Está nublado.	It is cloudy.
Está despejado.	It is clear.
Llueve.	It's raining./It rains.
Nieva.	It's snowing./It snows.

La ropa

los calcetines	socks
el cinturón	belt
la corbata	tie
el impermeable	raincoat
los lentes	glasses
las medias	panty hose
los pantalones	pants
la pijama	pajamas
el traje	suit
el vestido	dress
llevar	to wear, to be wearing/ to take/to carry

Los colores

amarillo	yellow
anaranjado	orange
azul	blue
blanco	white
café	brown
gris	gray
morado	purple
negro	black
rojo	red
rosado	pink
verde	green

Práctica

3.20 **Escucha y responde** Vas a escuchar una lista de varios artículos de ropa. Si llevas la ropa cuando hace calor, señala con el pulgar hacia arriba. Si no, señala con el pulgar hacia abajo. (*You are going to hear a list of different articles of clothing. If you wear the clothing when it is hot, give a thumbs up. If not, give a thumbs down.*)

CD1-15

3.21 **¿Qué tiempo hace?** ¿Con qué estación del año relacionas cada descripción del tiempo? (*What season do you associate with each of the weather conditions?*)

1. Hace viento.
2. Nieva.
3. Hace mucho calor.
4. Está despejado.
5. Hace fresco.
6. Llueve.
7. Hace mucho sol.
8. Hace mucho frío.

INVESTIGUEMOS EL VOCABULARIO

Many Latin Americans use the word **el clima** to refer to the weather. Additionally, it is possible to say either **llevar** or use the expression **llevar puesto** to say what you wear.

The following are lexical variations for clothing items:

jacket	**la chamarra** (Mexico)
tennis shoes	**los campeones** (Paraguay)
glasses	**las gafas** (Spain)
socks	**las medias** (Central and South America)
panty hose	**la pantimedia** (Central and South America)
skirt	**la pollera** (Panama and South America)
jeans	**pantalones de mezclilla** (Mexico)
	los mahones (Puerto Rico)
	los vaqueros (Spain)

3.22 **Identificaciones** Encuentra (*Find*) a un compañero de clase que lleva una de las prendas de ropa de la lista. Para el número 10, escoge otro artículo de ropa. (*Find a classmate that is wearing one of the articles of clothing in the list. For number 10, choose another item of clothing.*)

1. unos calcetines blancos
2. una chaqueta
3. un suéter
4. unas botas
5. una camiseta
6. una falda
7. unos pantalones negros
8. un vestido
9. unos tenis
10. ¿?

3.23 **De vacaciones** Con un compañero, túrnense para preguntar sobre el tiempo en los diferentes destinos, y la ropa que necesitan. (*With a partner, take turns asking about the weather in the following destinations, and the clothing that you need.*)

Modelo Cancún / julio
    Estudiante 1: *¿Qué tiempo hace en Cancún en julio?*
    Estudiante 2: *Hace mucho calor y está despejado.*
    Estudiante 1: *¿Qué ropa necesitas?*
    Estudiante 2: *Necesito pantalones cortos, sandalias y un traje de baño.*

1. Buenos Aires / diciembre
2. Anchorage / abril
3. Miami / agosto
4. Londres / junio
5. La Habana / septiembre
6. Chicago / marzo

3.24 **¿Cómo son y qué ropa llevan?** Con un compañero, túrnense para describir la ropa que llevan las personas en la pintura *La calle* del pintor colombiano Fernando Botero. (*With a partner, take turns describing what people are wearing in Colombian painter Fernando Botero's painting,* La calle.)

Modelo *Un niño lleva una camiseta roja y pantalones negros.*

iTunes
El Grupo Niche is a Colombian salsa band. Listen to their song "Gotas de lluvia" and write down any vocabulary words you hear.

¿Qué es importante para una concursante (*contestant*) en un concurso de belleza? ¿Crees que también esto (*this*) es importante para las concursantes en un concurso de belleza de cholitas (*mujeres indígenas bolivianas*)? Según el artículo, ¿qué ropa usan las cholitas en el concurso? ¿Por qué? ¿Qué es lo más importante para ganar (*to win*) el concurso? En tu opinión ¿por qué es diferente a otros tipos de concursos de belleza? ¿Qué son las *transformers*? ¿Piensas que la palabra tiene una connotación positiva o negativa? ¿Por qué?

La Paz ya tiene su Miss Cholita

Ruxandra Guidi, Bolivia

Las mujeres indígenas de La Paz no tienen que identificarse con certámenes de belleza[1] como Miss Universo o Miss Mundo.

Jose Luis Quintana/Reuters/Landov

Requisitos[2] del concurso

Todas las catorce concursantes entraron con sus faldas a capas[3], o polleras, sus grandes aretes de oro[4], sus caras al natural y trenzas[5] largas.

Estas son las características de las mujeres indígenas de Bolivia, también conocidas[6] aquí como "cholitas".

Las mujeres desfilaron por la pasarela[7] con ropas tradicionales —nada de bikinis aquí— para ser juzgadas por sus personalidades, sus mantas[8] de colores, y sus habilidades de hablar en el idioma[9] aymara.

Mariela Mollinedo dijo unas cuantas palabras con dificultad en aymara, pero su linda cara y su gran sonrisa conquistó a los jueces[10] del evento. Sin embargo, Mollinedo no reinaría como Miss Cholita por mucho tiempo.

Después de pocos minutos, uno de los del jurado[11] vio que las trenzas de Mollinedo eran extensiones falsas, algo que es absolutamente inaceptable entre cholitas.

Las trenzas son la clave

"Las trenzas son algo vital, son como el labio pintado[12] de una señorita", dijo David Mendoza, uno de los jueces del evento.

"Aquí ocurre muchas veces una transformación, muchas personas de origen chola, por el tema de la segregación y del racismo, asumen otro rol de ser señoritas, de tener pantalón y de negar[13] un poco su origen cultural."

Las cholitas que abandonan su peinado[14] o vestimenta tradicional son conocidas aquí como *trans-formers*.

[1]beauty contests [2]requirements [3]layered [4]gold earrings [5]braids [6]known [7]paraded up and down the catwalk [8]shawls [9]language [10]judges [11]judges panel [12]lips with lipstick [13]deny [14]hairstyle

© Jose Luis Quintana/Reuters/Landov

Más allá

Investiga si hay concursos de belleza étnicos en los Estados Unidos.

Exploraciones gramaticales

A analizar

Lee la conversación entre dos nuevos amigos y observa las preguntas. Después contesta las preguntas que siguen. (*Read the conversation between two new friends and pay attention to the questions. Then answer the questions below.*)

Gustavo: ¿De dónde eres tú?

Rafael: Soy de Paraguay.

Gustavo: ¿Y cómo es Paraguay?

Rafael: Es un país pequeño con mucha historia.

Gustavo: ¿Qué tiempo hace en Paraguay ahora?

Rafael: Paraguay está en el hemisferio sur, entonces es invierno ahora. Hace frío.

Gustavo: ¡Qué interesante! ¿Cuál es tu estación favorita?

Rafael: Me gusta el otoño porque es muy bonito y hace buen tiempo.

1. In Spanish, punctuation for questions is different from that in English. What is the difference?

2. Using the conversation above and what you have learned in previous chapters, identify the interrogatives (question words). What do all of the question words have in common?

A comprobar

Interrogatives

¿cómo?	*how?*	¿adónde?	*to where?*	¿quién(es)?	*who?*	¿cuántos(as)?	*how many?*
¿cuándo?	*when?*	¿de dónde?	*from where?*	¿qué?	*what?*	¿cuánto(a)?	*how much?*
¿dónde?	*where?*	¿por qué?	*why?*	¿cuál(es)?	*which?*		

*Notice that all question words have an accent.

1. In most questions:
- the subject is placed after the verb.
- the question word is often the first word of the question.
- it is not necessary to have a helping word such as *do* or *does*.
- it is necessary to have an inverted question mark at the beginning of the questions and another question mark at the end.

interrogative + verb + subject		
¿Cuándo	es	la fiesta?
¿Dónde	vives	tú?

2. Prepositions (**a, con, de, en, por, para,** etc.) cannot be placed at the end of the question. They *must* be in front of the question word.

> **¿Para** quién compras ese gorro?
> *For whom are you buying that cap?*

3. **Quién** and **cuál** must agree in number with the noun that follows, and **cuánto** and **cuántos** must agree in gender.

> **¿Quiénes** son tus profesores?
> *Who are your teachers?*
> **¿Cuántas** blusas tienes?
> *How many blouses do you have?*

© Gawrav Sinha/iStockphoto

4. There are two ways to express *What?* or *Which?*

¿Cuál? often implies choice. It can be used in front of a verb or the preposition **de,** but is generally not used in front of a noun.

> **¿Cuáles** son tus clases favoritas?
> *What (Which) are your favorite classes?*

> **¿Cuál** de estos suéteres te gusta?
> *Which of these sweaters do you like?*

¿Qué? is used to ask for a definition or an explanation when it is used in front of a verb. When it is used in front of a noun, it implies choice.

> **¿Qué** es?
> *What is it?*

> **¿Qué** necesitas llevar?
> *What do you need to wear?*

> **¿Qué** ropa te gusta?
> *What clothing do you like?*

A practicar

3.25 La respuesta lógica Una chica habla por celular con una amiga en una fiesta. Lee las preguntas y decide cuáles son las respuestas más lógicas. (*A girl talks to a friend at a party on her cell phone. Read the questions and decide which answer is most logical.*)

1. _____ ¿Dónde está la casa de Martín?
2. _____ ¿Por qué tienen una fiesta?
3. _____ ¿Cuántas personas hay?
4. _____ ¿Quién está en la fiesta?
5. _____ ¿Cómo es la fiesta?
6. _____ ¿Qué llevas?

a. Veinte o treinta.
b. Bluyíns y un suéter.
c. Es el cumpleaños de Osvaldo.
d. ¡Muy divertida!
e. En la Avenida Quintanilla.
f. Todos nuestros amigos.

3.26 ¿Qué o cuál? Decide si debes usar **Qué** o **Cuál(es)** para completar las preguntas. (*Decide whether you should use **Qué** or **Cuál(es)** to complete the questions.*)

1. ¿_____ estación del año te gusta más?
2. ¿De _____ color es tu chaqueta?
3. ¿_____ te gusta, el abrigo gris o el negro?
4. ¿_____ ropa llevas en invierno?
5. ¿_____ son los guantes de Eugenio?
6. ¿_____ vestido te gusta llevar a la fiesta?
7. ¿_____ de las faldas es más larga?
8. ¿Con _____ camisa llevas el pantalón?

En el invierno llevo guantes y una bufanda.

© Tanya Ien/Shutterstock

3.27 **Una conversación por teléfono** Estás en una tienda de ropa con tu amiga Patricia cuando llama por teléfono una amiga de Patricia. Completa la conversación telefónica con las preguntas lógicas de ella. Inventa la última pregunta y la respuesta. (*You are in a clothing store with a friend when her friend Patricia calls. Complete the telephone conversation with Patricia's logical questions. Invent the last question and answer.*)

Amiga: Hola, Patricia.

Patricia: ¿..**1**.. _____?

Amiga: Estoy bien, gracias. De compras (*shopping*) con una amiga.

Patricia: ¿..**2**.. _____?

Amiga: Busco un vestido.

Patricia: ¿..**3**.._____
_____?

Amiga: Necesito un vestido nuevo porque hay una fiesta este fin de semana.

Patricia: ¿..**4**.. _____?

Amiga: La fiesta es el sábado por la noche.

Patricia: ¿..**5**.. _____
_____?

Amiga: Adriana y Olivia organizan la fiesta.

Patricia: ¿..**6**..?

Amiga: _____ . Bueno, hablamos más tarde. Adiós.

3.28 **De compras** Inventa cinco preguntas relacionadas con la foto. Luego, trabaja con un compañero para que responda tus preguntas. (*Invent five questions related to the photo to ask a classmate. Then, work with a partner and have him/her answer your questions.*)

Modelo ¿*En qué tienda* (store) *están?*

© Dmitriy Shironosov/Shutterstock

3.29 **Información, por favor** Trabajas en una tienda de ropa y necesitas completar el formulario para una tarjeta de crédito para un cliente. Trabaja con un compañero para que te responda tus preguntas. (*You work in a clothing store and you need to complete the form for a credit card for a customer. Work with a partner and have him/her answer your questions.*)

Modelo Nombre
Estudiante A: ¿*Cómo se llama Ud.?*
Estudiante B: *Me llamo…*

**Formulario Para
Una Tarjeta de Crédito**

Nombre

Edad (Age)

Dirección (Address)

Origen

Nombre de esposo(a)

Número de hijos

Trabajo

Conexiones culturales

El clima y la ropa

Cultura

Escribe una lista de asociaciones con la primavera. Luego lee la primera estrofa de una canción popular muy conocida en casi todos los países hispanohablantes. Hay también muchas traducciones al inglés. Después contesta las preguntas. (*Write a list of associations with spring. Then read the first verse of a popular song that is known in most Spanish-speaking countries. There are also many English translations. Afterwards, answer the questions.*)

De colores, de colores se visten los **campos**[1] en la primavera
De colores, de colores son los pajaritos que vienen de afuera
De colores, de colores es el **arco iris**[2] que vemos **lucir**[3]

Y por eso los grandes amores de muchos colores me gustan a mí
Y por eso los grandes amores de muchos colores me gustan a mí.

> Investiga en Internet las otras estrofas de la canción *De colores*.

[1]*fields*   [2]*rainbow*   [3]*to shine*

En tu opinión ¿cuáles de las siguientes palabras describen la canción? ¿Por qué?

triste (*sad*)   alegre (*happy*)   nostálgica   rítmica   rápida   lenta (*slow*)

Comunidad

Investiga las alternativas que hay en tu comunidad para comprar ropa tradicional de países hispanohablantes. ¿Qué ropa hay disponible? ¿De dónde es? ¿Cuánto cuesta?
(*Investigate the alternatives in your community for buying traditional clothing from Spanish-speaking countries. What clothing is available? Where is it from? How much does it cost?*)

Un mercado de Los Ángeles

Comparaciones

La ropa que usan las personas en los países hispanohablantes depende de muchas variables. Por ejemplo, depende de cuántos años tienen, de su posición económica, y de si viven en una ciudad grande o un lugar pequeño. ¿Crees que los jóvenes universitarios se visten de manera similar en todos los países? Observa las fotografías y responde las preguntas.

1. ¿Qué ropa llevan los estudiantes de las fotos? ¿Es similar a la ropa que llevan los estudiantes en tu universidad? Explica las similitudes (*similarities*) y diferencias.

2. ¿Piensas que los españoles y los latinoamericanos se visten (*dress*) como tú?

© Courtesy of Fernando Casas, ITESO

© Dmitriy Shironosov/Shutterstock

Conexiones... a la redacción

Con un compañero, escojan (*choose*) una estación y escriban una lista de adjetivos, actividades y expresiones que asocien con esa estación. Luego, escriban un poema dedicado a esa estación. Recuerden que los poemas normalmente no tienen oraciones completas y que no es necesario tener rima. (*With a partner, choose a season and write a list of adjectives, activities, and expressions that you associate with it. Then, write a poem dedicated to that season. Remember that poems normally don't have complete sentences and that it isn't necessary to have a rhyme.*)

© LianeM/iStockphoto

A analizar

Lee la conversación y observa las formas del verbo **preferir.** (*Read the conversation, paying particular attention to the forms of the verb* **preferir.**)

Enrique:	Yo **prefiero** el verano. Hace buen tiempo y me gusta mucho jugar al tenis y al golf. ¿Qué estación **prefieres** tú?
Anita:	Yo **prefiero** el verano también. No hay clases y me gusta viajar. Nosotros **preferimos** el verano, pero mi hermano **prefiere** el invierno. Le gusta mucho esquiar.

1. Using the examples from the conversation and your knowledge of conjugating verbs, complete the table with the verb **preferir.**

preferir

yo _____   nosotros(as) _____

tú _____   vosotros(as) preferís

él, ella, usted _____   ellos, ellas, ustedes _____

2. How do the **nosotros** and **vosotros** forms of the verb differ from the other forms?

A comprobar

Stem-changing verbs **e → ie** and **e → i**

1. There are a number of verbs that have changes in the root or stem. They are called stem-changing verbs. These verb forms change in all forms except **nosotros** and **vosotros.** Notice that in the verbs below the **e** changes to **ie;** however, the endings are the same as other **-ar, -er,** and **-ir** verbs.

querer (*to want*)

yo	quiero	nosotros(as)	queremos
tu	quieres	vosotros(as)	queréis
él, ella, usted	quiere	ellos, ellas, ustedes	quieren

cerrar (*to close*)

yo	cierro	nosotros(as)	cerramos
tú	cierras	vosotros(as)	cerráis
él, ella, usted	cierra	ellos, ellas, ustedes	cierran

mentir (*to lie*)

yo	miento	nosotros(as)	mentimos
tú	mientes	vosotros(as)	mentís
él, ella, usted	miente	ellos, ellas, ustedes	mienten

The verbs listed below are also **e → ie** stem-changing verbs.

comenzar	*to begin*	nevar	*to snow*
empezar	*to begin*	pensar	*to think*
encender	*to turn on*	perder	*to lose*
entender	*to understand*	preferir	*to prefer*

2. The verbs **comenzar** and **empezar** are followed by the preposition **a** when used with an infinitive.

> Él **empieza a** trabajar a las ocho.
> *He begins to (starts) work at 8:00.*

> Ellos **comienzan a** estudiar español.
> *They are beginning to study Spanish.*

3. There are some **-ir** verbs in which the **e** in the stem changes to **i.** As with the **e → ie** stem-changing verbs, these verbs also change in all forms except **nosotros** and **vosotros,** and the endings are the same as regular **-ir** verbs.

repetir (*to repeat*)

yo	repito	nosotros(as)	repetimos
tú	repites	vosotros(as)	repetís
él, ella, usted	repite	ellos, ellas, ustedes	repiten

The verbs listed below are **e → i** stem-changing verbs like **repetir.**

competir	*to compete*	servir	*to serve*
pedir	*to ask for*	sonreír	*to smile*
reír	*to laugh*		

4. Notice that the verb **reír** requires an accent mark on the **i** when it is conjugated. The same rule applies for **sonreír.**

reír (*to laugh*)

yo	**río**	nosotros	**reímos**
tú	**ríes**	vosotros	**reís**
él, ella, usted	**ríe**	ellos, ellas, ustedes	**ríen**

5. Pedir means *to ask for* (*something*) and **preguntar** means *to ask* (*a question*). The preposition *for* is part of the verb **pedir,** so you should not use **por** or **para** with it.

> Los niños **piden** permiso de sus padres.
> *Children ask permission from their parents.*

> Él **pregunta** si va a nevar.
> *He is asking if it is going to snow.*

A practicar

3.30 **La conclusión lógica** Decide qué conclusión completa cada oración mejor. (*Decide which conclusion best completes each of the sentences.*)

1. Pedro es muy cómico y sus amigos...
2. Nosotros trabajamos en un restaurante donde...
3. Fernando tiene dieciséis años y...
4. Lola es atleta y ella...
5. No me gusta la clase de álgebra porque...
6. Hoy nieva, y mis amigos y yo...

a. compite en las olimpiadas.
b. ríen mucho.
c. queremos esquiar.
d. pide permiso para viajar con sus amigos.
e. no entiendo las matemáticas.
f. servimos comida italiana.

INVESTIGUEMOS EL VOCABULARIO

Pensar en means *to think about* and **pensar de** means *to think of* (opinion). **Pensar** + an infinitive means *to plan to do something.*

Ella **piensa** mucho **en** sus hijos.
She thinks about her children a lot.

¿Qué **piensas de** la profesora?
What do you think of the professor?

Yo **pienso** estudiar esta noche.
I plan to study tonight.

INVESTIGUEMOS EL VOCABULARIO

You will recall the verb **tener** from **Capítulo 2** had similar changes. **Tener que** + an infinitive means *to have to do something* and **tener ganas de** + an infinitive means *to feel like doing something.*

Tengo que llevar una chaqueta hoy.
I have to wear a sweater today.

Isa **tiene ganas de** comprar un vestido nuevo.
Isa feels like buying a new dress.

3.31 **¿Qué piensan hacer más tarde?** Usando el verbo **pensar,** explica qué piensan hacer las personas y cuándo. (*Using the verb* **pensar,** *explain what the people plan to do and when.*)

Modelo Raúl
Raúl piensa correr con el perro a las diez.

4. el señor y la
señora Márquez

1. Silvia y Gisela

2. Tomás

3. Lupe y yo

5. Olga

6. Y tú ¿qué piensas hacer más tarde?

3.32 **Somos iguales** Marca cuatro de las siguientes oraciones que sean ciertas para ti. Después, busca cuatro diferentes compañeros para quienes las oraciones también sean ciertas. (*Place a check mark by four of the following sentences that apply to you. Then, find four different classmates to whom one of the sentences also applies.*)

_____ Compito en un deporte.

_____ Quiero viajar a otro país.

_____ Sonrío en las fotos.

_____ No miento.

_____ Enciendo la radio cuando estudio.

_____ Normalmente empiezo a estudiar después de (*after*) las ocho de la noche.

_____ A veces (*Sometimes*) pierdo la tarea.

_____ Pienso comer en un restaurante hoy.

_____ Entiendo al profesor de español.

_____ Pido ayuda con la tarea de español.

Queremos viajar a otro país.

3.33 **Entrevista** Entrevista a tu compañero con las siguientes preguntas. (*Interview your classmate with the following questions.*)

1. ¿Quién sirve la comida (*food*) en tu casa/apartamento?

2. ¿Trabajas? Normalmente, ¿a qué hora empiezas a trabajar?

3. ¿Qué tienes que hacer mañana?

4. ¿Qué tienes ganas de hacer durante el fin de semana?

5. ¿Quieres viajar en el verano? ¿Adónde?

6. ¿Pierdes las cosas (*things*) con frecuencia? ¿Qué cosas pierdes con frecuencia?

7. ¿Qué piensas hacer esta noche?

8. ¿Entiendes otra lengua? ¿Cuál?

Redacción

An international student from a Spanish-speaking country is going to attend your university. Write a letter to the student explaining what the climate in your area is like, what people often do during holidays, and advise him/her as to what clothing he or she will need.

Paso 1 Write down the current season. Then write a list of the types of weather you experience in your area during that time.

Paso 2 Jot down things people do in your area as well as any special holidays, celebrations, or events that take place during that time.

Paso 3 Decide whether you are writing to a male or a female student. Then write down a list of clothing items that people wear in your area. Think about what they would wear to school, to go out, and to do any of the activities you wrote down in **Paso 2.**

Paso 4 Start your letter by writing the date in Spanish and greeting the student using the expression **Querido(a)** *(Dear)*. Remember to use **Querido** if it is a male student and **Querida** if it is a female student.

Paso 5 Begin your first paragraph by introducing yourself to the international student and telling him or her where you study. Then using the information you generated in **Pasos 1** and **3,** tell him or her what season it is, what the weather is like in your area, and what particular clothing items he/she needs for that climate.

Paso 6 Using the information you generated in **Pasos 2** and **3,** begin a second paragraph and tell him or her what students usually wear to the university. Then explain what kinds of activities people do in their free time and any particular clothing items he or she would need. Be sure to include any special events or holidays and when they are.

Paso 7 Conclude your letter with **Hasta pronto** or **Tu nuevo(a) amigo(a).**

Paso 8 Edit your essay:

1. Are there any sentences that are irrelevant to the topic? If so, get rid of them.
2. Are your paragraphs logically organized or do you skip from one idea to the next?
3. Are there any short sentences you can combine by using **y** or **pero**?
4. Are there any spelling errors?
5. Do your adjectives agree with the object they describe?
6. Do your verbs agree with the subject?

Lectura

Antes de leer

Las personas en las fotos llevan ropa tradicional. Con un compañero relacionen las fotos con el país de donde creen que son. (**Argentina, Perú o Cuba**). Luego contesten las preguntas que siguen. (*The people in the photos are wearing traditional clothing. With a classmate match the photos with the country where you think they are from.* [**Cuba, Argentina, Perú**]. *Then answer the questions below.*)

© Don Tremain/JupiterImages

© Kobby Dagan/Shutterstock

© Laurent Grandadam/AGE Fotostock

1. ¿Qué factores consideran para relacionar las fotografías con los países?
2. ¿Hay ropa tradicional en el estado/la región donde viven? ¿Cómo es?
3. ¿Cuándo usan las personas la ropa tradicional? ¿Por qué?

A leer

Los trajes tradicionales

Muchas regiones del mundo hispano tienen una gran variedad de trajes regionales que indican su cultura y sus tradiciones, y también reflejan su historia y su clima. En muchas culturas es posible determinar de dónde es una persona solamente por el traje y los colores que lleva, como es el caso de Guatemala. **Sin embargo,** no todas las personas llevan sus trajes tradicionales todo el tiempo. En las **ciudades** las personas prefieren usar ropa moderna, como trajes, vestidos y bluyíns.

> En muchas culturas es posible determinar de dónde es una persona solamente por el traje

Nevertheless

cities

En las ciudades grandes, pocas personas tienen trajes regionales, y los usan solamente en ocasiones especiales como en fiestas nacionales y regionales, en **bodas** y en interpretaciones de bailes folklóricos. En particular, los trajes tradicionales para las danzas y bailes ayudan a narrar historias.

weddings

Sin embargo, muchos de los indígenas en la región andina de Perú, Bolivia y el Ecuador llevan siempre su ropa tradicional, especialmente los que viven en las comunidades pequeñas. Más al norte, en Guatemala y varias regiones del sur de México, cada comunidad produce ropa con combinaciones de colores y diseños que son únicos. Por esta razón, es posible en muchos casos determinar de dónde es una persona por la ropa que lleva. La ropa indígena refleja las creencias de una comunidad, y muchas veces el estado civil o social de una persona. Para muchos indígenas, la ropa tradicional es una parte vital de su identidad, y un nexo con sus **antepasados.**

ancestors

Comprensión

1. ¿Qué indican los trajes regionales?
2. ¿Qué ropa prefieren llevar las personas en las ciudades?
3. ¿Cuándo usan trajes tradicionales las personas de las ciudades?
4. ¿Qué es posible determinar de una persona de Guatemala y del sur de México mediante su traje tradicional?

Después de leer

Con un compañero, describan un traje tradicional que refleje el clima, la cultura y la historia de una región de su país. ¿Qué llevan los hombres? ¿Y las mujeres? ¿Qué colores se usan? ¿Qué representan los colores? (*With a partner, describe a traditional outfit that reflects the climate, culture, and history of a region of your country. What would the men wear? And the women? What colors are the outfits? What do the colors represent?*)

El turismo ▶

Vocabulario

Sustantivos

el clima	*climate*
el descuento	*discount*
la devolución	*return*
el ecosistema	*ecosystem*
el ecoturismo	*ecotourism*
el medio ambiente	*environment*
la naturaleza	*nature*
el pago	*payment*
la reserva	*reservation*
el seguro	*insurance*
la temporada	*season*

Adjetivos

caluroso	*hot*
diligente	*diligent*
educado	*polite*
húmedo	*humid*
lluvioso	*rainy*
responsable	*responsible*
seco	*dry*

Verbos

averiguar	*to find out*
cobrar	*to charge*
confirmar	*to confirm*
devolver	*to return*
llevar	*to take*
pagar	*to pay*
recorrer	*to go through*

Frases útiles

Tenemos un paquete muy bueno.
We have a great package.

Tenemos descuento para grupos familiares.
We have family plans.

Es temporada alta/baja.
This is high/low season.

¿Me da su número de tarjeta de crédito?
May I have your credit card number?

Este es su número de confirmación.
This is your confirmation number.

En Chile no hace frío en diciembre. No necesita abrigo.

© Andresr/ Shutterstock

DATOS IMPORTANTES

Educación: Estudios secundarios. Certificación de agente de turismo por escuelas privadas o universidades. Algunas universidades ofrecen licenciatura en viajes y turismo. Se requieren conocimientos de computación y se prefieren estudios complementarios en negocios.

Salario: Promedio de $50 000, comisiones de hasta 25% y bonos.

Dónde se trabaja: Agencias de viaje, corporaciones, hoteles y oficinas nacionales de turismo.

Marcela Díaz trabaja en una importante agencia de turismo. Vende paquetes de ecoturismo a distintos lugares de Latinoamérica. En el video vas a ver a Marcela preparando un viaje por teléfono para un nuevo cliente.

Antes de ver

Muchos vendedores trabajan por comisión y reciben dinero extra por cada venta que hacen. Para ellos, los clientes son muy importantes. Necesitan ser educados y diligentes con ellos. ¿Qué esperas de un agente de viajes? ¿Lees la información en Internet antes de llamar a un agente o prefieres hacerle muchas preguntas? ¿Qué tipo de preguntas específicas haces?

Comprensión

1. ¿Qué mira Carlos en la televisión normalmente?
2. ¿Qué país le recomienda Marcela?
3. ¿Qué animal especial vive en El Yunque?
4. ¿Cómo es el clima en Puerto Rico en esa temporada?
5. ¿Qué hacen en Luquillo?
6. ¿Adónde van el último día?

© Heinle/Cengage Learning

Después de ver

En parejas, representen a un agente de viajes y a un cliente que quiere hacer ecoturismo por un país de Latinoamérica. El agente recomienda un lugar de acuerdo con los gustos del cliente. Consideren el clima y hagan recomendaciones de ropa para llevar.

3.34 **Un día en el centro** Escoge el verbo apropiado y completa los párrafos con la forma correcta. (*Choose the appropriate verb and complete the paragraphs with the correct form.*)

A las once, Carmen llama a su amiga Teresa y (**1.**) _____ (pedir/preguntar) si quiere salir a comprar ropa con ella. A Teresa le (**2.**) _____ (gusta/gustan) mucho comprar ropa, y (**3.**) _____ (tener/ser) que buscar un vestido. Ella (**4.**) _____ (abrir/deber) asistir a un evento importante el viernes. Las dos chicas llegan a la tienda (*store*) y (**5.**) _____ (perder/empezar) a buscar ropa. A Teresa le (**6.**) _____ (gusta/gustan) los zapatos, y al final, compra unos zapatos y un vestido elegante.

Después de las compras, Carmen y Teresa (**7.**) _____ (tener/ser) hambre y (**8.**) _____ (entender/querer) comer en el restaurante Río Grande. Carmen (**9.**) _____ (pedir/preguntar) unos tacos, pero Teresa (**10.**) _____ (preferir/cerrar) las enchiladas. Las dos quieren (**11.**) _____ (beber/creer) agua. El mesero (*waiter*) (**12.**) _____ (mentir/servir) la comida y las chicas (**13.**) _____ (comer/correr).

3.35 **Comprensión de lectura** Imagínate que eres profesor y tienes que escribir cinco preguntas de comprensión para los estudiantes sobre este párrafo. ¡**OJO!** Las respuestas a las preguntas deben estar en el párrafo. (*Imagine that you are an instructor and need to write five comprehension questions for your students about this paragraph. Attention! The answers to your questions must be in the paragraph.*)

Soy Rómulo y vivo en Montevideo, Uruguay. Hoy es 21 de diciembre, el primer día del verano. El verano es mi estación favorita porque hace buen tiempo. Ahora tengo vacaciones, y mañana mi familia y yo viajamos a Mar del Plata, Argentina. Mis tíos y mis primos viven en Mar del Plata.

3.36 **Explicaciones** Lee las oraciones y usa **gustar** para explicar por qué estas personas no hacen las siguientes actividades. (*Read the sentences and then using the verb **gustar**, explain why the people don't do certain activities.*)

Modelo Frank no estudia. → *No le gustan sus clases.*
Miguel no duerme mucho. → *Le gusta leer por la noche.*

1. Yo no como chocolates.
2. Tú no comes en restaurantes.
3. Laura no limpia su casa.
4. Tomasa no lleva pantalones cortos.
5. Felipe no recibe muchos mensajes electrónicos.
6. Yo no miro televisión.

3.37 **Descripción de fotos** Escoge una de las fotos y contesta las siguientes preguntas. (*Choose one of the photos and answer the following questions.*)

1. ¿Qué estación es?
2. ¿Qué tiempo hace?
3. ¿Cuál es la relación entre estas (*these*) personas?
4. ¿Qué ropa llevan estas personas?
5. ¿Qué hacen? (*What are they doing?*)

© Photo To Go

© Photo To Go

© Jim Lopes/Shutterstock

3.38 **Mi agenda** Tu compañero y tú deben encontrar una hora para estudiar español. Uno mira la agenda aquí y el otro mira la agenda en el apéndice A. Túrnense para preguntar sobre las horas libres que tienen. (*You and your partner should find a time to study Spanish. One of you look at the agenda on this page, and the other look at the agenda in the appendix, and take turns asking about the times you have available.*)

Modelo Estudiante 1: *¿Quieres estudiar a las nueve?*
Estudiante 2: *No, nado con Armando a las diez.*

miércoles, 20 de octubre	
8:30	
9:15	tomar un café con Alex
10:00	
11:30	estudiar historia
12:00	comer con Natalia
1:15	
2:45	
3:30	asistir a Club de español
4:15	practicar fútbol
5:00	

3.39 **Conversación** Usa las siguientes preguntas para charlar con un compañero. Añade información adicional para que la conversación sea más interesante. (*Use the following questions to chat with a partner. Add additional information to make the conversation more interesting.*)

1. ¿Qué tiempo hace en marzo donde vives? ¿Y en noviembre?
2. ¿Qué ropa llevas durante la primavera?
3. ¿Qué actividades prefieres hacer durante el verano? ¿y en el invierno?
4. ¿Qué te gusta hacer cuando hace sol? ¿y cuando llueve?
5. ¿Prefieres el frío o el calor? ¿Por qué?

CAPÍTULO 3

Vocabulario 1

CD1-16

Los días de la semana

el lunes	Monday	el viernes	Friday
el martes	Tuesday	el sábado	Saturday
el miércoles	Wednesday	el domingo	Sunday
el jueves	Thursday		

Los meses

enero	January	julio	July
febrero	February	agosto	August
marzo	March	septiembre	September
abril	April	octubre	October
mayo	May	noviembre	November
junio	June	diciembre	December

Los verbos

abrir	to open	creer	to believe
aprender (a + infinitive)	to learn (to do something)	deber	should, ought to
asistir (a)	to attend	escribir (un mensaje)	to write (a message)
beber	to drink	leer	to read
comer	to eat	recibir	to receive
comprender	to understand	vender	to sell
correr	to run	vivir	to live

Palabras adicionales

el cumpleaños	birthday	mañana	tomorrow
el día	day	la medianoche	midnight
la fecha	date	el mediodía	noon
el fin de semana	weekend	la semana	week
hoy	today	todos los días	every day

Expresiones importantes

me gusta	I like	le gusta	he/she likes
te gusta	you like		

Diccionario personal

_____

_____

_____

◀)) Vocabulario 2

CD1-17

La ropa y los accesorios

el abrigo	coat		los lentes	glasses
la blusa	blouse		las medias	panty hose
los bluyíns	blue jeans		los pantalones	pants
las botas	boots		los pantalones cortos	shorts
la bufanda	scarf			
los calcetines	socks		el paraguas	umbrella
la camisa	shirt		la pijama	pajamas
la camiseta	T-shirt		las sandalias	sandals
el chaleco	vest		el sombrero	hat
la chaqueta	jacket		el suéter	sweater
el cinturón	belt		los tenis	tennis shoes
la corbata	tie		el traje	suit
la falda	skirt		el traje de baño	swimming suit
el gorro	cap		el vestido	dress
los guantes	gloves		los zapatos	shoes
el impermeable	raincoat			

El tiempo

Está despejado.	It is clear.		Hace mal tiempo.	The weather is bad.
Está nublado.	It is cloudy.		Hace sol.	It's sunny.
Hace buen tiempo.	The weather is nice.		Hace viento.	It is windy.
Hace calor.	It's hot.		Llueve.	It rains./It is raining.
Hace fresco.	It is cool.			
Hace frío.	It's cold.		Nieva.	It snows./It is snowing.

Las estaciones

el invierno	winter		la primavera	spring
el otoño	fall		el verano	summer

Los verbos

cerrar (ie)	to close		pensar (ie)	to think
comenzar (ie)	to begin		perder	to lose
competir (i)	to compete		preferir (ie)	to prefer
empezar (ie)	to begin		reír (i)	to laugh
entender (ie)	to understand		repetir (i)	to repeat
llevar	to wear		querer (ie)	to want
mentir (ie)	to lie		servir (i)	to serve
nevar (ie)	to snow		sonreír (ie)	to smile
pedir (i)	to ask for			

Los colores

see p. 90

Palabras interrogativas

see pp. 93–94

Learning Strategy

Participate

Participate in class. You can't learn another language by simply observing. You have to be willing to actively use it, and to learn from the mistakes you make.

In this chapter you will learn how to:
- Describe your town or city
- Describe your house
- Tell what you and others are going to do in the near future
- Request information about the cost of things

© PhotoLink/JupiterImages

Exploraciones gramaticales

The verb **estar** with prepositions

The verb **ir** and **ir** + **a** + infinitive

Stem-changing verbs (**o** → **ue**)

Adjective placement

En vivo

Un directorio para turistas

Casas en venta

Conexiones culturales

Ciudades fuera de lo común

Casas únicas

Lectura

Algunas ciudades únicas de Latinoamérica

Soluciones para la vivienda en Cuba

▶ Exploraciones profesionales

La arquitectura

El señor Ramírez tiene media hora para ir al banco y hacer otras diligencias. ¿Qué más necesita hacer en el centro de la ciudad?

Otros lugares

el bar	bar
el club	club
la discoteca	nightclub
el edificio	building
la librería	bookstore

el mercado	market
la oficina	office
el teatro	theater
el templo	temple
el zoológico	zoo

Los verbos

depositar (dinero)	to deposit (money)
ir	to go
mandar (una carta)	to send (a letter)
mirar una película	to watch a movie
rezar	to pray

Práctica

4.1 **Escucha y responde** Vas a escuchar algunos lugares. Indica con el pulgar hacia arriba si es posible hacer ejercicio en el lugar. Si no, indica con el pulgar hacia abajo.

CD1-18

> **INVESTIGUEMOS EL VOCABULARIO**
> The suffix **-ería** is often used to indicate stores where certain products are sold. What is sold in the following stores?
> **chocolatería**
> **frutería**
> **papelería**
> **tortillería**

4.2 **¿Cierto o falso?** Decide si las oraciones son ciertas o falsas. Corrige las oraciones falsas.

1. C F En la biblioteca compramos libros.
2. C F En la discoteca miramos animales.
3. C F Nadamos en la piscina.
4. C F Miramos películas en el cine.
5. C F En el parque compramos medicinas.
6. C F Estudiamos y aprendemos en la tienda.
7. C F En la plaza caminamos y miramos a las otras personas.
8. C F Mandamos cartas en el banco.

4.3 **¡Adivina dónde estoy!** Vas a jugar en un grupo de tres estudiantes. Imagínate que estás en un lugar dentro de la ciudad. Los otros dos tienen que hacer diez preguntas para adivinar (to guess) dónde estás, pero sólo puedes responder **sí** o **no.** Túrnense.

Modelo Estudiante 1: *¡Adivina dónde estoy!*
Estudiante 2: *¿Comes en este lugar* (place)?
Estudiante 1: *No.*
Estudiante 3: *¿Hay libros y mesas?*
Estudiante 1: *Sí.*

4.4 **Conversemos** Entrevista a tu compañero con las siguientes preguntas.

1. ¿Con qué frecuencia visitas un parque?
2. ¿Cuál es tu supermercado preferido? ¿Por qué?
3. ¿Hay un banco cerca de tu casa? ¿Cómo se llama?
4. ¿Te gusta ir al cine? ¿Qué películas prefieres? (cómicas, de horror, de acción)
5. ¿Cuál es tu restaurante favorito?
6. ¿En qué tienda prefieres comprar tu ropa?
7. ¿Adónde prefieres ir con tus amigos?
8. ¿Te gusta ir a museos? ¿Qué tipo de museo es tu favorito? (de historia, arte, etcétera)

4.5 **¿Con qué frecuencia...?** Para cada actividad, habla con un compañero diferente y pregúntale con qué frecuencia la hace.

Modelo visitar al doctor en el hospital
Estudiante 1: *¿Con qué frecuencia visitas al doctor en el hospital?*
Estudiante 2: *Visito al doctor en el hospital una vez al año.*

1. comprar comida en el mercado
2. rezar en el templo/la iglesia/la sinagoga/la mezquita
3. leer en la biblioteca
4. mirar películas en el cine
5. visitar el parque
6. depositar cheques en el banco
7. visitar un zoológico
8. bailar en la discoteca

INVESTIGUEMOS EL VOCABULARIO

When saying how many times you do something, use the word **vez.**

una vez a la semana
once a week

dos veces al mes
two times a month

To say you never do something, use the word **nunca** in front of the conjugated verb.

Yo **nunca** voy al museo.
*I **never** go to the museum.*

En vivo

¿Qué anuncios para servicios y lugares crees que puedes encontrar en un directorio para turistas? Lee el siguiente directorio. ¿Qué tipo de lugares hay en el directorio? ¿Cómo se llama el museo de arte en la Avenida Morelos? ¿Qué es "La mano mágica"? ¿Cuántas galerías hay y dónde están?

Source: Galleries and Museums from Tourist Brochure, Oaxaca, Mexico

Más allá

Trabaja con un compañero para inventar otro anuncio para el directorio. Deben pensar en lo siguiente:

¿Qué tipo de lugar es? ¿Cómo se llama? ¿Dónde está?
Si es posible, incluyan ilustraciones o fotos.

A analizar

Las siguientes oraciones describen la ciudad en la página 112. Lee las oraciones y contesta las preguntas que siguen.

> El hotel **está** en la calle Santiago.
>
> El hotel **está** enfrente de la iglesia.
>
> El parque **está** detrás de la biblioteca y la sinagoga.
>
> El hotel **está** a la izquierda del restaurante.
>
> El gimnasio **está** a la derecha del cine.
>
> El correo y el banco **están** entre la iglesia y el museo.
>
> El parque **está** lejos de la iglesia.

© Dmitri Mikitenko/Shutterstock

1. You learned some of the forms of the verb **estar** in **Capítulo 1.** The boldfaced verbs are also forms of the verb **estar.** From what you have already learned and looking at the examples above, fill in the following chart.

estar

yo _____   nosotros(as) _____

tú _____   vosotros (as) _____

él, ella, usted _____   ellos, ellas, ustedes _____

2. In **Capítulo 1** you used **estar** to tell how someone is doing. How is **estar** used here?

A comprobar

The verb **estar** with prepositions of place

Las preposiciones de posición

a la derecha de	*to the right of*	**en**	*in, on, at*
a la izquierda de	*to the left of*	**encima de**	*on top of*
al lado de	*beside, next to*	**enfrente de**	*in front of, facing*
cerca de	*near*	**entre**	*between*
debajo de	*below*	**fuera de**	*outside*
dentro de	*inside*	**lejos de**	*far from*
detrás de	*behind*		

1. Notice that most of the prepositions include the word **de** (*of*).

You will remember from **Capítulo 2** that the **de** in front of a masculine noun combines with **el** to become **del (de + el = del),** and that it does not contract with the other articles.

Mi casa está al lado **del** café.
My house is next to the café.

El cine está a la derecha **de** la tienda.
The movie theater is to the right of the store.

2. The verb **estar** is used to express position; therefore, it is used with all prepositions of place.

estar (*to be*)			
yo	**estoy**	nosotros(as)	**estamos**
tú	**estás**	vosotros(as)	**estáis**
él, ella, usted	**está**	ellos, ellas, ustedes	**están**

A practicar

4.6 **¿Qué hacen?** Lee las oraciones y menciona las actividades que las personas hacen en el lugar donde están.

1. Yo estoy en la plaza.

2. Mis hijos están en la escuela.

3. Tú estás en la librería.

4. Mi esposa está en la oficina.

5. Mis amigos están en el café.

6. Mi hermano está en el correo.

7. Mi madre y yo estamos en el parque.

8. Tú estás en el banco.

4.7 **¿Dónde están?** Lee las descripciones y completa las oraciones con la forma apropiada del verbo **estar** y un lugar del vocabulario. Hay varias posibilidades.

Modelo Hay muchos niños. Ellos... *están en la escuela./están en el parque./están en la plaza./están en el zoológico.*

1. Hay música. Tú...

2. Hay comida (*food*). Yo...

3. Hay muchos libros. Los estudiantes...

4. Hay medicinas. El doctor...

5. Hay escritorios. Nosotros...

6. Hay muchas personas que rezan. La familia...

4.8 **En la capital** Completa las oraciones con la forma correcta del verbo **estar.** Luego, usa los mapas al principio del libro para identificar los países donde están las ciudades.

Modelo Mario _____ en Santiago. *Está en Chile.*

1. Yo _____ en Lima.

2. Usted _____ en San José.

3. Gloria y yo _____ en La Habana.

4. Joaquín y Héctor_____ en San Juan.

5. Hugo _____ en Caracas.

6. Tú _____ en Tegucigalpa.

7. Cristina _____ en Quito.

8. Los Gardel _____ en Buenos Aires.

Santiago está en Chile.

© Tifonimages/Shutterstock

4.9 **En la ciudad** Mira el plano, escucha la descripción de la ciudad y decide si cada oración es cierta o falsa. Corrige las oraciones falsas.

CD1-19

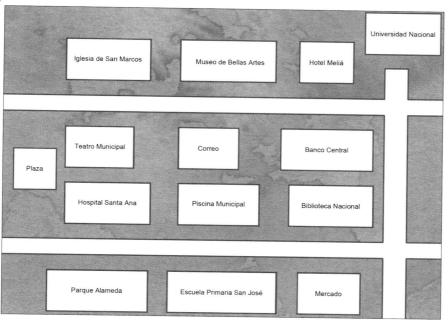

4.10 **El plano** En parejas inventen tres oraciones más sobre el plano. Las oraciones pueden ser ciertas o falsas y deben incluir las preposiciones. Después van a leer las oraciones para la clase y los otros compañeros van a decidir si son ciertas o falsas.

4.11 **¿Dónde está...?** En parejas, túrnense para hacer y contestar preguntas sobre el dibujo. Usen todas las preposiciones posibles para cada pregunta.

Modelo el café

Estudiante 1: *¿Dónde está el café?*

Estudiante 2: *El café está al lado de la librería.*

1. el banco
2. la librería
3. el automóvil
4. la bicicleta
5. el gimnasio
6. el perro
7. el parque
8. la tienda

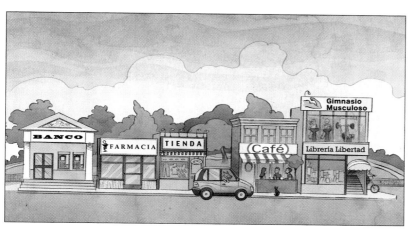

Cultura

Las grandes ciudades del mundo generalmente tienen museos muy importantes. Dos museos de fama internacional son El Prado en Madrid, España, y el Museo del Oro en Bogotá, Colombia. El Museo del Prado tiene una de las colecciones de arte más importantes del mundo, especialmente de pintores europeos de los siglos (*centuries*) XVI al XIX. El Museo del Oro tiene una colección impresionante de artículos prehispánicos hechos de oro (*gold*) y otros metales, con instalaciones modernas y exposiciones con multimedia.

El Museo del Prado en Madrid

El Museo del Oro en Bogotá

¿De qué artistas crees que hay cuadros en El Prado?

¿Qué civilizaciones prehispánicas crees que están representadas en el Museo del Oro?

¿Qué otros museos de todo el mundo son muy famosos y por qué?

¿Tienes un museo favorito? ¿Cuál? ¿Por qué?

> Investiga en Internet los sitios web oficiales del Museo del Prado y del Museo del Oro.

Comunidad

En las grandes ciudades casi siempre hay áreas con negocios (*businesses*) de comida y productos étnicos. ¿Hay negocios en tu comunidad que sirvan a hispanos, por ejemplo una tienda, un restaurante o una iglesia? Visita uno de estos lugares. Luego, repórtale a la clase sobre tu experiencia. Comenta sobre las semejanzas y las diferencias entre ese negocio y otros negocios de tu comunidad. ¡Aprovecha para hablar español durante tu visita! Algunas preguntas que puedes hacer son:

El barrio chino en Lima, Perú

¿Qué venden? ¿Qué servicios ofrecen?

¿Quiénes son sus clientes? ¿Cuándo está abierta la tienda/el restaurante?

Comparaciones

Las ciudades prehispánicas tenían mucho en común con las ciudades modernas. En la actualidad se conservan muchas ciudades de culturas prehispánicas, como Teotihuacán en México, Tikal en Guatemala y Machu Picchu en Perú. ¿Qué tipo de edificios crees que había en estas ciudades prehispánicas? Por ejemplo, ¿piensas que había supermercados?

Observa el mapa de la Ciudad de Machu Picchu, una ciudad inca en las montañas de los Andes. ¿Hay algún edificio que no haya en tu ciudad? Busca información de los pueblos hopi en Arizona en Internet. ¿Es semejante (*similar*) a Machu Picchu?

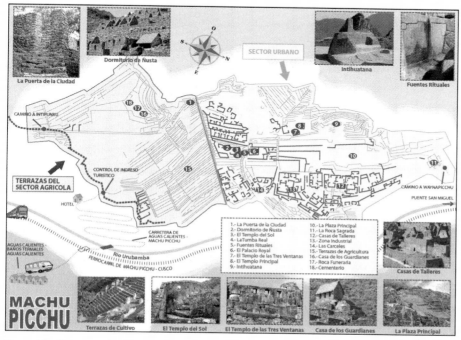

Source: http://www.enjoyperu.com/guiadedestinos/machupicchu/mapas

Conexiones... a las relaciones internacionales

Muchas ciudades del mundo participan en un programa de ciudades hermanas. La Asociación Internacional de Ciudades Hermanas es una organización que promueve el respeto mutuo, el entendimiento y la cooperación. Por ejemplo, Miami, Florida, es ciudad hermana de Managua, Nicaragua. El objetivo del programa es conectar a dos ciudades semejantes (*similar*) en superficie, pero en diferentes zonas del mundo, para fomentar el contacto humano. ¿Cuál es la ciudad hermana de la capital de tu estado? ¿Qué actividades y eventos tienen?

A analizar

Lee la conversación y observa las formas del verbo **ir**. Luego, contesta las preguntas que siguen.

> **Rosa:** Los sábados tengo la mañana muy ocupada. Primero, **voy** al banco para depositar un cheque. Del banco, **voy** al correo. Y finalmente, **voy** al mercado para comprar unas frutas.
>
> **Dora:** ¿A qué hora **vas** al banco este sábado? Si quieres, yo te acompaño. Yo también necesito **ir** al correo y al mercado. Y después, **vamos** al Café Rústico en la plaza para tomar algo.
>
> **Rosa:** ¡Qué buena idea! ¡**Vamos**!

© michaeljung/Shutterstock

1. The forms **voy, vas,** and **vamos** in the conversation above are forms of the verb **ir.** Is the verb regular like **vivir** or irregular like **ser**? Explain why.

2. Using the forms presented in the conversation and what you already know about verbs, complete the chart. Why do you think in the phrase **necesito ir,** the verb **ir** is not conjugated?

ir

yo _____   nosotros _____

tú _____   vosotros _____

él, ella, usted _____   ellos, ellas, ustedes _____

A comprobar

The verb **ir** and **ir** + **a** + infinitive

ir (to go)			
yo	**voy**	nosotros(as)	**vamos**
tú	**vas**	vosotros(as)	**vais**
él, ella, usted	**va**	ellos, ellas, ustedes	**van**

1. To tell where someone is going, it is necessary to use the preposition **a** (*to*). When asking where someone is going, the preposition **a** is added to the word **dónde** (**adónde**).

   ¿Adónde van ustedes?
   Where are you going?

   Vamos a la universidad.
   *We are going **to** the university.*

2. You will recall that just as there are contractions in English (can't, don't), there are also contractions in Spanish, and that in Spanish these contractions are not optional. Similar to the contraction **del**, when using the preposition **a** in front of a masculine noun, it combines with the **el** to form the contraction **al** (**a** + **el** = **al**). The **a** does not contract with the other articles.

   Yo voy **al** cine con mis amigos.
   I am going to the movie theater with my friends.

   Mi familia va **a la** piscina hoy.
   My family is going to the pool today.

3. Similar to English, the verb **ir** can be used to talk about the future. To tell what someone is *going to do*, use the following structure:

ir	+ a +	infinitive
Voy	a	viajar.
Van	a	trabajar.

Vamos a estudiar esta noche.
We are going to study tonight.

Juan **va a ir** al café con Elena.
Juan is going to go to the café with Elena.

A practicar

4.12 **¿Lógico o ilógico?** Lee las siguientes oraciones y decide si son lógicas o no. Si son ilógicas, haz las correcciones.

1. Yo voy a la librería porque necesito estudiar.
2. Mis padres van al teatro porque quieren mirar una película.
3. Mi hermana va a la tienda porque quiere comprar una blusa.
4. Mis amigos y yo vamos al correo para comer.
5. ¿Tú vas a la piscina para nadar?
6. Mis abuelos van a la sinagoga para rezar.

 iTunes
Julieta Venegas is a popular Mexican singer, songwriter, and musician. Listen to her song "Me voy". Why do you think she is leaving?

4.13 **Después de las clases** Completa el párrafo con la forma correcta del verbo **ir.**

Después de las clases, mis compañeros (**1**) _____ a casa, y yo (**2**) _____ a la biblioteca con mi amigo Fernando. Nosotros (**3**) _____ al café después para tomar algo. Luego, él (**4**) _____ a su casa, y yo (**5**) _____ al trabajo. ¿Adónde (**6**) _____ tú después de las clases?

4.14 **Las diligencias** Usando el vocabulario y el verbo **ir,** explica adónde van las siguientes personas.

Modelo Tú necesitas comprar un libro. Tú...
         Vas a la librería.

1. Yo necesito depositar un cheque. Yo...
2. Mis hijos tienen clase hoy. Ellos...
3. Mi hermana trabaja como doctora. Ella...
4. Mi esposo y yo estudiamos español. Nosotros...
5. Tú tienes una clase de aeróbic. Tú...
6. Tus amigos y tú quieren ver una película. Ustedes...
7. Mis tíos escriben cartas a sus familiares en Perú. Ellos...
8. A mi sobrino le gustan mucho los animales. Él...
9. Mis padres y yo queremos comer. Nosotros...
10. Tú quieres nadar. Tú...

4.15 **¿Adónde vas y qué vas a hacer?** Usando la forma apropiada del verbo **ir** y el vocabulario, explica adónde van las diferentes personas. Luego, explica qué van a hacer, usando **ir + a + infinitivo.**

Modelo Rosario
   Rosario va al zoológico. Va a mirar los animales.

1. yo

2. mis amigos

3. la señora Montero

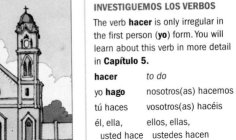

4. tú

5. Ricardo y yo

6. tu perro y tú

4.16 **¿Qué vas a hacer mañana?** Pregúntale a tu compañero qué va a hacer mañana a las siguientes horas.

Modelo 2:00 P.M.
   Estudiante A: *¿Qué vas a hacer (to do) mañana a las dos de la tarde?*
   Estudiante B: *Yo voy a correr en el parque.*

1. 8:00 A.M.

2. 10:30 A.M.

3. 12:00 P.M.

4. 1:15 P.M.

5. 3:30 P.M.

6. 6:45 P.M.

7. 8:15 P.M.

8. 10:00 P.M.

El reloj del Arco de Santa Catalina, Antigua, Guatemala

© Vulkanette/Shutterstock

4.17 **De vacaciones** Imagínense que van a viajar a Panamá por un fin de semana. Miren el anuncio y decidan qué van a hacer. Pueden usar las siguientes palabras para planear sus actividades. Mencionen por lo menos tres cosas que van a hacer.

la playa (*beach*) **bucear** (*to scuba dive*)

jugar al golf (*to play golf*) **hacer piragüismo** (*to go whitewater rafting*)

tomar un crucero (*to take a cruise*) **tomar el sol** (*to sunbathe*)

Modelo Estudiante 1: *¿Adónde vamos a ir el sábado por la mañana?*
Estudiante 2: *Vamos a ir a la playa.*
Estudiante 1: *¿Qué vamos a hacer en la playa?*
Estudiante 2: *Vamos a nadar y a tomar el sol. Yo voy a tomar fotos.*

Panamá es un destino de renombre para negocios y convenciones, quédate unos días más y conviértelo en una experiencia inolvidable.

Panama
se queda en ti

http://www.atp.gob.pa/

4.18 **Tiempo libre** Con un compañero, túrnense para preguntar adónde van en las siguientes situaciones y qué van a hacer.

Modelo Es domingo y no tienes mucha tarea.
Estudiante 1: *Es domingo y no tienes mucha tarea. ¿Adónde vas?*
Estudiante 2: *Voy al templo.*
Estudiante 1: *¿Qué vas a hacer?*
Estudiante 2: *Voy a rezar.*

1. Mañana no hay clase y no necesitas trabajar.

2. La clase de español termina (*ends*) a las diez, y tu siguiente clase comienza a las doce.

3. Son las vacaciones de primavera y vas a recibir un cheque de $800 de los impuestos (*taxes*).

4. Es sábado y hace buen tiempo.

5. Tú recibes un cheque de $50 dólares por tu cumpleaños.

6. Es viernes por la noche.

Lectura

Antes de leer

¿Qué cosas hay en todas las grandes ciudades? ¿Cómo piensas que son las capitales de España y los países latinoamericanos?

A leer

Algunas ciudades únicas de Latinoamérica

La mayoría de las grandes ciudades latinoamericanas combina lo moderno con lo histórico. Algunas de las ciudades **fueron** fundadas mucho antes de la llegada de los españoles, como es el caso de la Ciudad de México (Tenochtitlán), y de Cuzco, capital del imperio Inca en Perú. Hoy día en las dos ciudades se pueden ver ruinas de civilizaciones indígenas al lado de edificios coloniales de unos 400 años de antigüedad.

> Un elegante ejemplo de modernidad se encuentra en Buenos Aires...

they were

skyscrapers

bridges

Por supuesto, las ciudades más grandes en Latinoamérica tienen **rascacielos** y otras maravillas de la ingeniería, como **puentes** y avenidas de circulación rápida.

as

Un elegante ejemplo de modernidad se encuentra en Buenos Aires, la capital de Argentina y su ciudad más importante, con más de doce millones de habitantes. "Baires", **como** la llaman los argentinos, fue fundada en 1536, con el nombre original de "Puerto de Nuestra Señora Santa María del Buen Aire". Los barrios de la ciudad reflejan su pasado de inmigrantes. Es una ciudad cosmopolita y llena de cultura. Es famosa por sus monumentos, como el obelisco, y por tener la avenida **más ancha** del mundo: la Avenida 9 de julio.

widest

La Boca, Buenos Aires

© Margarita Casas

beautiful

Otra ciudad moderna y de **hermosa** arquitectura es Bogotá. La ciudad de Bogotá es la capital de Colombia y en 2006 fue declarada "capital del libro del mundo" por la UNESCO, gracias a las increíbles bibliotecas de la ciudad.

Cada una de estas ciudades es especial por su arquitectura, sus monumentos, parques, restaurantes, cafés, tiendas y boutiques. Sin duda, como muchas otras ciudades latinoamericanas, son muy atractivas para el turismo.

Bogotá, Colombia

Comprensión

Contesta las preguntas.

1. ¿Qué combinan muchas de las ciudades de Latinoamérica?
2. ¿Cómo se llamaba la capital del imperio Inca en Perú?
3. ¿Cómo llaman los argentinos a su capital?
4. ¿Por qué es famosa Buenos Aires?
5. ¿Por qué fue declarada "la capital del libro del mundo" Bogotá?

Después de leer

Busca una página en Internet con información para turistas en una ciudad de España o Latinoamérica. Después, contesta las preguntas.

1. ¿Qué actividades puedes hacer?
2. ¿Te gustaría visitar la ciudad? ¿Por qué?

Turistas en Caracas

Esta es la casa de Lola. ¿Qué hay en su casa?

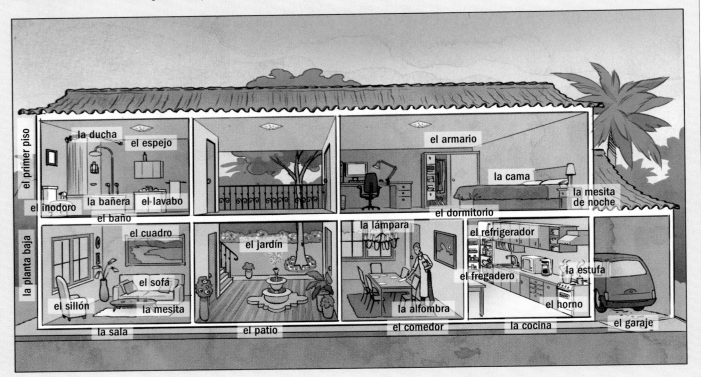

alquilar	to rent	la lavadora	washer
el apartamento	apartment	el lavaplatos	dishwasher
la cafetera	coffee maker	los muebles	furniture
el electrodoméstico	appliance	las plantas	plants
las flores	flowers	la secadora	dryer
la habitación	room		
el horno de	microwave oven		
microondas			

Práctica

4.19 **Escucha y responde** Vas a escuchar algunas oraciones. Indica con el pulgar hacia arriba si la oración es lógica. Si no, indica con el pulgar hacia abajo.

CD1-20

4.20 **¿Dónde están?** ¿En qué habitación de la casa están los siguientes muebles o aparatos?

1. el horno
2. el sillón
3. el lavabo
4. el lavaplatos
5. el armario
6. la cafetera
7. la mesita de noche
8. la cama

INVESTIGUEMOS EL VOCABULARIO

Notice that **el primer piso** refers to what people in the United States would call the second floor. In many Spanish-speaking countries the first floor is referred to as the ground floor, or **la planta baja.**

INVESTIGUEMOS EL VOCABULARIO

While **el dormitorio** is a very standard word, there are many other words that refer to a bedroom:

el cuarto (Mexico)

la habitación (Mexico, Spain)

la pieza (Mexico)

la alcoba (South America)

la recámara (Latin America)

4.21 **¡Qué desastre!** La casa es un desastre y no puedes encontrar nada. Con un compañero, túrnense para preguntar dónde están los objetos perdidos.

Modelo la corbata

Estudiante 1: *¿Dónde está la corbata?*

Estudiante 2: *Está en la cama.*

1. el teléfono
2. el libro
3. la bota
4. el suéter

5. el paraguas
6. el cuaderno
7. los peces
8. el gato

4.22 **Adivinanza** Mira el dibujo al inicio de la lección. Vas a elegir y a describir tres objetos en dos o tres oraciones. No debes mencionar el objeto en tu descripción. Usa **es para** para describir la función del aparato. Con un compañero túrnense para adivinar el objeto que el otro describe.

Modelo Estudiante 1: *Está en la cocina. Está debajo de la estufa. Es para cocinar.*

Estudiante 2: *¡Es el horno!*

4.23 **Comparemos** Mira una de las casas mientras tu compañero mira la otra. Túrnense para describir las casas y busquen seis diferencias.

Modelo Estudiante 1: *En el baño de Alberto hay un espejo.*

Estudiante 2: *En el baño de Laura no hay espejos.*

la casa de Alberto

la casa de Laura

¿Qué información hay en la sección de anuncios para apartamentos y casas en el periódico (*newspaper*)? Estos son anuncios para unas casas en venta en Ponce, Puerto Rico. La casa en el modelo Bugambilia tiene dos baños y medio. ¿Qué crees que es un medio baño? ¿Qué piensas que significa "estacionamiento cubierto"? ¿Cuál de las dos casas prefieres? ¿Por qué?

URBANIZACIÓN COLINAS DEL VALLE

CASAS EN VENTA
En una de las mejores zonas de Ponce, cerca de parques y un centro comercial

Modelo Bugambilia
- 3 habitaciones
- 2 baños y medio
- cocina integral
- sala-comedor amplia
- acabados de lujo
- estacionamiento cubierto para un auto

Modelo Rosal
- 4 habitaciones
- 2 baños
- cocina con desayunador
- sala
- comedor
- acabados de lujo
- terraza
- estacionamiento para un auto

Todo lo que necesita para vivir cómodamente.

Visite nuestras casas modelos todos los días de 9:00 am a 9:00 pm.

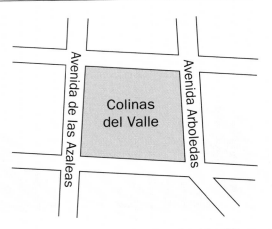

Más allá
Imagina que encuentras el anuncio de tu casa ideal en el periódico. Escribe el anuncio incluyendo dónde está y la lista de todo lo que tiene la casa.

A analizar

Lee la conversación y observa las formas del verbo **poder**.

El estudiante:	¿Cuándo **puedo** ver el apartamento?
La señora:	¿**Puede** venir usted a las tres y media?
El estudiante:	Tengo clase hasta las cuatro. **¿Podemos** encontrarnos a las cuatro y media?
La señora:	Está bien. Nos vemos a las cuatro y media.
El estudiante:	Perfecto. Hasta luego.

Using your knowledge of stem-changing verbs and the forms in the conversation, complete the chart with the correct forms of the verb **poder**.

poder

yo _____   nosotros(as) _____

tú _____   vosotros (as) _____

él, ella, usted _____   ellos, ellas, ustedes _____

A comprobar

Stem-changing verbs (o → ue)

1. In **Capítulo 3,** you learned about stem-changing verbs. Notice in the verbs below, that the **o** changes to **ue** in all forms except the **nosotros** and **vosotros** forms. Again, the endings are the same as other -**ar**, -**er**, and -**ir** verbs.

almorzar (*to eat lunch*)

yo	alm**ue**rzo	nosotros(as)	almorzamos
tú	alm**ue**rzas	vosotros(as)	almorzáis
él, ella, usted	alm**ue**rza	ellos, ellas, ustedes	alm**ue**rzan

volver (*to return*)

yo	v**ue**lvo	nosotros(as)	volvemos
tú	v**ue**lves	vosotros(as)	volvéis
él, ella, usted	v**ue**lve	ellos, ellas, ustedes	v**ue**lven

dormir (*to sleep*)

yo	d**ue**rmo	nosotros(as)	dormimos
tú	d**ue**rmes	vosotros(as)	dormís
él, ella, usted	d**ue**rme	ellos, ellas, ustedes	d**ue**rmen

The verbs listed below are also **o → ue** stem-changing verbs.

costar	*to cost*
devolver	*to return* (*something*)
encontrar	*to find*
llover	*to rain*
morir	*to die*
poder	*to be able to*
recordar	*to remember*
soñar (con)	*to dream* (*about*)

Los niños **duermen** en este dormitorio.
*The children **sleep** in this bedroom.*

Gloria y yo **almorzamos** en la cafetería.
*Gloria and I **eat lunch** in the cafeteria.*

2. The verb **jugar** is conjugated similarly to the **o → ue** stem-changing verbs, changing the **u** of its stem to **ue**.

jugar (*to play*)			
yo	j**ue**go	nosotros(as)	jugamos
tú	j**ue**gas	vosotros(as)	jugáis
él, ella, usted	j**ue**ga	ellos, ellas, ustedes	j**ue**gan

A practicar

4.24 **Un poco de lógica** ¿Qué verbo completa mejor la oración?

1. Matilde siempre _____ a la casa después de trabajar.
   a. llueve   **b.** vuelve   **c.** almuerza

2. Los niños _____ con el gato en la sala.
   a. juegan   **b.** sueñan   **c.** encuentran

3. Nosotros _____ en la cocina.
   a. dormimos   **b.** volvemos   **c.** almorzamos

4. Rolando no _____ sus libros en el dormitorio.
   a. sueña   **b.** encuentra   **c.** vuelve

5. Mis amigos _____ mirar la tele en la sala.
   a. juegan   **b.** cuestan   **c.** pueden

6. Mi esposo y yo _____ en una cama matrimonial.
   a. dormimos   **b.** podemos   **c.** encontramos

7. Yo _____ el espejo al dormitorio de mi hermana.
   a. encuentro   **b.** vuelvo   **c.** devuelvo

8. Mi habitación es un desastre y no _____ dónde está mi tarea.
   a. recuerdo   **b.** puedo   **c.** duermo

¿Dónde está mi tarea?

© Photos To Go

4.25 **Nuestros sueños** Completa el siguiente párrafo con las formas necesarias del verbo **soñar.**

Todos tienen sueños (*dreams*) para el año nuevo. Yo **(1)** _____ con un trabajo, y mi esposo **(2)** _____ con comprar un coche nuevo. Nosotros también **(3)** _____ con comprar una casa nueva. Mis hermanos **(4)** _____ con unas vacaciones en la playa. Y tú ¿con qué **(5)** _____?

¿Sueñas con comprar un coche?

© Monkey Business Images/Shutterstock

4.26 **¿Cuánto cuesta?** Estás en una tienda en España. Con un compañero, túrnense para preguntar cuánto cuestan los objetos.

> **Modelo** Estudiante 1: *¿Cuánto cuesta el cuadro grande?*
> Estudiante 2: *Cuesta treinta y cinco euros.*

1.

2. 3. 4.

4.27 **¿Quién puede?** Usando el verbo **poder**, explícale a tu compañero quién puede o no puede hacer las siguientes actividades.

> **Modelo** viajar este verano
> *Yo puedo viajar este verano.*
> *Mi esposo no puede viajar este verano.*

1. tocar el piano
2. bailar bien
3. jugar al golf
4. hablar francés
5. nadar
6. ir a bares
7. votar (*to vote*)
8. comer mucho
9. cocinar bien

4.28 **En busca de...** Circula por la clase y busca a ocho compañeros diferentes que hagan una de las siguientes actividades.

1. Normalmente (dormir) ocho horas.
2. (Volver) a casa después de las clases.
3. (Almorzar) en un restaurante una vez a la semana.
4. (Jugar) al tenis.
5. (Soñar) con un coche nuevo.
6. (Poder) cantar muy bien.
7. (Devolver) ropa a la tienda con frecuencia.
8. (Encontrar) a amigos en el cine o en el restaurante.

iTunes
Rakim y Ken-Y es un grupo de reggaetón de Puerto Rico. Escucha su éxito "Un sueño". ¿Cuál es el sueño del que hablan?

Cultura

Es común que las casas de personas famosas se conviertan en (*are converted to*) museos. Por ejemplo, Hernán Cortés, el conquistador español que derrotó (*defeated*) a los aztecas en México, tuvo casas en muchas ciudades de México, y también en España. Probablemente una de las más conocidas es la Primera Casa de Hernán Cortés, en Veracruz, México. Este edificio, que se considera un monumento histórico, está en restauración y es un sitio turístico muy popular.

Ernesto "Ché" Guevara, famoso revolucionario que participó en la Revolución Cubana, también vivió en varias casas que ahora lo homenajean (*pay tribute to him*). Una de las más populares es el Museo Casa del Ché en Alta Gracia, Argentina donde vivió de niño.

Otras casas de personas muy famosas son las siguientes. Busca en Internet para decir quiénes fueron (*were*) estas personas y dónde están sus casas.

La Casa-Museo de Federico García Lorca

La Casa de Pablo Neruda

La Casa-Museo Quinta de Simón Bolívar

Primera Casa de Hernán Cortés

© John Mitchell/ Alamy

> Investiga en Internet acerca de otras casas famosas en España y Latinoamérica.

Comunidad

¿Hay casas famosas en tu comunidad? ¿Por qué son famosas?

Visita una casa famosa en tu pueblo o en tu ciudad, o una que esté cerca de ti. Luego, prepara un folleto (*brochure*) con la dirección del museo, las horas y los días que está abierto, recomendaciones de qué ver en el museo, servicios, etcétera. Después, comparte la información con los administradores de la casa famosa, para usarla con los visitantes que hablen español.

Museo Casa del Ché

© Juan José Pascual/Age Fotostock

Comparaciones

Una expresión común en la cultura mexicana es "Mi casa es su casa". Otro ejemplo es "Candil (*lamp*) de la calle, obscuridad de su casa", que se usa para hablar de una persona que es muy amable con las personas fuera de su casa, pero no con las de su familia. Los siguientes son otros refranes (*proverbs*) que se refieren a la casa. ¿Cuál de las fotos asocias con cada refrán? ¿Por qué? ¿Qué valores reflejan? ¿Estás de acuerdo con ellos? ¿Hay equivalentes en inglés?

Casa sin hijos, higuera (*fig tree*) sin higos (*figs*).
Cuando de casa estamos lejanos, más la recordamos.
En la casa en que hay un viejo, no faltará (*lack*) un buen consejo (*advice*).
La ropa sucia (*dirty*) se lava en casa.

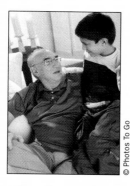

¿Cuáles son algunos refranes en inglés que hablan de la casa? ¿Qué valores reflejan? ¿Reflejan valores semejantes o diferentes a los refranes en español?

Conexiones... a la arquitectura

Algunos de los arquitectos más famosos del mundo son Antonio Gaudí (Barcelona, España, 1852–1926) y Luis Barragán (Cd. de México, México, 1902–1988). Antonio Gaudí era un hombre muy religioso. Su obra maestra (*masterpiece*) es la Catedral de la Sagrada Familia, en Barcelona, que todavía está en construcción. Su arquitectura es considerada modernista, pero su estilo es único en el mundo. En contraste, la arquitectura del mexicano Luis Barragán se caracteriza por líneas muy simples y por el uso del color. ¿Qué estilo prefieres? ¿Tienes un arquitecto o un estilo arquitectónico favorito? ¿Quién o cuál?

Casa Milà en Barcelona, una obra de Gaudí

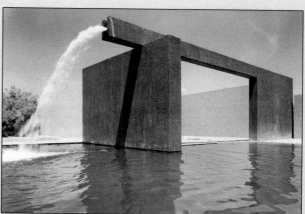
Una fuente diseñada por el arquitecto Luis Barragán

A analizar

Lee el anuncio e identifica los adjetivos. Después contesta las preguntas que siguen.

> Apartamento grande en buena zona, en el primer piso, dos habitaciones amplias y un baño, a buen precio.

1. Where are the adjectives in relation to the nouns they describe? Why do you think the position of the adjectives varies?
2. Which ones have different forms?

A comprobar

Adjective placement

1. As you remember from **Capítulo 2,** other than adjectives of quantity, adjectives are generally placed behind the noun they modify. However, there are some other exceptions. **Bueno** and **malo** are often used in front of the noun they modify, and they drop the **o** when used in front of a masculine singular noun.

> Hace **mal** tiempo.
> *The weather is bad.*

> Ella es una **mala** estudiante.
> *She is a bad student.*

> Hace **buen** tiempo.
> *The weather is nice.*

> Ella es una **buena** estudiante.
> *She is a good student.*

2. Ordinal numbers are numbers that designate position in a sequence (first, second, third, etc.). As with other numbers, ordinal numbers go before the noun they modify. However, they must agree in gender and number. Similar to **bueno** and **malo, primero** and **tercero** drop the **o** when they are used in front of a masculine singular noun.

> El baño está en el **primer** piso.
> *The bathroom is on the first floor.*

Es la **primera** habitación a la derecha.
It's the first bedroom on the right.

Vivo en el **tercer** piso.
I live on the third floor.

Es la **tercera** casa en la calle Rosas.
It's the third house on Rosas Street.

Los números ordinales	
1° primero	6° sexto
2° segundo	7° séptimo
3° tercero	8° octavo
4° cuarto	9° noveno
5° quinto	10° décimo

3. **Grande** can be used in front of a noun; however, its meaning normally changes from *big* to *great.* **Grande** becomes **gran** when used in front of singular nouns.

> Tengo una casa **grande.**
> *I have a **big** house.*

> El presidente es un **gran** hombre.
> *The president is a **great** man.*

A practicar

4.29 **Casa Bonita** La tienda Casa Bonita vende muebles, electrodomésticos y otras cosas para la casa. Lee las oraciones y decide si son lógicas o no. Corrige las oraciones ilógicas.

5º dormitorio
4º baño
3º cocina
2º sala
1º jardín

1. Hay refrigeradores en el tercer piso.

2. Hay sofás en el quinto piso.

3. Hay camas en el segundo piso.

4. Hay bañeras en el cuarto piso.

5. Hay hornos en el segundo piso.

6. Hay plantas y flores en el primer piso.

4.30 **El edificio de apartamentos** Con un compañero, túrnense para preguntar e identificar en qué piso viven las diferentes familias en el edificio de apartamentos.

Modelo Estudiante 1: *¿Dónde viven los García?*
Estudiante 2: *Viven en la planta baja.*

INVESTIGUEMOS EL VOCABULARIO
In English, to write ordinal numbers using numerals you use 1st, 2nd, 3rd, 4th, etc. In Spanish, when the ordinal number is masculine and ends in **o (primero, segundo, tercero),** it is written as 1º, 2º, 3º. If it is feminine and ends in an **a (primera, segunda, tercera),** it is written 1ª, 2ª, 3ª.

4.31 **Unas descripciones** Completa las oraciones, usando el adjetivo entre paréntesis. Piensa en la posición del adjetivo y en la forma correcta.

> Modelo Compro un refrigerador. (nuevo)
> *Compro un refrigerador nuevo.*
> Es la habitación a la derecha. (primero)
> *Es la primera habitación a la derecha.*

1. Carmen busca un apartamento. (grande – *big*)
2. Quiero un sofá. (negro)
3. No tengo cuadros. (mucho)
4. Tenemos una planta. (pequeño)
5. Hay rebajas (*sales*) en el departamento de electrodomésticos hoy. (grande – *great*)
6. Es una lavadora. (bueno)
7. Ella va a comprar una alfombra. (nuevo)
8. Esa tienda vende armarios. (bonito)
9. El gato está en el piso. (tercero)

4.32 **En la universidad** En parejas, contesten las siguientes preguntas. Respondan usando los adjetivos de la lista. ¡**OJO** con la concordancia y la posición de los adjetivos!

bueno   malo   interesante   aburrido   viejo   simpático   moderno

antipático   grande   pequeño   primero   tercero   segundo

> Modelo Estudiante 1: *¿Cómo es tu libro de matemáticas?*
> Estudiante 2: *Es un buen libro./Es un mal libro.*

1. ¿Cómo es tu universidad?
2. ¿Cómo son los profesores en la universidad?
3. ¿Cómo son los estudiantes en la universidad?
4. ¿Cuál es tu primera clase del día?
5. ¿Cómo es tu clase de español?
6. ¿Qué tipo de estudiante eres?
7. ¿Qué tipo de notas recibes?
8. ¿En qué piso del edificio está tu clase de español?

4.33 **Opiniones** Con un compañero, túrnense para expresar sus opiniones sobre las siguientes personas y cosas. Deben usar los dos elementos indicados y un adjetivo.

> Modelo Antonio Banderas / actor
> *Antonio Banderas es un buen actor. / Antonio Banderas es un actor guapo.*

1. el profesor de español / profesor
2. el presidente / hombre
3. el Parque Central / parque
4. Jessica Alba / mujer
5. El Prado / museo
6. *Don Quijote de la Mancha* / libro
7. la clase de español / clase
8. La Casa Blanca / edificio
9. yo / (persona, estudiante, ¿?)

Antonio Banderas es un buen actor.

© cinemafestival/Shutterstock

Redacción

You are going to write a letter to a pen pal in which you tell him or her about where you live. One approach to descriptive writing is to begin with a general idea and to then become more specific. That is what you will do in this letter. In the first paragraph, you will discuss the town or city where you live; in the second paragraph you will describe your house in general, and in the last paragraph you will discuss your favorite room in the house.

© Manuel1333/Shutterstock

Paso 1 Jot down as many adjectives as you can think of that you would use to describe the town or city where you live. Write a list of the things your town or city has to offer: businesses, museums, etc.

Paso 2 Jot down as many phrases as you can about your home in general. Think about the following questions: Do you live in an apartment or a house? Whom do you live with? How would you describe your house (color, big, old, comfortable, etc.)? What rooms are in your house?

Paso 3 Decide which room you like best in your house. Jot down as many phrases as you can about that room. Think about the following questions: Why is it your favorite room? What items do you like in that room? How much time do you spend there? What do you do there?

Paso 4 After your greeting, begin your first paragraph by telling where you live. Then develop the paragraph in which you describe your city or town using the ideas you generated in **Paso 1.**

Paso 5 Write a transition sentence in which you tell where your house is located, such as the street you live on or what you live near. Then, develop the rest of the paragraph in which you describe your house using the information you generated in **Paso 2.**

Paso 6 Begin your third paragraph with a transition sentence that connects the second paragraph with the new idea to be discussed (your favorite room).

> Modelo   *Hay muchas habitaciones en mi casa, pero mi habitación favorita es la sala.*

Paso 7 Develop the rest of the paragraph using the ideas you generated in **Paso 3.** Be sure to have a concluding statement at the end of the third paragraph. At the end of your letter, ask your pen pal two or three questions about where he/she lives.

Paso 8 Edit your essay:

1. In each paragraph, do all of your sentences support the topic sentence?
2. Are your paragraphs logically organized or do you skip from one idea to the next?
3. Are there any short sentences you can combine by using **y** or **pero**?
4. Are there any spelling errors?
5. Do your adjectives agree with the objects they describe?
6. Do your verbs agree with their subjects?

Lectura

Antes de leer

En general, ¿cómo son las casas en la ciudad donde vives? ¿Es fácil comprar o alquilar una casa? ¿Por qué? ¿Cuál es una ventaja (*advantage*) de este sistema? ¿y una desventaja (*disadvantage*)?

A leer

Soluciones para la vivienda en Cuba

Tener una vivienda es una necesidad básica para todos. En Cuba, la vivienda es considerada un **derecho.** Para las personas en Cuba, el costo de la vivienda no es un problema grande. El valor de una casa vendida por el Estado es de aproximadamente US$300, que se deben pagar a 30 años por crédito bancario. El costo al mes es aproximadamente de US$0.60. Se calcula que el 85% de los cubanos son **propietarios** de sus casas. Además los cubanos también pueden alquilar hasta dos habitaciones de su casa para suplementar su economía.

Sin embargo, el problema de la vivienda es un gran **reto** para este país: hay un déficit de más de 600 000 casas.

right

owners

Nevertheless

challenge

> [En Cuba, la vivienda es considerada un derecho.]

Unas viviendas en La Habana

© Joel Bilt/Shutterstock

have damaged

to move
exchange

Además, en los últimos años, varios huracanes **han dañado** muchas otras viviendas que ahora necesitan reparaciones. Obtener una casa en Cuba es muy difícil debido al limitado número de viviendas, pero una vez que se tiene una casa, si una familia quiere **mudarse** a otro lugar, puede **intercambiar** su casa por la de otra familia. Este sistema puede causar problemas cuando una pareja decide tener hijos o quiere divorciarse.

En Cuba las familias pueden intercambiar sus casas.

En años recientes, debido a la dificultad que el gobierno tiene para construir viviendas, está invitando a los ciudadanos a construir sus propias casas, pero no hay una solución fácil ni rápida para proveer viviendas a todos los cubanos que las necesitan.

Comprensión

1. ¿Cuánto cuestan las casas que vende el gobierno en Cuba?
2. ¿Qué pueden hacer los cubanos en sus casas para ganar dinero extra?
3. ¿Por qué es muy difícil encontrar donde vivir en Cuba?
4. ¿Qué tiene que hacer una persona en Cuba para mudarse a otra casa?

Después de leer

Para los turistas que desean visitar Cuba hay varias posibilidades además de los hoteles: pueden alquilar apartamentos o casas que existen específicamente para el turismo.

Imagínate que vas a visitar Cuba con un compañero de clase y van a quedarse en un apartamento para turistas. Escriban una lista de las cosas que quieren tener en el apartamento. Luego, busquen en Internet un apartamento para turistas en Cuba y contesten las preguntas.

1. ¿Tiene todo lo que desean?
2. ¿Por qué te gusta ese apartamento?

Vocabulario

Sustantivos

la calefacción central	*central heat*
los cimientos	*foundation*
el (la) dueño(a)	*owner*
la entrada	*entrance*
la fecha de inicio	*starting date*
la finalización	*completion*
el frente	*façade*
la grúa	*crane*
el ladrillo	*brick*
la maqueta	*scale model*
el plano	*plan*

Adjetivos

apurado(a)	*in a hurry*
construido(a)	*built*
creativo(a)	*creative*
preparado(a)	*ready, prepared*
retrasado(a)	*late*

Verbos

cavar	*to dig*
conectar	*to connect*
demoler	*to demolish*
diseñar	*to design*
instalar	*to install*
construir	*to built*

Frases útiles

Con vista a...
With view to . . .

Les presento el nuevo proyecto.
I'm pleased to introduce the new project.

¿Cuántos pisos tiene el edificio?
How many stories are in the building?

El edificio tiene cien unidades.
The building has one hundred units.

Estas son las dimensiones.
These are the dimensions.

Usamos materiales de primera calidad.
We use top-quality materials.

¡Manos a la obra!
Let's get to work!

Aquí vamos a hacer la entrada del garaje.

© Junial Enterprises/Shutterstock

DATOS IMPORTANTES

Educación: Estudios universitarios completos en arquitectura. Experiencia en compañías constructoras. Capacidad de trabajo en equipo.

Salario: Entre $100 000 y $200 000, dependiendo de la responsabilidad del proyecto de construcción.

Dónde se trabaja: Compañías constructoras, Departamento de Obras Públicas del gobierno, contratistas, consultorías.

Briana Vásquez es arquitecta y trabaja para una importante compañía constructora. Su función es estar a cargo de (*in charge of*) la obra de construcción de edificios de apartamentos. También debe comunicarse con los dueños del edificio. En el video vas a ver a la arquitecta Vásquez mientras habla con uno de los dueños.

Antes de ver

Los arquitectos desarrollan (*develop*) los proyectos de construcción. Luego supervisan a los trabajadores de la construcción para realizar los planos a la perfección.

1. ¿En qué tipo de proyectos trabaja un arquitecto?
2. Imagínate que quieres construir un edificio. ¿Qué preguntas le haces al arquitecto?

Comprensión

1. ¿Qué tipo de apartamentos quiere ofrecer el Sr. Sierra?

2. ¿Qué vista tienen los apartamentos de tres habitaciones?

3. ¿Cómo son los apartamentos de dos habitaciones?

4. ¿Cuántos pisos va a tener el edificio?

5. ¿Qué va a estar al lado de la entrada principal del edificio?

6. ¿Cuándo es la fecha de finalización de la construcción?

© Heinle/Cengage Learning

Después de ver

En grupos pequeños, representen una reunión entre un arquitecto asociado, un trabajador que es el jefe de construcción y un dueño. El dueño piensa construir un edificio de apartamentos. Hagan un diálogo entre las tres personas. Deben decirle al arquitecto lo que quieren tener en su apartamento. El arquitecto puede hacer preguntas específicas.

4.34 **En casa** Completa el párrafo con la forma apropiada del verbo entre paréntesis.

Toda la familia (**1.**) _____ (estar) en casa hoy. Mi esposa y yo (**2.**) _____ (estar) en la cocina. Nosotros siempre (**3.**) _____ (almorzar) a esta hora, y hoy (**4.**) _____ (ir) a preparar unos sándwiches. Los niños (**5.**) _____ (estar) en casa también. Ellos no (**6.**) _____ (poder) jugar en el jardín porque (**7.**) _____ (llover) hoy. Vicente (**8.**) _____ (dormir) en su habitación, y Marisa (**9.**) _____ (jugar) unos videojuegos en la sala. Después de (*After*) comer, mis hijos (**10.**) _____ (ir) al cine con sus amigos, y mi esposa (**11.**) _____ (ir) al supermercado. Creo que yo (**12.**) _____ (ir) a mirar una película aquí en casa.

4.35 **¿Qué van a hacer?** Menciona qué van a hacer estas personas según el tiempo que hace donde viven. Deben usar el futuro (**ir** + **a** + infinitivo).

1. Yo vivo en Antigua y llueve hoy.
2. Kenia vive en Santo Domingo y hace buen tiempo hoy.
3. Yago y Matilde viven en Granada y nieva hoy.
4. Zoila y yo vivimos en Tegucigalpa y hace calor hoy.
5. Hugo y Marisabel viven en Caracas y hace mal tiempo hoy.
6. Cándido vive en Asunción y hace mucho frío hoy.
7. Yo vivo en Bogotá y hace fresco hoy.
8. Ulises vive en La Paz y hace viento hoy.
9. Renata y yo vivimos en San Juan y hace sol hoy.
10. ¿Dónde vives tú? ¿Qué tiempo hace? ¿Qué vas a hacer hoy?

4.36 **Completa las ideas** Completa las siguientes oraciones con la palabra o frase correcta.

1. Hoy voy a _____ ropa nueva.
   (**compro/comprar**)
2. Mi amiga _____ también.
   (**va a ir/va ir**)
3. Vamos a La Galería, una tienda enfrente _____ correo.
   (**de el/del**)
4. En La Galería la ropa no _____ mucho.
   (**costa/cuesta**)
5. La ropa de mujer está en el _____ piso.
   (**primer/primero**)
6. Quiero encontrar una chaqueta _____.
   (**negro/negra**)
7. Ella busca _____.
   (**zapatos bonitos/bonitos zapatos**).
8. Luego _____ almorzar en un restaurante.
   (**podemos/puedemos**)

4.37 **¿Es cierto?** Observa la ilustración de la casa y escribe seis oraciones ciertas o falsas sobre el dibujo (*drawing*). Después, túrnate con un compañero para leer las oraciones y decidir si son ciertas o falsas, y corregir (*correct*) las falsas.

Modelo Estudiante 1: *Hay tres dormitorios.*
Estudiante 2: *Falso, hay dos dormitorios.*
Estudiante 2: *La cocina está a la derecha del comedor.*
Estudiante 1: *Cierto.*

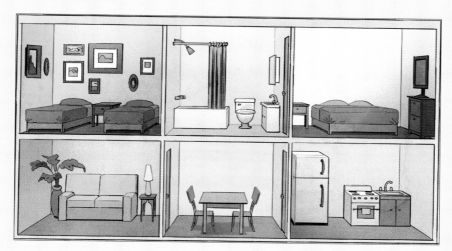

4.38 **Cinco diferencias** Trabaja con un compañero. Uno mira el dibujo aquí y el otro mira el dibujo en el apéndice A. Túrnense para describirlos y buscar cinco diferencias.

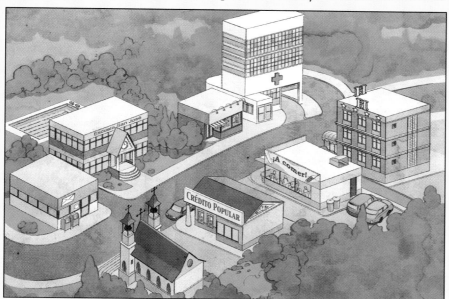

CAPÍTULO 4

◀)) Vocabulario 1

CD1-21

Los lugares

el banco	*bank*		el hotel	*hotel*
el bar	*bar*		el mercado	*market*
la biblioteca	*library*		la mezquita	*mosque*
el café	*cafe*		el museo	*museum*
la calle	*street*		la oficina	*office*
el cine	*movie theater*		el parque	*park*
el club	*club*		la piscina	*swimming pool*
el correo	*post office*		la plaza	*city square*
la discoteca	*nightclub*		el restaurante	*restaurant*
el edificio	*building*		la sinagoga	*synagogue*
la escuela	*school*		el supermercado	*supermarket*
la farmacia	*pharmacy*		el teatro	*theater*
el gimnasio	*gym*		el templo	*temple*
el hospital	*hospital*		la tienda	*store*
la iglesia	*church*		el zoológico	*zoo*
la librería	*bookstore*			

Los verbos

depositar	*to deposit*		mandar	*to send*
ir	*to go*		rezar	*to pray*

Palabras adicionales

la carta	*letter*		la película	*movie*
el dinero	*money*			

Las preposiciones

a la derecha de	*to the right of*		en	*in, on, at*
al lado de	*beside, next to*		encima de	*on top of*
a la izquierda de	*to the left of*		enfrente de	*in front of*
cerca de	*near*		entre	*between*
debajo de	*under*		fuera de	*outside*
dentro de	*inside*		lejos de	*far from*
detrás de	*behind*			

Diccionario personal

_____

_____

_____

_____

Vocabulario 2

CD1-22

Habitaciones de la casa

el baño	*bathroom*	el garaje	*garage*
la cocina	*kitchen*	el jardín	*garden*
el comedor	*dining room*	el patio	*patio*
el dormitorio	*bedroom*	la sala	*living room*

Muebles, utensilios y aparatos electrodomésticos

la alfombra	*carpet*	el inodoro	*toilet*
el armario	*closet, armoire*	la lámpara	*lamp*
la bañera	*bathtub*	el lavabo	*bathroom sink*
la cafetera	*coffee maker*	la lavadora	*washer*
la cama	*bed*	el lavaplatos	*dishwasher*
el cuadro	*painting, picture*	la mesita	*coffee table*
la ducha	*shower*	la planta	*plant*
el espejo	*mirror*	el refrigerador	*refrigerator*
la estufa	*stove*	la secadora	*dryer*
la flor	*flower*	el sillón	*armchair*
el fregadero	*kitchen sink*	el sofá	*couch*
el horno	*oven*		
el horno de microondas	*microwave oven*		

Los verbos

almorzar (ue)	*to have lunch*	jugar (ue)	*to play*
alquilar	*to rent*	llover (ue)	*to rain*
costar (ue)	*to cost*	morir (ue)	*to die*
devolver (ue)	*to return (something)*	poder (ue)	*to be able to*
		recordar (ue)	*to remember*
dormir (ue)	*to sleep*	soñar (ue) (con)	*to dream (about)*
encontrar (ue)	*to find*	volver (ue)	*to come back*

Los números ordinales

See page 134

Palabras adicionales

el apartamento	*apartment*	el piso	*floor*
la habitación	*room*	la planta baja	*ground floor*
el mueble	*furniture*		

Diccionario personal

Claribel Alegría
Biografía

Claribel Alegría (1924–) nació en Estelí, Nicaragua, pero cuando era muy joven su familia se mudó (*moved*) a El Salvador. En 1943 viajó a Estados Unidos para estudiar en la Universidad George Washington, donde recibió su título en Filosofía y Letras. Ha publicado varios libros de poesía y narrativa además de testimonios históricos. Una de las grandes influencias en sus obras fue la Guerra Civil en El Salvador (1980–1992). Ahora vive en Managua, Nicaragua.

© Stan Honda/AFP/Newscom

Antes de leer

1. Mira el título. En tu opinión ¿de qué va a tratar el poema?
2. Examina el poema. ¿Cuáles son las palabras que se usan para expresar el tiempo en el poema?

Instantes

Sólo éste ahora es mío
este momento
el pasado escapó
glimpse the face   y no **vislumbro el rostro** del futuro.

© Piers Cavendish / Impact / HIP / The Image Works

Authorized by the author, Claribel Alegría.

Después de leer

A. Comprensión

1. Según el poema, ¿qué es más relevante: el pasado, el presente o el futuro?
2. ¿Cuál es el mensaje del poema?
3. ¿Cuál es el tono?
4. Por la biografía sabemos que la Guerra Civil en El Salvador influenció la vida y la obra (*life and work*) de Claribel Alegría. ¿Es obvia esta influencia en el poema?

B. Conversemos

¿Qué eventos o experiencias personales pueden influenciar la vida y la obra de una persona?

Investiguemos la literatura: El tono

The tone of a work refers to the attitude that a writer communicates toward a particular subject through the work. It can be playful, formal, angry, loving, etc. You can often identify the tone of a work by paying attention to the author's word choice. Does the author use words or expressions that are positive, negative, or neutral?

Antes de leer

1. Lee el título del poema. ¿De qué piensas que va a hablar?
2. Ahora lee el poema rápidamente, sin usar el diccionario. ¿Qué palabras entiendes? ¿Cambió (*changed*) tu respuesta a la primera pregunta?

No pienses en mañana

No pienses en mañana
ni me hagas promesas
the same   ni tú serás **el mismo**
ni yo estaré presente.
peak   Vivamos **juntos la cima** de este amor
deceit   sin **engaños**
sin miedo
transparentes.

Authorized by the author, Claribel Alegría.

© leonid_tit/Shutterstock

Después de leer

A. Comprensión

1. ¿Cuál es el tono del poema?
2. ¿Cuáles son algunas palabras clave (*key*)?
3. ¿Con quién está hablando la voz poética?
4. ¿Cuál es el mensaje (*message*) del poema? ¿Estás de acuerdo? ¿Por qué?
5. ¿Por qué dice (*says*) que no debe pensar en mañana?
6. ¿Piensas que hay relación entre el poema "No pienses en mañana" y el primer poema "Instantes"? ¿Por qué?

B. Conversemos

1. ¿Te gustan estas* [*these*] poesías? ¿Por qué?
2. En tu opinión, ¿es más importante el pasado, el presente o el futuro? ¿Por qué?

Learning Strategy

Guess intelligently

When you are listening to audio recordings or your instructor, or are watching a video, make intelligent guesses as to the meaning of words you do not know. Use the context, intonation, and if possible, visual clues such as body language, gestures, facial expressions, and images to help you figure out the meaning of words.

In this chapter you will learn how to:

- Describe your feelings, emotions, and physical states
- Talk about ongoing actions
- Discuss abilities needed for certain jobs and professions

© Aaron Mccoy/Getty Images

Laura trabaja en el Café Simón. Es un lugar muy popular en el centro histórico de la ciudad. ¿Cómo están las personas en el café?

Los estados de ánimo

estar alegre	to be happy	estar divertido(a)	to be entertained, to be in a good mood	estar frustrado(a)	to be frustrated
estar celoso(a)	to be jealous			estar interesado(a)	to be interested
estar contento(a)	to be happy, to be content			estar ocupado(a)	to be busy
		estar enfermo(a)	to be sick	estar sano(a)	to be healthy
estar deprimido(a)	to be depressed	estar equivocado(a)	to be wrong	estar seguro(a)	to be sure
		estar feliz	to be happy		

Práctica

5.1 **Escucha y responde** Escucha los adjetivos de emoción. Indica con el pulgar hacia arriba (*thumbs up*) si es una emoción positiva o con el pulgar hacia abajo (*thumbs down*) si es una emoción negativa.

CD1-23

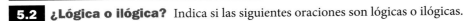

5.2 **¿Lógica o ilógica?** Indica si las siguientes oraciones son lógicas o ilógicas.

1. Vamos a tener un examen difícil y estamos felices.
2. Tus amigos te preparan una fiesta sorpresa y estás celoso.
3. Nuestro hijo está muy enfermo. Estamos preocupados.
4. Corriste (*You ran*) 15 kilómetros. Estás cansado.
5. Estás sano porque tienes una F en matemáticas.

5.3 ¿Cómo estás? Con un compañero, túrnense para expresar sus reacciones ante estas situaciones.

Modelo Tienes tres exámenes y recibes una A en todos.
Estudiante 1: *¡Estoy contento! ¿Y tú?*
Estudiante 2: *¡Yo estoy sorprendido!*

1. Vas de vacaciones a las islas Canarias y pierdes tu pasaporte.
2. Tú y tu novio se casan (*get married*) hoy.
3. Recibes una caja (*box*) de chocolates y los comes todos en un día.
4. Necesitas trabajar pero no puedes encontrar un trabajo.
5. Llegas tarde al aeropuerto y pierdes (*miss*) tu vuelo (*flight*).
6. Encuentras a una persona que no conoces (*that you don't know*) en la sala de tu casa.

Estamos contentos.

© claudiaveja/iStockphoto

5.4 Asociaciones Habla con un compañero y explícale qué emoción asocias con lo siguiente (*the following*) y por qué.

Modelo la clase de matemáticas
Estoy frustrado porque no comprendo los problemas de matemáticas. /
Estoy feliz porque me gustan las matemáticas.

1. el lunes
2. el verano
3. la clase de historia
4. el examen final

5. el Día de San Valentín
6. el chocolate
7. el templo (la iglesia, la sinagoga, la mezquita)
8. la universidad

5.5 Entrevista Con un compañero, túrnense para hacer y contestar las preguntas.

1. ¿Qué te gusta hacer cuando estás cansado?
2. ¿Qué haces para (*in order to*) no estar nervioso antes de un examen?
3. ¿Cómo estás ahora? ¿Por qué?
4. ¿Qué haces para estar sano?
5. ¿Qué hacen las personas cuando están celosas?
6. ¿Qué día de la semana estás muy ocupado? ¿Por qué?

5.6 Situaciones Con un compañero, identifiquen la emoción o el estado de ánimo que tiene la persona en el dibujo y expliquen por qué.

Modelo *Está contento porque es su cumpleaños.*

1.

2.

3.

4.

¿Qué tipo de persona es un genio (*genius*) emocional? ¿un genio práctico? ¿un genio creativo? Según la revista *Buenhogar*, eres un genio si tres o más de las acciones describen tu forma de actuar. Toma la prueba. ¿Eres un genio?

¿QUÉ SABES DE TI?

Si en alguna de las siguientes áreas puedes marcar tres o más puntos, eres una experta.

CONSIDÉRATE UN GENIO EMOCIONAL SI ERES:

☐ Atenta: prestas atención a todo lo que sientes.
☐ Perceptiva: puedes sentir cuando alguien está molesto.
☐ Buena consejera: amas servir de guía a otros.
☐ Controlada: manejas bien las emociones negativas.
☐ Rápida para reír (o llorar): aun con los comerciales.

CONSIDÉRATE UN GENIO PRÁCTICO SI ERES:

☐ Una profesional con mapas o direcciones.
☐ Coordinadora de las actividades familiares.
☐ Organizada: tu hogar es ejemplo de orden.
☐ Dueña del estilo: prefieres un corte de pelo simple y fácil de cuidar a uno que requiera mantenimiento diario.

CONSIDÉRATE UN GENIO CREATIVO SI ERES:

☐ Curiosa acerca del mundo, las nuevas ideas, ¡de todo!
☐ Atenta a lo último (películas, libros, noticias...)
☐ Arriesgada: tu imaginación siempre está ocupada.
☐ Artista: la mejor de las escritoras o jardineras.

Más allá

Con un compañero, escribe otras dos o tres descripciones adicionales para cada tipo de genio. Luego compartan sus descripciones y trabajen con los otros grupos para crear una nueva prueba. Tomen la nueva prueba para saber quiénes son los genios de la clase.

A analizar

Lee el párrafo y observa los verbos en negritas. Luego, contesta las preguntas que siguen.

> Todos están muy ocupados esta tarde. Mi esposo **está trabajando** en la oficina, y mi hijo Bernardo **está corriendo** en el parque. Mi hija Amalia **está escribiendo** una composición en su cuarto. Ella siempre está preocupada por sus notas. Yo **estoy limpiando** la casa.

1. How are the verbs in bold formed?
2. In **Capítulo 4,** you learned to use the verb **estar** to indicate location. Looking at the paragraph again, in what other way is the verb **estar** used?

A comprobar

Estar with adjectives and present progressive

1. Remember that **estar** is an irregular verb:

estar			
yo	**estoy**	nosotros	**estamos**
tú	**estás**	vosotros	**estáis**
él, ella, usted	**está**	ellos, ellas ustedes	**están**

2. Apart from indicating location as you learned in **Capítulo 4,** the verb **estar** is also used to express an emotional, mental, or physical condition.

> Mis padres están felices.
> *My parents **are** happy.*
>
> Yo estoy cansado hoy.
> *I **am** tired today.*
>
> Nosotros estamos muy ocupados.
> *We **are** very busy.*

3. The verb **estar** is also used with present participles to form the present progressive. The present progressive is used to describe actions in progress. To form the present participle, add -**ando** (-**ar** verbs) or -**iendo** (-**er** and -**ir** verbs) to the stem of the verb.

> hablar → habl**ando**
> comer → com**iendo**
> vivir → viv**iendo**

> El profesor **está hablando** con Tito ahora.
> *The professor **is talking** to Tito now.*

4. The present participle of the verb **ir** is **yendo.** However, it is much more common to use the present tense of the verb when the action is in progress.

> **Voy** a la iglesia./**Estoy yendo** a la iglesia.
> *I'm **going** to church.*

5. When the stem of an -**er** or an -**ir** verb ends in a vowel, -**yendo** is used instead of -**iendo.**

> leer – le**yendo**   destruir – destru**yendo**   traer - tra**yendo**

6. Stem changing -**ir** verbs have an irregular present participle. An **e** in the stem becomes an **i**, and an **o** in the stem becomes a **u**.

mentir – m**i**ntiendo	pedir – p**i**diendo
repetir – rep**i**tiendo	servir – s**i**rviendo
dormir – d**u**rmiendo	morir – m**u**riendo

7. In the present progressive, the verb **estar** must agree with the subject; however, you will notice that the present participle does NOT agree in gender (masculine/feminine) or number (singular/plural) with the subject.

Mis hijos están estudiando inglés.
My children are studying English.

Sandra está leyendo su libro de química.
Sandra is reading her chemistry book.

A practicar

5.7 **¿Cierto o falso?** Escucha las oraciones sobre el dibujo y decide si cada oración es cierta o falsa.

CD1-24

5.8 **La fiesta** Estás en una fiesta en la casa de Dalia. Un amigo llama y pregunta qué está pasando en la fiesta. Usa los verbos entre paréntesis en la forma del presente progresivo para explicar qué están haciendo todos.

Modelo yo (hablar por teléfono)
Estoy hablando por teléfono.

1. Dalia (servir la comida)
2. Luis y Alfonso (comer pizza)
3. María Esther (beber una cerveza)
4. Felicia, Marciano y Mateo (jugar a las cartas)
5. Sergio (bailar con su novia)
6. los padres de Dalia (dormir)
7. la hermana de Dalia (leer una novela)
8. el hermano de Dalia (¿?)

5.9 **¿Qué están haciendo?** Con un compañero de clase, decidan dos actividades que estas personas están haciendo.

Modelo Los estudiantes están en la biblioteca.
   Están estudiando.
   Están buscando libros.

1. El chef Pepín está en la cocina.
2. El presidente está en Camp David.
3. Juanes y Shakira están en el estudio.
4. El profesor de español está en la oficina.
5. David Ortiz está en el parque.
6. Tú estás en la clase de biología.
7. Gabriel García Márquez está en su oficina.
8. Sonia Sotomayor está en Washington, D.C.

El jugador de béisbol, David Ortiz

5.10 **En la oficina** Usando el presente progresivo, describe lo que están haciendo en la oficina.

5.11 **Un amigo preguntón** Cuando hablas con tu amigo, él siempre empieza la conversación con la pregunta **¿Qué estás haciendo?** Imagínate que tu amigo llama a las siguientes horas. Trabaja con un compañero y contesta su pregunta con diferentes actividades. Túrnense para ser el amigo preguntón.

1. 9:00 de la mañana
2. mediodía
3. 2:00 de la tarde
4. 5:00 de la tarde
5. 8:00 de la noche
6. medianoche

¿Qué estás haciendo?

Cultura

Algunos grandes artistas produjeron (*produced*) obras de arte en períodos de tristeza y depresión. La pintora mexicana Frida Kahlo (1907–1954) es famosa por sus autorretratos (*self-portraits*), los que muestran su sufrimiento (*suffering*). Cuando tenía 17 años, tuvo un accidente en un tranvía (*streetcar*) y se fracturó la espina dorsal y varios huesos (*bones*). Como resultado, pasó mucho tiempo en el hospital, nunca pudo tener hijos y sufrió de dolor (*pain*) por el resto de su vida (*life*).

Como muchos de los pintores de ese tiempo, el pintor español Francisco de Goya y Lucientes (1746–1828) era pintor de la corte (*court*), y su trabajo era pintar a la familia real (*royal*) y a otros miembros de la aristocracia.

Dos viejos comiendo sopa de Francisco de Goya

Pensando en la muerte de Frida Kahlo

Después de la invasión de Napoleón y las Guerras Napoleónicas, Goya entró en una gran depresión con una percepción muy negativa de la humanidad. Durante este período, conocido como el Período Negro, pintó una serie de 14 pinturas con temas oscuros (*dark*) y figuras grotescas.

Observa los cuadros de Goya y de Frida Kahlo. ¿Qué emociones producen? ¿Por qué? ¿Qué colores usan los autores?

 Investiga en Internet otras obras de Frida Kahlo y Francisco de Goya.

Comunidad

Visita un museo local o uno en el Internet y elige (*choose*) una pintura. ¿Qué hay en la pintura? ¿Qué emociones produce? ¿Cuál es el mensaje de la pintura?

Comparaciones

Con un compañero, discutan en español cinco supersticiones populares en la cultura de ustedes. Después lean la lista de supersticiones del mundo hispano. ¿Hay supersticiones similares a las que discutieron?

1. Pasar por debajo de una escalera (*ladder*) trae mala suerte.
2. Abrir un paraguas dentro de una casa trae mala suerte.
3. Romper un espejo trae siete años de mala suerte.
4. Cruzarse con un gato negro trae mala suerte.
5. Sentir comezón (*itch*) en la mano es señal de que se va a recibir dinero.
6. Para tener un buen año con el dinero, uno debe usar calzoncillos (*underpants*) amarillos para recibir el año nuevo.

Si encontraste (*If you found*) supersticiones parecidas (*similar*), ¿cómo puedes explicar la similitud?

Conexiones... a la literatura

Generalmente, ¿qué emociones puede provocar la poesía? Piensa en un poema que conoces. ¿Qué emociones te provoca?

Salvador Díaz Mirón (1853–1928) fue un periodista (*journalist*), político y poeta de Veracruz, México. Fue uno de los precursores del movimiento modernista. Sus poemas iniciales mostraban fuertes (*strong*) emociones. Desafortunadamente, no se conserva mucho de su obra.

El siguiente es un fragmento de uno de sus poemas. ¿Qué emoción produce? Da ejemplos concretos de las palabras que producen la emoción.

> **iTunes**
> Listen to the song "La Negra Tomasa" by Los Caifanes. What emotions are mentioned in the song?

Rimas

El día con su **manto**	blanket
de vívidos colores	
inspira cosas **dulces**:	sweet
la risa y la ilusión.	
Entonces la mirada	
se inclina hacia las flores...	
¡Las flores son los versos	
que el **prado** canta al sol!	meadow
La noche con su **sombra**,	shadow
que deja **ardientes rastros**,	burning remains
inspira cosas graves:	
la angustia y la **oración**.	prayer
Entonces la mirada	
se eleva hacia los astros...	
¡Los astros son los versos que el cielo canta a Dios!	

A analizar

Lee el párrafo y observa los usos de los verbos **ser** y **estar**. Luego, contesta las preguntas que siguen.

> **Soy** Regina y **soy** de Nueva York. **Estoy** estudiando español en la Universidad Central de Venezuela. **Es** una buena universidad y mis clases **son** interesantes. Ahora **son** las siete de la mañana y **estoy** en la casa de mi familia venezolana. La señora **está** preparando el desayuno en la cocina, y el señor todavía **está** en el hospital. Los dos **son** doctores. ¡Ellos siempre **están** ocupados! Graciela **es** mi hermana venezolana y **es** estudiante en la universidad también. **Es** muy simpática. ¡**Estoy** feliz aquí!

1. What are the uses of **estar** you have learned so far? Find examples in the paragraph.
2. Look at the verb **ser** in the paragraph. What are the different ways in which it is used?

© David Davis/Shutterstock

A comprobar

Ser and estar

1. The verb **ser** is used in the following ways:

a. to describe characteristics of people, places, or things

La profesora **es** inteligente.
*The professor **is** intelligent.*

Mi coche **es** muy viejo.
*My car **is** very old.*

b. to identify a relationship, occupation, or nationality

Esta **es** mi novia; **es** peruana.
*This **is** my girlfriend; she **is** Peruvian.*

Ellos **son** mecánicos.
*They **are** mechanics.*

c. to express origin

Yo **soy** de Cuba.
*I **am** from Cuba.*

d. to express possession

Este libro **es** de Álvaro.
*This book **belongs** to Álvaro.*

e. to tell time and give dates

Es el tres de marzo y **son** las dos.
*It **is** the third of March, and it **is** two o'clock.*

2. The verb **estar** is used in the following ways:

a. to indicate location

El perro **está** enfrente de la casa.
*The dog **is** in front of the house.*

b. to express an emotional, mental, or physical condition

Mi madre **está** enferma hoy.
*My mother **is** sick today.*

Las secretarias **están** ocupadas.
*The secretaries **are** busy.*

c. in the present progressive

Estoy estudiando.
*I **am** studying.*

> **INVESTIGUEMOS LA GRAMÁTICA**
>
> While **estar** is generally used to indicate location, if you want to say where an event takes place, use **ser**.
>
> La fiesta **es** en la casa de Alejandro.
> *The party is at Alejandro's house.*

3. It is important to realize that the use of **ser** and **estar** with some adjectives can change the meaning of the adjectives. The use of **ser** indicates a characteristic or a trait, while the use of **estar** indicates a condition. Some common adjectives that change meaning are:

estar aburrido(a)	*to be bored*
ser aburrido(a)	*to be boring*
estar alegre (feliz)	*to be happy (emotion)*
ser alegre(feliz)	*to be a happy person*
estar bueno(a)/estar malo(a)	*to be (taste) good/bad (condition)*
ser bueno(a)/ser malo(a)	*to be good/bad (general quality)*
estar guapo(a)	*to look handsome/pretty (condition)*
ser guapo(a)	*to be handsome/pretty (characteristic)*
estar listo(a)	*to be ready*
ser listo(a)	*to be clever*
estar rico(a)	*to be delicious*
ser rico(a)	*to be rich*

Carlos **es** alegre.

Carlos is happy. (a happy person) (personality)

Graciela **está** alegre.

Graciela is happy. (emotion)

La fruta **es** buena.

Fruit is good. (general quality)

Los tomates **están** buenos.

The tomatoes are (taste) good. (present condition)

A practicar

5.12 **¿Es posible?** Mira la foto y lee las oraciones. Decide si es posible o no.

1. Son amigos.
2. Están enojados.
3. Están en la universidad.
4. Son muy viejos.
5. Están hablando.
6. Son de Puerto Rico.

© Alberto L. Pomares G./iStockphoto

5.13 **¿Cómo son o cómo están?** Decide cuáles son las formas correctas para terminar las siguientes oraciones. Hay más de una posibilidad para cada oración.

1. Yo estoy...
   a. cansada   b. en clase ahora   c. estudiante   d. enamorado

2. Javier y Marta son...
   a. mis amigos   b. enfermos   c. colombianos   d. enfrente de la clase

3. Madrid es...
   a. en Europa   b. cosmopolita   c. muy bonita   d. la capital de España

4. El profesor de español está...
   a. en la oficina   b. interesante   c. rubio   d. ocupado

5. Nosotros somos...
   a. inteligentes   b. de Chile   c. hermanos   d. preocupados

6. Mis primos son...
   a. profesores   b. cerca de la casa   c. guapos   d. estudiando

7. Tú estás...
   a. mi amigo   b. contenta   c. inteligente   d. detrás del hotel

8. Mi hermano está...
   a. hablando   b. listo   c. peruano   d. viejo

5.14 **Una foto** En parejas, contesten las preguntas sobre la foto. Inventen la información que no es evidente. ¡OJO! Atención al uso de los verbos **ser** y **estar**.

© Photos To Go

1. ¿Quiénes son las personas en la foto?
2. ¿Cómo están hoy?
3. ¿Cómo son?
4. ¿De dónde son?
5. ¿Dónde están?
6. ¿Qué están haciendo?

5.15 **¿Ser o estar?** Completa el párrafo con la forma correcta del presente del indicativo de **ser** o **estar**.

Hoy **(1)** _____ el primero de septiembre, el primer día de clases. **(2)** _____ las once y media, y yo **(3)** _____ en la clase de inglés. Yo **(4)** _____ un poco nervioso porque es mi primera clase de inglés. Laura **(5)** _____ mi amiga y ella **(6)** _____ en la clase también. Nosotros **(7)** _____ muy interesados en aprender inglés. El profesor de la clase **(8)** _____ el señor Berg. Él **(9)** _____ alto y delgado y tiene el pelo negro. Es evidente que él **(10)** _____ simpático. Creo que va a **(11)** _____ un buen semestre.

5.16 **¿Cómo eres y cómo estás?** Primero, decide cuáles de los siguientes adjetivos te describen a ti. Luego, pregúntale a tu compañero si esos adjetivos también lo describen a él. Atención al uso de **ser** y **estar** y a las formas de los adjetivos.

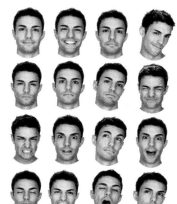

© ZoneCreative/iStockphoto

Modelo contento Estudiante 1: *¿Estás contento?*
Estudiante 2: *Sí, estoy contento. /*
No, no estoy contento.
rico Estudiante 1: *¿Eres rica?*
Estudiante 2: *Sí, soy rica. / No, no soy rica.*

1. enamorado   6. romántico
2. triste   7. enfermo
3. inteligente   8. atlético
4. tímido   9. preocupado
5. cansado   10. optimista

5.17 **Una historia interesante** Con un compañero de clase, escojan uno de los dibujos y describan la escena. Contesten las siguientes preguntas usando los verbos **ser** y **estar.** ¿Quiénes son las personas? ¿Cuál es su relación? ¿Dónde están? ¿Cómo están? ¿Qué está pasando? ¡Sean creativos!

Modelo *El hombre es Tomás y la mujer es Graciela. Son buenos amigos.*
Están en el hospital porque la madre de Graciela está enferma.
Ellos están muy preocupados...

Lectura

Reading Strategy: **Guessing verb tenses**

A useful strategy for understanding a text is to not worry about the exact meaning of a word and to make an educated guess instead. In the case of verbs, if you know the meaning of the verb, you will be able to guess from the context if it refers to the past or to the future. Look at the second paragraph. The verb **publicar** is translated for you. From the context of the paragraph, is the verb used to refer to the past or the future?

Antes de leer

Contesta las preguntas.

1. En general ¿qué necesitas para ser feliz?
2. ¿En qué países piensas que las personas son más felices? ¿Por qué?

A leer

¿Quiénes son más felices?

© Monkey Business Images/Shutterstock

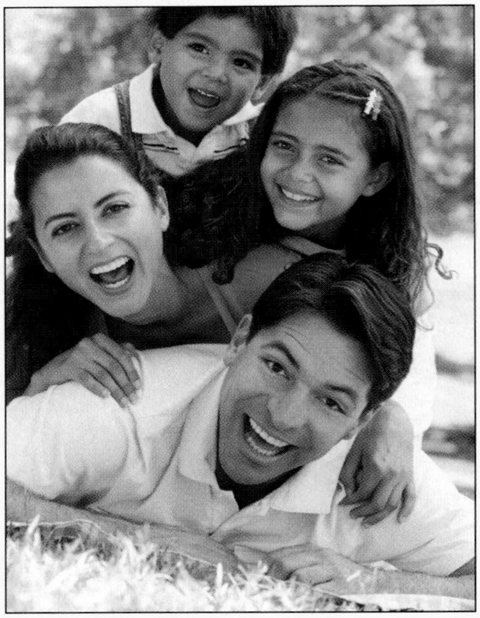

Hay numerosos estudios sobre la felicidad. Los resultados de estos estudios son diferentes, pero en todos parece evidente que los latinos están entre las personas más felices del planeta. También es evidente que la felicidad no depende del dinero, **sino** de la calidad de las relaciones entre las personas.

but rather

En el 2004, el Worldwatch Institute **publicó** un estudio donde **concluye** que la gente es más rica y más gorda ahora, pero no más feliz. En los Estados Unidos sólo el 39% de las personas piensa que es feliz.

publicar: *to publish*
it concludes

El estrés de las personas está relacionado con la necesidad de trabajar muchas horas para poder comprar todo lo que desean. Los estadounidenses trabajan **en promedio** 350 horas más al año que el promedio de los europeos. Es obvio que los estadounidenses están muy ocupados y estresados. **A pesar de** que el estrés puede disminuir la felicidad de la gente, hay que considerar el caso de los mexicanos. En México la gente trabaja más horas en promedio que en los Estados Unidos, pero estudios recientes muestran que los mexicanos están entre las personas más felices del mundo.

on average
Despite

[los latinos están entre las personas más felices del planeta]

Una investigación reciente concluye que los países más felices del planeta son Nigeria y México, seguidos por Venezuela, El Salvador y Puerto Rico. En un estudio un poco posterior siete países latinoamericanos están entre los diez países más felices del mundo: Colombia, Costa Rica, Panamá, Cuba, Honduras, Guatemala y El Salvador. En otro estudio del 2006, Puerto Rico recibió el título de tener a la gente más feliz del planeta. En contraste, muchas de las naciones más industrializadas están en posiciones inferiores en la lista de 178 países: Alemania está en el puesto 81, Japón en el 95, y Estados Unidos en el puesto 150.

Aun en los Estados Unidos, los hispanos son el segmento más feliz de la población, a pesar de ganar (como grupo) mucho menos dinero que otros segmentos de la población, y de tener más problemas. Camilo Cruz, experto en el éxito para la comunidad latina residente en los Estados Unidos, explica este fenómeno diciendo que "la felicidad es una decisión personal".

Sources: Redtercermundo.org; Hispanicprwire.com; BBC News

Comprensión

1. En una oración ¿cuál es el tema del artículo?
2. Según el WorldWatch, ¿cuántas personas en los Estados Unidos son felices?
3. Dentro de los Estados Unidos, ¿qué grupo de personas es más feliz en general?
4. ¿Qué países latinoamericanos están en la lista de los más felices?
5. En tu opinión, ¿cómo se puede explicar la generalizada felicidad de los latinos?

Después de leer

Con un compañero, escriban una lista de cuatro o cinco cosas que pueden hacer para ser más felices.

Varios años después de la graduación, Luisa es fotógrafa. Asiste a la reunión para ver a sus compañeros. ¿Qué profesiones tienen ellos?

INVESTIGUEMOS EL VOCABULARIO

In Latin America, **el (la) asistente de vuelo** refers to a flight attendant regardless of gender; however, in Spain **la azafata** is used for a female flight attendant and **el auxiliar de vuelo** is used for male flight attendants.

El (La) mesero(a) is used in Latin America to refer to a waiter; in Spain **el (la) camarero(a)** is used.

INVESTIGUEMOS LA GRAMÁTICA

(a) While most nouns ending in **-o** change to **-a** when referring to females, the following do not: **el (la) piloto** and **el (la) modelo**.

(b) Professions ending in **-or** take an **a** on the end to make them feminine: **contadora, diseñadora, escritora,** and **vendedora**.

(c) Professions ending in **-a** maintain the same spelling regardless of the gender of the person, such as **el (la) periodista** and **el (la) deportista**. However, **la mujer policía** is used for female police officers as **la policía** refers to the police in general.

(d) Regardless of gender, **el ama de casa** requires the masculine article for pronunciation purposes.

(e) When identifying a person's profession, the indefinite article is not used unless an adjective is added: **Eva es modelo. Adán es un buen actor.**

Las profesiones

el (la) abogado(a)	lawyer	el (la) maestro(a)	teacher
la actriz	actress	el (la) periodista	reporter
el (la) agente de viajes	travel agent	el (la) político(a)	politician
el ama de casa	homemaker	el (la) psicólogo(a)	psychologist
el (la) arquitecto(a)	architect	el (la) secretario(a)	secretary
el bailarín/la bailarina	dancer	el (la) trabajador(a) social	social worker
el (la) cantante	singer	el (la) vendedor(a)	salesperson
el (la) contador(a)	accountant	el (la) veterinario(a)	veterinarian
el (la) consejero(a)	counselor		
el (la) dependiente	store clerk		
el (la) diseñador(a)	designer		

Palabras adicionales

ganar	to earn; to win
la entrevista	interview
la solicitud	application; want ad
el sueldo	salary

el (la) escritor(a)	writer
el (la) ingeniero(a)	engineer
el jefe/la jefa	boss

Práctica

5.18 **Escucha y responde** Vas a escuchar una lista de profesiones. Levanta la mano si una persona que tiene la profesión mencionada lleva uniforme.

CD1-25

5.19 ¿Dónde trabajan? Relaciona a la persona con su lugar de trabajo.

1. _____ un dependiente   **a.** un hospital

2. _____ un cocinero   **b.** un teatro

3. _____ un pintor   **c.** un restaurante

4. _____ un actor   **d.** una tienda

5. _____ un médico   **e.** un estudio

5.20 ¿Qué hacen? Con un compañero, escriban una actividad que hacen las siguientes personas en su trabajo.

Modelo mesero
> *Un mesero trae café.*

1. maestro   4. policía

2. secretario   5. ama de casa

3. enfermero   6. deportista

5.21 ¿Cuál es su profesión? ¿Puedes identificar las profesiones de las siguientes personas? Identifica las que sabes (*the ones you know*) y después pregunta a tus compañeros para completar la información. Incluye toda la información adicional posible.

> **YouTube**
> **En tres minutos:** Look for Carolina Herrera, Frida Kahlo, or Carlos Santana.

Modelo Jennifer López
> Estudiante 1: *¿Cuál es la profesión de Jennifer López?*
> Estudiante 2: *Es cantante. También es actriz en* Selena, Gigli *y* El cantante.
> *Ella es de Puerto Rico.*

1. Albert Pujols   5. Franklin Chang-Díaz

2. Carolina Herrera   6. Frida Kahlo

3. Isabel Allende   7. Carlos Santana

4. Antonio Banderas   8. Felipe Calderón

5.22 Consejero Imagina que eres consejero y debes recomendarles una profesión a algunos estudiantes, según sus clases favoritas. Túrnate con un compañero.

Modelo las matemáticas y la química
> Estudiante 1: *Me gustan las matemáticas y la química. ¿Qué profesión debo estudiar?*
> Estudiante 2: *Debes ser científico o ingeniero.*

1. los deportes y la clase de español   5. la biología y los animales

2. las clases de historia y de arte   6. las lenguas extranjeras y viajar

3. la música y bailar   7. las fiestas y cocinar

4. la historia y escribir   8. las leyes (*law*) y la política

---

5.23 Veinte preguntas En grupos de tres, van a turnarse para elegir (*choose*) una profesión sin decir cuál. Tus compañeros van a hacer veinte preguntas para adivinar la profesión. Solamente puedes contestar **sí** o **no**.

Modelo *¿Trabaja en una escuela/oficina/teatro/aeropuerto/ tienda, etcétera?*
> *¿Trabaja con niños/animales/números, etcétera?*
> *¿Necesita estudiar en la universidad para tener este trabajo?*

> **iTunes**
> Listen to the Spanish classic "Cuando seas grande" by Argentinian rocker Miguel Mateos. What does the teenager in the song want to be when he grows up?

Cuando buscas un trabajo y lees solicitudes, ¿qué tipo de requisitos (*requirements*) esperas encontrar? Aquí hay unas solicitudes de empleo de un periódico de México. ¿Qué tipo de trabajos ofrecen las solicitudes de empleo? ¿Qué tipo de requisitos tienen? ¿Qué diferencias hay entre estos anuncios y los de los Estados Unidos?

EMPLEO

ARQUITECTO. Empresa solicita Arquitecto o Diseñador. Hombres o mujeres, 25 a 35 años, casado, experiencia programas 3d autocad, etc. Excelente presentación, disponibilidad de horario y para viajar. Interesados comunicarse al 3636-1111 (de 10:00 a 18:00 hrs.).

DEPENDIENTE. Mujer honesta y responsable para trabajar en una óptica en Plaza Fancy, turno completo, sin experiencia y preparatoria terminada. Interesadas enviar curriculum vitae a: plazafancy@empleos.com. Sueldo base $4,000 + Comisión.

CAJERO. Administrador de pizzería, hombre, edad máxima 30 años, zona Ciudad Bugambilias. Contratación Inmediata. Comunicarse al: 3693-9393.

CHOFER particular, buena presentación, experiencia mínima de un año. Llamar al Tel 547-89-4240. Ofrecemos buen sueldo y vacaciones pagadas.

SE Solicita Ama de Casa. Para atender señor solo. Tardes libres. Informes al 345-0900- 2636.

CHOFER. Hotel en Puerto Vallarta solicita chofer de camioneta. Requisitos: Inglés indispensable, disponibilidad de horario para rotar turnos, actitud de servicio. Interesados presentar solicitud en Avenida Hidalgo 7002, en horario de oficina.

CHOFER. Repartidor/ Motociclista. Requisitos: 30–40 años, casado, excelente conocimiento de la ciudad, licencia de chofer y motociclista vigentes. Informes al 901-3600-3164.

DENTISTA o pasante para trabajo en clínica dental de Ortodoncia. Turno completo, sexo femenino. Informes al 987- 5567-8133 a mandar curriculum o: ortodoncia@jalisco.com.

EJECUTIVO(A) de ventas con experiencia, auto compacto y disponibilidad para viajar, 25–35 años. Ofrecemos producto de primera necesidad para la industria hotelera, sueldo base más comisión, y prestaciones de ley. Interesados enviar c.v con foto a: gerencia@hotelería.com.

ENFERMERA(O). General/ técnica, indispensable cédula profesional. Edad: 25–45 años, estado civil indistinto, experiencia comprobable de tres años. Sueldo según aptitudes. Enviar curriculum a: recursoshumanos@hospital SanJosé.com.

MESEROS y cantineros. Ambos sexos. Requisitos: experiencia mínima de 3 años, excelente presentación, disponibilidad de horario. Presentarse con curriculum o solicitud elaborada en Restaurante Bar Arcoiris, centro histórico, teléfono 987-6543-4571.

RECEPCIONISTA. Requisitos: responsable y con iniciativa, disponibilidad de horario, trato amable, buena presentación, preferentemente soltera, sexo femenino, edad 23 a 35 años, manejo de PC, paquete Office. Citas al Tel: 541-5959-6283, extensión 345 (Recursos humanos).

SE solicita Maestro de Yoga. Experiencia mínima de un año, de 20 a 35 años, interesados llamar al cel: 044-33 3403-3466.

Source: Want ads from Mexican newspaper.

Más allá

Con un compañero escribe una solicitud para un trabajo en otra profesión. Luego compartan su solicitud con otros grupos. ¿Qué profesiones de las otras solicitudes te interesan a ti?

A analizar

Lee el párrafo y observa las formas de los verbos.

Yo soy fotógrafo y trabajo para una revista. ¡Me gusta mucho mi trabajo! Siempre vengo a la oficina a las ocho y pongo todo en orden. Durante el día conduzco a diferentes lugares y veo a personas interesantes. Además tengo suerte porque salgo de viaje con frecuencia.

Look at the paragraph again and find the first person (**yo**) form of the following verbs.

venir   poner   ver   conducir   salir

© Sandra Nicol/iStockphoto

A comprobar

Verbs with changes in the first person

1. Some verbs in the present tense are irregular only in the first person (**yo**) form. You have already seen the verb **hacer.**

hacer (*to do, to make*)

hago	hacemos
haces	hacéis
hace	hacen

The verb **hacer** is used in the following expressions:

hacer la cama	**hacer** ejercicio
to make the bed	*to exercise*
hacer una pregunta	**hacer** diligencias
to ask a question	*to run errands*
hacer un viaje	
to take a trip	

2. The following verbs also have irregular first person forms:

poner (*to put, to set*)	**pongo,** pones, pone, ponemos, ponéis, ponen
salir (*to go out, to leave*)	**salgo,** sales, sale, salimos, salís, salen
traer (*to bring*)	**traigo,** traes, trae, traemos, traéis, traen
conducir (*to drive*)	**conduzco,** conduces, conduce, conducimos, conducís, conducen
dar (*to give*)	**doy,** das, da, damos, dais, dan
ver (*to see*)	**veo,** ves, ve, vemos, veis, ven

3. The following verbs are not only irregular in the first person form, but also have other changes:

decir (*to say, to tell*)	
digo	decimos
dices	decís
dice	dicen

venir (*to come*)	
vengo	venimos
vienes	venís
viene	vienen

seguir (*to follow, to continue*)	
sigo	seguimos
sigues	seguís
sigue	siguen

oír (*to hear*)	
oigo	oímos
oyes	oís
oye	oyen

A practicar

5.24 **¿Quién soy?** Decide quién hace las siguientes actividades.

> Modelo   Les doy inyecciones a las mascotas.
> *el veterinario*

1. Hago las reservaciones cuando tú quieres viajar.
2. Conduzco un coche con luces rojas y azules. No quieres conducir muy rápido cuando yo estoy cerca.
3. Les traigo la comida a los clientes en el restaurante.
4. Veo a muchas personas enfermas.
5. Escribo artículos, entrevisto a personas famosas y digo la verdad.
6. Oigo los problemas de muchas personas.
7. Muchas personas vienen a mi estudio y yo tomo fotos de ellas.
8. Pongo todo en orden en casa y salgo para comprar comida.

5.25 **Un día ocupado** Completa el párrafo usando los verbos de la lista en la primera persona singular del presente.

conducir   hacer   poner   salir   tener   venir

Soy ama de casa y **(1)** _____ que hacer mucho trabajo todos los días. Primero **(2)** _____ el almuerzo para mis hijos. A las 7:45 ellos suben al (*get into*) auto y **(3)** _____ a la escuela. Después, voy al supermercado, **(4)** _____ a casa y **(5)** _____ la comida en el refrigerador. Más tarde **(6)** _____ otra vez a la escuela para recoger a mis hijos.

Soy ama de casa.

© Trudy Simmons/Shutterstock

5.26 **¿Qué hace Rocío?** Rocío es agente de viajes. Con un compañero, describan lo que hace Rocío. Incluyan todos los detalles posibles y usen los verbos siguientes: **poner, oír, hacer, decir, salir, conducir.**

5.27 **¿Con qué frecuencia…?** Habla con ocho diferentes compañeros de clase y pregúntale a cada uno con qué frecuencia hace una de las siguientes actividades.

todos los días (*every day*)   **a veces** (*sometimes*)   **casi nunca** (*almost never*)
nunca (*never*)

Modelo   hacer la cama
            Estudiante 1: *¿Con qué frecuencia haces la cama?*
            Estudiante 2: *Todos los días (A veces/Casi nunca/Nunca) hago la cama.*

1. seguir las recomendaciones de tus amigos
2. salir con amigos
3. ver la televisión
4. decir mentiras (*lies*)
5. conducir el coche a la universidad
6. venir a la clase tarde
7. dar respuestas correctas en clase
8. traer el libro a la clase

5.28 **Preguntas personales** Entrevista a un compañero de clase.

1. ¿Adónde sales los fines de semana? ¿Con quién sales?
2. ¿A qué hora vienes a la universidad? ¿A qué hora regresas a casa?
3. ¿Te gusta ver películas? ¿Qué tipo de películas ves?
4. ¿Siempre haces la tarea? ¿Cuándo haces la tarea?
5. ¿Pones música cuando estudias? ¿Qué tipo de música escuchas?
6. ¿Te gusta conducir? ¿Qué coche conduces?

¿Qué tipo de música escuchas?

Cultura

A mediados del siglo pasado, en México se sintió una necesidad de crear una identidad y de restaurar el orgullo (*pride*) nacional. Comenzó entonces un movimiento artístico para glorificar lo mexicano. En edificios públicos como hospitales, escuelas y edificios del gobierno (*government*) se pintaron murales que representaban momentos y figuras importantes en la historia de México. Se destacan (*stand out*) tres muralistas: Diego Rivera, David Siqueiros y José Clemente Orozco.

Un tema muy importante del arte de este período fue el trabajador mexicano. Mira la pintura de José Clemente Orozco. ¿Cómo presenta Orozco a la clase trabajadora en esta pintura?

La clase trabajadora de José Clemente Orozco (1883–1949)

Investiga en Internet sobre otros murales de José Clemente Orozco.

Comunidad

Lee la sección de solicitudes de trabajo de tu comunidad. ¿Qué empleos hay? ¿Cuántos trabajos puedes encontrar en donde busquen una persona que pueda hablar español? ¿Para qué profesiones son estos trabajos? Repórtaselo a la clase.

Comparaciones

¿Piensas que en los Estados Unidos la gente trabaja mucho? ¿Crees que trabajan más en otros países? Mira la información en el cuadro y contesta las preguntas.

Horas promedio[1] de trabajo por persona (2007)

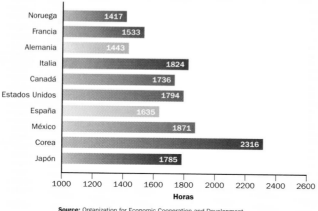

País	Horas
Noruega	1417
Francia	1533
Alemania	1443
Italia	1824
Canadá	1736
Estados Unidos	1794
España	1635
México	1871
Corea	2316
Japón	1785

Horas

Source: Organization for Economic Cooperation and Development

[1]*average*

En promedio, ¿cuántas horas trabajan al año en México? ¿Quiénes trabajan más: los españoles o los estadounidenses? ¿Cuántas horas trabajan en Corea? ¿Cómo puedes explicar las diferencias?

Conexiones... a la economía y el comercio

Hay muchas compañías de los Estados Unidos que tienen fábricas (*factories*) en países en vías de desarrollo (*developing*). Estas industrias se llaman **maquiladoras,** y hacen todo tipo de productos, como ropa, zapatos, muebles, productos químicos y electrónicos.

Habla con un compañero sobre las siguientes preguntas. Luego investiga qué compañías de los Estados Unidos tienen maquiladoras en otros países y repórtaselo a la clase.

1. ¿Cuáles son las ventajas (*advantages*) y las desventajas para la compañía? ¿Y para los empleados?
2. ¿Qué efectos tienen las maquiladoras en la economía de los Estados Unidos? ¿y en la economía de los países donde se establecen?

© Ragne Kabanova/Shutterstock

A analizar

Lee las siguientes oraciones y observa el uso de los verbos **saber** y **conocer**.

> Yo soy cocinera. **Conozco** bien a mis clientes y **sé** qué comidas prefieren.
>
> Yo soy policía. **Conozco** muy bien la ciudad y **sé** conducir bien.
>
> Yo soy maestro. **Conozco** a mis estudiantes y **sé** quiénes son sus padres.
>
> Yo soy actor. **Conozco** el teatro y **sé** actuar.

© photos.com

1. What is the first person form of the verb **saber**? And the verb **conocer**?
2. The verbs **saber** and **conocer** mean *to know*. Look at the statements above and explain the difference in their uses.

A comprobar

Saber and conocer

1. As with the other verbs in this chapter, **saber** and **conocer** are irregular in the first person form.

saber	**sé**, sabes, sabe, sabemos, sabéis, saben
conocer	**conozco**, conoces, conoce, conocemos, conocéis, conocen

2. While the verbs **saber** and **conocer** both mean *to know*, they are used in different contexts. **Saber** is used to express knowledge of facts or information as well as skills. **Conocer** is used to express acquaintance or familiarity with a person, place, or thing.

   Notice the difference in meaning in the following sentences:

   Ana **conoce** Chile. (*familiarity*)
   Ana **sabe** dónde está Chile. (*fact*)

   Paco **conoce** a Diego. (*acquainted with*)
   Paco **sabe** dónde vive Diego. (*information*)

   Conozco la poesía de Neruda. (*familiarity*)
   Sé que Neruda es un poeta famoso. (*fact*)

3. When using **saber** to mean *to know how to do something*, it is followed by the infinitive.

   El ingeniero **sabe diseñar** edificios.
   *The engineer **knows how to design** buildings.*

   El cantante **sabe cantar**.
   *The singer **knows how to sing**.*

4. You may recall from **Capítulo 2** that it is necessary to use a personal **a** when the direct object of the verb is a person or a pet. Remember to use the personal **a** with **conocer**.

   La profesora **conoce a** los estudiantes.
   *The professor **knows** her students.*

   El jefe **conoce a** sus empleados.
   *The boss **knows** his employees.*

A practicar

5.29 **¿Lógica o ilógica?** Decide si las siguientes descripciones de profesiones son lógicas. Corrige las oraciones ilógicas.

1. La bailarina sabe jugar al fútbol.
2. El periodista conoce a muchas personas famosas.
3. El médico sabe dónde está la farmacia.
4. El contador sabe cantar bien.
5. El veterinario conoce a unos criminales.
6. La secretaria sabe usar la computadora.
7. El psicólogo conoce bien la cocina del restaurante.
8. El escritor conoce las obras (*works*) más importantes de la literatura.

5.30 **Oraciones incompletas** Decide qué opciones pueden completar las siguientes oraciones. Hay más de una posibilidad para cada oración.

1. El médico conoce...

   a. a sus pacientes.
   b. la medicina.
   c. dar inyecciones.
   d. el hospital.

2. El arquitecto sabe...

   a. al ingeniero.
   b. diseñar casas.
   c. dónde está la casa.
   d. la ciudad.

3. El científico conoce...

   a. las ciencias.
   b. cómo hacer el experimento.
   c. el laboratorio.
   d. que su trabajo es importante.

4. El consejero sabe...

   a. los problemas de sus clientes.
   b. escuchar bien.
   c. a sus clientes.
   d. a qué hora vienen los clientes.

5.31 **¿Saber o conocer?** Primero completen individualmente las siguientes oraciones con las formas necesarias de los verbos **saber** y **conocer**. Después, túrnense para leer las definiciones y decir cuál es una profesión lógica.

Modelo Estudiante 1: *Yo _____ tocar el piano.*
Estudiante 2: *Un músico.*

1. Yo _____ bien la ley (*law*).
2. Julio _____ pintar bien.
3. Matilde y Simón _____ a muchos médicos.
4. Fabio _____ al presidente.
5. Daniela y yo _____ tomar buenas fotos.
6. Yo _____ dónde están los buenos hoteles.
7. Mario y Luisa _____ los animales.
8. Tú _____ cocinar muy bien.
9. Yo _____ bailar tango.
10. El señor Montero _____ a sus estudiantes.

Bailamos tango.

© Sandra Gligorijevic/Shutterstock

5.32 **Puerto Rico** Con un compañero, túrnense para preguntar si saben o conocen las siguientes cosas.

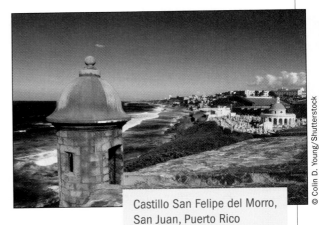

Castillo San Felipe del Morro, San Juan, Puerto Rico

Modelo   Puerto Rico
   Estudiante 1: ¿Conoces Puerto Rico?
   Estudiante 2: Sí, conozco Puerto Rico. / No, no conozco
      Puerto Rico.

   hablar español bien
   Estudiante 1: ¿Sabes hablar español bien?
   Estudiante 2: Sí, sé hablar español bien. / No, no sé hablar
      español bien.

1. dónde está Puerto Rico
2. un puertorriqueño
3. la comida puertorriqueña
4. quién es el gobernador de Puerto Rico
5. San Juan
6. la historia de Puerto Rico
7. cuándo es el día de la Independencia de Puerto Rico
8. bailar salsa

5.33 **¿Qué saben? ¿Qué conocen?** Con un compañero, túrnense para completar las siguientes oraciones. ¡**OJO** al verbo!

1. **a.** Nosotros conocemos…
   b. Nosotros sabemos…

2. **a.** Los periodistas conocen…
   b. Los periodistas saben…

3. **a.** Un jefe conoce…
   b. Un jefe sabe…

4. **a.** El presidente conoce…
   b. El presidente sabe…

5.34 **En busca de…** Primero, decide qué verbo necesitas usar en cada oración. Luego, busca a ocho compañeros diferentes que respondan positivamente a una de las siguientes preguntas. Después de responder, deben contestar la pregunta adicional.

1. ¿(saber/conocer) a una persona famosa? (¿Quién?)
2. ¿(saber/conocer) un buen restaurante? (¿Cuál?)
3. ¿(saber/conocer) tocar un instrumento musical? (¿Cuál?)
4. ¿(saber/conocer) a una persona de otro país (country)? (¿Qué país?)
5. ¿(saber/conocer) el nombre del presidente de Argentina? (¿Cómo se llama?)
6. ¿(saber/conocer) cocinar? (¿Cuál es tu especialidad?)
7. ¿(saber/conocer) muy bien la ciudad donde vives? (¿Cuál es tu lugar favorito?)
8. ¿(saber/conocer) cuál es la capital de Venezuela? (¿Cuál es?)

Redacción

Write a letter to a friend telling him/her about a new job.

Paso 1 Brainstorm a list of jobs that you think are fun or exciting.

Paso 2 Pick one of the jobs from your list of interesting jobs. Jot down as many things as you can about that job: Why do you find it interesting? Where do professionals in that field work? What do they do? What do they have to know? Who do they work with? How much do they work?

Paso 3 Write a list of emotions that you might feel if you were to have a job like the one you described in **Paso 2.**

Paso 4 Imagine that you have the job you described in **Paso 2.** Begin the letter to your friend and ask how he/she is doing. Then say how you are feeling.

Paso 5 Continue your letter telling your friend that you have a new job. Then write a paragraph in which you discuss various aspects of the job using the information you generated in **Paso 2.** Also describe how you are feeling about the job using the list you created in **Paso 3.**

Paso 6 Conclude your letter.

Paso 7 Edit your letter:

1. Is your letter logically organized with smooth sentence transitions?
2. Are there any short sentences you can combine by using **y** or **pero**?
3. Do your verbs agree with the subjects?
4. Do your adjectives agree with the nouns they describe?
5. Did you use **ser** and **estar** properly?
6. Are there any spelling errors?

Lectura

Antes de leer

Menciona dos profesiones que te parecen poco comunes. ¿Por qué piensas que son poco comunes? ¿Conoces a alguien con una profesión poco común?

A leer

Profesiones poco comunes

cambiar: *to change*

En un mundo que está **cambiando** muy rápidamente, los trabajos de la gente también cambian a gran velocidad y muchos trabajos ya casi no existen. Los siguientes son trabajos poco comunes y muy modestos que encontramos en algunos pueblos de Latinoamérica.

typewriter

El escribano: Generalmente trabaja en el centro de un pueblo o de una ciudad, donde espera a clientes en la calle, con su **máquina de escribir.** El escribano les ayuda a las personas que no saben leer o escribir, o que no tienen ni una máquina de escribir ni una computadora. Por un poco de dinero, este trabajador escribe a máquina cartas de amor, cartas para la familia o completa solicitudes de trabajo.

> [los trabajos de las personas también cambian a gran velocidad]

while

El ropavejero: Camina por las calles **mientras** va anunciando que compra ropa vieja, periódicos y objetos viejos. Luego, vende los objetos usados.

La lavandera: Para las personas que no están contentas con su lavadora de ropa, o no tienen una, la lavandera es una gran ayuda. Va a la casa de una persona para lavar a mano toda la ropa **sucia.**

dirty

El organillero: Si tienes suerte, puedes encontrar al organillero en un parque de la ciudad, tocando música con su organillo. Si tienes más suerte, un chimpancé va a estar bailando a la música del organillero, y pidiéndole

Un organillero

© Courtesy of Mary Ann Blitt

dinero a la gente en la calle. Desafortunadamente, esta profesión originada en Europa ya es casi algo del pasado.

cage

El adivinador: Va por el parque con un pajarito en una **jaula.** Cuando el cliente le paga al adivinador, el pájaro selecciona un papel que dice su suerte, igual que un horóscopo.

Una adivinadora le lee la fortuna a un turista.

Un repartidor de agua

Repartidores: Van por toda la ciudad y llevan artículos de gran importancia a las casas de la gente. Hay muchos tipos de repartidores, pero los más importantes son los repartidores de agua **potable,** y los que reparten el gas para cocinar. Otros repartidores van con refrescos o periódicos si una persona se los pide.

Comprensión

Decide si las siguientes afirmaciones son ciertas o falsas. Haz los cambios necesarios para hacer verdaderas las afirmaciones falsas.

1. El adivinador le vende pájaros a la gente que quiere una mascota.
2. La lavandera compra ropa vieja.
3. Algunos repartidores llevan agua a las casas de los clientes.
4. Un escribano tiene una máquina de escribir para enseñarles a sus clientes a leer y a escribir.
5. Los organilleros son muy difíciles de encontrar hoy en día.
6. Los repartidores de gas llevan gasolina para los autos de sus clientes.

Después de leer

En grupos de tres, hablen sobre los trabajos que tienen o los trabajos que consideren interesantes. Incluyan lo siguiente: las habilidades (*skills*) necesarias, la preparación necesaria, el sueldo, lo que les gusta del trabajo y lo que no les gusta del trabajo.

Vocabulario

Sustantivos

el abuso	*abuse*
el alcohol	*alcohol*
el autoestima	*self-esteem*
la custodia	*custody*
la droga	*drug*
la rehabilitación	*rehabilitation*
la violencia	*violence*

Adjetivos

agresivo(a)	*agressive*
obsesionado(a)	*obsessed*
violento(a)	*violent*

Verbos

dejar de + *infinitive*	*to stop doing something*

Frases útiles

¿En qué puedo ayudarle?
How can I help you?

¿Tiene problemas de salud?
Do you have any health problems?

¿Cuál es su número de seguridad social?
What is your social security number?

¿Cómo se llama la persona encargada de su caso?
What is the name of your case worker?

Voy a referirlo a...
I am going to refer you to . . .

Necesitamos hacer una cita con...
We need to make an appointment with . . .

DATOS IMPORTANTES

Educación: Licenciatura en trabajo social o carrera relacionada, aunque muchos puestos requieren una maestría

Salario: Entre $30 000 y $50 000

Dónde se trabaja: Escuelas primarias y secundarias, hospitales, asilos para ancianos, centros para el tratamiento de abuso, agencias para individuos y familias, el gobierno local o estatal

Ana Correa es trabajadora social y ayuda a personas con diferentes problemas, como la falta de (*lack of*) trabajo, las drogas y la violencia doméstica. En el video vas a ver una entrevista entre Ana y una persona que necesita ayuda.

Antes de ver

1. ¿Cuáles son los problemas sociales más comunes en los Estados Unidos? ¿Hay esos problemas en tu comunidad?
2. ¿Qué tipo de ayuda crees que puede ofrecer un trabajador social para los problemas mencionados en la pregunta #1?
3. ¿Hay lugares en tu comunidad donde puedes ir a ver a un trabajador social?

Comprensión

1. ¿Cómo se llama el hombre que habla con Ana Correa y qué problema tiene?
2. ¿Cómo está el hombre en el momento de la entrevista?
3. ¿Qué datos le pide la trabajadora social?
4. ¿Con quién vive el Sr. Gómez?
5. ¿Con qué compara el alcohol la Sra. Correa?
6. ¿Es el Sr. Correa agresivo?
7. ¿Qué debe hacer el Sr. Gómez?

© Heinle/Cengage Learning

Después de ver

En grupos de tres, representen a una pareja o dos amigos que van a ver a un trabajador social por primera vez. Hablen del problema que uno o los dos tienen, como alcoholismo, drogas, falta de trabajo, etcétera, y cómo el problema afecta su vida familiar o su amistad. El trabajador social debe hacer preguntas y dar consejos.

El consejero debe preguntar sobre:

Nombre de la persona

Dirección y teléfono

Trabajo

Cuál es el problema

Recomendar a un especialista para resolver el problema

La persona debe responder las preguntas del consejero y dar un problema.

Preguntas posibles para el consejero:

¿En qué les puedo ayudar?

¿Cómo estás ahora?

5.35 **Un día en la vida** Completa el siguiente párrafo con la forma necesaria de la palabra entre paréntesis. A veces debes escoger entre dos palabras. **¡OJO!** Algunos de los verbos requieren el uso del presente progresivo.

Me llamo Romina. **(1)** _____ (ser/estar) de Cuzco, Perú, pero **(2)** _____ (ser/estar) en Nueva York. **(3)** _____ (ser/estar) cocinera ¡y me encanta mi trabajo! Ahora estoy **(4)** _____ (trabajar) en un restaurante con un cocinero francés. Estoy **(5)** _____ (aprender) mucho con él.

Yo **(6)** _____ (saber/conocer) a mis clientes muy bien. Ellos **(7)** _____ (venir) al restaurante con frecuencia y **(8)** _____ (decir) que mi comida es la mejor en Nueva York. Algún día quiero **(9)** _____ (ser/estar) dueña (*owner*) de un restaurante andino. Yo **(10)** _____ (saber/conocer) cocinar muy bien... ¡yo **(11)** _____ (hacer) unos platos deliciosos! **(12)** _____ (ser/estar) segura que puedo tener éxito.

5.36 **Descripción personal** Conjuga el verbo en la primera persona **(yo)**, y completa la oración de una forma original para escribir una descripción personal.

1. (Ser)...

2. Hoy (estar)...

3. (Venir) a la clase de...

4. Los fines de semana (salir)...

5. Yo no (saber)...

6. (Conocer) a...

7. No (hacer)...

8. (Conducir)...

5.37 **Texteando** Estás visitando la ciudad de Barcelona, en España, y escribes varios mensajes en tu teléfono celular para decirles a tus amigos lo que estás haciendo en ese momento. Usa el presente progresivo para hablar de tus actividades.

1. 10:30 A.M. – caminar por el parque Güell

2. 1:00 P.M. – comprar recuerdos en las Ramblas

3. 2:00 P.M. – almorzar en el Café 4Gats

4. 4:00 P.M. – visitar el mercado

5. 6:00 P.M. – ver cuadros en el Museo de Picasso

6. 8:00 P.M. – beber y comer en un restaurante de tapas

5.38 **En el trabajo** Usando el presente progresivo, explica qué están haciendo estas personas en el trabajo. Deben usar ocho verbos diferentes.

Modelo Isabel es veterinaria.
    Está ayudando al perro.

1. Leticia es mesera.

2. Ernesto es secretario.

3. Esmeralda es mujer policía.

4. Mario es deportista.

5. Alicia es ama de casa.

6. Marcelo es maestro.

5.39 **Descripción de fotos** Con un compañero describan las siguientes fotos. Deben determinar quiénes son las personas en las fotos, qué relación tienen, cuáles son sus profesiones, qué están haciendo y qué emociones se muestran en las fotos. ¡**OJO** con los verbos **ser** y **estar**!

Modelo *Marta no está contenta. Es escritora y está hablando por teléfono con el editor.*
Él necesita el libro en dos semanas.

5.40 **Información, por favor** Trabaja con un compañero. Uno debe mirar el gráfico en esta página y el otro debe mirar el gráfico en el apéndice A. Túrnense para preguntarse y completar el gráfico con la información necesaria. Necesitan identificar sus profesiones, sus orígenes, dónde están ahora y cómo están. Atención al uso de **ser** y **estar**.

Nombre	Profesión	Origen	Localización	Emoción
Carlota		Madrid	la casa	
Éric				frustrado
César	periodista	San Juan		cansado
Paloma	abogada		el correo	
Samuel		Managua	la oficina	
Camila	diseñadora			divertida

CAPÍTULO 5

◀))) Vocabulario 1

CD1-26

Los estados de ánimo y otras expresiones con el verbo *estar*

aburrido(a)	*bored*	enfermo(a)	*sick*
alegre	*happy*	enojado(a)	*angry*
asustado(a)	*scared*	equivocado(a)	*wrong*
avergonzado(a)	*embarrassed*	feliz	*happy*
borracho(a)	*drunk*	frustrado(a)	*frustrated*
cansado(a)	*tired*	interesado(a)	*interested*
celoso(a)	*jealous*	loco(a)	*crazy*
confundido(a)	*confused*	nervioso(a)	*nervous*
contento(a)	*happy*	ocupado(a)	*busy*
deprimido(a)	*depressed*	preocupado(a)	*worried*
divertido(a)	*to be entertained, to be in a good mood*	sano(a)	*healthy*
		seguro(a)	*sure*
		sorprendido(a)	*surprised*
enamorado(a) (de)	*in love (with)*	triste	*sad*

Palabras adicionales

la salud   *health*

Los verbos

comer	to eat	morir	*to die*
destruir	to destroy	pedir	*to ask for*
dormir	to sleep	repetir	*to repeat*
estar	to be	servir	*to serve*
hablar	to speak	traer	*to bring*
leer	to read	vivir	*to live*
mentir	to lie		

Diccionario personal

_____

_____

_____

_____

_____

_____

_____

◀)) Vocabulario 2

Las profesiones

el (la) abogado(a)	*lawyer*	el (la) ingeniero(a)	*engineer*
el actor	*actor*	el jefe/la jefa	*boss*
la actriz	*actress*	el (la) maestro(a)	*elementary/ high school teacher*
el (la) agente de viajes	*travel agent*		
el ama de casa	*homemaker*	el (la) mecánico(a)	*mechanic*
el (la) arquitecto(a)	*architect*	el (la) médico(a)	*doctor*
el (la) asistente de vuelo	*flight attendant*	el (la) mesero(a)	*waiter*
		el (la) modelo	*model*
el bailarín/ la bailarina	*dancer*	el (la) músico(a)	*musician*
el (la) cantante	*singer*	el (la) periodista	*journalist*
el (la) científico(a)	*scientist*	el (la) piloto(a)	*pilot*
el (la) cocinero(a)	*cook*	el (la) pintor(a)	*painter*
el (la) consejero(a)	*adviser*	el policía/la mujer policía	*police officer*
el (la) contador(a)	*accountant*	el (la) político(a)	*politician*
el (la) dependiente	*clerk*	el (la) psicólogo(a)	*psychologist*
el (la) deportista	*athlete*	el (la) secretario(a)	*secretary*
el (la) diseñador(a)	*designer*	el (la) trabajador(a) social	*social worker*
el (la) enfermero(a)	*nurse*		
el (la) escritor(a)	*writer*	el (la) vendedor(a)	*salesperson*
el (la) fotógrafo(a)	*photographer*	el (la) veterinario(a)	*veterinary*

Palabras adicionales

la entrevista	*interview*	el sueldo	*salary*
la solicitud	*application; want ad*		

Los verbos

conducir	*to drive*	poner	*to put, to set*
conocer	*to know, to be acquainted with*	saber	*to know (facts, how to do something)*
dar	*to give*	salir	*to go out, to leave*
decir	*to say, to tell*	seguir	*to follow*
ganar	*to earn*	traer	*to bring*
hacer	*to do, to make*	venir	*to come*
oír	*to hear*	ver	*to see*

Diccionario personal

_____

_____

Learning Strategy

Study with someone else

Study with a friend or form a study group. Not only will you benefit when someone in your group understands a concept that you have difficulty with, but you can also increase your own understanding by teaching others who need extra help. Group study will provide you with more opportunities to speak and listen to Spanish as well.

In this chapter you will learn how to:

- Talk about your daily routine
- Discuss your hobbies and pastimes
- Talk about sports
- Discuss events that occurred in the past

© Caroline Webber/Photolibrary

Es temprano por la mañana y la familia Cervantes comienza su día.

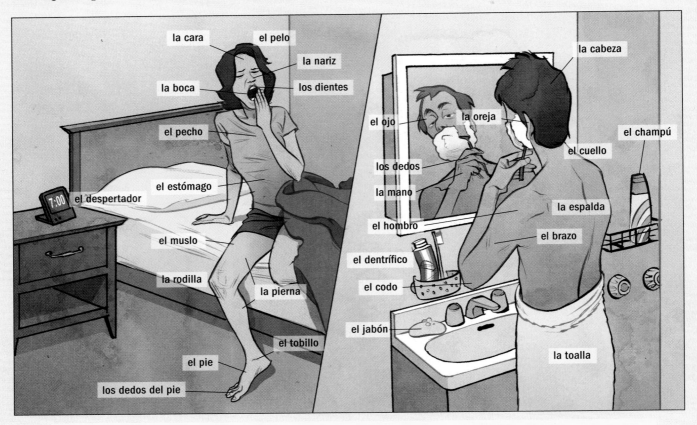

Más vocabulario

antes (de + infinitivo)	before (doing something)	**bañarse**	to bathe, to take a bath	**maquillarse**	to put on make-up
después (de + infinitive)	afterwards, after (doing something)	**cepillarse**	to brush	**peinarse**	to comb or style one's hair
tarde	late	**cortarse**	to cut	**ponerse (la ropa)**	to put on (clothing)
temprano	early	**despertarse (ie)**	to wake up	**quitarse (la ropa)**	to take off (clothing)
		divertirse (ie)	to have fun		
Verbos		**dormirse (ue)**	to fall asleep	**secarse**	to dry oneself
acostarse (ue)	to go to bed	**estirarse**	to stretch	**sentarse (ie)**	to sit down
afeitarse	to shave	**ducharse**	to shower	**verse**	to look at oneself
arreglarse	to fix oneself up, to get ready	**lavarse**	to wash	**vestirse (i)**	to get dressed
		levantarse	to get up		

Práctica

6.1 **Escucha y responde** Vas a escuchar varias partes del cuerpo. Señala la parte del cuerpo que escuches.

CD1-28

6.2 **Asociaciones** ¿Qué ropa asocias con las siguientes partes del cuerpo?

1. los pies
2. las piernas
3. la cabeza
4. las manos
5. el cuello
6. la espalda y el pecho

6.3 **¿Qué parte del cuerpo es?** Completa las descripciones.

1. _____ está entre la cabeza y los hombros y sirve para mover la cabeza.

2. Tenemos dos _____, y cada uno tiene cinco dedos. Sirven para caminar y bailar.

3. Usamos _____ para hablar y para comer.

4. Tenemos dos _____ en la cara para ver.

5. _____ está en el brazo, entre la mano y el hombro.

6. En la cabeza tenemos dos _____ para escuchar.

7. Yo tengo _____ largo, rubio y rizado.

8. _____ es una parte que conecta la pierna con el pie.

6.4 **No corresponde** Trabaja con un compañero. Observen los grupos de palabras y túrnense para decidir cuál es diferente. Expliquen por qué.

1. los pies	las manos	el cuello
2. los dedos	la boca	la nariz
3. el pelo	el codo	la rodilla
4. el estómago	el diente	la espalda
5. el muslo	la oreja	el tobillo
6. el despertador	el dentrífico	el jabón

6.5 **¿Cuándo?** Con un compañero, túrnense para explicar en qué situaciones una persona tiene que hacer las siguientes actividades.

Modelo   ducharse con agua fría
　　　　Estudiante 1: *¿Por qué una persona tiene que ducharse con agua fría?*
　　　　Estudiante 2: *La persona tiene mucho calor.*

1. sentarse al frente de la clase
2. acostarse muy tarde
3. vestirse con ropa muy vieja
4. estirarse
5. levantarse muy temprano
6. afeitarse las piernas
7. cortarse el pelo
8. cepillarse los dientes

INVESTIGUEMOS LA GRAMÁTICA

To say what someone does before or after another activity, use the expressions **antes de** + *infinitive* and **después de** + *infinitive*.

Antes de acostarse, mi hijo lee un libro.
Before going to bed, my son reads a book.

Después de comer, los niños necesitan cepillarse los dientes.
After eating, the children need to brush their teeth.

To say *afterwards*, use **después** followed by the conjugated verb.
Normalmente tomo un café y después voy a la universidad.
Normally I have coffee and afterwards I go to the university.

6.6 **¿Para qué es?** Usando los nuevos verbos, túrnense para explicar para qué son los objetos.

Modelo   el champú → *El champú es para lavarse el pelo.*

1. el despertador	5. la cama
2. la toalla	6. el dentrífico
3. el jabón	7. el cepillo
4. la silla	8. la bañera

INVESTIGUEMOS EL VOCABULARIO

In some Latin American countries, **la pasta de dientes** is used rather than **el dentrífico** to say *toothpaste*.

In Mexico **rasurarse** is used to say *to shave* rather than **afeitarse**.

¿Qué le puedes decir a un niño que te pregunta por qué debemos lavarnos las manos? Las siguientes son las recomendaciones de un anuncio público. ¿Cuándo recomiendan lavarse las manos?

LAVAR LAS MANOS

¿No te lavas las manos? ¿Y ahora?

Los gérmenes y las bacterias van a hacer una fiesta en ti y te puedes enfermar, ¡y despídete de divertirte con tus amiguitos! No dejes de lavar tus manos después de usar el baño, después de manipular basura, después de un estornudo, después de jugar con tu animalito preferido. Si tocas dinero no lo dejes para después, ¡los billetes pueden tener bacterias fecales! ¿Te lo imaginas?

hald3r/Shutterstock

Más allá

Ahora escoge una de las siguientes opciones y escribe una explicación para niños.

1. por qué deben lavarse los dientes
2. por qué deben lavarse el pelo y peinarse

A analizar

Lee el siguiente párrafo y observa las estructuras de los verbos.

Todas las noches, yo baño a mi hijo a las siete. Acuesto al niño, y después yo **me baño.** Prefiero **bañarme** en la noche porque no tengo mucho tiempo en la mañana. Veo la tele un poco, y **me acuesto. Me despierto** a las seis, **me peino** rápidamente y **me pongo** un pantalón y una camisa. Despierto a mi hijo y preparo su cereal. Mi mamá siempre llega a las siete y media, y yo salgo para la oficina.

1. What is the subject of the verbs in bold in the examples above?
2. What do you notice about the verbs in bold in the paragraph above?
3. Notice the different structures of the verbs **acostar** and **bañar** in the following sentences taken from the paragraph above. How are they different? Why do you think the structures are different?

   Todas las noches, yo **baño** a mi hijo a las siete.
   Acuesto al niño, y después yo **me baño.**
   Veo la tele un poco, y **me acuesto.**

A comprobar

Reflexive verbs

1. Many verbs used to discuss our daily routine (**bañarse, despertarse, vestirse,** etc.) are known as reflexive verbs. Reflexive verbs are used to indicate that the subject performing the action also receives the action of the verb. In other words, these verbs are used to describe actions we do to ourselves.

   Ella **se pone** un vestido azul.
   *She **puts on** (herself) a blue dress.*

   Yo **me levanto** temprano.
   *I **get** (myself) **up** early.*

2. Reflexive verbs are conjugated in the same manner as other verbs; however, they must have a reflexive pronoun. The reflexive pronoun agrees with the subject of the verb.

lavarse

yo	**me** lavo	nosotros	**nos** lavamos
tú	**te** lavas	vosotros	**os** laváis
él, ella, usted	**se** lava	ellos, ellas, ustedes	**se** lavan

The following verbs from the section **Vocabulario** are reflexive verbs:

acostarse* (ue)	divertirse* (ie)	ponerse
afeitarse	dormirse* (ue)	quitarse
arreglarse	ducharse	secarse
bañarse	estirarse	sentarse* (ie)
cepillarse	lavarse	verse
despertarse* (ie)	levantarse	vestirse* (i)

*stem-changing verbs

3. The reflexive pronoun is placed in front of a conjugated verb.

   Nosotros **nos** acostamos tarde.
   We go to bed late.

   Yo **me** estoy durmiendo.
   I am falling asleep.

4. When using an infinitive, attach the reflexive pronoun to the end. Note that even in the infinitive form, the pronoun agrees with the subject. The pronoun can also be attached to the present participle, but you must add an accent to maintain the original stress.

> ¿Vas a bañar**te** ahora?
> *Are you going to bathe now?*

> Estoy lavánd**ome** la cara.
> *I am washing my face.*

5. Many verbs can be used reflexively or nonreflexively, depending on who (or what) receives the action.

> Gerardo **se lava** las manos.
> *Gerardo **washes** his (own) hands.*

> Felipe **lava** el coche.
> *Felipe **washes** the car.*

> (Felipe does not receive the action; the car does.)

> Rebeca **se mira** en el espejo.
> *Rebeca **looks at herself** in the mirror.*

> Los niños **miran** a la maestra.
> *The children **look at** the teacher.*

> (The children do not receive the action; the teacher does.)

6. When using reflexive verbs, do not use possessive adjectives.

> Silvia se lava **el** pelo.
> *Silvia washes **her** hair.*

7. Some verbs have a slightly different meaning when used with a reflexive pronoun, such as **irse** (*to go away, to leave*) and **dormirse** (*to fall asleep*).

> Liz **se duerme** a las diez todas las noches.
> *Liz falls asleep at ten o'clock every night.*

> Liz **duerme** ocho horas cada noche.
> *Liz sleeps eight hours each night.*

A practicar

6.7 **Conclusiones lógicas** Empareja las columnas para hacer oraciones lógicas.

1. El despertador suena a las ocho y tú...
2. No hay agua caliente, y por eso yo...
3. Empieza la clase de aeróbic, y la profesora...
4. Son las once de la noche, y nosotros...
5. Tengo que ir a una fiesta formal, y yo...
6. Después de comer, ellos...

a. me pongo un vestido elegante.
b. se estira.
c. se cepillan los dientes.
d. te levantas y te vistes.
e. nos acostamos.
f. prefiero no ducharme.

6.8 **Mis hábitos** Habla con un compañero sobre tus hábitos. Conjuga el verbo en la forma apropiada y completa las oraciones.

Modelo Yo (lavarse) el pelo...
　　　　Estudiante 1: *Yo me lavo el pelo con Champú Reina, ¿y tú?*
　　　　Estudiante 2: *Yo me lavo el pelo con Champú Brillo.*

1. Los fines de semana yo (acostarse)...
2. Yo (estirarse) cuando...
3. A veces yo (dormirse) cuando...
4. Yo nunca (ponerse)...
5. En clase de español prefiero (sentarse)...
6. Yo (divertirse) cuando...

6.9 **Entrevista** Entrevista a un compañero con estas preguntas.

1. ¿A qué hora te despiertas de lunes a viernes? ¿y los sábados?
2. Generalmente, ¿cuánto tiempo necesitas para arreglarte?
3. ¿En qué ocasiones te pones ropa elegante?
4. ¿A veces te duermes en clase? ¿En qué clase?
5. ¿Qué haces para divertirte?
6. ¿Prefieres bañarte o ducharte?

6.10 En el baño ¿Qué están haciendo estas personas?

1.

2.

3.

4.

5.

6.11 Una mañana muy apurada Completa el siguiente párrafo con la forma necesaria del verbo apropiado. **¡OJO!** Unos verbos son reflexivos y otros no. Después, compara tus respuestas con las de un compañero.

Carmen **(1.)** _____ (despertar/despertarse) y **(2.)** _____ (mirar/mirarse) el reloj. ¡Las siete de la mañana! Los niños deben estar en la escuela a las ocho. Rápidamente va al cuarto de sus hijos y **(3.)** _____ (despertar/despertarse) a Carlos y Víctor. Ellos **(4.)** _____ (levantar/levantarse) y van al baño. Mientras los niños **(5.)** _____ (bañar/bañarse), Carmen **(6.)** _____ (preparar/prepararse) el desayuno (*breakfast*) para ellos. Cuando Carlos y Víctor entran en la cocina para desayunar, Carmen corre al baño y empieza a **(7.)** _____ (arreglar/arreglarse). Ella **(8.)** _____ (maquillar/maquillarse) y **(9.)** _____ (vestir/vestirse). Después, Carmen **(10.)** _____ (llamar/llamarse) a sus hijos. Carlos y Víctor van al baño y **(11.)** _____ (cepillar/cepillarse) los dientes. Carmen **(12.)** _____ (peinar/peinarse) a los chicos y todos salen de la casa a las ocho menos diez.

6.12 En busca de... Busca a compañeros que hagan las siguientes actividades. Habla con una persona diferente para cada actividad de la lista. **¡OJO!** Tienes que decidir si debes usar la forma reflexiva del verbo o no. Luego, comparte la información con la clase.

Modelo (duchar/ducharse) en la noche
    Estudiante 1: *¿Te duchas en la noche?*
    Estudiante 2: *Sí, me ducho en la noche.*

1. (levantar/levantarse) temprano los fines de semana
2. preferir (vestir/vestirse) con ropa cómoda
3. (lavar/lavarse) la ropa una vez a la semana
4. normalmente (dormir/dormirse) siete horas
5. preferir (sentar/sentarse) al frente de la clase
6. (poner/ponerse) la mesa antes de comer
7. (afeitar/afeitarse) todos los días
8. (cepillar/cepillarse) a una mascota

Cultura

Antonio López García (1936–) es un famoso artista español. Comenzó a pintar influenciado por su tío, que era pintor. López García escribió: "Una obra nunca se acaba (*is finished*), sino que se llega al límite de las propias (*own*) posibilidades". Con esta idea describe su propio proceso como pintor, ya que a veces toma muchos años para terminar un cuadro. Muchas de sus obras reflejan momentos de la vida diaria. Algunos críticos definen su estilo como hiperrealista porque sus cuadros parecen casi fotografías. Observa su cuadro *Lavabo y espejo*. ¿Qué objetos reconoces?

Investiga en Internet otras obras de Antonio López García.

Lavabo y espejo de Antonio López García

© Museum of Fine Arts, Boston. Melvin Blake and Frank Purnell Collection, 2003.4. Photograph © Museum of Fine Arts, Boston. © 2010 Artists Rights Society (ARS). New York/VEGAP Madrid

Comparaciones

Cada país tiene frases y refranes que reflejan la cultura popular. Las siguientes frases populares se relacionan con las partes del cuerpo. Por ejemplo, la frase "no tener dos dedos de frente (*forehead*)" significa que una persona no es inteligente. Dos dedos indican una medida (*measure*) de aproximadamente unos 3 centímetros. Si una persona tiene menos de 3 cms de frente, obviamente no tiene un cerebro (*brain*) muy grande. ¿Puedes adivinar el significado de los refranes después de leer los ejemplos? ¿Conoces alguna frase que signifique lo mismo en inglés?

1. **ser codo**
   ¡Mi novio es muy codo! Nunca me invita a cenar.

2. **hacérsele (a uno) agua la boca**
   Mi mamá hace un flan delicioso. ¡Se me hace agua la boca!

3. **tomar el pelo**
   ¿No hay exámenes en la clase de matemáticas? ¿Me estás tomando el pelo?

4. **no tener pies ni cabeza**
   No entiendo la explicación. No tiene ni pies ni cabeza.

5. **no tener pelos en la lengua**
   Mi hermana no tiene pelos en la lengua y siempre dice lo que piensa.

6. **costar un ojo de la cara**
   ¡Hoy en día (*nowadays*) la gasolina cuesta un ojo de la cara!

 Listen to "Mis Ojos" by the Mexican rock group Maná. Write all the parts of the body mentioned in the song. Listen a second time. What is the tone of the song? Why?

Conexiones... a la música

La siguiente es una canción infantil muy popular para enseñarles a los niños higiene personal.
¿Conoces alguna canción en inglés con el mismo propósito (*goal*)?

Pimpón es un muñeco con manos de cartón.

Pimpón es un muñeco
con manos de cartón
Se lava la carita
con agua y con jabón.
Pimpón es un muñeco
con manos de cartón
Se lava las manitas
con agua y con jabón.

Y cuando las estrellas
comienzan a salir,
Pimpón se va a la cama,
Pimpón se va a dormir.

Comunidad

Como la canción de Pimpón, existen muchos libros para niños que enseñan a tener buenos hábitos de higiene. Pregunta en la librería de tu comunidad si tienen un programa para leerles en español a los niños. Si tu librería no tiene un programa, puedes ser voluntario en un programa bilingüe en un jardín de niños o en escuela primaria. ¡Leer es una magnífica manera de practicar español!

Una mujer le lee a una niña.

A analizar

Lee el siguiente párrafo y observa las expresiones negativas. Luego contesta las preguntas que siguen.

A Lorenzo **no** le gustan las mañanas, por eso siempre se levanta tarde. Cuando se levanta, **no** quiere hablar con **nadie**. Va directamente al baño. **No** se lava la cara **ni** se afeita; simplemente se peina y se cepilla los dientes. **Nunca** toma mucho tiempo para decidir qué ropa ponerse. Después de vestirse, se va corriendo de la casa. **No** tiene **nunca** tiempo para comer **nada**.

1. How many negative words are there in each sentence?
2. Where are the negative words placed in relation to the verbs in each sentence?

A comprobar

Indefinite and negative words

1. The following are the most commonly used negative and indefinite words.

Palabras negativas		Palabras indefinidas	
nadie	*no one, nobody*	**alguien**	*someone, somebody*
nada	*nothing*	**algo**	*something*
nunca	*never*	**siempre**	*always*
jamás	*never*	**también**	*also*
tampoco	*neither, either*	**algún (alguno), alguna**	*some*
ningún (ninguno), ninguna	*none, any*	**o... o**	*either . . . or*
ni... ni	*neither . . . nor*		

2. In Spanish, it is possible to use multiple negative words in one sentence. When a negative word follows the verb, it is necessary to place **no** or another negative word in front of the verb, making it a double negative.

> **No** corro **nunca** en ese parque.
> I **never** run in that park.

> **No** hay **ni** jabón **ni** dentrífico aquí.
> There is **neither** soap **nor** toothpaste here.

> **Nunca** le das **nada** a **nadie**.
> You **never** give anything to anyone.

3. The negative words **nadie, jamás, nunca,** and **tampoco** can also be placed directly before the verb. **Nada** can only be placed before the verb if it is used as the subject.

> **Nadie** está en el baño ahora.
> *No one is in the bathroom right now.*

> **Tampoco** me levanto temprano.
> *I don't get up early **either**.*

> **Nada** es imposible.
> ***Nothing** is impossible.*

4. When using the indefinite words **algún, alguno(s), alguna(s)**, or the negative words **ningún, ninguno(s), ninguna(s),** they must agree in number and gender with the noun they are describing. When using the negative, the singular form is generally used.

> ¿Tienes **algunos*** animales?
> No, no tengo **ningún** animal.
> (No, no tengo **ninguno.**)
> ¿Tienes **algunas*** plantas?
> No, no tengo **ninguna** planta.
> (No, no tengo **ninguna.**)

*While it is correct to use **algunos(as),** it is more common to use **unos(as).**

A practicar

6.13 **¿Cierto o falso?** Mira el dibujo y decide si estas oraciones son ciertas o falsas.

1. No hay ninguna toalla.
2. No hay ni jabón ni dentrífico.
3. Tampoco hay champú.
4. Ninguna mascota está en el baño.
5. No hay nada encima del lavabo.
6. Nadie se mira en el espejo.
7. El gato no bebe nada.
8. Hay algo al lado del lavabo.

6.14 **Un hotel poco hospitalario** Alguien va a quedarse en un hotel por la noche y tiene varias preguntas para el recepcionista. Contesta las preguntas de forma negativa.

1. ¿Siempre está lleno (*full*) el hotel?
2. ¿Hay algunas toallas en el baño?
3. ¿Tiene champú o jabón?
4. No tengo computadora. ¿El hotel tiene computadoras?
5. ¿Hay algo para comer en el restaurante ahora?
6. ¿Alguien va a limpiar mi cuarto mañana?

Nunca somos simpáticos en este hotel.

6.15 **Preguntas personales** Entrevista a un compañero con las siguientes preguntas. Si es posible, continúa la conversación con la pregunta entre paréntesis.

1. ¿Vives con alguien? (¿Con quién?)

2. ¿Tienes algunas mascotas? (¿Qué son?)

3. ¿Con qué frecuencia te levantas temprano los sábados: nunca, casi nunca, a veces, siempre? (¿Por qué?)

4. ¿Tienes que hacer algo hoy que no quieres hacer? (¿Qué es?)

5. ¿Te gusta hacer algún deporte? (¿Cuál?)

6. ¿Pasas tu tiempo libre con alguien? (¿Con quién)

6.16 **Un sondeo** En grupos de cuatro o cinco, túrnense haciendo las preguntas para averiguar (*find out*) quién hace las siguientes actividades. Luego reporten a la clase.

Modelo no tiene ningún hermano
        Estudiante 1: *¿Quién no tiene ningún hermano?*
        Estudiante 2: *Yo no tengo ningún hermano.*

1. no tiene ninguna otra clase

2. no estudia con nadie

3. nunca trabaja los domingos

4. siempre hace la tarea para la clase de español

5. no come nada por la mañana

6. no tiene que compartir (*to share*) el baño con nadie

6.17 **En casa** Primero, mira el dibujo y decide si las oraciones son ciertas o falsas. Si son falsas, corrígelas. Después, usando las expresiones negativas e indefinidas, inventa tres oraciones más que pueden ser ciertas o falsas. Luego, léele las oraciones a un compañero, quien va a decidir si son ciertas o falsas.

1. Hay algo en la mesita al lado de la cama.

2. No hay ningún niño en la casa.

3. Alguien se arregla en el dormitorio grande.

4. Algunas personas están en el baño.

5. No hay ni gatos ni perros en la casa.

6.18 **La niñera** Una niñera cuida a Jorge, un niño que está de muy mal humor. Completa la conversación con algunas de estas palabras negativas e indefinidas. **¡OJO! Algún** y **ningún** tienen varias formas.

algo	alguien	algún	siempre	o
nada	nadie	ningún	nunca	ni … ni

Niñera: Jorge, ¿quieres leer _____ cuentos?

Jorge: No, no quiero leer _____ cuento. Es aburrido.

Niñera: ¿Tienes hambre? ¿Quieres comer _____?

Jorge: No, no quiero comer _____.

Niñera: ¿Te gustaría jugar a las cartas _____ al dominó?

Jorge: No me gusta jugar _____ a las cartas _____ al dominó.

Niñera: ¿Quieres invitar a _____ a jugar contigo?

Jorge: No, no quiero invitar a _____. Quiero estar solo.

Niñera: ¿Quieres ir a _____ lugar (*place*)?

Jorge: ¡Sí! Quiero ir a _____ playa para jugar voleibol en la arena con _____ de mis amigos.

Niñera: ¡Por fin! ¡_____ eres tan negativo, Jorge!

6.19 **Los opuestos** Trabaja con un compañero y túrnense para hablar sobre su rutina. El primer estudiante debe decir una idea positiva o negativa, y el segundo estudiante debe decir lo opuesto, aun (*even*) si no es la verdad.

Modelo   Estudiante 1: *Yo siempre me ducho por la noche.*
          Estudiante 2: *Yo no me ducho por las noches nunca.*
          Estudiante 2: *Yo leo algunos libros antes de dormirme.*
          Estudiante 1: *Yo no leo ningún libro antes de dormirme.*

Leemos algunos libros antes de dormirnos.

© Yuri Arcurs/Shutterstoc

6.20 **¿Qué debo hacer?** Con un compañero túrnense para pedir consejos para conseguir sus metas (*goals*). Cuando das los consejos, menciona lo que debe o no debe hacer tu compañero usando una palabra afirmativa o negativa.

Modelo   ayudar a otros
          Estudiante 1: *Quiero ayudar a otros.*
          Estudiante 2: *Debes buscar algunas oportunidades para trabajar como voluntario.*

1. ahorrar (*save*) dinero
2. conocer a más personas
3. tener buenas notas
4. un nuevo trabajo
5. estar más sano
6. divertirme más

Lectura

Antes de leer

1. ¿Tomas una siesta de vez en cuando? ¿Por qué?

2. ¿Qué personas crees que toman siestas más frecuentemente y por qué?

3. ¿Cuáles son algunas ventajas y desventajas de tomar siestas?

4. ¿En qué países piensas que se toman siestas y por qué?

A leer

La siesta

La costumbre de dormir durante el día por una media hora se originó en Roma, donde se usaba la expresión "hora sexta" para hablar del tiempo dedicado a dormir y descansar después de cinco horas de mucho trabajo.

became

En España "la hora sexta" **se convirtió en** *la siesta.* En el horario tradicional, exportado después a los países latinoamericanos, la gente come con su familia al mediodía y después descansa un poco antes de volver a trabajar.

Este tiempo es importante porque la comida al mediodía es la comida principal en muchos de estos países, y es saludable tomar

[recomiendan la siesta como algo positivo]

tiempo para digerir. Además, en los meses cuando hace mucho calor, nadie quiere salir a la calle durante estas horas—**las más calurosas**

the warmest

del día. Muchos estudios científicos recomiendan la siesta como algo

as

positivo para la salud **ya que** previene problemas cardiacos, ayuda a la digestión y disminuye el estrés.

© Matthew Dixon/iStockphoto

Aún más, aunque las personas no siempre usan este tiempo para dormir, la interrupción de las labores permite a las familias reunirse y pasar más tiempo juntas.

En algunos países hay empresas que entienden el valor de la siesta, y dan a sus trabajadores un espacio donde pueden descansar por algunos minutos, para incrementar su productividad, pero desafortunadamente, la hora dedicada a la siesta es una costumbre que está desapareciendo en muchos países. La gente ya casi nunca tiene tiempo para descansar debido principalmente a la presión de la vida en las ciudades, en donde el tiempo es poco, el tráfico y las distancias son grandes, y los negocios prefieren no cerrar para tener algunos clientes más.

© Kravchenko Marina/Shutterstock

Comprensión

1. ¿Cuál es el origen de la palabra *siesta*?
2. ¿Qué hacen las personas durante la hora de la siesta?
3. ¿Cuáles son los beneficios de tomar una siesta?
4. ¿Por qué está desapareciendo esta costumbre?
5. En tu opinión personal ¿crees que la costumbre de la siesta va a desaparecer por completo?

Después de leer

Habla con un compañero para responder a las preguntas.

1. ¿Tú duermes una siesta a veces (*sometimes*)? ¿Por qué?
2. ¿Piensas que es una buena idea dormir siestas?
3. ¿Cuáles son las ventajas y las desventajas de dormir la siesta?

Tomar una siesta es una costumbre saludable.

© Photos To Go

¡Es el verano! Hace buen tiempo y algunas personas de la ciudad salen a disfrutar del buen tiempo.

esquiar en agua · la tienda de campaña · jugar al fútbol · el fútbol americano · pescar · la pelota · bucear · la raqueta · la red · el bádminton · patinar · los patines · andar en bicicleta · jugar al golf · montar a caballo

Más vocabulario

el aficionado	*fan (of a sport)*
el campo	*field*
la cancha	*court*
el equipo	*team; equipment*
la entrada	*ticket*
el partido	*game, match*
el saco de dormir	*sleeping bag*

Los pasatiempos

acampar	*to camp*
esquiar en tabla	*to snowboard*
hacer alpinismo	*to go mountain climbing*
ir de excursión	*to go hiking*
levantar pesas	*to lift weights*
patinar en hielo	*to ice skate*

Cognados

el básquetbol
el béisbol
el ping-pong

el tenis
el voleibol

INVESTIGUEMOS EL VOCABULARIO
The following are lexical variations:

el baloncesto *basketball*
el fanático *fan*

Práctica

6.21 **Escucha y responde** Vas a escuchar algunas actividades. En un papel escribe **deporte** y en otro **equipo**. Si escuchas el nombre de un deporte, levanta el papel que dice **deporte,** y si es equipo para jugar, levanta el papel que dice **equipo.**

CD1-29

6.22 **Relaciones** ¿Qué actividades o cosas puedes relacionar con los siguientes verbos? Escribe todos los que puedas (*as many as you can*).

1. acampar
2. practicar
3. jugar
4. ir
5. andar
6. patinar
7. hacer

6.23 **¿Qué actividad es?** Identifica el nombre del deporte que se necesita para completar las oraciones.

1. Es necesario tener dos equipos de seis personas, una pelota y una red para jugar _____.

2. Jugamos _____ con raquetas, una mesa, una red y pelotas pequeñas.

3. Cuando vamos a acampar dormimos en _____.

4. Para jugar al fútbol necesitamos dos _____ de once personas.

5. Es necesario tener una _____ para jugar tenis.

6. Podemos _____ en el lago (*lake*).

7. El deporte más popular en Europa y Latinoamérica es _____.

8. A mi hermana le gusta hacer _____ en las montañas.

6.24 **¿Qué palabra no corresponde al grupo?** Primero, encuentra la palabra que no corresponda (*belong*), y después, compara tus respuestas con las de un compañero. Expliquen por qué no corresponde.

1. pescar	nadar	acampar	bucear
2. la raqueta	la tienda de campaña	la pelota	la red
3. la cancha	el voleibol	el básquetbol	el fútbol
4. patinar en hielo	jugar al golf	esquiar	esquiar en tabla
5. el fútbol	ir de excursión	el voleibol	el básquetbol
6. el aficionado	el saco de dormir	el partido	la cancha

6.25 **¡Adivina!** Con un compañero, túrnense para describir artículos (*items*) o actividades asociados con deportes. Deben adivinar lo que el otro describe.

Modelo   Estudiante A: *Es un deporte. Para jugar necesitamos dos equipos de cinco personas y una pelota...*
         Estudiante B: *Es el básquetbol.*

6.26 **En busca de...** Circula por la clase y pregúntales a unos compañeros si hacen las siguientes actividades en su tiempo libre. Habla con un compañero diferente para cada actividad. Tu compañero debe dar información adicional. Después repórtenle la información a la clase.

Modelo   jugar al ping-pong
         Estudiante 1: *¿Juegas al ping-pong?*
         Estudiante 2: *Sí, juego al ping-pong en casa de mis amigos.*

1. jugar al fútbol
2. levantar pesas
3. acampar en el verano
4. ver golf en televisión
5. jugar bien al básquetbol
6. estar en un equipo (*team*) deportivo
7. patinar en hielo
8. gustar ver fútbol americano

En vivo

¿Cuáles son algunos deportistas que admiras? Ana Guevara es una de las grandes deportistas mexicanas de la actualidad. Lee su biografía. ¿En qué deporte compite Ana Guevara? ¿Por qué es una atleta extraordinaria?

Nombre: Ana Gabriela Guevara Espinoza
País: México
Fecha de nacimiento: 4 de marzo de 1977
Lugar de nacimiento: Nogales, Sonora

En poco tiempo, Ana Gabriela Guevara se ha convertido en la máxima figura del deporte mexicano, logrando ser la mujer más rápida en los 400 metros planos a nivel mundial.

Desde muy joven, Ana mostró su gusto por los deportes y se unió al equipo de básquetbol de su escuela en la secundaria y la preparatoria. Al ver su buen desempeño, fue elegida para la selección de Nogales, donde obtuvo el campeonato estatal.

Debido a su edad, la joven de Sonora no pudo continuar en el equipo, por lo que decidió continuar con otro deporte, y se decidió por el atletismo. En 1996 y 1997, Ana obtuvo sus primeras medallas de oro en la pista, al salir campeona en los 400 y 800 metros en la Olimpiada Juvenil.

Bajo las órdenes del cubano Raúl Barreda, Ana fue invitada por la Federación Mexicana de Atletismo para ser parte de la selección nacional. En 1999, Ana participó en el Mundial bajo techo de Japón y terminó en el cuarto sitio.

Gracias a sus buenas actuaciones durante el año, se decidió que la sonorense fuera la abanderada de la delegación mexicana en los Juegos Panamericanos de Winnipeg. Sin muchos problemas, Ana conquistó la medalla de oro para México en los 400 metros.

El 2002 marcó la mejor época de la mexicana, ya que conquistó la Golden League y el Grand Prix, además de dos medallas de oro en la Copa del Mundo en Madrid. El 3 de mayo de 2003, Ana logró la mejor marca en la historia de los 300 metros ante el público mexicano, que llenó el estadio de Ciudad Universitaria para ver a la nueva estrella del deporte mexicano.

En el Campeonato Mundial de París, Ana Guevara se convirtió en la nueva reina de los 400 metros del atletismo mundial, al cronometrar 48 segundos con 89 centésimas, la mejor marca del año. El 14 de septiembre, la mexicana Ana Guevara estrenó su corona mundial, al ganar por tercer año consecutivo la Gala Atlética de la IAAF en Mónaco.

Más allá

¿Admiras a algún deportista? ¿Quién? ¿Por qué?

A analizar

Lee el siguiente párrafo y observa las formas de los verbos.

Mis amigos y yo **salimos** para la playa el viernes pasado por la mañana y **volvimos** ayer. El viernes, yo **pasé** todo el día en la playa con Daniel y Óscar. **Tomé** el sol y **nadé** en el mar. Por la noche **paseamos** por el centro y **cenamos** en un restaurante muy bueno. Yo **comí** enchiladas, Daniel **comió** tacos y Óscar **pidió** un chile relleno. Yo **bebí** una soda, y Óscar y Daniel **bebieron** cervezas. ¡Nos **gustó** mucho la comida! El sábado, **nos levantamos** temprano para ir a la playa otra vez. Después de comer, **decidimos** ir de compras. Yo **compré** una camiseta para mi hermano. Óscar **compró** un reloj para su novia, pero Daniel no **compró** nada. El domingo, yo **salí** en un barco y **aprendí** a practicar esquí acuático. Óscar y Daniel **se quedaron** en la playa. Ellos **jugaron** al voleibol con unas chicas que **conocieron.** A las cinco, **subimos** al coche para regresar a casa.

© Tatiana Morozova/Shutterstock

1. Have these events already happened or are they going to happen in the future?
2. All the boldfaced verbs are in the preterite tense. Using the verbs in the paragraph as a model, complete the tables below.

-ar			
yo	_____	nosotros(as)	_____
tú	**-aste**	vosotros(as)	**-asteis**
él, ella, usted	_____	ellos, ellas, ustedes	_____

-er/-ir			
yo	_____	nosotros(as)	_____
tú	**-iste**	vosotros(as)	**-isteis**
él, ella, usted	_____	ellos, ellas, ustedes	_____

A comprobar

The preterite

1. The preterite is used to discuss actions completed in the past.

   ¿**Jugaste** al tenis ayer?
   *Did you **play** tennis yesterday?*

   No, **nadé** en la piscina.
   *No, I **swam** in the pool.*

2. To form the preterite of regular -ar, -er, and -ir verbs, add these endings to the stem of the verb.

> **INVESTIGUEMOS LA GRAMÁTICA**
> Notice that the endings for regular **-er** and **-ir** verbs are identical in the preterite.

hablar			
yo	habl**é**	nosotros(as)	habl**amos**
tú	habl**aste**	vosotros(as)	habl**asteis**
él, ella, usted	habl**ó**	ellos, ellas, ustedes	habl**aron**

comer			
yo	com**í**	nosotros(as)	com**imos**
tú	com**iste**	vosotros(as)	com**isteis**
él, ella, usted	com**ió**	ellos, ellas, ustedes	com**ieron**

escribir			
yo	escrib**í**	nosotros(as)	escrib**imos**
tú	escrib**iste**	vosotros(as)	escrib**isteis**
él, ella, usted	escrib**ió**	ellos, ellas, ustedes	escrib**ieron**

3. **-ar** and **-er** verbs that have stem changes in the present tense do not have a stem change in the preterite. You will learn about **-ir** stem-changing verbs later in this chapter.

cerrar

yo	cerré	nosotros(as)	cerramos
tú	cerraste	vosotros(as)	cerrasteis
él, ella, usted	cerró	ellos, ellas, ustedes	cerraron

volver

yo	volví	nosotros(as)	volvimos
tú	volviste	vosotros(as)	volvisteis
él, ella, usted	volvió	ellos, ellas, ustedes	volvieron

4. Verbs ending in **-car, -gar,** and **-zar** have spelling changes in the first person singular (**yo**) in the preterite. Notice that the spelling changes preserve the original sound of the infinitive for **-car** and **-gar** verbs.

-car	c → **qué**
tocar	yo **toqué,** tú tocaste, él tocó,…
-gar	g → **gué**
jugar	yo **jugué,** tú jugaste, él jugó, …
-zar	z → **cé**
empezar	yo **empecé,** tú empezaste, él empezó, …

5. The third person singular and plural of **leer** and **oír** also have spelling changes. An unaccented **i** always changes to **y** when it appears between two vowels. Notice the use of accent marks on all forms except the third person plural.

leer

yo	leí	nosotros(as)	leímos
tú	leíste	vosotros(as)	leísteis
él, ella, usted	**leyó**	ellos, ellas, ustedes	**leyeron**

oír

yo	oí	nosotros(as)	oímos
tú	oíste	vosotros(as)	oísteis
él, ella, usted	**oyó**	ellos, ellas, ustedes	**oyeron**

A practicar

6.27 **El orden lógico** Héctor y Gustavo pasaron un muy buen fin de semana. Lee las oraciones sobre sus actividades y ponlas en un orden lógico.

_____ Héctor invitó a Gustavo a ir a la playa por el fin de semana.

_____ Los dos salieron para la playa.

_____ Héctor llamó a su mejor amigo, Gustavo.

_____ Gustavo llegó a la casa de Héctor a las siete.

_____ El viernes Héctor volvió a casa después de trabajar.

_____ Gustavo aceptó la invitación con mucho entusiasmo.

_____ Al llegar a la playa, buscaron un hotel.

6.28 **El sábado pasado** En parejas, usen la información de los dibujos para describir lo que Beatriz hizo (*did*) el sábado pasado con su novio Arturo.

INVESTIGUEMOS LOS VERBOS
You will learn irregular preterite verbs in **Capítulo 7;** however you may want to use the verb **ir** in this lesson. It is conjugated in the following manner:

yo	**fui**	nosotros(as)	**fuimos**
tú	**fuiste**	vosotros(as)	**fuisteis**
él, ella, usted	**fue**	ellos, ellas, ustedes	**fueron**

6.29 **¿Qué hiciste?** Con un compañero, completen las siguientes oraciones para hablar de su fin de semana, usando el pretérito. Pueden usar los siguientes verbos u otros verbos.

Modelo   Estudiante 1: *Anoche yo comí en un restaurante, ¿y tú?*
                Estudiante 2: *Anoche yo cociné para mi familia.*

levantarse	**trabajar**	**salir**	**estudiar**	**pasar bien/mal**
limpiar	**jugar**	**mirar**	**escribir**	**hablar por teléfono**

1. El fin de semana pasado yo…
2. El viernes por la noche yo…
3. El sábado yo…
4. El sábado por la noche yo…
5. El domingo yo…
6. El domingo por la noche yo…

INVESTIGUEMOS EL VOCABULARIO
You might find the following expressions helpful when talking about the past:

anoche	*last night*
ayer	*yesterday*
la semana pasada	*last week*

6.30 **Una entrevista** Con un compañero, túrnense para preguntar y contestar las preguntas.

1. ¿Qué clases tomaste el semestre pasado?
2. ¿Qué cenaste anoche?
3. ¿Jugaste algún deporte el fin de semana pasado? ¿Cuál? ¿Con quién?
4. ¿A qué hora te levantaste esta mañana? ¿A qué hora llegaste a la universidad?
5. ¿Qué hiciste (*did you do*) ayer por la mañana? ¿Y por la tarde?
6. ¿Con quién hablaste por teléfono la semana pasada?

6.31 **Las vacaciones** Escribe tres actividades que hiciste (*you did*) durante tus últimas (*last*) vacaciones. Luego, busca a tres compañeros diferentes que hicieron una de esas tres actividades también. **¡OJO!** Usa el pretérito.

Los deportes en España y Latinoamérica

Cultura

Los deportes tienen la capacidad de unir al mundo... o de dividirlo. Uno de los eventos deportivos más importantes son los juegos Olímpicos, que comenzaron su historia en Grecia en el año 776 a.C. Aunque se suspendieron por muchos años, en 1896 se retomó la idea, y así nacieron los juegos Olímpicos como los conocemos hoy, un evento que se realiza cada cuatro años. Posteriormente, en 1924, se crearon los juegos Olímpicos de Invierno.

Aunque hasta ahora, de los países hispanos, solamente México y España **han sido sede** (*have hosted*) de los juegos Olímpicos, todos participan en ellos con orgullo (*pride*) y con esperanzas cada cuatro años. Entre los países con más medallas aparecen Cuba (en el lugar 15), España (en el lugar 28), Argentina (34) y México (37). El primer y segundo lugar en el total de medallas los tienen Estados Unidos y Rusia.

¿Sabes qué significa el logotipo de los juegos Olímpicos?

Yoanka González Pérez

En parejas, respondan a las siguientes preguntas relacionadas con los juegos Olímpicos y repórtenle las respuestas a la clase.

1. ¿En qué deportes tienen más medallas los países latino-americanos? ¿Por qué crees que tienen más éxito en estos deportes?

2. ¿Qué países hispanohablantes crees que compiten más en los juegos Olímpicos de Invierno? ¿Por qué piensas que algunos compiten más que otros?

3. ¿Por qué piensas que entre los países con más medallas (*medals*) está Cuba?

 iTunes
Similar to the Olympic Games, the Soccer World Cup is played every four years. The song "La copa de la vida" by Puerto Rican singer Ricky Martin was the theme song for the 1998 World Cup Tournament in France. Listen to the song and then determine what the message is.

Investiga en Internet los atletas de países hispanohablantes que ganaron medallas en los juegos Olímpicos.

Comunidad

Muchos deportistas en los Estados Unidos vienen de países hispanohablantes. Investiga si hay jugadores de países hispanohablantes en tu universidad y escribe una entrevista para ese deportista. Las siguientes son algunas ideas para la entrevista:

¿Por qué le gusta jugar?

¿Con qué frecuencia practica?

¿Quiere ser profesional? ¿Por qué?

¿Cuándo empezó a jugar?

¿Jugaba en un equipo de la escuela secundaria?

¿El deporte le ayudó a llegar a la universidad?

¿Hay deportistas de países hispanohablantes en tu universidad?

Comparaciones

En muchos países de habla hispana se practican deportes en las universidades, pero juegan un papel diferente a los deportes en los Estados Unidos, donde los estudiantes obtienen créditos por practicar deportes. En Latinoamérica los deportes son considerados un entretenimiento y nadie mencionaría sus actividades deportivas en su curriculum vitae (*resumé*), excepto los deportistas. Sin embargo, la mayoría de las universidades tienen equipos deportivos que representan a su alma mater con orgullo.

¿Son importantes las actividades deportivas en tu universidad?

¿Hay becas (*scholarships*) para deportistas en tu universidad?

¿Son importantes las actividades deportivas en tu vida en general?

¿Cuántas horas a la semana practicas deportes?

Busca una universidad en España o en Latinoamérica en el Internet y compara las actividades deportivas que se ofrecen, con las actividades de una universidad en los Estados Unidos.

Practican deportes en la universidad.

Conexiones... a la antropología

Muchas civilizaciones antiguas jugaban juegos de pelota, pero el objetivo no era solamente el entretenimiento, ya que el juego tenía significados religiosos. En el juego de pelota azteca (Tlachtli) la cancha representaba el mundo, y la pelota el sol o la luna. En este juego, la pelota debía atravesar el aro hecho de piedra (*stone*). El juego de pelota azteca tenía una gran semejanza con el juego Pok-a-tok de los mayas, juego en el que los jugadores debían tocar la pelota solamente con los codos, las rodillas o las caderas (*hips*).

¿Conoces el origen de otros deportes o juegos?

Ruinas de un juego de pelota maya en México

A analizar

Lee el siguiente párrafo y observa las formas de los verbos. Luego, contesta la pregunta que sigue.

Fernando **consiguió** unas entradas para un partido de fútbol el sábado pasado. Nos invitó a mí y a Vicente. Fernando y Vicente son grandes aficionados de los Tigres y **se vistieron** de rojo, pero yo **me vestí** de negro porque soy aficionado de los Jaguares. Después de llegar al estadio y sentarnos, **pedimos** algo de comer. Ellos **pidieron** tamales, pero yo **pedí** una quesadilla. Cuando comenzó el partido nos levantamos y gritamos por nuestros equipos. Todos **nos divertimos,** pero creo que ellos **se divirtieron** más porque al final ganó su equipo.

Conseguir, vestirse, pedir, and **divertirse** all have stem changes in the present as well as in the preterite. How are the stem changes different in the preterite?

A comprobar

Stem-changing verbs in the preterite

-Ir verbs that have stem changes in the present tense also have stem changes in the preterite. The third person singular and plural (**él, ella, usted, ellos, ellas,** and **ustedes**) change **e → i** and **o → u.**

pedir			
yo	pedí	nosotros(as)	pedimos
tú	pediste	vosotros(as)	pedisteis
él, ella, usted	pidió	ellos, ellas, ustedes	pidieron

Yo **pedí** una quesadilla durante el partido.
Mis amigos **pidieron** tacos.

dormir			
yo	dormí	nosotros(as)	dormimos
tú	dormiste	vosotros(as)	dormisteis
él, ella, usted	**d**urmió	ellos, ellas, ustedes	**d**urmieron

Other common stem-changing verbs:

conseguir (i)	repetir (i)
divertirse (i)	seguir (i)
morir (u)	servir (i)
preferir (i)	vestirse (i)

¿Se **divirtieron** ustedes?
Sí, nos **divertimos** mucho.

Todos **dormimos** en la tienda de campaña.
Mi hermano **durmió** en una hamaca.

A practicar

6.32 **Un día de esquí** Completa las oraciones de la primera columna para contar la historia de un grupo de amigos que esquiaron un fin de semana.

1. Mis amigos...
2. El viernes yo...
3. El sábado, mis amigos y yo...
4. Al mediodía Sergio tenía hambre y en el café...
5. Al final todos...
6. Después de tanto ejercicio, yo...

a. pidió un bistec.
b. nos vestimos para esquiar.
c. prefirieron ir a esquiar el sábado.
d. dormí muy bien.
e. conseguí el coche de mis papás para ir a las montañas.
f. se divirtieron.

6.33 **En la playa** Completa el siguiente párrafo con la forma correcta del pretérito del verbo indicado. **¡OJO!** No todos los verbos tienen cambio en el radical.

El fin de semana pasado Tomás viajó a Puerto Viejo con su esposa Irma. Antes de salir, Tomás llamó al Hotel Bahía y **(1.)** _____ (pedir) una habitación para dos personas con balcón. **(2.)** _____ (conseguir) una habitación doble. Cuando ellos llegaron, estaban muy cansados. **(3.)** _____ (pedir) servicio a la habitación y **(4.)** _____ (acostarse). Los dos **(5.)** _____ (dormir) bien y **(6.)** _____ (despertarse) temprano. Pasaron el día en la playa y **(7.)** _____ (divertirse) nadando y jugando al sol. **(8.)** _____ (volver) tarde al hotel; se bañaron y **(9.)** _____ (vestirse) para salir a comer. Cuando regresaron al hotel, Tomás decidió quedarse en la habitación leyendo, pero Irma **(10.)** _____ (preferir) relajarse en el sauna antes de acostarse. Al día siguiente, pasaron la mañana paseando por la ciudad. Luego, **(11.)** _____ (almorzar) en el restaurante del hotel y **(12.)** _____ (empezar) el viaje de regreso a casa.

6.34 **Un día de fútbol** Isabel y Mónica son aficionadas al fútbol. En parejas, describan el día que fueron a un partido. Incluyan los siguientes verbos: **acostarse, divertirse, dormirse, preferir, sentarse, vestirse** y **volver.**

6.35 **En el pasado** Con un compañero, túrnense para conjugar el verbo en el pretérito y completar las oraciones de una forma original. Luego, reporten la información a la clase.

Modelo Ayer yo (jugar)…

Estudiante 1: *Ayer jugué al voleibol con mis amigas, ¿y tú?*
Estudiante 2: *Yo no jugué nada, pero mi hermano jugó al básquetbol.*

1. Anoche yo (dormir)…
2. La última vez (*last time*) que fui a mi restaurante favorito, yo (pedir)…
3. El fin de semana pasado yo (almorzar)…
4. Una vez que cociné, yo (servir)…
5. Esta mañana yo (preferir)…
6. El semestre pasado, yo (conseguir)…
7. Este semestre yo (comenzar)…
8. Una vez yo (perder)…

Nos divertimos en el café.

6.36 **Entrevista** Entrevista a un compañero sobre la última vez que asistió a un evento (un partido, una obra de teatro, etcétera).

1. ¿A qué evento asististe?
2. ¿Con quién asististe al evento?
3. ¿Quién consiguió las entradas?
4. ¿Cómo se vistieron para el evento?
5. ¿Sirvieron comida? ¿Qué comida?
6. ¿Se divirtieron en el evento?

6.37 **En busca de…** Circula por la clase y pregúntales a unos compañeros si hicieron las siguientes actividades. Habla con un compañero diferente para cada actividad. Tu compañero debe dar información adicional. Después reporten la información a la clase.

Modelo reír mucho el fin de semana (¿Por qué?)

Estudiante 1: *¿Reíste mucho el fin de semana?*
Estudiante 2: *Sí, reí mucho el fin de semana.*
Estudiante 1: *¿Por qué?*
Estudiante 2: *Porque miré una película cómica.*

1. divertirse durante el fin de semana (¿Dónde?)
2. vestirse elegante recientemente (¿Por qué?)
3. dormir bien anoche (¿Cuántas horas?)
4. pedir ayuda en una clase este semestre (¿Qué clase?)
5. conseguir un trabajo nuevo durante el último año (¿Dónde?)
6. servir la cena esta semana (¿Cuándo?)

Redacción

Write a letter to a friend telling him or her about a sporting event.

Paso 1 Think of a sporting event you participated in, attended, or watched on TV. Then jot down a list of things you did. Think about the following questions: What was the event? When was it? Did you have to get tickets or make arrangements? Did you have to get up early or stay up late? What did you do before the event? What happened during the event? Did your team win or lose? What did you do after the event?

Paso 2 Begin your letter with a greeting and ask how your friend is. Then, write a topic sentence using an expression of time to tell your friend when you participated in, attended, or watched the sporting event.

El 30 de julio yo...

La semana pasada yo...

Paso 3 Using the information you generated in **Paso 1,** recount the events of the day. In order to connect your ideas, use some of the following expressions: **primero, luego, después, entonces** (*then*), and **por último** (*finally*).

Paso 4 Write a concluding statement in which you tell how you felt at the end of the day. Then close your letter.

Paso 5 Edit your letter:

1. Do all of your sentences in each paragraph support the topic sentence?
2. Is the paragraph logically organized with smooth transitions between sentences?
3. Are there any short sentences you can combine with **y** or **pero**?
4. Do your verbs agree with the subject? Are they conjugated properly?
5. Are there any spelling errors? Do the preterite verbs that need accents have them?

Lectura

¿Qué deportes piensas que son muy populares en España y Latinoamérica? ¿Sabes el nombre de un deportista famoso de estos países?

A leer

Deportistas famosos

pride

A veces un deportista es mucho más que un deportista; a veces los atletas se vuelven símbolos de **orgullo** nacional. Tal es el caso de uno de los jugadores más famosos de fútbol de la historia —el argentino Diego Maradona— quien se convirtió en héroe en la Argentina por su valiosa participación en cuatro Copas del Mundial de Fútbol.

successful

Desafortunadamente, después de una carrera muy **exitosa,** Maradona tuvo problemas de salud debido a su sobrepeso y al uso de drogas. Después de un período de rehabilitación en Cuba, ahora Maradona conduce un exitoso programa de televisión llamado

El futbolista Diego Maradona de Argentina

> [a veces los atletas se vuelven símbolos de orgullo nacional]

"La Noche del Diez", con invitados de todo el mundo. Con su programa, Maradona continúa influenciando la opinión pública en diversas esferas de la vida argentina, inclusive en la política. Recientemente Maradona tuvo la oportunidad de regresar al fútbol como el director técnico de la selección argentina de fútbol en la Copa del Mundo 2010 en Sudáfrica.

Otro atleta distinguido es el español Miguel Induráin, uno de los mejores ciclistas de todos los tiempos, y ganador de cinco Tours de Francia consecutivos entre 1991 y 1995; hay solamente otras cuatro personas en el mundo que pueden decir lo mismo. Además ganó dos Giro-Tour de Italia consecutivos. Induráin creó la Fundación Miguel Induráin, que **apoya** a los deportistas de Navarra, la provincia en España de donde él es originario.

El ciclista español, Miguel Induráin

supports

just

novice
became

Finalmente hay que mencionar a una deportista que realmente **apenas** está comenzando su carrera, la golfista mexicana Lorena Ochoa. A los 25 años consiguió el título de la jugadora del año del Circuito Femenino de Golf Profesional (LPGA, por sus siglas en inglés), sólo tres años después de tener el título de la **novata** del año. En el año 2007 Lorena Ochoa **llegó a ser** la mejor golfista del mundo. La habilidad de Ochoa para jugar al golf también está atrayendo en México a muchos nuevos aficionados de este deporte. Sin duda, Lorena Ochoa estará en las noticias deportivas por muchos años.

La jugadora de golf mexicana, Lorena Ochoa

© Chris Carlson/AP Images

Comprensión

1. ¿Quiénes son los tres deportistas de los que habla la lectura? ¿De dónde son?
2. ¿Qué problemas tuvo Diego Armando Maradona? ¿Qué hace ahora?
3. ¿Cuántos deportistas ganaron el Tour de Francia cinco veces consecutivas?
4. ¿Qué hace la fundación Miguel Induráin?
5. ¿Qué deporte juega Lorena Ochoa?
6. ¿Qué efecto tiene en México el desempeño (*performance*) de Ochoa como deportista?

Después de leer

Con un compañero de clase, escriban una lista de atletas hispanos que conocen y los deportes que juegan. Luego, escojan uno de la lista y busquen cinco detalles interesantes sobre esa persona para compartirlos con la clase.

El jugador de tenis español, Rafael Nadal

© Neale Cousland/Shutterstock

Vocabulario

Sustantivos

el (la) adolescente	*teenager*
los aparatos	*exercise machines*
la autoestima	*self-esteem*
el calambre	*cramp*
el calentamiento	*warm-up*
la dieta	*diet*
los ejercicios aeróbicos	*aerobics*
el (la) entrenador(a)	*trainer*
el masaje	*massage*
el músculo	*muscle*
la serie	*series/sets*
el sobrepeso	*overweight*

Adjetivos

agotado(a)	*exhausted*
disciplinado(a)	*disciplined*
extenuante	*exhausting*

Verbos

entrenar(se)	*to train oneself*
respirar	*to breathe*
sudar	*to sweat*

Expresiones útiles

estar en buena forma
to be in good shape

¿Qué parte del cuerpo quiere fortalecer?
What part of your body would you like to strengthen?

Descanse.
Take a break.

Haga abdominales.
Do sit-ups.

Haga flexiones.
Do push-ups.

Haga tres series de...
Do three series of . . .

Tome agua.
Drink some water.

Vamos a hacer tres series de veinte.

© iofoto/Shutterstock

DATOS IMPORTANTES

Educación: Certificación de entrenador personal. Se prefieren profesores de educación física. Otros requisitos adicionales importantes: estudios terciarios y universitarios relacionados con medicina; por ejemplo, asistencia médica, técnica en primeros auxilios, enfermería, etcétera.

Salario: Entre $20 000 y $100 000

Dónde se trabaja: Gimnasios, clubes privados, clubes comunitarios, clubes deportivos profesionales (fútbol, béisbol, boxeo, etcétera)

Ricardo Melo es entrenador personal. Trabaja en un club privado y entrena a personas que quieren bajar de peso o estar en buena forma. En el video vas a ver una entrevista entre Ricardo y la madre de una joven que necesita ir al gimnasio.

Antes de ver

Los entrenadores personales ayudan a personas con diferentes necesidades. ¿Qué tipo de necesidades crees que puede tener una persona que va a un gimnasio? ¿Qué preguntas iniciales le hacen al entrenador? ¿Consideras que el entrenamiento individual es mejor que el entrenamiento en grupo? Explica.

Comprensión

1. ¿Por qué la hija de la Sra. Matos necesita ir al gimnasio?

2. ¿Cuántos años tiene la hija?

3. ¿Dónde hace gimnasia la hija de la Sra. Matos?

4. ¿Qué tipo de ejercicios recomienda el entrenador para empezar a trabajar las piernas?

5. ¿Qué otros ejercicios recomienda el entrenador?

6. Según el entrenador, ¿con qué debe combinar el programa de ejercicio?

Después de ver

En parejas, representen a un entrenador personal y a una persona que necesita su ayuda. Expliquen por qué la persona busca al entrenador. ¿Quiere estar en buena forma? ¿Desea fortalecer una parte del cuerpo? ¿Tiene algún problema físico? ¿El médico le recomendó hacer ejercicio? ¿Hay algo que no puede hacer? El entrenador le explica un plan para esa situación.

6.38 **¿Con qué frecuencia?** Mira las actividades en la lista y menciona con qué frecuencia las haces.

Modelo ducharse por la noche
Me ducho por la noche una vez a la semana./
Nunca me ducho por la noche.

1. afeitarse
2. cepillarse los dientes
3. comprarse ropa
4. bañarse en la bañera
5. acostarse tarde
6. dormirse con la tele encendida (*turned on*)
7. ponerse ropa elegante
8. lavarse la cara

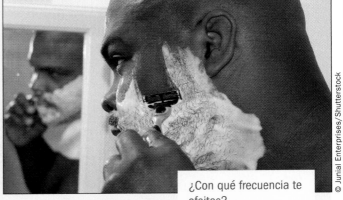

¿Con qué frecuencia te afeitas?

6.39 **El pesimista** Diego es el entrenador de un equipo de fútbol muy malo. Un reportero le hace una entrevista. Imagina que eres Diego y contesta las preguntas, usando expresiones negativas.

1. ¿Siempre ganan los partidos?
2. ¿Hay alguien famoso en el equipo?
3. ¿Hay algunos buenos jugadores en el equipo?
4. ¿Compite el equipo en torneos nacionales o internacionales?
5. ¿Hay alguna posibilidad de ganar el próximo partido?
6. ¿Quiere usted decir algo más?

6.40 **De pesca** Completa los párrafos con la forma apropiada del pretérito del verbo entre paréntesis.

Esta mañana yo (1.) _____ (despertarse) temprano para ir de pesca con mis amigos Alfredo y César. (2.) _____ (vestirse), (3.) _____ (comer) un poco de fruta, (4.) _____ (tomar) un café, y (5.) _____ (salir) de casa. En media hora (6.) _____ (llegar) al lago (*lake*) y mis amigos (7.) _____ (llegar) un poco después.

Nosotros (8.) _____ (pasar) toda la mañana en el agua. Alfredo y yo (9.) _____ (pescar) unos peces bonitos. ¡Pobre César! Él no (10.) _____ (conseguir) nada, pero (11.) _____ (divertirse) mucho. A las dos nosotros (12.) _____ (decidir) ir a comer. (13.) _____ (comer) en un restaurante cerca del lago; luego mis amigos (14.) _____ (volver) a sus casas y yo a la mía (*mine*).

Exploraciones de repaso: comunicación

6.41 **Un pasado interesante** Trabaja con un compañero. Túrnense para hacer y contestar las preguntas sobre las fotos. Deben usar el pretérito en todas las respuestas.

1.

a. ¿Qué hizo (*What did he do*) anoche?

b. ¿Por qué durmió en el coche?

c. ¿Qué pasó cuando se despertó?

2.

a. ¿Quién llamó?

b. ¿Qué pasó?

c. ¿Qué hizo la mujer después?

3.

a. ¿Adónde viajaron?

b. ¿Qué hicieron allí (*What did they do there*)?

c. ¿Qué pasó cuando regresaron?

4.

a. ¿Adónde corrió?

b. ¿Por qué llegó tarde?

c. ¿Qué pasó cuando llegó?

6.42 **Unos monstruos** Trabaja con un compañero. Uno mira el dibujo aquí, y el otro mira el dibujo en el apéndice A. Túrnense para describir los monstruos. Deben encontrar las cinco diferencias.

CAPÍTULO 6

Vocabulario 1

CD1-30

Los verbos reflexivos

acostarse (ue)	*to lie down, to go to bed*
afeitarse	*to shave*
arreglarse	*to get ready*
bañarse	*to bathe, to shower (Mex.)*
cepillarse	*to brush*
cortarse	*to cut*
despertarse (ie)	*to wake up*
divertirse (ie)	*to have fun*
dormirse (ue)	*to fall asleep*
ducharse	*to shower*

estirarse	*to stretch*
irse	*to leave, to go away*
lavarse	*to wash*
levantarse	*to get up*
maquillarse	*to put on make-up*
peinarse	*to comb or style one's hair*
ponerse (la ropa)	*to put on (clothing)*
quitarse (la ropa)	*to take off (clothing)*
secarse	*to dry oneself*
sentarse (ie)	*to sit down*
verse	*to see oneself*
vestirse (i)	*to get dressed*

Las partes del cuerpo

la boca	*mouth*
el brazo	*arm*
la cabeza	*head*
la cara	*face*
el codo	*elbow*
el cuello	*neck*
el dedo	*finger*
el dedo (del pie)	*toe*
el diente	*tooth*
la espalda	*back*
el estómago	*stomach*
el hombro	*shoulder*

la mano	*hand*
el muslo	*thigh*
la nariz	*nose*
el ojo	*eye*
la oreja	*ear*
el pecho	*chest*
el pelo	*hair*
el pie	*foot*
la pierna	*leg*
la rodilla	*knee*
el tobillo	*ankle*

Palabras adicionales

antes de + infinitive	*before (doing something)*
el champú	*shampoo*
el dentrífico	*toothpaste*
el despertador	*alarm clock*

después de + infinitive	*after (doing something)*
el jabón	*soap*
tarde	*late*
temprano	*early*
la toalla	*towel*

Expresiones indefinidas y negativas

algo	*something*
alguien	*someone, somebody*
algún (alguno), alguna	*some*
jamás	*never*
nada	*nothing*
nadie	*no one, nobody*

ni… ni	*neither . . . nor*
ningún (ninguno), ninguna	*none, any*
nunca	*never*
o… o	*either . . . or*
siempre	*always*
también	*also*
tampoco	*neither, either*

Vocabulario 2

CD1-31

Los deportes

el alpinismo	*mountain climbing*
el bádminton	*badminton*
el básquetbol	*basketball*
el béisbol	*baseball*
el fútbol	*soccer*
el fútbol americano	*American football*

el golf	*golf*
el ping-pong	*ping-pong, table tennis*
el tenis	*tennis*
el voleibol	*volleyball*

El equipo

el campo	*field*
la cancha	*court*
el equipo	*equipment, team*
el patín	*skate*
la pelota	*ball*

la raqueta	*racquet*
la red	*net*
el saco de dormir	*sleeping bag*
la tienda de campaña	*camping tent*

Los verbos

acampar	*to go camping*
andar (en bicicleta)	*to walk (to ride a bike)*
bucear	*to scuba dive*
esquiar en el agua	*to water-ski*
esquiar en tabla	*to snowboard*
hacer alpinismo	*to climb mountains*

ir de excursión	*to hike*
ir de pesca	*to go fishing*
levantar pesas	*to lift weights*
montar a	*to ride (an animal)*
patinar	*to skate*
patinar en hielo	*to ice skate*
pescar	*to fish*

Palabras adicionales

el (la) aficionado(a)	*fan (of a sport)*
la entrada	*ticket*
el partido	*game*

anoche	*last night*
ayer	*yesterday*
la semana pasada	*last week*

Diccionario personal

_____

_____

_____

_____

_____

_____

© Used by permission of Donato Ndongo

Donato Ndongo
Biografía

Donato Ndongo-Bidyogo (1950–) es un escritor, político y periodista de Guinea Ecuatorial. Su trabajo profesional ha incluido varios puestos en universidades españolas, y más de diez años trabajando para la agencia de noticias (*news*) EFE en África central. También trabajó como director adjunto del Centro Cultural Hispano-Guineano en Malabo. Dentro de su labor política, destaca como fundador del Partido del Progreso de Guinea Ecuatorial en 1984.

Como escritor, Ndongo es autor de libros de ficción, ensayos y poesía. Algunas de sus obras más destacadas incluyen *Historia y Tragedia de Guinea Ecuatorial* (1977), y la antología de literatura ecuatoguineana titulada *Las tinieblas de tu memoria negra*.

Ndongo ha vivido en el exilio desde 1994, cuando se marchó a España debido a su oposición al gobierno de Teodoro Obiang. Entre 2005 y 2009, Ndongo trabajó como profesor visitante de la Universidad de Missouri en Columbia. Después de su estancia en los Estados Unidos, regresó a España.

Antes de leer

1. El título del poema que vas a leer es Cántico. ¿Qué piensas que significa esta palabra?
2. El poema habla de lo que un poeta debe hacer. En tu opinión ¿cuáles son los deberes ú objetivos de un poeta?

Cántico

Yo no quiero ser poeta para cantar a
África.
Yo no quiero ser poeta para glosar
lo negro.
5 Yo no quiero ser poeta así.
El poeta no es cantor de
bellezas.   *beauties*
El poeta no luce la brillante
piel negra.

10 El poeta, este poeta no tiene voz
para **andares ondulantes** de   *undulating gait*
hermosas damas
de pelos **rizados** y **caderas**   *curly / hips*
redondas.

© Borderlands / Alamy

15 El poeta llora su **tierra**   *land*
inmensa y pequeña
dura y frágil
luminosa y oscura
rica y pobre.

20 Este poeta tiene su mano
atada   *tied*
a las **cadenas** que atan a su   *chains*
gente.
Este poeta no siente nostalgia
25 de glorias pasadas.

Yo no canto al sexo exultante
que huele a jardín de rosas.
lips Yo no adoro **labios** gruesos
que saben a mango fresco.
30 Yo no pienso en la mujer encorvada
basket/wood bajo su **cesto** cargado de **leña**
empty con un niño chupando la teta **vacía.**
Yo describo la triste historia
de un mundo poblado de blancos
35 negros
rojos y
amarillos
pool que saltan de **charca** en charca
sin hablarse ni mirarse.

40 El poeta llora a los muertos
que matan manos negras
en nombre de la Negritud.
Yo canto con mi pueblo

una vida pasada bajo el cacaotero
45 para que ellos **merienden** cho-co-la-te. *snack*

Si su pueblo está triste,
el poeta está triste.
Yo no soy poeta por **voluntad** divina. *will*
El poeta es poeta por voluntad humana.

50 Yo no quiero la poesía
que solo deleita los oídos de los poetas.
Yo no quiero la poesía
que se lee en noches de vino tinto
y mujeres **embelesadas.** *spellbound*

55 Poesía, sí.
Poetas, sí.
Pero que sepan lo que es el hombre
y por qué sufre el hombre
y por qué **gime** el hombre. *groan*

Courtesy of the author, Donato Ndongo.

Después de leer

A. Comprensión

1. Según la voz narrativa, ¿qué es importante decir en las poesías?
2. ¿Cuál es el mensaje del poema?
3. ¿Cuál es el tono? ¿Por qué?
4. ¿Cuál es el tema?
5. Encuentra dos descripciones que hablan de la vida en Guinea Ecuatorial. ¿Qué emoción te producen?

Investiguemos la literatura: El tema

The theme of a literary text refers to the underlying ideas, what the piece is really about. To find it, look for patterns and ideas that are restated in different parts of the work. It is not the subject of the work, but more of a view of the human experience and attitude. Oftentimes the theme can be identified by asking questions such as: Are the characters in control of their lives? Does fate control them? How should people treat each other? How can we tell the false from the genuine? Is it right to resist or oppose authority?

B. Conversemos

1. En tu opinión ¿se debe mezclar (*to mix*) la poesía con la política y los problemas sociales? ¿Por qué?
2. ¿Conoces otros autores que piensan que la poesía debe tener un elemento social? ¿Quién?
3. Escribe una lista de temas políticos o sociales que piensas que son buen tema para una poesía.

Learning Strategy

Try a variety of memorization techniques

Use a variety of techniques to memorize vocabulary and verbs until you find the ones that work best for you. Some students learn better when they write the words, others learn better if they listen to recordings of the words while looking over the list, and still others need to use flashcards.

In this chapter you will learn how to:

- Request a room in a hotel and any of their services
- Use numbers above 100
- Order food in a restaurant

¿Cómo pasaste las vacaciones?

© Kevin Foy / Alamy

Exploraciones gramaticales

Irregular verbs in the preterite

Por and **para** and prepositional pronouns

Direct object pronouns I

Direct object pronouns II

En vivo

Un folleto de un hotel

Un menú para un restaurante

Conexiones culturales

Lugares excepcionales

¡Tanta comida!

Lectura

¿Dónde quedarse: hoteles, moteles, pensiones o albergues?

La comida rápida en Latinoamérica

▶ Exploraciones profesionales

La hotelería

El señor y la señora Buendía acaban de llegar a su hotel en Bogotá. Se van a quedar cuatro días y esperan tener unas vacaciones fabulosas.

		Verbos			
el alojamiento	*lodging*	**alojarse**	*to lodge, to stay*	**trescientos**	*300*
la clase turista	*economy class*		*(in a hotel)*	**cuatrocientos**	*400*
la habitación	*single/double/*	**bajar**	*to go down*	**quinientos**	*500*
sencilla/	*triple room*	**quedarse**	*to stay*	**seiscientos**	*600*
doble/triple		**subir**	*to go up*	**setecientos**	*700*
el (la) turista	*tourist*			**ochocientos**	*800*
el viaje todo	*all-inclusive trip*	**Los números**		**novecientos**	*900*
pagado (VTP)		**cien**	*100*	**mil**	*1000*
de lujo	*luxurious*	**ciento uno**	*101*	**dos mil**	*2000*
		doscientos	*200*	**un millón**	*1 000 000*

Práctica

7.1 **Escucha y responde** Vas a escuchar una serie de ocho números. Si el número es mayor (*greater*) que el número que tú ves en la lista, señala con el pulgar hacia arriba. Si es menor (*lesser*), señala con el pulgar hacia abajo.

CD1-32

a. 150 **b.** 340 **c.** 570 **d.** 768

e. 990 **f.** 1619 **g.** 20 308 **h.** 215 365

> **INVESTIGUEMOS EL VOCABULARIO**
>
> In Latin America, **la camarera** is a maid; however, in Spain **la camarera** is a waitress.
>
> In Spain, **sauna** is feminine; however, it is masculine in the majority of Latin America.

7.2 **En el hotel** Completa las ideas con las palabras del vocabulario que aparecen abajo. No necesitas usarlas todas.

maletas	huéspedes	toallas	ascensor	sauna
recepción	recepcionista	botones	habitación	camarera

1. Para entrar en nuestra _____ necesitamos una llave.

2. Cuando llegamos a un hotel, hablamos con el _____.

3. El _____ es la persona que lleva nuestras maletas a la habitación.

4. Los _____ de la habitación 415 desean pedir un taxi.

5. Nuestra habitación está en el décimo piso. ¿Hay _____? Preferimos no usar las escaleras porque tenemos muchas _____.

6. ¡Qué habitación tan limpia! Debemos recordar darle una buena propina (*tip*) a la _____.

7.3 **Relaciona las palabras** Empareja una palabra de la primera columna con una de la segunda. Después trabaja con un compañero, turnándose para comparar sus respuestas y explicar la relación entre las dos palabras. Es posible relacionar con más de una palabra.

Modelo la toalla
  la camarera
  La camarera trae las toallas a la habitación.

1. la habitación
2. el botones
3. el ascensor
4. la recepción
5. el baño
6. la llave
7. el huésped

a. el recepcionista
b. la puerta
c. el sauna
d. las maletas
e. las escaleras
f. sencilla
g. la camarera

7.4 **¿Cuánto cuesta?** Un compañero y tú están en un hotel en Nicaragua y desean ir de excursión. Túrnense para preguntar cuánto cuestan las siguientes excursiones.

Modelo Paseo en bote por el lago Nicaragua (c 600)
  Estudiante 1: *¿Cuánto cuesta el paseo en bote por el lago Nicaragua?*
  Estudiante 2: *Cuesta seiscientos córdobas.*

1. Excursión de un día en Managua (c 550)

2. Cena con baile folklórico (c 320)

3. Excusión de 2 días a Puerto Cabezas (c 1239)

4. Paseo de un día a la Ciudad de León (c 653)

5. Paseo para visitar todos los museos de Managua (c 257)

6. Excursión de 3 días a Ocotal y Baká (c 3 985)

7.5 **Entrevista** Trabaja con un compañero para conversar sobre las siguientes preguntas.

1. ¿Cuándo fue la última vez que te alojaste en un hotel? ¿Por qué te quedaste en el hotel? ¿Recuerdas cuánto pagaste por la habitación?

2. De los hoteles que conoces ¿qué hotel te gusta más y por qué?

3. En tu opinión ¿quién tiene el trabajo más difícil en un hotel (el/la recepcionista, el botones o la camarera)? ¿Por qué?

4. En tu opinión ¿qué servicios o artículos es muy importante tener en una habitación?

Cuando te quedas en un hotel, ¿qué servicios te gusta tener? Este es un folleto (*brochure*) de un hotel en México. Mira el folleto y contesta las siguientes preguntas: ¿Cuánto cuesta el paquete con una habitación sencilla en el Hotel Las Olas? ¿en el Hotel Las Playas? ¿y en el Hotel Amanecer? ¿Cuánto cuesta el paquete con una habitación doble en el Hotel Las Olas? ¿en el Hotel Las Playas? ¿y en el Hotel Amanecer? ¿Cuánto cuesta el paquete con una habitación triple en el Hotel Las Olas? ¿en el Hotel Las Playas? ¿y en el Hotel Amanecer?

Puerto Vallarta

¡Ahora usted puede conocer Puerto Vallarta, con nuestros paquetes desde $3,820*!

¡Con nuestros VTP (Viaje Todo Pagado), no hay excusa para no tomar unas vacaciones!

	Habitación sencilla	Habitación doble	Habitación triple
Hotel Las Olas	$4,950	$4,200	$3,820
Hotel Las Playas	$5,100	$4,420	$3,999
Hotel Amanecer	$6,560	$4,660	$4,250

Todos nuestros hoteles ofrecen:
T.V. a color con cable en todas
  las habitaciones
Alberca
Internet inalámbrico
Restaurante y bar
Lavandería y tintorería
Estacionamiento
Caja de seguridad

Photos: © Evok20/Shutterstock

* Los precios son por persona y están en pesos mexicanos.

Más allá

Con un compañero escojan uno de los hoteles en el folleto y preparen un diálogo entre un recepcionista y un cliente que desea una habitación de hotel. Deben incluir en su conversación: los saludos, las fechas de la reservación, el tipo de habitación, el nombre del cliente, la reservación con tarjeta de crédito y las despedidas. Después, presenten su diálogo a la clase.

A analizar

Lee el siguiente párrafo y observa las formas de los verbos en negritas.

El fin de semana pasado **fui** a Viña de Mar con mi familia, y nos quedamos en el Hotel del Mar. El sábado por la mañana todos **fuimos** a la playa. Por la tarde mi padre y mi hermano **fueron** a un museo, y mi madre, mis hermanas y yo **fuimos** de compras. Más tarde toda la familia **fue** al Restaurante El Barco para cenar. ¡La comida estuvo deliciosa, y los meseros **fueron** excelentes! El domingo **fui** al Jardín Botánico con mi familia, y luego regresamos a la playa antes de volver a casa. ¡**Fue** un viaje corto pero muy divertido!

© Maria Pavlova/iStockphoto

1. The verbs **ser** and **ir** are irregular in the preterite; however they are both conjugated the same. Look at the paragraph above and decide which of the verbs is **ser** and which is **ir**.

2. Using the forms in the paragraph above and what you learned about the preterite in **Capítulo 6,** complete the chart below with the appropriate forms of **ser/ir** in the preterite.

yo _____   nosotros _____

tú _____   vosotros ___fuisteis___

él, ella, usted _____   ellos, ellas, ustedes _____

A comprobar

Irregular verbs in the preterite

1. There are a number of verbs that are irregular in the preterite. The verbs **ser** and **ir** are identical in this tense.

ser/ir			
yo	**fui**	nosotros(as)	**fuimos**
tú	**fuiste**	vosotros(as)	**fuisteis**
él, ella, usted	**fue**	ellos, ellas, ustedes	**fueron**

2. The verbs **dar** and **ver** are conjugated similarly.

dar			
yo	**di**	nosotros(as)	**dimos**
tú	**diste**	vosotros(as)	**disteis**
él, ella, usted	**dio**	ellos, ellas, ustedes	**dieron**

ver			
yo	**vi**	nosotros(as)	**vimos**
tú	**viste**	vosotros(as)	**visteis**
él, ella, usted	**vio**	ellos, ellas, ustedes	**vieron**

3. Other irregular verbs can be divided into three groups. Notice that there are no accents on these verbs and that they all take the same endings (with the exception of the 3rd person plural of the verbs with **j** in the stem).

Verbs with *u* in the stem: poner

yo	puse	nosotros(as)	pus**imos**
tú	pus**iste**	vosotros(as)	pus**isteis**
él, ella, usted	puso	ellos, ellas, ustedes	pus**ieron**

Other verbs with the same pattern

andar	**anduv-**	saber	**sup-**
estar	**estuv-**	tener	**tuv-**
poder	**pud-**		

Verbs with *i* in the stem: hacer

yo	hice	nosotros(as)	hic**imos**
tú	hic**iste**	vosotros(as)	hic**isteis**
él, ella, usted	hiz**o**	ellos, ellas, ustedes	hic**ieron**

Other verbs with the same pattern

querer	**quis-**
venir	**vin-**

Verbs with *j* in the stem: decir

yo	dije	nosotros(as)	dij**imos**
tú	dij**iste**	vosotros(as)	dij**isteis**
él, ella, usted	dij**o**	ellos, ellas, ustedes	dij**eron**

Other verbs with the same pattern

conducir	**conduj-**	traducir	**traduj-**
producir	**produj-**	traer	**traj-**

4. The preterite of **hay** is **hubo** (*there was, there were*).

Hubo un accidente en la habitación.   ***There was*** *an accident in the room.*
Hubo problemas en ese hotel.   ***There were*** *problems in that hotel.*

> **INVESTIGUEMOS LA GRAMÁTICA**
>
> As with the present tense of **haber** (**hay**), there is only one form in the preterite (**hubo**) regardless of whether it is used with a plural or singular noun.

A practicar

7.6 **Un día ocupado** Lee las oraciones sobre lo que hicieron todos en el hotel ayer. Los verbos subrayados (*underlined*) están en el pretérito. Decide cuál es el infinitivo del verbo.

1. Los huéspedes <u>fueron</u> al sauna del hotel para relajarse.
2. El turista <u>vino</u> al hotel por dos noches.
3. La camarera <u>puso</u> las toallas en el baño.
4. Los botones <u>trajeron</u> las maletas al cuarto.
5. El recepcionista le <u>dio</u> la llave al huésped.

7.7 **Unas fechas importantes** Con un compañero, decidan en qué año ocurrieron los siguientes acontecimientos históricos, y después túrnense para hacer oraciones completas con la información.

Modelo   Manuel de Falla (componer–*to compose*) *El amor brujo*   1915
          Manuel de Falla compuso *El amor brujo* en *1915*.

1. Hernán Cortés (estar) en México.	a. 1492
2. (Haber) una revolución en Cuba.	b. 1808
3. Napoleón (querer) conquistar España.	c. 1959
4. Cristóbal Colón (hacer) su primer viaje a las Américas.	d. 1519
5. Miguel Hidalgo (dar) el grito (*shout*) de independencia en México.	e. 1810

7.8 **La semana pasada** Primero, conjuga el verbo en el pretérito y luego completa la oración de una manera lógica. Después, compara tu semana con la de un compañero de clase.

Modelo yo (hacer)...

Estudiante 1: *La semana pasada hice una fiesta. ¿Qué hiciste tú?*
Estudiante 2: *La semana pasada yo hice la cena para mi familia.*

La semana pasada...

1. yo (conducir)...
2. mi amigo (estar)...
3. mis amigos y yo (ir)...
4. yo (tener) que...

5. uno de mis profesores (decir)...
6. mis compañeros y yo (poder)...
7. yo (ver)...
8. mis compañeros de clase (traer)...

7.9 **¿Qué pasó?** Con un compañero, túrnense para describir qué pasó en el hotel. Deben usar los siguientes verbos en el pretérito.

decir   hacer   ir   poner   ponerse   querer   traer

7.10 **En busca de...** Busca a ocho compañeros diferentes que hicieron las siguientes actividades. Cuando encuentres a alguien que responda positivamente, debes pedirle más información.

1. conducir a la universidad hoy (¿A qué hora?)
2. estar en una fiesta durante el fin de semana (¿Dónde?)
3. ir de compras recientemente (¿Qué compró?)
4. traer su almuerzo de la casa hoy (¿Qué comida preparó?)
5. tener un examen la semana pasada (¿En qué clase?)
6. poder hacer la tarea anoche (¿Para qué clase?)
7. ver una buena película recientemente (¿Cuál?)
8. hacer un viaje el año pasado (¿Adónde?)

> **iTunes**
> Listen to the song "La fuerza del destino" by the Spanish pop group Mecano. What preterite verbs do you recognize? What is the theme of the story told in the song?

Cultura

En España, existen hoteles muy originales que se llaman paradores. Los paradores son hoteles ubicados (*located*) en castillos, monasterios, fortalezas u otros edificios históricos. De esta manera, los españoles conservan sus monumentos nacionales y artísticos. Los paradores son económicamente razonables y tienen un estándar de servicio muy alto. Un parador muy famoso es el Parador San Francisco, en Granada, España. El edificio data del siglo (*century*) XIV, y sirvió como convento en el siglo XV. Este parador es uno de muy pocos en España que recibe la clasificación de Parador Museo.

En el Internet o en una guía turística, busca información sobre otro parador en España para saber:

¿Qué tipo de edificio histórico es?

¿Qué servicios ofrece?

¿Cuánto cuesta?

 Investiga en Internet sobre otros paradores de España.

El Parador San Francisco, un convento del siglo XV en Granada, España

Comparaciones

Los hoteles no siempre son una opción cuando se quiere visitar lugares diferentes. Por ejemplo, para pasar la noche en las islas artificiales de los Uros, en el lago Titikaka en Perú, se debe pasar la noche con una familia en una casa hecha en su totalidad de una planta llamada totora (con la que también están hechas las islas).

Para otra visita excepcional, es posible visitar las cuevas (*caves*) Pedro Antonio de Alarcón, en Granada, España, donde los moros se refugiaron durante su expulsión de Granada hace cientos de años. Hoy en día, cada cueva es un apartamento con una cocina, un dormitorio y un baño. Algunas cuevas tienen incluso un lujoso jacuzzi o chimenea.

En las islas de los Uros se debe pasar la noche en una casa hecha de totora.

Otro hotel poco usual es el Hotel de Sal en el Salar de Uyuni en Bolivia. Este hotel está hecho completamente de sal.

¿Sabes de hoteles poco convencionales en Estados Unidos? ¿Por qué son diferentes y en dónde están?

Conexiones... a la economía

En muchos países donde se habla español el turismo es un motor importante de la economía. Por ejemplo, España es el tercer país más visitado del mundo. España recibe cada año más turistas que su población total. México está en el décimo lugar en esta lista, pero muchos otros países hispanos son importantes destinos turísticos, como Costa Rica, país que promueve el ecoturismo, o Cuba, famosa en Europa por sus hermosas playas.

Por estas razones, en muchos otros países de habla española los turistas encuentran servicios adicionales, como cambiar dinero en la recepción del hotel. A veces se aceptan pagos en moneda extranjera (*foreign currency*).

¿Qué impacto crees que el turismo puede tener en la economía de una región, y en su cultura?

Es posible cambiar dinero en la recepción del hotel.

Comunidad

Visita un hotel en tu comunidad que tenga información para sus clientes en español y consigue un folleto (*brochure*). ¿Hay expresiones que no conoces en el folleto? ¿Cuáles son y qué piensas que significan?

Encuentra un empleado hispano y haz preguntas sobre el hotel. Por ejemplo, puedes preguntar: ¿Hay muchos empleados que hablan español? ¿En qué áreas trabajan? ¿Los empleados del hotel hablan otros idiomas? ¿Reciben muchos huéspedes hispanos? ¿De qué países vienen?

¿Hay muchos empleados que hablan español?

A analizar

Lee el párrafo y observa los usos de **por** y **para**.

> **¡Por** fin tengo vacaciones! Mi esposa y yo salimos **para** Santo Domingo mañana. Encontramos un hotel con muchos servicios **para** los huéspedes. Hay una piscina **para** nadar y un sauna **para** relajarse, y está a un buen precio. Tenemos una habitación doble **por** una semana **por** DOP $14 000.*
>
> *pesos dominicanos

In what ways is **por** used? And **para**?

A comprobar

Por and para and prepositional pronouns

1. Por is used to indicate:

  a. cause, reason, or motive (*because of, on behalf of*)

    Por la lluvia, no vamos a la piscina hoy.
    ***Because of** the rain, we are not going to the pool today.*

    Hicieron sacrificios **por** sus hijos.
    *They made sacrifices **on behalf of** their children.*

  b. duration, period of time (*during, for*)

    Van a estar en el hotel **por** dos noches.
    *They will be in the hotel **for** two nights.*

  c. exchange (*for*)

    Él compró los libros **por** 200 dólares.
    *He bought the books **for** $200.*

    Gracias **por** el regalo de cumpleaños.
    *Thank you **for** the birthday gift.*

  d. general movement through space (*through, around, along, by*)

    Pedro caminó **por** el parque.
    *Pedro walked **through (by)** the park.*

    Para llegar a la piscina, tienes que pasar **por** el gimnasio.
    *To get to the pool, you have to pass **by** the gym.*

  e. expressions

por ejemplo	*for example*	**por** supuesto	*of course*
por eso	*that's why*	**por** fin	*finally*
por favor	*please*		

2. Para is used to indicate:

  a. goal, purpose (*in order to, used for*)

    Vamos al lago **para** pescar.
    *We are going to the lake **(in order) to** fish.*

    El sauna es **para** relajarse.
    *The sauna is **for** relaxing.*

  b. recipient (*for*)

    Ella compró un regalo **para** su amiga.
    *She bought a gift **for** her friend.*

  c. destination (*to*)

    Salen **para** las montañas el sábado.
    *They are going **to** the mountains Saturday.*

  d. deadline (*for, due*)

    La tarea es **para** mañana.
    *The homework is **for (due)** tomorrow.*

  e. contrast to what is expected (*for*)

    Para una habitación doble, no es muy grande.
    ***For** a double room, it isn't very big.*

  f. expressions

para siempre	*forever*	**para** variar	*for a change*
para colmo	*to top it all off*	**para** nada	*not at all*

3. In **Capítulo 1,** you learned to use subject pronouns (**yo, tú, él,** etc.). Except for **yo** and **tú,** these same pronouns are used after prepositions.

mí	nosotros(as)
ti	vosotros(as)
él	ellos
ella	ellas
usted	ustedes

El regalo es para **ti.**
A **mí** me gusta pescar. (emphasis)

4. Instead of using **mí** and **ti** with **con, conmigo** and **contigo** are used.

Vamos al parque **contigo.**
*We'll go to the park **with you.***

A practicar

INVESTIGUEMOS LA GRAMÁTICA

You learned negative expressions in **Capítulo 6.** The negative of **con** is **sin** (*without*), and it takes the same personal pronouns as the other prepositions.

No quiero viajar sin **ti.**

7.11 Unas preguntas Lee las preguntas de un recepcionista de hotel y decide cuál es la respuesta más lógica.

1. ¿Para cuándo necesita usted la habitación?
2. ¿Para cuántas personas es la habitación?
3. ¿Por cuánto tiempo van a quedarse?
4. ¿Cuándo llegan al hotel?
5. ¿Cómo prefiere pagar por la habitación?
6. ¿Por qué viajan a Sevilla?

a. dos
b. para ver la Feria de Abril
c. con tarjeta de crédito
d. cuatro días
e. el 15 de abril
f. por la tarde

7.12 La Semana Santa Completa el siguiente párrafo con **por** y **para.**

Voy (**1.**) _____ Antigua (**2.**) _____ ver la celebración de la Semana Santa. Ayer (**3.**) _____ la tarde llamé al hotel (**4.**) _____ conseguir una reservación (**5.**) _____ cuatro noches. Como mi amigo Julián va conmigo, quería una habitación doble (**6.**) _____ nosotros. La recepcionista dijo que en ese momento había una promoción (**7.**) _____ esa fecha: al quedarnos (**8.**) _____ tres noches, recibimos la cuarta noche (**9.**) _____ solo diez dólares por persona. ¡(**10.**) _____ supuesto que a mí me gustó mucho la promoción! Le di las gracias a la recepcionista (**11.**) _____ la información e hice una reservación.

La celebración de la Semana Santa en Antigua, Guatemala

7.13 Planes para el día Fernando llama a su amiga Verónica. Completa la conversación con **por** o **para** o el pronombre preposicional apropiado. **¡OJO!** También es posible usar **conmigo** o **contigo**.

Fernando: Hola, Verónica. Voy a ir a la playa. ¿Quieres ir **(1.)** _____ hoy?

Verónica: ¡A **(2.)** _____ me gusta mucho la playa! ¡**(3.)** _____ (Por/Para) supuesto que voy **(4.)** _____!

Fernando: Vamos a salir temprano **(5.)** _____ (por/para) la mañana **(6.)** _____ (por/para) tener todo el día en la playa. También van a ir José, Pablo y Catarina con **(7.)** _____.

Verónica: ¡Qué bueno! ¿Qué quieres que lleve (*take*)?

Fernando: Si quieres, puedes llevar algo **(8.)** _____ (por/para) tomar.

Verónica: ¿A **(9.)** _____ te gusta la limonada?

Fernando: Sí, me gusta.

Verónica: No tengo coche hoy. ¿Te molesta venir **(10.)** _____ (por/para) **(11.)** _____?

Fernando: **(12.)** _____ (Por/Para) nada. Paso **(13.)** _____ (por/para) **(14.)** _____ a las ocho.

Verónica: Bueno, voy a estar lista. ¡Hasta entonces!

Fernando: ¡Chao!

Pasamos todo el día en la playa.

7.14 Necesito información Imagínense que están en un hotel y uno de ustedes es el recepcionista y el otro es el huésped. Respóndanse las preguntas que aparecen a continuación.

Estudiante 1 (el recepcionista):

1. ¿Para qué fecha necesita una habitación?
2. ¿Por cuántas noches se va a quedar?
3. ¿Para cuántas personas es la habitación?

Estudiante 2 (el huésped):

1. ¿Cómo puedo pagar por la habitación?
2. ¿Hay un ascensor para subir a la habitación?
3. ¿Por qué necesita el número de mi tarjeta de crédito?

Su número de tarjeta de crédito, por favor.

7.15 Oraciones incompletas Con un compañero, completen las oraciones. Deben pensar en los usos diferentes de **por** y **para.**

1. **a.** Voy al hotel por…
   b. Voy al hotel para…
2. **a.** Los huéspedes suben a la habitación por…
   b. Los huéspedes suben a la habitación para…
3. **a.** Por ser un buen empleado del hotel,…
   b. Para ser un buen empleado del hotel,…
4. **a.** Vamos a viajar por…
   b. Vamos a viajar para…
5. **a.** El huésped llamó a la recepción por…
   b. El huésped llamó a la recepción para…
6. **a.** Encontramos una habitación doble por…
   b. Encontramos una habitación doble para…

7.16 **En la recepción** Con un compañero, túrnense para explicar lo que hicieron Manuel y las otras personas según (*according to*) los dibujos. **¡OJO!** Deben usar el pretérito y **por** o **para.**

> 🎵 **iTunes**
> Carlos Ponce is a Puerto Rican singer and actor. One of his hits is a song called "Rezo." What do you think the song will be about? Listen to the song and compare your answers. What phrases do you hear with **por**? And with **para**?

7.17 **Una foto** Con un compañero, escojan una de las fotos e inventen una historia basada en la foto. Deben incluir varios usos de **por** y **para** en su historia.

Lectura

Antes de leer

Aparte de los hoteles ¿qué diferentes tipos de alojamiento (*lodging*) conoces? ¿Por qué unos tipos de alojamiento son más caros que otros?

A leer

¿Dónde quedarse: hoteles, moteles, pensiones o albergues?

Cuando vamos de viaje, a la hora de elegir un hotel probablemente lo primero en que pensamos es en el dinero, pero hay otras decisiones importantes, como la privacidad y la comodidad. Para seleccionar mejor nuestro alojamiento es importante entender la clasificación internacional.

Hoteles: Un hotel es un edificio entero con habitaciones para los turistas. El precio depende del lujo y de los servicios que se ofrecen. Casi todos los países clasifican los hoteles con un sistema de cinco **estrellas;** *stars* mientras más estrellas tiene un hotel, es mejor. Los hoteles de cuatro y cinco estrellas siempre tienen aire acondicionado y **calefacción** *heat* en las habitaciones, y además tienen tiendas, buenos restaurantes y otras

Un hotel muy lujoso en El Salvador

© Andre Nantel/Shutterstock

high quality facilities

> mientras más estrellas tiene un hotel, es mejor

instalaciones de calidad. Un hotel de cinco estrellas tiene habitaciones muy grandes, pero un hotel de una estrella tiene habitaciones muy pequeñas. Aunque la mayoría de los países usan el sistema de estrellas para catalogar los hoteles, hay diferencias en la clasificación de un país a otro. Por ejemplo, un hotel de tres estrellas en España puede ser muy diferente a un hotel de tres estrellas en Costa Rica. Algunos países usan categorías adicionales, como "Gran Turismo", "Diamante" o "Turismo Mundial" para distinguir los hoteles más lujosos y exclusivos.

Moteles: Los moteles están situados fuera de los núcleos urbanos y cada habitación tiene una entrada independiente. Las áreas comunes (salones, comedores, etcétera) son más pequeñas que las de los hoteles.

Hostales y pensiones: Los hostales y pensiones no cumplen con requisitos de los hoteles como tener habitaciones grandes y un restaurante.

Nevertheless **Sin embargo,** siempre tienen agua caliente, recepción y un salón social con televisión, y al menos un baño para cada cinco habitaciones.

Albergues juveniles: Uno de los alojamientos más económicos que existe son los albergues juveniles.

Despite **Pese** a su nombre, no son solamente para jóvenes; personas de todas las edades pueden hacerse miembros y quedarse allí por la noche.

bunk beds Generalmente ofrecen **literas** en cuartos para varias personas, y a veces uno debe traer sus propias

sheets **sábanas.** También hay generalmente una cocina y, sobre todo, muchas oportunidades para conocer a personas de otros países. Los albergues casi siempre tienen también un salón de TV, biblioteca, sala de estar y cuarto de lavandería.

Un hostal en España

© J.D. Dallet/AGE Fotostock

Comprensión

¿Cierto o falso? Corrige las afirmaciones falsas.

1. Los hoteles de tres estrellas siempre tienen aire acondicionado.
2. Los mejores hoteles que hay en todo el mundo son los de cinco estrellas.
3. Los hostales y pensiones ofrecen baños privados en cada habitación.
4. Los moteles son iguales a los hoteles, pero más baratos.
5. Los albergues juveniles no tienen baños privados.
6. Los albergues juveniles no son solamente para jóvenes.

Después de leer

Imagina que tú y tu compañero van a viajar a un país hispanohablante. En Internet o en una guía turística, busquen un ejemplo de cada uno de los siguientes alojamientos: un hotel, un motel, un hostal o una pensión y un albergue juvenil. Lean los detalles de cada alojamiento y escriban una lista de los beneficios de cada uno. Luego, decidan en cuál prefieren quedarse y expliquen por qué.

El señor Buenrostro está de visita en Michoacán para asistir a una conferencia.
Después de instalarse en su habitación, baja al restaurante de su hotel para comer.

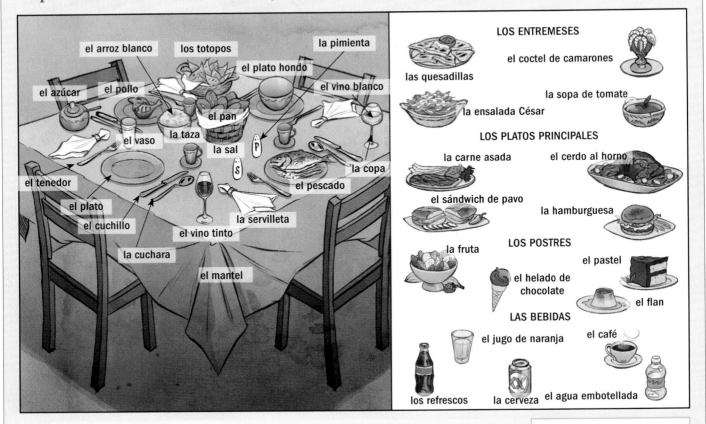

el almuerzo	lunch
la cena	dinner
la cuenta	bill
el desayuno	breakfast
la orden	order

Verbos

cenar	to eat dinner
dejar (una propina)	to leave (a tip)
desayunar	to eat breakfast

INVESTIGUEMOS LA GRAMÁTICA
Notice that the word **agua** is feminine, and therefore any adjectives need to be in the feminine form; however, it takes the masculine article for pronunciation purposes.

Práctica

INVESTIGUEMOS EL VOCABULARIO
In Spain, a cake is called **una torta**; however, in Mexico **una torta** is a type of sandwich.
Sándwich is a very common word throughout the Spanish-speaking world. Obviously, it was borrowed from English. There is, however, a Spanish equivalent: **el emparedado.**

7.18 Escucha y responde Vas a escuchar los nombres de varias comidas y bebidas. En un papel dibuja un vaso y en otro un tenedor. Si escuchas una bebida, levanta el vaso y si escuchas una comida levanta el tenedor.

CD1-33

7.19 Contesta con la opción más lógica.

INVESTIGUEMOS EL VOCABULARIO
In some countries, **la comida** is used to refer to the noon meal, which is the main meal of the day.

1. ¡Tengo mucha sed! Quiero _____.
   - **a.** arroz
   - **b.** un pastel
   - **c.** un refresco
   - **d.** un pollo
2. Mi entremés favorito es _____.
   - **a.** fruta
   - **b.** pimienta
   - **c.** un café
   - **d.** una quesadilla
3. Mi café necesita más _____.
   - **a.** taza
   - **b.** azúcar
   - **c.** cucharita
   - **d.** sal
4. Mi postre favorito es _____.
   - **a.** la cerveza
   - **b.** la leche de chocolate
   - **c.** el helado
   - **d.** el azúcar
5. Para cortar la carne necesito _____.
   - **a.** un cuchillo
   - **b.** una cuchara
   - **c.** una servilleta
   - **d.** la sal

7.20 **Relaciona las columnas** Relaciona las palabras de la primera columna con las de la segunda que tengan alguna relación. Después, con un compañero túrnense para decir qué relación hay entre ellas.

Modelo café... bebida → *El café es una bebida.*

1. _____ el cerdo
2. _____ el pastel
3. _____ vino
4. _____ sopa
5. _____ jugo
6. _____ pimienta
7. _____ las enchiladas
8. _____ té

a. la sal
b. el vaso
c. un postre
d. la carne
e. el plato principal
f. taza
g. una copa
h. la cuchara

7.21 **Encuesta** Encuentra a seis personas que hacen las siguientes actividades. Contesten con oraciones completas y después reporten a la clase.

Modelo desayunar cereal todos los días
  Estudiante 1: *¿Desayunas cereal todos los días?*
  Estudiante 2: *Sí, siempre desayuno cereal todos los días.*

1. pedir postre siempre cuando come en un restaurante
2. su comida favorita es el desayuno
3. saber hacer flan
4. comer carne más de tres veces a la semana
5. no tomar cerveza nunca
6. cenar frente al televisor

7.22 **En un restaurante** En parejas, túrnense para hacer el papel (*play the role*) de mesero y de cliente (*customer*).

Mesero: Buenas tardes, (señor/señorita/señora). ¿Prefiere la sección de fumar o de no fumar?

Cliente: _____

Mesero: ¿Desea una bebida?

Cliente: _____

Mesero: ¿Qué prefiere como plato principal?

Cliente: _____

Mesero: ¿Y le gustaría (*would you like*) un postre?

Cliente: _____

Mesero: ¿Necesita algo más (*something else*)?

Cliente: _____

Mesero: ¡Buen provecho! (*Enjoy!*)

Generalmente ¿qué comidas hay en el menú de un restaurante de comida mexicana? El siguiente es el menú de un restaurante de México. ¿Están las comidas que mencionaste? ¿Has probado (*Have you tasted*) todas las comidas y bebidas que aparecen en el menú? De las que conoces ¿cuáles son tus favoritas? ¿Qué piensas que significan estas palabras en el menú: albóndigas, atún, rebanada? ¿Por qué crees que el café americano especifica que incluye dos tazas?

EL GATO AZUL MENÚ

*Nota: Todos los precios están en pesos mexicanos.

Entremeses
Coctel de camarones.......................$79.00
Orden de quesadillas.......................$40.00

Pastas
Espagueti con albóndigas.................$55.00
Coditos con atún............................$55.00

Sopas
Arroz a la mexicana.........................$35.00
Sopa de tortilla...............................$40.00
Sopa de verduras............................$42.00

Ensaladas
Ensalada verde...............................$30.00
Ensalada del Chef...........................$55.00
Ensalada de pollo/atún....................$60.00

Platos principales
Enchiladas de pollo/carne/queso......$65.00
Carne asada..................................$75.00
Chiles rellenos...............................$70.00
Pollo al horno.................................$55.00
Chuletas de cerdo con chipotle.........$68.00

Hamburguesa con queso.................$65.00
Sándwich de pavo...........................$55.00

Postres
Flan...$35.00
Fruta (papaya, mango o melón)..........$35.00
Helado (vainilla, chocolate o fresa).....$28.00
Pastel de chocolate (rebanada).........$35.00
Pastel Tres leches...........................$35.00
Pay de manzana..............................$35.00

Bebidas
Refrescos (coca-cola, sidral mundet)....$10.00
Jugos naturales
(naranja, tomate, piña, toronja)...........$19.50
Cervezas nacionales.......................$19.00
Vino (blanco, rosado, tinto) copa.......$30.00
Té negro..$20.00
Café americano (dos tazas)..............$22.50
Café capuchino...............................$35.00
Café frappé....................................$38.00
Café expreso..................................$30.00
Café con licor de café.....................$40.00
Leche..$20.00
Agua embotellada (natural/con gas).....$22.00

INVESTIGUEMOS LA CULTURA
En muchos países latinoamericanos salir a tomar café con los amigos es una tradición social muy importante. El café se relaciona con la idea de pasar tiempo hablando con los amigos, y no es común ver a personas conduciendo y bebiendo café.

INVESTIGUEMOS LA GRAMÁTICA
When using a noun to describe another noun, you must use the preposition **de** between them.
Pastel **de** chocolate
Helado **de** vainilla

Más allá

Imagínate que quieres abrir un restaurante con la mejor comida de Latinoamérica. Investiga en Internet la comida de varios países hispanohablantes. Luego escribe un menú con al menos tres platos para cada categoría (entremeses, ensaladas, sopas o pastas, plato principal, postres y bebidas). Debes incorporar platos de por lo menos cinco países diferentes.

A analizar

Lee el siguiente diálogo y observa los pronombres de objeto directo en negritas.
Luego, contesta las preguntas que siguen.

> Mesero: Buenas tardes. ¿Están listos?
>
> Laura: Sí. ¿La ensalada de camarones tiene chile?
>
> Mesero: No, no **lo** tiene.
>
> Laura: Bien, **la** voy a pedir entonces.
>
> Emilio: Y yo quiero los tacos de pescado, por favor.
>
> Mesero: Lo siento, no **los** tenemos ahora. No hay más pescado.
>
> Emilio: Bueno, en ese caso quiero las enchiladas supremas.
> ¿De qué son?
>
> Mesero: Son de pollo.
>
> Emilio: Bueno, **las** voy a pedir.

1. What do **lo** and **la** mean in the dialogue above? And **los** and **las**?

2. Pronouns take the place of a noun. In the above dialogue, the words in bold are direct object pronouns. Identify what each of the pronouns in the dialogue replaces.

3. Where are the pronouns in bold placed?

4. What pronoun would you use to replace **el arroz**? And **las cervezas**?

A comprobar

Direct object pronouns I

1. A direct object is a person or a thing that receives the action of the verb. It tells who or what is being [verb].

   > Juan pide **pollo.**
   > *Juan is ordering chicken. (The chicken is what is being ordered.)*

   > Elena invita a **Natalia** a comer.
   > *Elena is inviting Natalia to eat. (Natalia is who is being invited.)*

2. In order to avoid repetition, the direct object can be replaced with a pronoun. In Spanish, the pronoun must agree in gender and number with the direct object it replaces.

   > ¿Tienes **las tazas?**
   > *Do you have **the cups?***

   > Sí, **las** tengo.
   > *Yes, I have **them.***

In answering the question, it is not necessary to repeat the direct object, **las tazas**; therefore, it is replaced with the pronoun **las.**

3. The following are the third person direct object pronouns:

	singular		plural	
masculino	**lo**	*it, him, you (formal)*	**los**	*them, you*
femenino	**la**	*it, her, you (formal)*	**las**	*them, you*

4. The direct object pronoun is placed in front of the conjugated verb.

   > ¿Comes carne?
   > *Do you eat meat?*

   > No, no **la** como.
   > *No, I don't eat it.*

5. When using a verb phrase that has an infinitive or a present participle (**-ando, -iendo**), the pronoun can be placed in front of the conjugated verb, or it can be attached to the infinitive or the present participle. Notice that an accent is necessary when adding the pronoun to the end of the present participle.

La voy a invitar. / Voy a invitar**la**.
*I am going to invite **her**.*

¿**Lo** quieres comer? / ¿Quieres comer**lo**?
*Do you want to eat **it**?*

Él **lo** está sirviendo. / Él está sirviéndo**lo**.
*He is serving **it**.*

A practicar

7.23 **En el restaurante** Lee la siguiente conversación e identifica el objeto o persona que el pronombre reemplaza (*replaces*).

Sr. Ortega: ¿Quieres el menú?

Sra. Ortega: No, no <u>lo</u>¹ necesito. Ya sé qué quiero.

Sr. Ortega: ¿Sí? ¿Vas a pedir el pollo como siempre?

Sra. Ortega: No, no <u>lo</u>² quiero comer hoy. Voy a pedir la carne asada.

Sr. Ortega: Yo voy a pedir<u>la</u>³ también. ¿Pedimos una botella de vino?

Sra. Ortega: Sí, <u>la</u>⁴ podemos pedir.

Sr. Ortega: Bueno, estamos listos. ¿Dónde está el mesero? No <u>lo</u>⁵ veo.

Sra. Ortega: Allí está. ¿Por qué no <u>lo</u>⁶ llamas?

Sr. Ortega: ¡Señor!

7.24 **La redundancia** Lee el siguiente párrafo y escríbelo de nuevo usando los pronombres para evitar (*avoid*) repeticiones.

El mesero llega con los menús y pone los menús en la mesa. Jimena y Tomás miran los menús. A Jimena le gusta el pollo asado y decide pedir pollo asado. Pero Tomás prefiere el pescado y pide pescado. Las ensaladas parecen (*seem*) deliciosas y los dos quieren ensaladas. Tomás ve al mesero y llama al mesero. El mesero recomienda el vino blanco, pero ellos no quieren vino blanco; prefieren pedir vino tinto. En poco tiempo, la comida llega y ellos disfrutan (*enjoy*) la comida. Pero al final no tienen suficiente dinero para pagar la cuenta cuando el mesero trae la cuenta. El mesero les dice que tienen muchos platos para lavar; los dos van a la cocina y lavan platos.

¡Tenemos muchos platos para lavar!

© zolwiks/Shutterstock

7.25 **¿Quién lo hace?** Mira los dibujos. Con un compañero, túrnense haciendo preguntas con las palabras y contestándolas. Cuando contesten, deben usar pronombres de objeto directo.

Modelo (Look at drawing #1.) comer/ensalada
Estudiante 1: ¿Quién come la ensalada?
Estudiante 2: Eva **la** come.

1.

a. tomar/sopa   b. comer/pan

2.

a. servir/tacos   b. servir/hamburguesas

3.

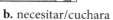

a. necesitar/tenedor   b. necesitar/cuchara

4.

a. tomar/cerveza   b. tomar/refresco

7.26 **¿Para qué es?** Con un compañero túrnense para explicar lo que hacemos con las siguientes cosas. Deben usar los pronombres de objeto directo en las respuestas y dar explicaciones completas.

Modelo el arroz
Estudiante 1: ¿Qué hacemos con el arroz?
Estudiante 2: Lo servimos con los frijoles./Lo ponemos en la paella./Lo cocinamos en agua.

1. el refresco   3. la ensalada   5. el azúcar   7. la sopa
2. el helado   4. las enchiladas 6. los camarones 8. los tomates

---

7.27 **Entrevista** Túrnense para hacer y contestar todas las siguientes preguntas. **¡OJO!** Necesitan usar pronombres de objeto directo para reemplazar (*replace*) las palabras subrayadas (*underlined*) cuando contesten para evitar la repetición.

1. ¿Desayunaste esta mañana? ¿Tomaste <u>café</u>?
2. ¿Trajiste <u>el almuerzo</u> a la universidad? ¿Qué comiste?
3. ¿A qué hora cenaste anoche? ¿Quién preparó <u>la cena</u>?
4. ¿Cocinaste esta semana? ¿Preparaste <u>verduras</u>?
5. ¿Comiste <u>postre</u> después de la cena anoche? ¿Qué comiste?
6. ¿Tomaste <u>refrescos</u> con el almuerzo? ¿Qué tomaste?
7. ¿Quién limpió <u>la cocina</u> en tu casa después de la cena anoche? ¿Lavó <u>los platos</u> a mano?

Cultura

A veces un lugar para comer se vuelve casi tan importante como un monumento para una ciudad debido tanto a la comida como a la historia del lugar. Por ejemplo 4Gats, en Barcelona, fue un lugar de reunión para muchos artistas famosos, como Pablo Picasso. Las guías para turistas (*tourist guides*) incluyen estos lugares, y los llaman "el mejor lugar para comer comida típica", o títulos similares.

Otros ejemplos famosos incluyen La Casa de los Azulejos, un edificio histórico construido en 1731 en la Ciudad de México. El edificio obtuvo su nombre debido a los mosaicos (*tiles*) con que está decorado. Este edificio se usa como restaurante (Sanborn's) y tiene una importante colección de arte, incluido un mural de José Clemente Orozco. La Casa de los Azulejos es un lugar de reunión donde los residentes de la ciudad acostumbran reunirse a la hora del café.

La Casa de los Azulejos en la Ciudad de México.

También en la Ciudad de México se encuentra el Tenampa, una famosa cantina en el corazón de Plaza Garibaldi, la que se considera el corazón de la música de mariachis.

En Madrid, La Casa del Sobrino de Botín es bien conocida. Hemingway la hizo famosa a nivel internacional al mencionarla en su novela *The Sun Also Rises*.

Otro ejemplo muy conocido es La Cabaña, en Buenos Aires. La Cabaña es el restaurante especializado en carnes más viejo de la capital argentina. Su libro de visitas tiene la firma de visitantes muy famosos, entre ellos Charles de Gaulle, Henry Kissinger, Richard Nixon, el Rey Juan Carlos, Joan Crawford y Walt Disney, para mencionar solo a algunos.

Piensa en una ciudad de un país hispano que te interesa conocer, y busca información sobre algún restaurante o café famoso.

> Investiga en Internet sobre otros restaurantes importantes en el mundo hispanohablante.

Comunidad

Visita un supermercado de tu comunidad y busca la sección de comida de otras partes del mundo. Luego prepara un reporte, usando las siguientes preguntas para guiarte.

¿Hay comida latinoamericana o española?

¿Qué productos encuentras?

Mira las etiquetas (*labels*). ¿Dónde están hechos?

¿Te sorprende la cantidad de productos de otros países? ¿Por qué?

¿Hay otras tiendas con comida de otros países? ¿Las conoces y las visitas?

¿Qué productos latinoamericanos hay?

Conexiones... a la salud

En México consumen muchos refrescos.

Muchas personas piensan que somos lo que comemos (*we are what we eat*). En estos tiempos modernos, mucha gente no tiene tiempo para preparar comida, y esto puede afectar negativamente los hábitos alimenticios. Una consecuencia de estos cambios es la gran cantidad de personas obesas que hay en algunas sociedades. Los países con más gente obesa en el mundo son Estados Unidos, México y el Reino Unido. El caso de México puede explicarse, en parte, por el dramático consumo de refrescos. Los mexicanos consumen en promedio 149 litros de refrescos por año.

Escribe una lista de productos que piensas que tienen un gran impacto en el peso (*weight*) de las personas. Después, entrevista a tres compañeros de la clase para saber si también piensan que estos productos son malos para la salud. Reporta la información a la clase.

Comparaciones

¿Dónde compras la comida? ¿Vas a tiendas especializadas? En España y Latinoamérica, siempre ha sido (*it has been*) muy común comprar la comida en diferentes tiendas pequeñas en vez del supermercado. La siguiente es una lista de diferentes tipos de tiendas. ¿Qué productos crees que venden en los siguientes lugares?

1. una tortillería
2. una heladería
3. una panadería
4. una frutería
5. una lechería
6. una carnicería
7. una chocolatería

¿Cuáles son las ventajas (*advantages*) de ir a las tiendas especializadas? ¿Y las desventajas? ¿Dónde compras tú esos (*those*) productos? ¿Puedes encontrar estas tiendas especializadas donde vives?

En esta tienda venden quesadillas.

A analizar

Lee las siguientes oraciones y observa los pronombres de objeto directo en negritas.

¿**Me** comprendes?

Sí, **te** comprendo.

1. What do the pronouns **me** and **te** refer to?
2. How would you translate the sentences?

A comprobar

Direct object pronouns II

In the last **Exploraciones gramaticales** section, you learned about third person direct object pronouns. The following are all of the direct object pronouns.

	singular		plural	
first person	**me**	*me*	**nos**	*us*
second person	**te**	*you*	**os**	*you (plural)*
third person	**lo, la**	*it, him, her, you (formal)*	**los, las**	*they, you*

1. As with the third person direct object pronouns, these pronouns are placed in front of the conjugated verb. They can also be attached to an infinitive or a present participle. Remember that an accent is necessary when adding the pronoun to the present participle.

El mesero **nos** ve.
*The waiter sees **us**.*

Te quiero invitar a cenar./Quiero invitar**te** a cenar.
*I want to invite **you** to dinner.*

Ana **me** está llamando./Ana está llamándo**me**.
*Ana is calling **me**.*

2. The following are some of the verbs that are frequently used with these direct object pronouns:

ayudar	escuchar	querer
buscar	felicitar *(to congratulate)*	saludar *(to greet)*
conocer	invitar	ver
creer	llamar	visitar
encontrar	llevar	

A practicar

7.28 **¿Qué significa?** Decide cuál traducción es correcta.

1. No te entiendo.
   - **a.** I don't understand you.
   - **b.** You don't understand me.
2. Mi madre me llama todos los días.
   - **a.** My mother calls me every day.
   - **b.** I call my mother every day.
3. ¿Te esperan tus amigos?
   - **a.** Are you waiting for your friends?
   - **b.** Are your friends waiting for you?
4. No nos ven.
   - **a.** They don't see us.
   - **b.** We don't see them.

7.29 Algunas preguntas Decide cuál es la respuesta correcta.

1. ¿Quién me llama?
   a. Héctor te llama.   b. Héctor me llama.
2. ¿Te comprenden tus padres?
   a. Sí, te comprenden.   b. Sí, me comprenden.
3. ¿Me ayudas con la tarea?
   a. Sí, te ayudo.   b. Sí, me ayudas.
4. ¿Cuándo te invitan a comer?
   a. Te invitan a comer hoy.   b. Me invitan a comer hoy.
5. ¿Vas a visitarnos mañana?
   a. Sí, voy a visitarnos.   b. Sí, voy a visitarlos.
6. ¿El profesor los vio a ustedes?
   a. Sí, nos vio.   b. Sí, los vio.

7.30 En clase Contesta las preguntas referentes a los hábitos del profesor de español. Debes usar el pronombre **nos** en las respuestas.

Modelo ¿El profesor de español los invita a ustedes a fiestas?
   Sí, nos invita a fiestas. / No, no nos invita a fiestas.

¿El profesor de español…

1. los comprende a ustedes?
2. los conoce bien?
3. los ayuda a ustedes con la tarea?
4. los escucha cuando ustedes tienen problemas?
5. los llama a casa?
6. los lleva a comer en un restaurante mexicano?
7. los saluda en los pasillos (*hallways*)?
8. los ve fuera de la clase?
9. los invita a ser sus amigos en su página de Facebook?
10. los felicita cuando hacen un buen trabajo?

7.31 ¡Ayuda! Completa la siguiente conversación con el pronombre **me, te** o **nos**.

Susana: Simón, ¡yo (**1.**) _____ necesito! ¡No entiendo francés!

Simón: ¿El profesor siempre habla con ustedes en francés?

Susana: Sí, solo nos habla en francés, pero no lo comprendemos a él, ni él (**2.**) _____ comprende a nosotros. ¿(**3.**) _____ ayudas con mi tarea?

Simón: Por supuesto. Yo (**4.**) _____ puedo ayudar esta tarde si quieres.

Susana: ¡Sí! Entonces ¿(**5.**) _____ vas a llamar luego?

Simón: Sí, yo (**6.**) _____ llamo después de trabajar.

Susana: ¡Qué bueno! ¡(**7.**) _____ quiero, Simón!

Necesito ayuda con mi tarea de francés.

© Andresr/Shutterstock

7.32 **Una noche en el restaurante** Con un compañero, túrnense para describir lo que pasó anoche en el restaurante. Deben completar lo que dijeron las diferentes personas en cada escena, usando los pronombres de objeto directo **me, te** y **nos.**

7.33 **La telenovela** Imagínate que eres un actor de telenovelas (*soap operas*). Con un compañero, túrnense para leer las preguntas y las exclamaciones, y para responder de una manera original y dramática. Usen pronombres de objeto directo en las respuestas. ¡Sean creativos!

¿Me quieres?

Modelo ¿Quieres a tu esposa?
Estudiante 1: *¿Quieres a tu esposa?*
Estudiante 2: *No, no la quiero, pero ella es muy rica.*

1. ¿Me quieres?
2. ¿Me vas a querer siempre?
3. ¿Quién te besa (*kiss*) cada noche?
4. ¡¿No nos vas a llevar contigo?!

5. ¡No me comprendes!
6. ¿Me estás engañando (*cheating on*)?
7. ¿Nos vas a abandonar?
8. ¡Nunca me escuchas!

7.34 **Preguntas personales** Entrevista a un compañero de clase con las siguientes preguntas.

Modelo Estudiante 1: *¿Quién te cree siempre?*
Estudiante 2: *Mi esposo (mi madre, mi mejor amigo, etc.) me cree siempre.*

1. ¿Quién te comprende?
2. ¿Quién te quiere mucho?
3. ¿Quién te invita a comer con frecuencia?
4. ¿Quién te llama por teléfono y habla y habla y habla…?
5. ¿Quién te ayuda con la tarea de español?
6. ¿Quién te visita con frecuencia?
7. ¿Quién te escucha cuando tienes problemas?
8. ¿Quién te busca cuando necesita dinero?
9. ¿Quién los visita a ti y a tu familia con frecuencia?
10. ¿Quién los saluda a ti y a tus compañeros de clase todos los días?

Redacción

Write a letter to a friend telling him or her about a trip you took.

Paso 1 Think about a time that you took a trip and stayed in a hotel. Jot down some things about your stay: Where did you go? Whom did you go with? When did you arrive at the hotel? What kind of a room did you have? How many nights did you stay? Did you do anything in the hotel, such as go to the pool, the gym or the restaurant? What time did you leave? If you have not traveled and stayed in a hotel, invent the information.

© Andresr/Shutterstock

Paso 2 Think about a restaurant you visited during your trip. Jot down as many things as you can about your visit to the restaurant. Think about the following questions: When did you go? What did you order? If there was someone else with you, what did he/she order? What did you particularly like about what you ate?

Paso 3 After greeting your friend, write a sentence or two in which you tell when you took a trip and where you went.

Paso 4 Write the rest of your paragraph telling him/her about your hotel stay using the information you generated in **Paso 1.** Be sure to organize your information logically.

Paso 5 Begin a second paragraph telling your friend what restaurant you went to and when you went there.

Paso 6 Write the rest of the paragraph about the visit to the restaurant using the information you generated in **Paso 2.**

Paso 7 Write a concluding sentence for your letter in which you sum up your trip. Your concluding statement should let your reader know that you have finished.

> **Modelo** *Realmente, fue un muy buen viaje.*

Paso 8 Edit your letter:

1. Can you add some more details?
2. Are the paragraphs logically organized?
3. Are there any spelling errors?
4. Did you use the correct forms of the preterite in your letter?

Lectura

Antes de leer

¿Qué comidas se consideran "comida rápida" en los Estados Unidos? ¿Existe una diferencia entre comida rápida y comida chatarra (*junk food*)? ¿Cuál?

A leer

La comida rápida en Latinoamérica

has changed / century

lack of time

Todos sabemos que la vida **ha cambiado** mucho en el último **siglo,** especialmente en las grandes ciudades, donde hoy en día hay poco tiempo para hacer todo lo que debemos hacer. ¿Cómo afecta esta **falta de tiempo** nuestros hábitos alimenticios?

save

Preparar comida consume mucho tiempo, así que mucha gente busca soluciones para **ahorrar** ese tiempo. Las soluciones para este problema son diferentes según el país. Por ejemplo, en muchos países latinos, donde pasar tiempo con la familia es muy importante, no **tiene**

> [. . . no tiene sentido que una persona coma mientras maneja. . .]

make sense

sentido que una persona coma mientras maneja su automóvil. Para la hora de la comida, muchas amas de casa ocupadísimas se detienen en locales de comida rápida (o "comida corrida") para comprar platillos

homemade

caseros para su familia. De esta manera, no tienen que llegar a casa a preparar comida, solamente deben servirla. Los platillos que se compran en estos locales tienen la ventaja de ser variados y de cambiar todos los días. ¿Qué venden? ¡De todo! Diferentes variedades de sopa, carnes guisadas, verduras y hasta postres. Como el negocio no necesita mucho espacio y hay pocos empleados, pueden proveer comida muy semejante a la que se elabora en casa a un precio razonable.

Otra comida rápida popular es el pollo asado. Hay grandes compañías que lo

cheap / like

venden muy **barato, a semejanza** de las grandes compañías en Estados Unidos que venden hamburguesas.

Una pupusería en El Salvador

© rj lerich/Shutterstock

Un pincho de puerco

Sin embargo, el negocio de la comida rápida no se limita a la comida para toda la familia: también hay un gran mercado para la comida chatarra. ¿Quién no tiene hambre a mediodía o a media tarde? Para satisfacer esos **antojos,** en cualquier pueblo o ciudad de Latinoamérica se encontrarán puestos en la calle o pequeños locales donde se puede comprar comida barata de acuerdo al gusto local. Por ejemplo, en los

However

cravings

países andinos (Perú, Ecuador y Bolivia especialmente) se compran papas en la calle, preparadas de mil maneras diferentes. En El Salvador se venden pupusas, en Puerto Rico los pinchos, y en el Paraguay el chipá. Aunque los ingredientes de la comida chatarra no son necesariamente los mismos que los de la comida que se compra en los Estados Unidos, los resultados son igual de **apetecibles.**

El chipá paraguayo

appetizers

Comprensión

Decide si las siguientes afirmaciones son ciertas o falsas, según la lectura. Corrige las ideas falsas.

1. En Latinoamérica, la gente (*people*) tiene mucho tiempo para cocinar.
2. Los locales de comida rápida venden comida como hamburguesas, pizza y pollo asado.
3. La gente generalmente no come mientras conduce su automóvil en los países latinos.
4. Las papas pueden ser un tipo de comida rápida en algunos países como Perú y Bolivia.
5. El pollo asado es una comida popular.

Después de leer

Con un compañero, túrnense para hacer y contestar las preguntas.

¿Comes comida rápida/chatarra con frecuencia? ¿Por qué?
¿Qué comidas rápidas prefieres?
¿Hay otras cosas que haces para ahorrar el tiempo con la comida?

Vocabulario

Sustantivos

el aire acondicionado	*air conditioning*
la cancelación	*cancellation*
el cibercafé	*cybercafé*
la conexión a Internet	*Internet connection*
la estancia	*stay*
la reserva	*reservation*
el servicio de habitación	*room service*
el servicio de lavandería	*laundry service*

Adjetivos

cómodo	*comfortable*
dispuesto	*willing*
silencioso	*quiet*

Verbos

relajarse	*to relax*

Expresiones útiles

Estoy aquí para servirle.
I'm here to help you.

¿Cuántos días va a quedarse?
How long will you stay?

¿Necesita una habitación doble o sencilla?
Do you need a double or a single room?

¿Cuántas llaves quiere?
How many keys do you want?

¿Quiere que lo despertemos?
Would you like to be called in the morning?

El desayuno se sirve a las...
Breakfast is served at . . .

Debe dejar la habitación a las...
You should leave the room by . . .

Por la mañana servimos desayuno continental.

© Image Source/JupiterImages

DATOS IMPORTANTES

Educación: Título universitario en negocios o relaciones públicas. Se prefiere personal bilingüe y técnicos en turismo.

Salario: Entre $40 000 y $120 000, dependiendo de la experiencia y la categoría del hotel.

Dónde se trabaja: Hoteles internacionales, administración de villas, condominios de lujo.

Lorena Libreros es la gerente de un hotel internacional. Ella recibe a turistas de todo el mundo y les ofrece las mejores habitaciones, según las necesidades de cada persona. En el video vas a ver a la Sra. Librero cuando habla con un turista que quiere quedarse en el hotel.

Antes de ver

Los gerentes de hotel siempre están dispuestos a ayudar a sus clientes. Los días que una persona pasa en un hotel deben ser agradables (*pleasant*) y con todas las comodidades posibles. ¿Qué personalidad debe tener un gerente de hotel? ¿Cuántos idiomas cree que tiene que hablar un gerente de hotel? ¿Qué preguntas haces cuando quieres quedarte en un hotel?

Comprensión

1. ¿Por qué el Sr. Santos no puede encontrar habitaciones libres en ningún hotel?

2. ¿Cuántas noches se va a quedar el Sr. Santos?

3. ¿Por qué consigue una habitación en el Hotel Reina?

4. ¿Qué tipo de habitación pide?

5. ¿Qué problema tuvo la semana pasada en otro hotel?

6. ¿En qué partes del Hotel Reina se puede usar computadora?

7. ¿Cuántas comidas se sirven en el Hotel Reina?

© Heinle/Cengage Learning

Después de ver

En parejas, representen a un gerente de hotel y un turista que quiere hospedarse allí. El hotel puede ser lujoso o sencillo. Dependiendo de las necesidades del turista, el gerente debe dar las respuestas apropiadas.

7.35 **Una reservación** Para evitar (*avoid*) repeticiones, reemplaza las palabras en cursiva con el pronombre de objeto directo. ¡**OJO** con la posición del pronombre!

Recepcionista: Buenas tardes. Hotel Miramar. ¿En qué le puedo servir?

Cliente: Necesito una habitación doble.

Recepcionista: ¿Para cuándo necesita *la habitación doble*?

Cliente: Para el 8 de agosto. ¿Tienen una habitación con balcón?

Recepcionista: Sí, todas las habitaciones tienen *balcón*.

Cliente: ¿Tiene ascensor el hotel?

Recepcionista: No, no tenemos *ascensor*.

Cliente: ¿Hay un botones para llevar las maletas a la habitación?

Recepcionista: Sí, el botones puede subir *las maletas* a la habitación.

Cliente: Muy bien, quiero hacer una reservación.

Todas las habitaciones tienen balcón.

7.36 **Ayer y hoy** Completa las siguientes oraciones con el pretérito del verbo en cursiva. ¡**OJO** con el sujeto!

1. Hoy no *conducimos* porque ayer _____ mucho para llegar al hotel.

2. Prefiero *andar* al parque porque ayer no _____.

3. Mi esposa quiere *ver* la ciudad porque ayer no la _____.

4. Nuestros hijos *van* a la piscina hoy porque ayer llegamos tarde y no _____.

5. Hoy *podemos* disfrutar (*enjoy*) el día, pero ayer no _____ hacer nada.

6. ¿Y tú? ¿Qué vas a *hacer* hoy que no _____ ayer?

7.37 **¿Por o para?** Lee las siguientes oraciones y substituye las palabras en cursiva con **por** o **para**.

1. Ayer Renato decidió ir a un restaurante *a* cenar.

2. A las ocho salió de su casa *al* restaurante.

3. *A causa de* no tener una reservación, no pudo sentarse inmediatamente.

4. Esperó *durante* media hora.

5. *Al* fin, un señor lo llevó a una mesa.

6. Tenían un especial: una pizza de queso *a* 50 pesos y decidió pedirla.

7. Luego pidió un helado *de* postre.

7.38 Sondeo En grupos de tres o cuatro contesten las siguientes preguntas. Luego compartan las respuestas con la clase.

1. ¿Prefieres comer en un restaurante o en casa? ¿Por qué?
2. ¿Cuántas veces a la semana almuerzas en un restaurante?
3. ¿Cuántas veces al mes cenas en un restaurante?
4. ¿Cuál es tu restaurante favorito? ¿Qué pides allí?
5. ¿Cuándo fue la última vez (*last time*) que fuiste a un restaurante? ¿Cuál fue?

7.39 Comparemos Trabaja con un compañero. Uno va a mirar el dibujo en esta página y el otro va a mirar el dibujo en el apéndice A. Túrnense para describir los dibujos y encontrar cinco diferencias.

7.40 ¿Y en tu casa? Habla con un compañero sobre quién hizo las siguientes actividades en tu casa la semana pasada. Deben usar los pronombres de objeto directo y el pretérito cuando contesten las preguntas.

Modelo servir la comida
    Estudiante 1: *¿Quién sirvió la comida en tu casa?*
    Estudiante 2: *Mi madre la sirvió. ¿Y en tu casa?*
    Estudiante 1: *Mi esposo la sirvió.*

1. poner la mesa
2. comprar la comida
3. preparar el desayuno
4. lavar los platos
5. cocinar la cena
6. limpiar la cocina

En mi casa, mi madre sirvió la comida.

© Monkey Business Images/Shutterstock

CAPÍTULO 7

Vocabulario 1

CD1-34

El hotel

el alojamiento	*lodging*		la llave	*key*
el ascensor	*elevator*		la maleta	*suitcase*
el (la) botones	*bellhop*		la recepción	*reception*
el (la) camarero(a)	*maid*		el (la) recepcionista	*receptionist*
las escaleras	*stairs*		el sauna	*sauna*
la habitación	*room*		el transporte	*transportation*
el (la) huésped	*guest*		el (la) turista	*tourist*

Verbos

alojarse	*to lodge, to stay (in a hotel)*		quedarse	*to lodge, to stay*
bajar	*to go down*		subir	*to go up*

Palabras adicionales

la clase turista	*economy class*		sencillo	*single*
disponible	*available*		triple	*triple*
doble	*double*		el viaje pagado	*all-inclusive trip*
lujo	*luxury*			

Los números

cien	*100*		setecientos	*700*
ciento uno	*101*		ochocientos	*800*
doscientos	*200*		novecientos	*900*
trescientos	*300*		mil	*1000*
cuatrocientos	*400*		dos mil	*2000*
quinientos	*500*		un millón	*1 000 000*
seiscientos	*600*			

Diccionario personal

_____

_____

_____

_____

_____

_____

_____

◀)) Vocabulario 2

CD1-35

Los utensilios

la copa	*wine glass*	la servilleta	*napkin*
la cuchara	*spoon*	la taza	*cup*
el cuchillo	*knife*	el tazón	*serving bowl*
el mantel	*tablecloth*	el tenedor	*fork*
el plato	*plate*	el vaso	*glass*
el plato hondo	*bowl*		

La comida

el arroz	*rice*	la naranja	*orange*
el azúcar	*sugar*	el pan	*bread*
la bebida	*drink*	el pastel	*cake*
el café	*coffee*	el pavo	*turkey*
el camarón	*shrimp*	el pescado	*fish*
la carne	*meat*	la pimienta	*pepper*
el cerdo	*pork*	el pollo	*chicken*
la cerveza	*beer*	el postre	*dessert*
el coctel	*cocktail*	el refresco	*soda*
la ensalada	*salad*	la sal	*salt*
el entremés	*appetizer*	el sándwich	*sandwich*
el flan	*flan*	la sopa	*soup*
la fruta	*fruit*	el tomate	*tomato*
la hamburguesa	*hamburger*	los totopos	*tortilla chips*
el helado	*ice cream*	el vino blanco	*white wine*
el jugo	*juice*	el vino tinto	*red wine*

Verbos

cenar	*to eat dinner*	desayunar	*to eat breakfast*
dejar (una propina)	*to leave (a tip)*		

Palabras adicionales

al horno	*baked*	la cuenta	*bill*
el almuerzo	*lunch*	el desayuno	*breakfast*
asado(a)	*grilled*	frito(a)	*fried*
la cena	*dinner*	la orden	*order*
la comida	*food, lunch*	el plato principal	*main dish*

Diccionario personal

_____

_____

Gregorio López y Fuentes
Biografía

Gregorio López y Fuentes (1899–1966) nació en la región de la Huasteca, Veracruz, en una familia de comerciantes y campesinos (*farm workers*). Estudió en la Escuela Nacional de Maestros en la Ciudad de México, donde posteriormente trabajó como maestro de literatura y más tarde como periodista. Después de varios intentos para publicar, encontró el éxito al escribir novelas sobre la Revolución Mexicana y la vida de los campesinos. Su primera novela, *El Vagabundo*, apareció en la revista *El Universal Ilustrado* en 1922, y en 1935 recibió el Premio Nacional Mexicano por su novela *La India*.

Antes de leer

1. ¿Alguna vez trabajaste mucho tiempo en algo que luego perdiste? ¿Qué? ¿Cómo reaccionaste?

2. ¿Qué pasa cuando un agricultor pierde toda la cosecha (*harvest*)?

3. En tu opinión o experiencia personal, ¿qué le piden a Dios las personas religiosas? ¿Qué tipo de respuesta crees que esperan estas personas de Dios? Explica.

Investiguemos la literatura: La ironía

Irony is a literary device in which the author creates an incongruity between what appears to be true and what is true. There are different types of irony, some of which include: dramatic irony in which there is a discrepancy between what the characters know and what the audience knows; situational irony in which there is a discrepancy between what is expected to happen and what really happens; and cosmic irony in which the universal forces (God, destiny, or fate) react contrary to what the character expects.

Una carta a Dios

La casa—única en todo el valle—estaba subida en uno de esos **cerros truncados** que, a manera de pirámides rudimentarias, dejaron algunas tribus
5 al continuar sus peregrinaciones. Desde allí se veían las **vegas,** el río, rastrojos y, lindando con el corral, la **milpa,** ya a punto de **jilotear.** Entre las **matas** del maíz, el frijol con su florecilla morada,
10 promesa inequívoca de una buena **cosecha.**

flat-top hills

plains

maíz

to form ears of corn/plantas

harvest

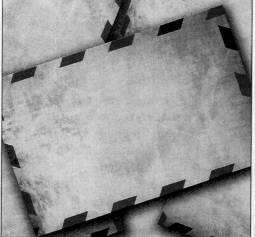

© Stefanie Mohr Photography/Shutterstock

Lo único que estaba haciendo falta a la tierra era una lluvia, cuando lo menos un fuerte aguacero, de esos que forman charcos entre los surcos. Dudar que llovería hubiera sido lo mismo que dejar de creer en la experiencia de quienes, por

to plant   15   tradición enseñaron a **sembrar** en determinado día del año.

Durante la mañana, Lencho—conocedor del campo, apegado a las viejas costumbres y creyente a puño cerrado—no había hecho más que examinar el cielo por el rumbo del noreste.

—Ahora sí que viene el agua, vieja.

20   Y la vieja, que preparaba la comida, le respondió:

—Dios lo quiera.

weeds   Los muchachos más grandes limpiaban de **hierba** la siembra, mientras

corrían   que los más pequeños **correteaban** cerca de la casa, hasta que la mujer les gritó a todos:

pegar   25   —Vengan que les voy a **dar en la boca**…

Fue durante la comida cuando, como lo había asegurado Lencho, comenzaron a

drops   caer gruesas **gotas** de lluvia. Por el noreste se veían avanzar grandes montañas de

earthen jar   nubes. El aire olía a **jarro** nuevo.

—Hagan de cuenta, muchachos—exclamaba el hombre mientras sentía la

to get wet/tools   30   fruición de **mojarse** con el pretexto de recoger algunos **enseres** olvidados sobre una

fence/coin   **cerca** de piedra—, que no son gotas de agua las que están cayendo; son **monedas** nuevas; las gotas grandes son de a diez y las gotas chicas son de a cinco…

Y dejaba pasear sus ojos satisfechos por la milpa a punto de jilotear,

rows   adornada con las **hileras** frondosas del frijol, y entonces toda ella cubierta por

35   la transparente cortina de la lluvia. Pero, de pronto, comenzó a soplar un fuerte

hailstones   viento y con las gotas de agua comenzaron a caer **granizos** tan grandes como

acorns   **bellotas.** Ésos sí parecían monedas de plata nueva. Los muchachos, exponiéndose a la lluvia, corrían a recoger las perlas heladas de mayor tamaño.

—Esto sí que está muy malo—exclamaba mortificado el hombre.—Ojalá que

40   pase pronto…

hit   No pasó pronto. Durante una hora el granizo **apedreó** la casa, la huerta, el

salt marsh   monte, la milpa y todo el valle. El campo estaba blanco que parecía una **salina.**

destruido   Los árboles, deshojados. El maíz **hecho pedazos.** El frijol, sin una flor. Lencho,

tristeza   con el alma llena de **tribulaciones.** Pasada la tormenta, en medio de los surcos,

45   decía a sus hijos:

locusts   —Más hubiera dejado una nube de **langostas** … El granizo no ha dejado nada:

ear of corn   ni una sola mata de maíz dará una **mazorca,** ni una mata de frijol dará una

pod   **vaina** …

La noche fue de lamentaciones:

50   —¡Todo nuestro trabajo, perdido!

—¡Y ni a quién acudir!

—Este año pasaremos hambre…

Pero muy en el fondo espiritual de cuantos convivían bajo aquella casa solitaria en mitad del valle, había una esperanza: la ayuda de Dios.

—No te mortifiques tanto, aunque el mal es grande. ¡Recuerda que nadie se muere de hambre!

—Eso dicen: Nadie se muere de hambre...

dawn Y mientras llegaba el **amanecer,** Lencho pensó mucho en lo que había visto en la iglesia del pueblo los domingos: un triángulo y dentro del triángulo un ojo, un

60 ojo que parecía muy grande, un ojo que, según le habían explicado, lo mira todo, hasta lo que está en el fondo de las conciencias.

course Lencho era un hombre **rudo** y él mismo solía decir que el campo embrutece, pero no lo era tanto que no supiera escribir. Ya con la luz del día y aprovechando la circunstancia de que era domingo, después de haberse afirmado en su idea de

watches over 65 que sí hay quien **vele** por todos, se puso a escribir una carta que él mismo llevaría al pueblo para echarla al correo.

Era nada menos que una carta a Dios.

Dios—escribió—si no me ayudas, pasaré hambre con todos los míos, durante este año: necesito cien pesos para volver a sembrar y vivir mientras viene la nueva

70 cosecha, pues el granizo...

escribió/envelope/papel **Rotuló** el **sobre** "A Dios", metió el **pliego** y, aun preocupado, se dirigió al
stamp pueblo. Ya en la oficina de correos, le puso un **timbre** a la carta y echó ésta en el
mailbox **buzón.**

Un empleado, que era cartero y todo en la oficina de correos, llegó riéndose con toda la boca ante su jefe: le mostraba nada menos que la carta dirigida a Dios.

75 Nunca en su existencia de repartidor había conocido ese **domicilio.** El jefe de la
residence oficina—gordo y **bonachón**—también se puso a reír, pero bien pronto **se le plegó**
amable **el entrecejo** y, mientras daba golpecitos en la mesa con la carta comentaba:
frowned
faith —¡**La fe!** ¡Quién tuviera la fe de quien escribió esta carta! ¡Creer como él cree!

80 ¡Esperar con la confianza con que él sabe esperar! ¡Sostener correspondencia con Dios!

Y, para no defraudar aquel tesoro de fe, descubierto a través de una carta que
delivered no podía ser **entregada,** el jefe postal concibió una idea: contestar la carta. Pero
will una vez abierta, se vio que contestarla necesitaba algo más que buena **voluntad,**
he didn´t give up/ 85 **tinta y** papel. **No por ello se dio por vencido:** exigió a su empleado una **dádiva,**
donación/ él puso parte de su sueldo y a varias personas les pidió su **óbolo** "para una obra
contribución piadosa".

Fue imposible para él reunir los cien pesos solicitados por Lencho, y se conformó con enviar al campesino cuando menos lo que había recibido: algo más

90 que la mitad. Puso los billetes en un sobre dirigido a Lencho y con ellos un pliego que no tenía más que una palabra, a manera de firma: Dios.

Al siguiente domingo Lencho llegó a preguntar, más temprano que de costumbre, si había alguna carta para él. Fue el mismo repartidero quien **le hizo**
dio **entrega** de la carta, mientras que el jefe, con la alegría de quien ha hecho una
scratched glass 95 buena acción, espiaba a través de un **vidrio raspado,** desde su despacho.

Lencho no mostró la menor sorpresa al ver los billetes—tanta era su seguridad—pero hizo un gesto de cólera al contar el dinero... ¡Dios no podía haberse equivocado, ni negar lo que Lencho se le había pedido!

wrinkling

Inmediatamente, Lencho se acercó a la ventanilla para pedir papel y tinta.

100 En la mesa destinada al público, se puso a escribir, **arrugando** mucho la frente a causa del esfuerzo que hacía para dar forma legible a sus ideas. Al terminar, fue a pedir un timbre, el cual mojó con la lengua y luego aseguró con un **puñetazo.**

blow of the fist

En cuanto la carta cayó al buzón, el jefe de correos fue a recogerla. Decía:

"Dios: Del dinero que te pedí, sólo llegaron a mis manos sesenta pesos.

105 Mándame el resto, que me hace falta; pero, no me los mandes por conducto de la oficina de correos, porque los empleados son muy **ladrones.**—Lencho".

thieves

© argus/Shutterstock

Lic. Manuel Arredondo, Instituto Nacional del Derecho del Autor, México.

Después de leer

A. Comprensión

1. ¿Cómo se sintió Lencho cuando comenzó a llover? ¿Por qué?
2. ¿Cuál fue el resultado de la tormenta?
3. ¿Cuál era la única esperanza de la familia?
4. ¿Qué decidió hacer Lencho?
5. ¿Cuál fue la reacción inicial del cartero y de su jefe?
6. ¿Por qué estaba sorprendido el jefe?
7. ¿Qué decidió hacer el jefe de correos?
8. ¿Cuál fue el problema del jefe? ¿Qué hizo al final?
9. ¿Por qué el jefe miraba mientras Lencho recogía la carta?
10. ¿Por qué Lencho no se sorprendió cuando vio el dinero?
11. ¿Cuál fue la reacción de Lencho cuando contó el dinero? ¿Qué hizo después?
12. ¿Cual es la ironía del cuento?

B. Conversemos

1. ¿Qué hubieras hecho si tú hubieras abierto la primera carta de Lencho?
2. ¿Cómo piensas que reaccionó el jefe de correos al abrir la segunda carta de Lencho?

Exploraciones del mundo hispano

Argentina ▶

INFORMACIÓN GENERAL

Nombre oficial: República Argentina

Nacionalidad: argentino(a)

Área: 2 780 400 km² (el país de habla hispana más grande del mundo, aproximadamente 2 veces el tamaño de Alaska)

Población: 41 343 201 (2010)

Capital: Buenos Aires (f. 1580) (3 000 000 hab.)

Otras ciudades importantes: Córdoba (1 350 000 hab.), Rosario (1 250 000 hab.), Mar del Plata (600 000 hab.)

Moneda: peso (argentino)

Idiomas: español (oficial), guaraní, inglés, italiano, alemán, francés

DEMOGRAFÍA

Alfabetismo: 97,2%

Religiones: católicos (92%), protestantes (2%), judíos (2%), otros (4%)

ARGENTINOS CÉLEBRES

Eva Perón
primera dama (1919–1952)

Jorge Luis Borges
escritor (1899–1986)

Julio Cortázar
escritor (1914–1984)

Adolfo Pérez Esquivel
Premio Nobel de la Paz (1931–   )

Diego Maradona
futbolista (1960–   )

Charly García
músico (1951–   )

© Jose Fuste Raga/age fotostock

Puerto Madero, en Buenos Aires

Interior del antiguo mercado de San Telmo

© Corey Wise/age fotostock

Pablo H Caridad/Shutterstock

Un puente de hielo del glaciar Perito Moreno

CURIOSIDADES

- Argentina es un país de inmigrantes europeos. A partir de la última parte del siglo XIX hubo una fuerte inmigración, especialmente de Italia, España e Inglaterra. Estas culturas se mezclaron y ayudaron a crear la identidad argentina.

- Argentina se caracteriza por la calidad de su carne vacuna por ser uno de los principales exportadores del mundo.

- El instrumento musical característico del tango, la música tradicional argentina, se llama *bandoneón*, y es de origen alemán.

Bolivia ▶

INFORMACIÓN GENERAL

Nombre oficial: Estado Plurinacional de Bolivia

Nacionalidad: boliviano(a)

Área: 1 098 581 km² (2800 km de costas) (aproximadamente 4 veces el área de Wyoming, o la mitad de México)

Población: 9 947 418 (2010)

Capital: Sucre (poder judicial) (350 000 hab.) y La Paz (sede del gobierno) (f. 1548) (900 000 hab.)

Otras ciudades importantes: Santa Cruz de la Sierra (1 800 000 hab.), Cochabamba (1 200 000 hab.), El Alto (900 000 hab.)

Moneda: peso (boliviano)

Idiomas: español (oficial), quechua, aymará

DEMOGRAFÍA

Alfabetismo: 86,7%

Religiones: católicos (95%), protestantes (5%)

BOLIVIANOS CÉLEBRES

María Luisa Pacheco
pintora (1919–1982)

Jaime Escalante
ingeniero y profesor de matemáticas (1930–2010)

Evo Morales
primer indígena elegido presidente de Bolivia (1959–   )

Edmundo Paz Soldán
escritor (1967–   )

La montaña Huayna Potosí desde La Paz

Celso Diniz/Shutterstock

Un barco tradicional hecho con totora, una planta que crece en el lago Titikaka

El cerro Rico donde se encuentra la mina Pailaviri

CURIOSIDADES

- Bolivia tiene dos capitales. Una de ellas, La Paz, es la más alta del mundo a 3640 metros sobre el nivel del mar.

- El lago Titikaka es el lago navegable más alto del mundo con una altura de más de 3800 metros (12 500 pies) sobre el nivel del mar.

- En Bolivia se consumen las hojas secas del coca para soportar mejor los efectos de la altura extrema.

- Bolivia es uno de los dos países de Sudamérica que no tiene costa marina.

Chile ⏵

INFORMACIÓN GENERAL

Nombre oficial: República de Chile

Nacionalidad: chileno(a)

Área: 756 102 km² (un poco más grande que Texas)

Población: 16 746 491 (2010)

Capital: Santiago (f. 1541) (6 400 000 hab.)

Otras ciudades importantes: Valparaíso (350 000 hab.), Viña del Mar (325 000 hab.), Concepción (300 000 hab.)

Moneda: peso (chileno)

Idiomas: español (oficial), mapuche, mapudungun, alemán, inglés

DEMOGRAFÍA

Alfabetismo: 95,7%

Religiones: católicos (70%), evangélicos (15%), testigos de Jehová (1%), otros (14%)

CHILENOS CÉLEBRES

Pablo Neruda
poeta, Premio Nobel de Literatura
(1904–1973)

Gabriela Mistral
poetisa, Premio Nobel de Literatura
(1889–1957)

Isabel Allende
escritora (1942–   )

Michelle Bachelet
primera mujer presidente de Chile (1951–   )

Violeta Parra
poetisa, cantautora (1917–1967)

SF photo/Shutterstock

El cerro Toro en Valparaíso

INVESTIGA EN INTERNET 🌐

La geografía: Antofagasta, el desierto de Atacama, la isla de Pascua, Tierra del Fuego, el estrecho de Magallanes, los pasos andinos

La historia: los indígenas mapuches, Salvador Allende, Augusto Pinochet, Bernardo O'Higgins

Películas: *Obstinate Memory, La nana*

Música: el Festival de Viña del Mar, Víctor Jara, Quilapayún, La Ley, Inti Illimani

Comidas y bebidas: las empanadas, los pescados y mariscos, el pastel de choclo, los vinos chilenos

Fiestas: 18 de septiembre (Día de la Independencia)

Galina Barskaya/Shutterstock

Los famosos moáis de la Isla de Pascua

ELISEO FERNÁNDEZ/Reuters /Landov

Un festival de payasos en Valparaíso

CURIOSIDADES

■ Chile es uno de los países más largos del mundo, pero también es muy angosto. En algunas partes del país se necesitan solo 90 km para atravesar el país. Gracias a su longitud, en el sur de Chile hay glaciares y fiordos, mientras que en el norte está el desierto más seco del mundo: el desierto de Atacama. La cordillera de los Andes también contribuye a la gran variedad de zonas climáticas y geográficas de este país.

■ Es un país muy rico en minerales, en particular el cobre, que se exporta a nivel mundial.

■ En febrero del 2010, Chile sufrió uno de los terremotos *(earthquakes)* más fuertes registrados en el mundo, con una magnitud de 8.8. Chile también es el escenario del terremoto más violento desde que se tiene registro: ocurrió en 1960, y tuvo una magnitud de 9.4.

Colombia ▸

INFORMACIÓN GENERAL

Nombre oficial: República de Colombia

Nacionalidad: colombiano(a)

Área: 1 139 914 km² (aproximadamente 4 veces el área de Arizona)

Población: 44 205 293 (2010)

Capital: Bogotá D.C. (f. 1538) (8 000 000 hab.)

Otras ciudades importantes: Medellín (2 200 000 hab.), Cali (2 100 000 hab.), Barranquilla (1 200 000 hab.)

Moneda: peso (colombiano)

Idiomas: español (oficial), chibcha, guajiro y apróximadamente 90 lenguas indígenas

DEMOGRAFÍA

Alfabetismo: 90,4%

Religiones: católicos (90%), otros (10%)

COLOMBIANOS CÉLEBRES

Gabriel García Márquez
escritor, Premio Nobel de Literatura (1928–   )

Fernando Botero
pintor y escultor (1932–   )

Shakira
cantante y benefactora (1977–   )

Tatiana Calderón Noguera
automovilista (1994–   )

© Ildi Papp/Shutterstock

Colombia es un país con una gran biodiversidad

Marinko Tarlac/Shutterstock

Bogotá, capital de Colombia

CURIOSIDADES

- El 95% de la producción mundial de esmeraldas se extrae del subsuelo colombiano. Sin embargo, la mayor riqueza del país es su diversidad, que incluye culturas del Caribe, del Pacífico, del Amazonas y de los Andes.

- Colombia, junto con Costa Rica y Brasil, es uno de los principales productores de café de Latinoamérica.

- Colombia tiene una gran diversidad de especies de flores. Es el primer productor de claveles y el segundo exportador mundial de flores después de Holanda.

Costa Rica ▶

INFORMACIÓN GENERAL

Nombre oficial: República de Costa Rica

Nacionalidad: costarricense

Área: 51 100 km² (aproximadamente 2 veces el área de Vermont)

Población: 4 516 220 (2010)

Capital: San José (f. 1521) (1 500 000 hab.)

Otras ciudades importantes: Alajuela (700 000 hab.), Cartago (450 000 hab.)

Moneda: colón

Idiomas: español (oficial), inglés

DEMOGRAFÍA

Alfabetismo: 94,9%

Religiones: católicos (76,3%), evangélicos y otros protestantes (15,7%), otros (4,8%), ninguna (3,2%)

COSTARRICENCES CÉLEBRES

Oscar Arias
político, Premio Nobel de la Paz, presidente (1949–   )

Carmen Naranjo
escritora (1928–   )

Claudia Poll
atleta olímpica (1972–   )

Una garza en el Parque Nacional Tortuguero

Bruce Raynor/Shutterstck

El volcán Poás, uno de los volcanes activos más visitados del mundo

Mujeres cocinando comida típica en la región de Guanacaste

CURIOSIDADES

- Costa Rica es uno de los pocos países del mundo que no tiene ejército *(army)*. En noviembre de 1949, 18 meses después de la Guerra Civil, abolieron el ejército en la nueva constitución.

- Se conoce como un país progresista gracias a su apoyo a la democracia, el alto nivel de vida de los costarricenses y la protección de su medio ambiente.

- Costa Rica posee una fauna y flora sumamente ricas. Un ejemplo de ello es el Parque Nacional Tortuguero.

- Costa Rica produce y exporta cantidades importantes de café, por lo que este producto es muy importante para su economía. Además, el café costarricense es de calidad reconocida en todo el mundo.

Cuba ▶

INFORMACIÓN GENERAL

Nombre oficial: República de Cuba

Nacionalidad: cubano(a)

Área: 110 860 km² (aproximadamente el área de Tennessee)

Población: 11 477 459 (2010)

Capital: La Habana (f. 1511) (2 200 000 hab.)

Otras ciudades importantes: Santiago (450 000 hab.), Camagüey (300 000 hab.)

Moneda: peso cubano

Idiomas: español (oficial)

DEMOGRAFÍA

Alfabetismo: 99,8%

Religiones: católicos (85%), santería y otras religiones (15%)

CUBANOS CÉLEBRES

José Martí
político, periodista, poeta (1853–1895)

Alejo Carpentier
escritor (1904–1980)

Wifredo Lam
pintor (1902–1982)

Alicia Alonso
bailarina, fundadora del Ballet
Nacional de Cuba (1920–   )

Silvio Rodríguez
poeta, cantautor (1946–   )

Giovanni Rinaldi/iStockphotos

Niños nadando en el malecón de La Habana en Cuba

INVESTIGA EN INTERNET 🌐

La geografía: las cavernas de Bellamar, la Ciénaga de Zapata, la península de Guanahacabibes

La historia: los taínos, los ciboneyes, Fulgencio Batista, Bahía de Cochinos, la Revolución Cubana

Películas: *Vampiros en La Habana, Fresa y chocolate, La última espera*

Música: el son, Buena Vista Social Club, Celia Cruz, Pablo Milanés, Santiago Feliú, Silvio Rodríguez

Comidas y bebidas: la ropa vieja, los moros y cristianos, el ron

Fiestas: 10 de diciembre (Día de la Independencia), 1° de enero (Día de la Revolución)

Los autos viejos son una vista típica en toda la isla.

Músicos cubanos tradicionales tocando en las calles de Trinidad

CURIOSIDADES

- Cuba se distingue por tener uno de los mejores sistemas de educación del mundo, por su sistema de salud y por su apoyo a las artes.

- La población de la isla es una mezcla de los pobladores nativos (taínos), descendientes de esclavos africanos, y europeos, mezcla que produce una cultura única.

- A principios de la década de 1980, un movimiento musical conocido como la Nueva Trova Cubana presentó al mundo entero la música testimonial.

Ecuador ▶

INFORMACIÓN GENERAL

Nombre oficial: República del Ecuador

Nacionalidad: ecuatoriano(a)

Área: 283 561 km² (aproximadamente el área de Colorado)

Población: 14 790 608 (2010)

Capital: Quito (f. 1556) (2 500 000 hab.)

Otras ciudades importantes: Guayaquil (2 200 000 hab.), Cuenca (460 000 hab.)

Moneda: dólar

Idiomas: español (oficial), quechua

DEMOGRAFÍA

Alfabetismo: 91%

Religiones: católicos (95%), otros (5%)

ECUATORIANOS CÉLEBRES

Jorge Carrera Andrade
escritor (1903–1978)

Oswaldo Guayasamín
pintor (1919–1999)

Rosalía Arteaga
abogada, política, ex vicepresidenta (1956–   )

Marcos Aspiazu/Shutterstock

Las Peñas es un barrio muy conocido de la ciudad de Guayaquil

La geografía: La selva amazónica, las islas Galápagos, el volcán Cotopaxi

La historia: José de Sucre, la Gran Colombia, los indígenas tagaeri

Música: música andina, la quena, la zampoña

Comida: la papa, el plátano frito, el ceviche

Fiestas: 10 de agosto (Día de la Independencia)

Un grupo de campesinos aymará tocando zampoñas durante una feria

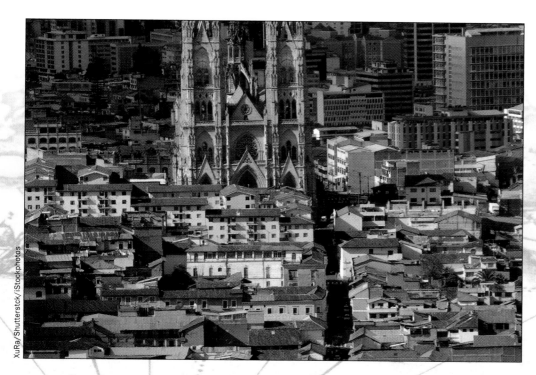

Vista aérea del sector financiero de la ciudad de Quito

CURIOSIDADES

- Este país cuenta con una gran diversidad de zonas geográficas como costas, altas montañas con nieve y selva. Las famosas islas Galápagos le pertenecen y presentan una gran diversidad biológica. A principios del siglo XX, estas islas fueron utilizadas como prisión.

- Ecuador toma su nombre de la línea ecuatorial, que divide el globo en dos hemisferios: norte y sur.

- La música andina es tradicional en Ecuador, con instrumentos indígenas como el charango, el rondador y el bombo.

- Ecuador es famoso por sus tejidos de lana de llama y alpaca, dos animales de la región andina.

El Salvador ▶

INFORMACIÓN GENERAL

Nombre oficial: República de El Salvador

Nacionalidad: salvadoreño(a)

Área: 21 041 km² (un poco más grande que Nueva Jersey)

Población: 6 052 064 (2010)

Capital: San Salvador (f. 1524) (400 000 hab.)

Otras ciudades importantes: San Miguel (250 000 hab.), Santa Ana (250 000 hab.)

Moneda: dólar estadounidense

Idiomas: español (oficial), náhuatl, otras lenguas amerindias

DEMOGRAFÍA

Alfabetismo: 80,2%

Religiones: católicos (57%), protestantes (21%), otros (22%)

SALVADOREÑOS CÉLEBRES

Óscar Arnulfo Romero
arzobispo, defensor de los derechos humanos (1917–1980)

Claribel Alegría
escritora (nació en Nicaragua pero se considera salvadoreña) (1924–   )

Alfredo Espino
poeta (1900–1928)

Vespasian/Alamy

Un mural en Concepción de Ataco que muestra a mujeres salvadoreñas lavando ropa

La geografía: el bosque lluvioso (Parque Nacional Montecristo), el puerto de Acajutla, el volcán Izalco, los planes de Renderos

La historia: Tazumal, Acuerdos de Paz de Chapultepec, José Matías Delgado, FMLN, Ana María

Películas: *Romero, Voces inocentes*

Música: Taltipac, la salsa y la cumbia (fusión)

Comidas y bebidas: las pupusas, los tamales, la semita, el atole

Fiestas: 6 de agosto (Día del Divino Salvador del Mundo); 15 de septiembre (Día de la Independencia)

Andre Nantel/Shutterstck

Una de las numerosas cascadas en el área de Juayua

Michael Obert/age fotostock

El Lago de Coatepeque

CURIOSIDADES

- El Salvador es el país más pequeño de Centroamérica pero el más denso en población.

- Hay más de veinte volcanes y algunos están activos.

- El Salvador está en una zona sísmica, por lo que ocurren terremotos con frecuencia. En el pasado, varios sismos le causaron muchos daños al país.

- Entre 1980 y 1990, El Salvador vivió una guerra civil. Durante esos años, muchos salvadoreños emigraron a los Estados Unidos.

España ▶

INFORMACIÓN GENERAL

Nombre oficial: Reino de España

Nacionalidad: español(a)

Área: 505 370 km² (aproximadamente 2 veces el área de Oregón)

Población: 40 548 753 (2010)

Capital: Madrid (f. siglo X) (3 300 000 hab.)

Otras ciudades importantes: Barcelona (1 600 000 hab.), Valencia (840 000 hab.), Sevilla (710 000 hab.), Toledo (85 000 hab.)

Moneda: euro

Idiomas: castellano (oficial), catalán, vasco, gallego

DEMOGRAFÍA

Alfabetismo: 97,9%

Religiones: católicos (94%), otros (6%)

ESPAÑOLES CÉLEBRES

Miguel de Cervantes Saavedra
escritor (1547–1616)

Federico García Lorca
poeta (1898–1936)

Camilo José Cela
escritor, Premio Nobel de
Literatura (1916–2002)

Pedro Almodóvar
director de cine (1949–   )

Antonio Gaudí
arquitecto (1852–1926)

Rafael Nadal
tenista (1986–   )

La Plaza Mayor es un lugar lleno de historia en el centro de Madrid.

Vinicius Tupinamba/Shutterstck

INVESTIGA EN INTERNET 🌐

La geografía: las islas Canarias, las islas Baleares

La historia: la conquista de América, la Guerra Civil, el rey Fernando y la reina Isabel, la Guerra de la Independencia Española

Películas: *Ay, Carmela, Mala educación, Hable con ella, Mar adentro, Volver*

Música: las tunas, el flamenco, Paco de Lucía, Mecano, Rosario, Joaquín Sabina

Comidas y bebidas: paella valenciana, tapas, tortilla española, crema catalana, vinos, sangría, horchata

Fiestas: Festival de la Tomatina, San Fermín, procesiones de Semana Santa

El puerto de Barcelona al atardecer

El Alcázar en la ciudad de Toledo

CURIOSIDADES

- España se distingue por una gran cantidad de pintores y escritores. En el siglo XX se destacaron los pintores Pablo Picasso, Salvador Dalí y Joan Miró. Entre los clásicos figuran Velázquez, El Greco y Goya.

- El Palacio Real de Madrid presenta una arquitectura hermosa. Contiene pinturas de los artistas mencionados arriba. Originalmente era un fuerte, construido por los musulmanes en el siglo IX. Más tarde, los reyes de Castilla construyeron allí el Alcázar. En 1738, el rey Felipe V ordenó la construcción del palacio. Desde entonces fue la residencia del rey. Actualmente, Juan Carlos I lo usa en las ceremonias de estado, aunque ya no habita en él.

- Aunque el castellano se habla en todo el país, cada región de España mantiene vivo su propio idioma. De todos, el más interesante quizás sea el vasco, que es el único idioma que no deriva del latín y cuyo origen no se conoce.

- En la ciudad de Toledo se fundó la primera escuela de traductores, en el año 1126.

Guatemala ▶

INFORMACIÓN GENERAL

Nombre oficial: República de Guatemala

Nacionalidad: guatemalteco(a)

Área: 108 890 km² (un poco más grande que el área de Ohio)

Población: 13 550 440 (2010)

Capital: Guatemala (f. 1524) (14 000 000 hab.)

Otras ciudades importantes: Mixco (410 000 hab.), Villa Nueva (400 000 hab.)

Moneda: quetzal

Idiomas: español (oficial), lenguas mayas y otras lenguas amerindias

DEMOGRAFÍA

Alfabetismo: 70,6%

Religiones: católicos (94%), protestantes (2%), otros (4%)

GUATEMALTECOS CÉLEBRES

Augusto Monterroso
escritor (1921–2003)

Miguel Ángel Asturias
escritor (1899–1974)

Carlos Mérida
pintor (1891–1984)

Rigoberta Menchú
activista por los derechos humanos,
Premio Nobel de la Paz (1959–   )

Ricardo Arjona
cantautor (1964–   )

SUETONE Emilio/age fotostock

Mujer tejiendo en la región del departamento de Sololá

INVESTIGA EN INTERNET 🌐

La geografía: el lago Atitlán, Antigua

La historia: los mayas, Efraín Ríos Mont, la matanza de indígenas durante la dictadura, quiché, el Popul Vuh

Películas: *El norte*

Música: punta, Ricardo Arjona

Comida: los tamales, la sopa de pepino

Fiestas: 15 de septiembre (Día de la Independencia)

Henryk Sadura/iStockphotos

Un detalle arquitectónico en el centro de la Ciudad de Guatemala

Kyra Pfetzing/Shutterstck

Vista del lago Atitlán

CURIOSIDADES

- Guatemala es famosa por la gran cantidad de ruinas mayas y por las tradiciones indígenas, especialmente los tejidos de vivos colores.

- Antigua es una famosa ciudad que sirvió como la tercera capital de Guatemala. Es reconocida mundialmente por su bien preservada arquitectura renacentista y barroca.

- En Guatemala se encuentra Tikal, uno de los más importantes conjuntos arqueológicos mayas.

Guinea Ecuatorial ▶

INFORMACIÓN GENERAL

Nombre oficial: República de Guinea Ecuatorial

Nacionalidad: ecuatoguineano(a)

Área: 28 051 km² (aproximadamente el área de Maryland)

Población: 650 702 (2010)

Capital: Malabo (f. 1827) (157 000 hab.)

Otras ciudades importantes: Bata (175 000 hab.), Ebebiyín (26 000 hab.)

Moneda: franco CFA

Idiomas: español y francés (oficiales), lenguas bantúes (fang, bubi)

DEMOGRAFÍA

Alfabetismo: 87%

Religiones: católicos y otros cristianos (95%), prácticas paganas (5%)

ECUATOGUINEANOS CÉLEBRES

Eric Moussambani
nadador olímpico (1978–)

Leoncio Evita
escritor del primer libro guineano y primera
novela africana en español (1929–1996)

Christine Nesbitt/AP Images

Niños jugando frente a una iglesia en Malabo

La geografía: la isla de Bioko, el río Muni

La historia: los Bantú, los Igbo, los Fang

Música: Las Hijas del Sol

Comidas y bebidas: la sopa banga, el pescado a la plancha, el puercoespín, el antílope, los vinos de palma, la malamba (aguardiente de caña de azúcar)

Fiestas: 12 de octubre (Día de la Independencia)

Mujeres del pueblo de Ur-a pescando en la playa

Un río en un bosque de la isla de Bioko

CURIOSIDADES

- Se piensa que los primeros habitantes de esta región fueron pigmeos.
- Guinea Ecuatorial obtuvo su independencia de España en 1968.
- Parte de su territorio fue colonizado por los portugueses y por los ingleses.
- Macías Nguema fue dictador de Guinea Ecuatorial hasta 1979.
- El país cuenta con una universidad, la universidad Nacional de Guinea Ecuatorial, situada en la capital.

Honduras ▶

INFORMACIÓN GENERAL

Nombre oficial: República de Honduras

Nacionalidad: hondureño(a)

Área: 112 090 km² (aproximadamente el área de Pennsylvania)

Población: 7 989 415 (2010)

Capital: Tegucigalpa (f. 1762) (1 200 000 hab.)

Otras ciudades importantes: San Pedro Sula (640 000 hab.), El Progreso (90 000 hab.)

Moneda: lempira

Idiomas: español (oficial), dialectos amerindios

DEMOGRAFÍA

Alfabetismo: 80%

Religiones: católicos (97%), protestantes (3%)

HONDUREÑOS CÉLEBRES

Lempira
héroe indígena (1499–1537)

José Antonio Velásquez
pintor (1906–1983)

Ramón Amaya Amador
escritor (1916–1966)

David Suazo
futbolista (1979–   )

Una cabeza maya entre las ruinas de Copán, declarado Patrimonio Universal por la UNESCO

Grigory Kubatyan/Shutterstck

Autobuses cruzando el río
Choluteca en Tegucigalpa

Jane Sweeney/age fotostock

Devon Stephens/iStockphotos

Vista aérea de la isla Roatán en
el Caribe hondureño

CURIOSIDADES

- El nombre original del país fue Comayagua, el mismo nombre que su capital. A mediados del siglo XIX adoptó el nombre República de Honduras, y en 1880 la capital se trasladó a Tegucigalpa.

- Honduras basa su economía en la agricultura, especialmente en las plantaciones de banana, cuya comercialización empezó en 1889 con la fundación de Standard Fruit Company.

- En 1998, el huracán Mitch golpeó severamente la economía nacional, destruyendo gran parte de la infraestructura del país y de los cultivos. Se calcula que el país retrocedió 25 años a causa del huracán.

México

INFORMACIÓN GENERAL

Nombre oficial: Estados Unidos Mexicanos

Nacionalidad: mexicano(a)

Área: 1 964 375 km² (aproximadamente 4 1/2 veces el área de California)

Población: 112 468 855 (2010)

Capital: México, D.F. (f. 1521) (9 000 000 hab.)

Otras ciudades importantes: Guadalajara (1 600 000 hab.), Monterrey (2 200 000 hab.), Puebla (5 600 000 hab.)

Moneda: peso

Idiomas: español (oficial), náhuatl, maya, zapoteco, mixteco, otomi, totonaca (se hablan aproximadamente 280 idiomas)

DEMOGRAFÍA

Alfabetismo: 92,2%

Religiones: católicos (90,4%), protestantes (3,8%), otros (5,8%)

MEXICANOS CÉLEBRES

Octavio Paz
escritor, Premio Nobel de Literatura (1914–1998)

Diego Rivera
pintor (1886–1957)

Frida Kahlo
pintora (1907–1954)

Emiliano Zapata
revolucionario (1879–1919)

Armando Manzanero
cantautor (1935–   )

Rafa Márquez
futbolista (1979–   )

Gael García Bernal
actor (1978–   )

andres balcazar/iStockphoto

La Bolsa de valores en la Ciudad de México

La ciudad colonial de Taxco, una ciudad minera muy importante

INVESTIGA EN INTERNET 🖥

La geografía: el cañón del Cobre, el volcán Popocatépetl, las lagunas de Montebello, Sierra Tarahumara, Acapulco

La historia: mayas, aztecas, toltecas, la conquista, la colonia, Pancho Villa, Porfirio Díaz, Hernán Cortés, Miguel Hidalgo, Los Zapatistas

Películas: *Amores perros, Frida, Y tu mamá también, Babel, El laberinto del fauno, La misma luna*

Música: mariachis, ranchera, Pedro Infante, Vicente Fernández, Luis Miguel, Maná, Jaguares

Comidas y bebidas: los chiles en nogada, el mole poblano, el pozole, los huevos rancheros, el tequila (alimentos originarios de México: chocolate, tomate, vainilla)

Fiestas: 16 de septiembre (Día de la Independencia), 1° y 2 de noviembre (Día de los Muertos)

El amanecer en el puerto de Zihuatanejo

CURIOSIDADES

■ La Ciudad de México (D.F.) es la segunda ciudad más poblada del mundo, después de Tokio. La ciudad fue fundada por los aztecas sobre un lago; algunas partes se están hundiendo por la desaparición del lago. Es una de las capitales más altas (a 2500 metros sobre el nivel del mar) y una urbe cosmopolita y llena de historia.

Nicaragua ▶

INFORMACIÓN GENERAL

Nombre oficial: República de Nicaragua

Nacionalidad: nicaragüense

Área: 130 370 km² (aproximadamente el área del estado de Nueva York)

Población: 5 995 928 (2010)

Capital: Managua (f. 1522) (2 000 000 hab.)

Otras ciudades importantes: León (200 000 hab.), Chinandega (180 000 hab.)

Moneda: córdoba

Idiomas: español (oficial), misquito, inglés y lenguas indígenas en la costa atlántica

DEMOGRAFÍA

Alfabetismo: 67,5%

Religiones: católicos (58%), evangélicos (22%), otros (20%)

NICARAGÜENSES CÉLEBRES

Rubén Darío
poeta, padre del Modernismo (1867–1916)

Violeta Chamorro
periodista, ex presidenta (1929–   )

Ernesto Cardenal
sacerdote, poeta (1925–   )

Juergen Richter/age fotostock

Los volcanes Concepción y Madera desde la isla de Ometepe

INVESTIGA EN INTERNET 🌐

La geografía: el lago Nicaragua, la isla Ometepe

La historia: Misquitos, Anastasio Somoza, Augusto Sandino, Revolución Sandinista

Películas: *Ernesto Cardenal*

Música: polca, mazurca, Camilo Zapata, Carlos Mejía Godoy

Comidas y bebidas: los tamales, la sopa de pepino, el triste, el tibio, la chicha

Fiestas: 15 de septiembre (Día de la Independencia)

La Catedral Santo Domingo en Managua

Una de las Islas del Maíz

CURIOSIDADES

- Nicaragua se conoce como tierra de poetas y volcanes.
- Es el país más grande de Centroamérica, y también cuenta con el lago más grande de la región, el lago Nicaragua, con más de 370 islas. La isla más grande, Ometepe, tiene dos volcanes.

Panamá ▶

INFORMACIÓN GENERAL

Nombre oficial: República de Panamá

Nacionalidad: panameño(a)

Área: 75 420 km² (aproximadamente la mitad del área de Florida)

Población: 3 410 676 (2010)

Capital: Panamá (f. 1519) (900 000 hab.)

Otras ciudades importantes: San Miguelito (300 000 hab.), David (128 000 hab.)

Moneda: balboa

Idiomas: español (oficial), inglés

DEMOGRAFÍA

Alfabetismo: 91,9%

Religiones: católicos (85%), protestantes (15%)

PANAMEÑOS CÉLEBRES

Rubén Blades
cantautor, actor, abogado, político (1948–)

Omar Torrijos
militar (1929–1981), presidente

Joaquín Beleño
escritor y periodista (1922–1988)

El canal de Panamá

Matt Ragen/Shutterstck

La Catedral Metropolitana en la ciudad de Panamá

Bocas del Toro, Panamá

CURIOSIDADES

■ El canal de Panamá se construyó entre 1904 y 1914. Mide 84 kilómetros de longitud y funciona con un sistema de esclusas que elevan y bajan los barcos (los océanos Atlántico y Pacífico tienen diferentes elevaciones). Cada año cruzan unos 14 000 barcos o botes por el canal, el cual estuvo bajo control de los Estados Unidos hasta el 31 de diciembre de 1999. En promedio, cada embarcación paga 54 000 dólares por cruzar el canal. La tarifa más baja la pagó un aventurero estadounidense, quien pagó 36 centavos por cruzar nadando en 1928.

Paraguay ▶

INFORMACIÓN GENERAL

Nombre oficial: República del Paraguay

Nacionalidad: paraguayo(a)

Área: 406 750 km^2 (aproximadamente el área de California)

Población: 6 375 830 (2010)

Capital: Asunción (f. 1537) (690 000 hab.)

Otras ciudades importantes: Ciudad del Este (320 000 hab.), San Lorenzo (300 000 hab.)

Moneda: guaraní

Idiomas: español y guaraní (oficiales)

DEMOGRAFÍA

Alfabetismo: 94%

Religiones: católicos (90%), protestantes (6%), otros (4%)

PARAGUAYOS CÉLEBRES

Augusto Roa Bastos
escritor, Premio Cervantes de Literatura (1917–2005)

Olga Bliner
pintora (1921–   )

José Luis Chilavert
futbolista (1965–   )

Berta Rojas
guitarrista (1966–   )

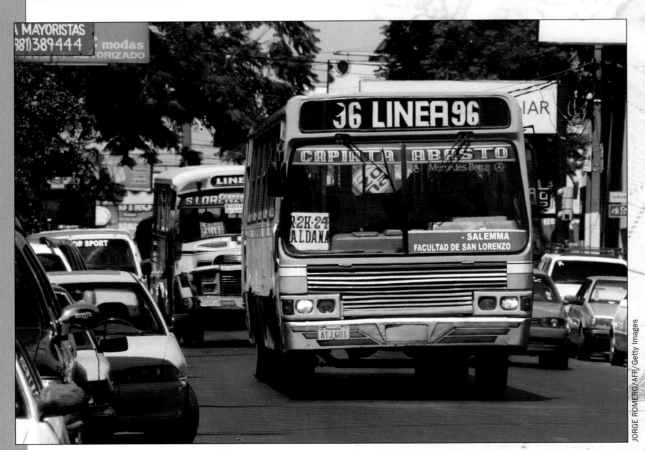

La calle Palma en la ciudad de Asunción

JORGE ROMERO/AFP/Getty Images

INVESTIGA EN INTERNET 🌐

La geografía: las cataratas del Iguazú, los ríos Paraguay y Paraná, la presa Itaipú, el Chaco

La historia: guaraníes, misiones jesuitas, la Guerra de la Triple Alianza, Alfredo Stroessner

Películas: *Nosotros, Hamacas paraguayas*

Música: polca, baile de la botella, arpa paraguaya

Comidas y bebidas: el chipá paraguayo, el surubí, las empanadas, la sopa paraguaya, el mate, el tereré

Fiestas: 14 de mayo (Día de la Independencia), 24 de junio (Verbena de San Juan)

La presa de Itaipú entre Paraguay y Brasil

La Catedral de Asunción

CURIOSIDADES

■ Por diversas razones históricas, Paraguay es un país bilingüe. Se calcula que el 90% de sus habitantes hablan español y guaraní, el idioma de sus pobladores antes de la llegada de los españoles. En particular, la llegada de los jesuitas tuvo importancia en la preservación del idioma guaraní y en el mestizaje. Actualmente se producen novelas y programas de radio y televisión en guaraní. Por otra parte, el guaraní ha influenciado notablemente el español de la región.

Perú ▶

INFORMACIÓN GENERAL

Nombre oficial: República del Perú

Nacionalidad: peruano(a)

Área: 1 285 216 km² (aproximadamente 2 veces el área de Texas)

Población: 29 907 003 (2010)

Capital: Lima (f. 1535) (8 000 000 hab.)

Otras ciudades importantes: Callao (2 000 000 hab.), Arequipa (1 300 000 hab.), Trujillo (1 000 000 hab.)

Moneda: nuevo sol

Idiomas: español y quechua (oficiales), aymará y otras lenguas indígenas

DEMOGRAFÍA

Alfabetismo: 92,9%

Religiones: católicos (82%), evangélicos (13%), otros (5%)

PERUANOS CÉLEBRES

Mario Vargas Llosa
escritor, político (1936–   ),
Premio Nobel de Literatura

Javier Pérez de Cuellar
secretario general de las Naciones Unidas
(1920–   )

César Vallejo
poeta (1892–1938)

Tania Libertad
cantante (1952–   )

Galyna Andrushko/Shutterstck

Machu Picchu

La geografía: los Andes, el Amazonas, Machu Picchu, el lago Titikaka, Nazca

La historia: los incas, los aymará, el Inti Raymi, los uros, José de San Martín

Películas: *Todos somos estrellas*

Música: música andina, valses peruanos, jaranas

Comidas y bebidas: la papa (más de 2000 variedades), la yuca, la quinoa, el ceviche, el pisco

Fiestas: 28 de julio (Día de la Independencia)

Karel Navarro/AP Images

La tradición de tirar cartas con deseos al pozo de la iglesia de Santa Rosa de Lima

Catherine Karnow/CORBIS

El puerto de El Callao

CURIOSIDADES

- En Perú vivieron muchas civilizaciones diferentes que se desarrollaron entre el año 4000 a.C. y la llegada de los españoles en el siglo XVI. La más importante fue la civilización de los incas, que dominaba la región a la llegada de los españoles.

- Otra civilización importante fueron los nazcas, quienes trazaron figuras de animales en la tierra, pero solo se pueden ver desde el aire. Hay más de 2000 km de líneas. Su origen es un misterio y no se sabe por qué las hicieron.

Puerto Rico ▶

INFORMACIÓN GENERAL

Nombre oficial: Estado Libre Asociado de Puerto Rico (*Commonwealth of Puerto Rico*)

Nacionalidad: puertorriqueño(a)

Área: 13.790 km² (un poco menos que el área de Connecticut)

Población: 3 997 663 (2010)

Capital: San Juan (f. 1521) (450 000 hab.)

Otras ciudades importantes: Ponce (200 000 hab.), Caguas (150 000 hab.)

Moneda: dólar estadounidense

Idiomas: español, inglés (oficiales)

DEMOGRAFÍA

Alfabetismo: 94,1%

Religiones: católicos (85%), protestantes y otros (15%)

PUERTORRIQUEÑOS CÉLEBRES

Francisco Oller y Cestero
pintor (1833–1917)

Esmeralda Santiago
escritora (1948–)

Rosario Ferré
escritora (1938–)

Rita Moreno
actriz (1931–)

Raúl Juliá
actor (1940–1994)

Ricky Martin
cantante, benefactor (1971–)

Lori Froeb/Shutterstock

Una calle en el viejo San Juan

La geografía: el Yunque, Vieques, El Morro

La historia: los taínos, Juan Ponce de León, la Guerra hispanoamericana

Películas: *Lo que le pasó a Santiago, 12 horas, Talento de barrio*

Música: salsa, bomba y plena, Gilberto Santa Rosa, Olga Tañón, Daddy Yankee, Tito Puente

Personalidades: Roberto Clemente

Comidas y bebidas: el lechón asado, el arroz con gandules, el mofongo, los bacalaítos, la champola de guayaba, el coquito, la horchata de ajonjolí

Fiestas: 4 de julio (Día de la Independencia de EE.UU.), 25 de julio (Día de la Constitución de Puerto Rico)

Colin D. Young/Shutterstck

La cascada de La Mina en el Bosque Nacional El Yunque

Colin D. Young/Shutterstck

Una playa en Fajardo

CURIOSIDADES

- A los puertorriqueños también se los conoce como "boricuas", ya que antes de la llegada de los europeos la isla se llamaba Borinquen.

- A diferencia de otros países, los puertorriqueños también son ciudadanos estadounidenses, con la excepción de que no pueden votar en elecciones presidenciales de los Estados Unidos, a menos que sean residentes de un estado.

- El gobierno de Puerto Rico está encabezado por un gobernador.

República Dominicana ▶

INFORMACIÓN GENERAL

Nombre oficial: República Dominicana

Nacionalidad: dominicano(a)

Área: 48 670 km² (aproximadamente 2 veces el área de Vermont)

Población: 9 794 487 (2010)

Capital: Santo Domingo (f. 1492) (2 500 000 hab.)

Otras ciudades importantes: Santiago de los Caballeros (2 000 000 hab.), La Romana (300 000 hab.)

Moneda: peso

Idiomas: español

DEMOGRAFÍA

Alfabetismo: 87%

Religiones: católicos (95%), otros (5%)

DOMINICANOS CÉLEBRES

Juan Pablo Duarte
héroe de la independencia (1808–1876)

Julia Álvarez
escritora (1950–   )

Sammy Sosa
pelotero (1968–   )

Juan Luis Guerra
músico (1957–   )

Wilfrido Vargas
músico (1949–   )

El Convento de la Orden de los Predicadores en Santo Domingo

Gary Blakeley/Shutterstock

Puerto Plata

INVESTIGA EN INTERNET

La geografía: Puerto Plata, Pico Duarte, Sierra de Samana

La historia: los taínos, los arawak, la dictadura de Trujillo, las hermanas Mirabal

Películas: *Nueba Yol, Cuatro hombres y un ataúd*

Música: merengue, bachata, Juan Luis Guerra, Wilfrido Vargas

Comidas y bebidas: el mangú, el sancocho, el asopao, el refresco rojo, la mamajuana

Fiestas: 27 de febrero (Día de la In dependencia)

Bailando merengue en la playa en Las Terrenas

CURIOSIDADES

- La isla que comparten la República Dominicana y Haití, La Española, estuvo bajo control español hasta 1697, cuando la parte oeste pasó a ser territorio francés.

- La República Dominicana tiene algunas de las construcciones más antiguas dejadas por los españoles.

- Se piensa que los restos de Cristóbal Colón están enterrados en Santo Domingo, pero Colón también tiene una tumba en Sevilla, España.

- En Santo Domingo se construyeron la primera catedral, el primer hospital, la primera aduana y la primera universidad del Nuevo Mundo.

- Santo Domingo fue declarada Patrimonio de la Humanidad (*World Heritge*) por la UNESCO.

Uruguay ▶

INFORMACIÓN GENERAL

Nombre oficial: República Oriental del Uruguay

Nacionalidad: uruguayo(a)

Área: 176 215 km² (casi exactamente igual al estado de Washington)

Población: 3 510 386 (2010)

Capital: Montevideo (f. 1726) (1 500 000 hab.)

Otras ciudades importantes: Salto (130 000 hab.), Paysandú (90 500 hab.)

Moneda: peso

Idiomas: español

DEMOGRAFÍA

Alfabetismo: 98%

Religiones: católicos (47%), protestantes (11%), otros (42%)

URUGUAYOS CÉLEBRES

Horacio Quiroga
escritor (1878–1937)

Mario Benedetti
escritor (1920–2009)

Alfredo Zitarrosa
compositor (1936–1989)

Julio Sosa
cantor de tango (1926–1964)

Diego Forlán
futbolista (1979–   )

Delmira Agustini
poetisa (1886–1914)

La conmemoración del cumpleaños de José Artigas en la Plaza Independencia en Montevideo

Eduardo Rivero/Shutterstock

INVESTIGA EN INTERNET 🌐

La geografía: Punta del Este, Colonia

La historia: el Carnaval de Montevideo, los tablados, José Artigas

Películas: *Whisky, 25 Watts, Una forma de bailar*

Música: tango, milonga, candombe, Jorge Drexler, Rubén Rada

Comidas y bebidas: el asado, el dulce de leche, la faina, el chivito, el mate

Fiestas: 25 de agosto (Día de la Independencia)

La ciudad Colonia del Sacramento

El Río de la Plata

CURIOSIDADES

- La industria ganadera es una de las más importantes del país. La bebida más popular es el mate. Es muy común ver a los uruguayos caminando con el termo bajo el brazo, listo para tomar mate en cualquier lugar.

- Los descendientes de esclavos africanos que vivieron en esa zona dieron origen a la música típica de Uruguay: el candombe.

- Uruguay fue el anfitrión y el primer campeón de la Copa Mundial de Fútbol en 1930.

Venezuela ▶

INFORMACIÓN GENERAL

Nombre oficial: República Bolivariana de Venezuela

Nacionalidad: venezolano(a)

Área: 912 050 km² (2800 km de costas) (aproximadamente 6 veces el área de Florida)

Población: 27 223 228 (2010)

Capital: Caracas (f. 1567) (3 300 000 hab.)

Otras ciudades importantes: Maracaibo (2 000 000 hab.), Valencia (900 000 hab.), Maracay (500 000 hab.)

Moneda: bolívar

Idiomas: español (oficial), lenguas indígenas (araucano, caribe, guajiro)

DEMOGRAFÍA

Alfabetismo: 93%

Religiones: católicos (96%), protestantes (2%), otros (2%)

VENEZOLANOS CÉLEBRES

Simón Bolívar
libertador (1783–1830)

Rómulo Gallegos
escritor (1884–1969)

Andrés Eloy Blanco
escritor (1897–1955)

rm/Shutterstock

El Salto del Ángel, la catarata más alta del mundo

INVESTIGA EN INTERNET 🌐

La geografía: El Salto del Ángel, la isla Margarita, el Amazonas

La historia: los yanomami, el petróleo

Películas: *Punto y Raya, Secuestro Express*

Música: el joropo, Ricardo Montaner, Franco de Vita

Comidas y bebidas: el ceviche, las hallacas, las arepas, el carato de guanábana, el guarapo de papelón

Fiestas: 5 de julio (Día de la Independencia)

Pescadores en la isla Margarita

La plaza Francia, Caracas

CURIOSIDADES

- La isla Margarita es un lugar turístico muy popular. Cuando los españoles llegaron hace más de 500 años, los indígenas de la isla, los guaiqueríes, pensaron que eran dioses y les dieron regalos y ceremonia de bienvenida. Gracias a esto, los guaiqueríes fueron los únicos indígenas del Caribe que tuvieron el estatus de "vasallos libres".

- En la época moderna, Venezuela se destaca por sus concursos de belleza y por su producción internacional de telenovelas.

Los Latinos en los Estados Unidos

INFORMACIÓN GENERAL

Nombre oficial: Estados Unidos de América

Nacionalidad: estadounidense

Área: 9 826 675 km^2 (aproximadamente el área de China o 3 1/2 veces el área de Argentina)

Población: 310 232 863 (2010) (aproximadamente el 15% son latinos)

Capital: Washington, D.C. (f. 1791) (6 000 000 hab.)

Otras ciudades importantes: Nueva York (8 500 000 hab.), Los Ángeles (4 000 000 hab.), Chicago (3 000 000 hab.), Miami (460 000 hab.)

Moneda: dólar estadounidense

Idiomas: inglés, español y otros

DEMOGRAFÍA

Alfabetismo: 97%

Religiones: protestantes (51,3%), católicos (23,9%), mormones (1,7%), judíos (1,7%), budistas (0,7%), musulmanes (0,6%), otros (14%), no religiosos (4%)

LATINOS CÉLEBRES DE ESTADOS UNIDOS

Ellen Ochoa
astronauta (1958–   )

César Chávez
activista por los derechos de
los trabajadores (1927–1993)

Jessica Alba
actriz (1981–   )

Sandra Cisneros
escritora (1954–   )

Edward James Olmos
actor (1947–   )

Jennifer López
actriz, cantante (1969–   )

Marc Anthony
cantante (1969–   )

Christina Aguilera
(cantante) (1980–   )

©Jeff Greenberg/The Image Works

La Pequeña Habana en Miami, Florida

Un mural de Benito Juárez en Chicago, Illinois

La geografía: regiones que pertenecieron a México, lugares con arquitectura de estilo español, Plaza Olvera, Calle 8, La Pequeña Habana

La historia: el Álamo, la Guerra México-Americana, la Guerra Hispanoamericana, Antonio López de Santa Anna

Películas: *A Day without Mexicans, My Family, Stand and Deliver, Tortilla Soup*

Música: salsa, Tex-Mex, merengue, hip-hop en español

Comidas y bebidas: los tacos, las enchiladas, los burritos, los plátanos fritos, los frijoles, el arroz con gandules, la cerveza con limón

Fiestas: el 5 de mayo (Día de la Batalla de Puebla) se celebra cada vez en más partes del país.

Nickolay Stanev/Shutterstock

El famoso Riverwalk en San Antonio, Texas

CURIOSIDADES

■ Los latinos son la primera minoría de Estados Unidos (más de 46 millones). Este grupo incluye personas que provienen de los veintiún países de habla hispana y a los hijos y nietos de estas que nacieron en los Estados Unidos. Muchos hablan español perfectamente y otros no apenas lo hablan. El grupo más grande de latinos es el de mexicanoamericanos, ya que territorios como Texas, Nuevo México, Utah, Nevada, California, Colorado y Oregón eran parte de México.

■ Actualmente, casi toda la cultura latinoamericana está presente en los Estados Unidos. Las tradiciones dominicanas son notables en la zona de Nueva Inglaterra; y los países sudamericanos, cuya presencia no era tan notable hace algunos años, cuentan con comunidades destacadas, como es el caso de La Pequeña Buenos Aires, una fuerte comunidad argentina en South Beach, Miami.

Partner Activities

1.37 **Diferencias** Working with a partner, one of you will look at the picture on this page, and the other will look at the picture on page 35. Take turns describing the pictures using the expression **hay,** numbers, and the classroom vocabulary. Find the eight differences.

> **MODELO** Estudiante 1: *En A hay una computadora.*
> Estudiante 2: *Sí. En B, hay una silla.*
> Estudiante 1: *No, en A no hay una silla.*

B.

2.39 **Datos personales** Working with a partner, one of you will look at the chart below and the other will look at the chart on page 71. Take turns asking questions in order to fill in the missing information.

> **MODELO** *¿Cuántos años tiene Diego?* *Diego tiene veinte años.*
> *¿Qué parientes hay en la familia de Diego?* *Diego tiene dos hermanos.*
> *¿Qué clase tiene Diego?* *Diego tiene informática.*
> *¿Diego estudia ahora (now)?* *No, Diego limpia la casa.*

Nombre	Edad	Familia	Clase	Actividad
Diego	20	dos hermanos	informática	limpia la casa
Alonso		una sobrina		esquia
Magdalena				
Cristina	30	cinco primos		nada
Pablo	62			cocina
Gabriel	25		cálculo	
Rufina		un esposo	alemán	

3.38 **Mi agenda** Tú y tu compañero deben encontrar una hora para estudiar español. Uno mira la agenda aquí y el otro mira la agenda en la página 107 . Túrnense para preguntar sobre las horas libres que tienen. (*You and your partner should find a time to study Spanish. One of you look at this agenda and the other look at the agenda on page 107, and take turns asking about the times you have available.*)

MODELO   Estudiante 1: *¿Quieres estudiar a las nueve?*
Estudiante 2: *No, nado con Armando a las diez..*

miércoles, 20 de octubre	
8:30	comprar libros
9:15	
10:00	nadar con Armando
11:30	
12:00	
1:15	asistir a clase de geometría
2:45	llamar a Valentina
3:30	leer novela para clase
4:15	
5:00	

4.38 **Cinco diferencias** Trabaja con un compañero. Uno mira el dibujo aquí y el otro mira el dibujo en la página 143. Túrnense para describirlos y buscar cinco diferencias.

5.40 **Información, por favor** Trabaja con un compañero. Uno debe mirar el gráfico en esta página y el otro debe mirar el gráfico en la página 179. Túrnense para preguntarse y completar el gráfico con la información necesaria. Necesitan identificar sus profesiones, sus orígenes, dónde están ahora y cómo están. Atención al uso de **ser** y **estar.**

Nombre	Profesión	Origen	Localización	Emoción
Carlota	pintora			alegre
Éric	arquitecto	Bogotá	el banco	
César			el café	
Paloma		Santiago		nerviosa
Samuel	escritor			ocupado
Camila		Montevideo	el teatro	

6.42 **Unos monstruos** Trabaja con un compañero. Uno mira el dibujo aquí, y el otro mira el dibujo en la página 215. Túrnense para describir los monstruos. Deben encontrar las cinco diferencias.

7.39 **Comparemos** Trabaja con un compañero. Uno va a mirar el dibujo en esta página y el otro va a mirar el dibujo en la página 251. Túrnense para describir los dibujos y encontrar cinco diferencias.

8.40 **Crucigrama** Trabaja con un compañero. Uno de ustedes va a usar el crucigrama en esta página, y el otro va a usar el crucigrama en la página 287. Ayuda a tu compañero a completar su crucigrama, explicándole las palabras en español. No debes mencionar la palabra que aparece en tu crucigrama.

MODELO #0 horizontal

Se hace de los tomates. Se pone en la hamburguesa.

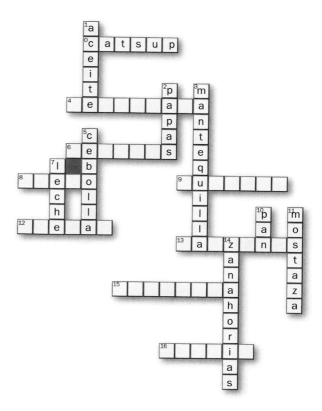

9.40 **Contradicciones** Tú y tu compañero son testigos de un accidente, pero hay diferencias entre las dos versiones. Mira uno de los dibujos y tu compañero va a mirar el otro en la página 323. Busquen las cinco diferencias. Después narren lo que ocurrió en el accidente, usando el pretérito y el imperfecto.

10.43 **En la agencia de viajes** Trabaja con un compañero. Uno de ustedes es el cliente, y mira la información en esta página. El otro es el agente de viajes y mira la información en la página 359. El cliente llama al agente de viajes para comprar un boleto. El agente de viajes debe intentar encontrar el mejor boleto para el cliente y conseguir su información (nombre, teléfono, etc.) y su tarjeta de crédito.

el cliente

Necesitas viajar a Santiago, Chile para una reunión el viernes por la mañana.

- Quieres viajar el jueves.
- Prefieres viajar por la tarde.
- No quieres tener escalas.
- Te gusta sentarte al lado de la ventanilla.
- No quieres pagar más de $750.

11.38 **Un pedido** Trabaja con un compañero. Uno de ustedes es vendedor, y el otro es el cliente. El cliente necesita ropa para un viaje a la playa y mira el catálogo en la página 395. El vendedor mira el inventario que aparece a continuación *(below)* y ayuda al cliente con su pedido.

MODELO   Estudiante 1: *Buenas tardes.*
Estudiante 2: *Buenas tardes. Necesito una camiseta de algodón azul en talla extra grande.*
Estudiante 1: *Lo siento. No la tenemos en talla extra grande.*
Estudiante 2: *¿Qué colores tienen en talla extra grande?*

INFORMACIÓN DEL INVENTARIO:

C1050 Camiseta de algodón
Colores: azul (P, M, G), amarillo (P, M, G, XG), negro (agotado *sold out*), beige (M, G, XG)
Precio: 25 € (Rebajado a 20 €)

C4325 Camisa con estampado hawaiano
Colores: azul (agotado), verde (M, G, XG), rojo (P, XG)
Precio: 35 €

B2219 Blusa de lunares
Colores: blanco/negro (P, G, XG); negro/rosado (P, M, XG), rojo/blanco (P, M, G, XG)
Precio: 42 €

P6750 Pantalones cortos a rayas
Colores: blanco/azul (P, M, G), blanco/verde (P, M, G, XG), gris/negro (agotado), café/beige (M, G)
Precio: 55 €

P7382 Pantalones cortos a cuadros
Colores: azul/verde (P, M, G, XG), negro/rojo (P, G, XG), rosado/gris (P, M)
Precio: 48 €

F9124 Falda con estampado de flores
Colores: blanco/rosado (P, G, XG), azul marino/rojo (P, M, XG), anaranjado/amarillo (P, M, G, XG)
Tallas: P, M, G, XG
Precio: 57 €

S5320 Sandalias de cuero
Colores: café (35, 37, 39, 41, 43), negro (36, 38, 40, 42)
Precio: 70 €

12.42 **La granja** Trabaja con un compañero. Uno de ustedes debe observar la ilustración de una granja en esta página, y el otro va a ver el dibujo en la página 431. Túrnense para describir las granjas. Deben encontrar las cinco diferencias.

13.38 **¿Cuál es la pregunta?** Trabaja con un compañero. Uno de ustedes debe ver las preguntas en esta página, y el otro deber verlas en la página 467. El objetivo es hacer la mayor cantidad de puntos. Se consiguen puntos adivinando la pregunta exacta que tiene tu compañero. Para ayudarte, tu compañero te va a dar la respuesta a la pregunta. Tienes tres oportunidades cada vez.

MODELO   *¿Qué es extrañar?*
   Estudiante 1: *Es cuando no estás con una persona y estás triste. Piensas*
        mucho en la persona.
   Estudiante 2: *¿Qué es extrañar?*

1. 10 puntos: ¿Qué es el noviazgo?
2. 20 puntos: ¿Qué hay en una recepción?
3. 30 puntos: ¿Qué es la unión libre?
4. 40 puntos: ¿Qué hacemos en la vejez?
5. 50 puntos: ¿Quién es la prometida?

14.40 **¿Nacionalidades** Trabaja con un compañero. En esta página uno de ustedes va a ver una lista de personas y la ciudad de dónde son, y el otro estudiante va a ver una lista diferente en la página 503. Túrnense para compartir la información. **¡OJO!** No mencionen el país, sólo la capital. El compañero deberá dar la nacionalidad de cada persona.

MODELO   Estudiante 1: *Alfonso es de la Ciudad de México.*
   Estudiante 2: *Es mexicano.*

Nombre	Capital
Mónica	Santiago, Chile
Alberto	San Juan, Puerto Rico
José	Malabo, Guinea Ecuatorial
Alma	Buenos Aires, Argentina
Rosario	San José, Costa Rica
Lombardo	San Salvador, El Salvador
Nuria	Managua, Nicaragua
Verónica	Asunción, Paraguay

Acentuación

In Spanish, as in English, all words of two or more syllables have one syllable that is stressed more forcibly than the others. In Spanish, written accents are frequently used to show what syllable in a word is the stressed one.

Words without written accents

Words without written accents are pronounced according to the following rules:

A. Words that end in a vowel (**a, e, i, o, u**) or the consonants **n** or **s** are stressed on the next to last syllable.

| tardes | capitales | **gran**de | estudia | **no**ches | **co**men |

B. Words that end in a consonant other than **n** or **s** are stressed on the last syllable.

| bus**car** | ac**triz** | espa**ñol** | liber**tad** | ani**mal** | come**dor** |

Words with written accents

C. Words that do not follow the two preceding rules require a written accent to indicate where the stress is placed.

| ca**fé** | sim**pá**tico | fran**cés** | na**ción** | José **Pé**rez |

Words with a strong vowel (a, o, u) next to a weak vowel (e, i)

D. Diphthongs, the combination of a weak vowel (**i, u**) and a strong vowel (**e, o, a**), or two weak vowels, next to each other, form a single syllable. A written accent is required to separate diphthongs into two syllables. Note that the written accent is placed on the weak vowel.

| seis | estu**dia** | inte**rior** | **ai**re | **au**to | **ciu**dad |
| re**ír** | **dí**a | **rí**o | ma**íz** | ba**úl** | veinti**ún** |

Monosyllable words

E. Words with only one syllable never have a written accent unless there is a need to differentiate it from another word spelled exactly the same. The following are some of the most common words in this category.

Unaccented	Accented	Unaccented	Accented
como (*like, as*)	cómo (*how*)	que (*that*)	qué (*what*)
de (*of*)	dé (*give*)	si (*if*)	sí (*yes*)
el (*the*)	él (*he*)	te (*you D.O., to you*)	té (*tea*)
mas (*but*)	más (*more*)	tu (*your*)	tú (*you informal*)
mi (*my*)	mí (*me*)		

F. Keep in mind that in Spanish, the written accents are an extremely important part of spelling since they not only change the pronunciation of a word, but may change its meaning and/or its tense.

publico (*I publish*)   **público** (*public*)   **publicó** (*he/she/you published*)

Los verbos regulares

Simple tenses

	Present Indicative	Imperfect	Preterite	Future	Conditional	Present Subjunctive	Past Subjunctive	Commands
hablar (to speak)	hablo	hablaba	hablé	hablaré	hablaría	hable	hablara	
	hablas	hablabas	hablaste	hablarás	hablarías	hables	hablaras	habla (no hables)
	habla	hablaba	habló	hablará	hablaría	hable	hablara	hable
	hablamos	hablábamos	hablamos	hablaremos	hablaríamos	hablemos	habláramos	hablemos
	habláis	hablabais	hablasteis	hablaréis	hablaríais	habléis	hablarais	hablad (no habléis)
	hablan	hablaban	hablaron	hablarán	hablarían	hablen	hablaran	hablen
aprender (to learn)	aprendo	aprendía	aprendí	aprenderé	aprendería	aprenda	aprendiera	
	aprendes	aprendías	aprendiste	aprenderás	aprenderías	aprendas	aprendieras	aprende (no aprendas)
	aprende	aprendía	aprendió	aprenderá	aprendería	aprenda	aprendiera	aprenda
	aprendemos	aprendíamos	aprendimos	aprenderemos	aprenderíamos	aprendamos	aprendiéramos	aprendamos
	aprendéis	aprendíais	aprendisteis	aprenderéis	aprenderíais	aprendáis	aprendierais	aprended (no aprendáis)
	aprenden	aprendían	aprendieron	aprenderán	aprenderían	aprendan	aprendieran	aprendan
vivir (to live)	vivo	vivía	viví	viviré	viviría	viva	viviera	
	vives	vivías	viviste	vivirás	vivirías	vivas	vivieras	vive (no vivas)
	vive	vivía	vivió	vivirá	viviría	viva	viviera	viva
	vivimos	vivíamos	vivimos	viviremos	viviríamos	vivamos	viviéramos	vivamos
	vivís	vivíais	vivisteis	viviréis	viviríais	viváis	vivierais	vivid (no viváis)
	viven	vivían	vivieron	vivirán	vivirían	vivan	vivieran	vivan

Compound tenses

Present progressive

estoy		
estás		
está	hablando	aprendiendo	viviendo
estamos		
estáis		
están		

Present perfect indicative

he		
has		
ha	hablado	aprendido	vivido
hemos		
habéis		
han		

Past perfect indicative

había		
habías		
había	hablado	aprendido	vivido
habíamos		
habíais		
habían		

Appendix D

Los verbos con cambios en la raíz

Infinitive / Present Participle / Past Participle	Present Indicative	Imperfect	Preterite	Future	Conditional	Present Subjunctive	Past Subjunctive	Commands
pensar *to think* e → ie pensando pensado	pienso piensas piensa pensamos pensáis piensan	pensaba pensabas pensaba pensábamos pensabais pensaban	pensé pensaste pensó pensamos pensasteis pensaron	pensaré pensarás pensará pensaremos pensaréis pensarán	pensaría pensarías pensaría pensaríamos pensaríais pensarían	piense pienses piense pensemos penséis piensen	pensara pensaras pensara pensáramos pensarais pensaran	piensa (no pienses) piense pensemos pensad (no penséis) piensen
acostarse *to go to bed* o → ue acostándose acostado	me acuesto te acuestas se acuesta nos acostamos os acostáis se acuestan	me acostaba te acostabas se acostaba nos acostábamos os acostabais se acostaban	me acosté te acostaste se acostó nos acostamos os acostasteis se acostaron	me acostaré te acostarás se acostará nos acostaremos os acostaréis se acostarán	me acostaría te acostarías se acostaría nos acostaríamos os acostaríais se acostarían	me acueste te acuestes se acueste nos acostemos os acostéis se acuesten	me acostara te acostaras se acostara nos acostáramos os acostarais se acostaran	acuéstate (no te acuestes) acuéstese acostémonos acostaos (no os acostéis) acuéstense
sentir *to feel* e → ie, i sintiendo sentido	siento sientes siente sentimos sentís sienten	sentía sentías sentía sentíamos sentíais sentían	sentí sentiste sintió sentimos sentisteis sintieron	sentiré sentirás sentirá sentiremos sentiréis sentirán	sentiría sentirías sentiría sentiríamos sentiríais sentirían	sienta sientas sienta sintamos sintáis sientan	sintiera sintieras sintiera sintiéramos sintierais sintieran	siente (no sientas) sienta sintamos (no sintáis) sentid sientan
pedir *to ask for* e → i, i pidiendo pedido	pido pides pide pedimos pedís piden	pedía pedías pedía pedíamos pedíais pedían	pedí pediste pidió pedimos pedisteis pidieron	pediré pedirás pedirá pediremos pediréis pedirán	pediría pedirías pediría pediríamos pediríais pedirían	pida pidas pida pidamos pidáis pidan	pidiera pidieras pidiera pidiéramos pidierais pidieran	pide (no pidas) pida pidamos pedid (no pidáis) pidan
dormir *to sleep* o → ue, u durmiendo dormido	duermo duermes duerme dormimos dormís duermen	dormía dormías dormía dormíamos dormíais dormían	dormí dormiste durmió dormimos dormisteis durmieron	dormiré dormirás dormirá dormiremos dormiréis dormirán	dormiría dormirías dormiría dormiríamos dormiríais dormirían	duerma duermas duerma durmamos durmáis duerman	durmiera durmieras durmiera durmiéramos durmierais durmieran	duerme (no duermas) duerma durmamos dormid (no durmáis) duerman

Los verbos con cambios de ortografía

Infinitive / Present Participle / Past Participle	Present Indicative	Imperfect	Preterite	Future	Conditional	Present Subjunctive	Past Subjunctive	Commands
comenzar (e → ie) *to begin* **z → c before e** comenzando comenzado	comienzo comienzas comienza comenzamos comenzáis comienzan	comenzaba comenzabas comenzaba comenzábamos comenzabais comenzaban	**comencé** comenzaste comenzó comenzamos comenzasteis comenzaron	comenzaré comenzarás comenzará comenzaremos comenzaréis comenzarán	comenzaría comenzarías comenzaría comenzaríamos comenzaríais comenzarían	**comience** **comiences** **comience** **comencemos** **comencéis** **comiencen**	comenzara comenzaras comenzara comenzáramos comenzarais comenzaran	comienza (**no comiences**) **comience** **comencemos** comenzad (**no comencéis**) **comiencen**
conocer *to know* **c → zc before a, o** conociendo conocido	**conozco** conoces conoce conocemos conocéis conocen	conocía conocías conocía conocíamos conocíais conocían	conocí conociste conoció conocimos conocisteis conocieron	conoceré conocerás conocerá conoceremos conoceréis conocerán	conocería conocerías conocería conoceríamos conoceríais conocerían	**conozca** **conozcas** **conozca** **conozcamos** **conozcáis** **conozcan**	conociera conocieras conociera conociéramos conocierais conocieran	conoce (**no conozcas**) **conozca** **conozcamos** conoced (**no conozcáis**) **conozcan**
pagar *to pay* **g → gu before e** pagando pagado	pago pagas paga pagamos pagáis pagan	pagaba pagabas pagaba pagábamos pagabais pagaban	**pagué** pagaste pagó pagamos pagasteis pagaron	pagaré pagarás pagará pagaremos pagaréis pagarán	pagaría pagarías pagaría pagaríamos pagaríais pagarían	**pague** **pagues** **pague** **paguemos** **paguéis** **paguen**	pagara pagaras pagara pagáramos pagarais pagaran	paga (**no pagues**) **pague** **paguemos** pagad (**no paguéis**) **paguen**
seguir (e → i, i) *to follow* **gu → g before a, o** siguiendo seguido	**sigo** sigues sigue seguimos seguís siguen	seguía seguías seguía seguíamos seguíais seguían	seguí seguiste siguió seguimos seguisteis siguieron	seguiré seguirás seguirá seguiremos seguiréis seguirán	seguiría seguirías seguiría seguiríamos seguiríais seguirían	**siga** **sigas** **siga** **sigamos** **sigáis** **sigan**	siguiera siguieras siguiera siguiéramos siguierais siguieran	sigue (**no sigas**) **siga** **sigamos** seguid (**no sigáis**) **sigan**
tocar *to play, to touch* **c → qu before e** tocando tocado	toco tocas toca tocamos tocáis tocan	tocaba tocabas tocaba tocábamos tocabais tocaban	**toqué** tocaste tocó tocamos tocasteis tocaron	tocaré tocarás tocará tocaremos tocaréis tocarán	tocaría tocarías tocaría tocaríamos tocaríais tocarían	**toque** **toques** **toque** **toquemos** **toquéis** **toquen**	tocara tocaras tocara tocáramos tocarais tocaran	toca (**no toques**) **toque** **toquemos** tocad (**no toquéis**) **toquen**

Los verbos irregulares

Infinitive Present Participle Past Participle	Present Indicative	Imperfect	Preterite	Future	Conditional	Present Subjunctive	Past Subjunctive	Commands
andar	ando	andaba	anduve	andaré	andaría	ande	anduviera	anda (no andes)
to walk	andas	andabas	anduviste	andarás	andarías	andes	anduvieras	ande
andando	anda	andaba	anduvo	andará	andaría	ande	anduviera	andemos
andado	andamos	andábamos	anduvimos	andaremos	andaríamos	andemos	anduviéramos	andad (no andéis)
	andáis	andabais	anduvisteis	andaréis	andaríais	andéis	anduvierais	anden
	andan	andaban	anduvieron	andarán	andarían	anden	anduvieran	
*dar	doy	daba	di	daré	daría	dé	diera	da (no des)
to give	das	dabas	diste	darás	darías	des	dieras	dé
dando	da	daba	dio	dará	daría	dé	diera	demos
dado	damos	dábamos	dimos	daremos	daríamos	demos	diéramos	dad (no deis)
	dais	dabais	disteis	daréis	daríais	deis	dierais	den
	dan	daban	dieron	darán	darían	den	dieran	
*decir	digo	decía	dije	diré	diría	diga	dijera	di (no digas)
to say, tell	dices	decías	dijiste	dirás	dirías	digas	dijeras	diga
diciendo	dice	decía	dijo	dirá	diría	diga	dijera	digamos
dicho	decimos	decíamos	dijimos	diremos	diríamos	digamos	dijéramos	decid (no digáis)
	decís	decíais	dijisteis	diréis	diríais	digáis	dijerais	digan
	dicen	decían	dijeron	dirán	dirían	digan	dijeran	
*estar	estoy	estaba	estuve	estaré	estaría	esté	estuviera	está (no estés)
to be	estás	estabas	estuviste	estarás	estarías	estés	estuvieras	esté
estando	está	estaba	estuvo	estará	estaría	esté	estuviera	estemos
estado	estamos	estábamos	estuvimos	estaremos	estaríamos	estemos	estuviéramos	estad (no estéis)
	estáis	estabais	estuvisteis	estaréis	estaríais	estéis	estuvierais	estén
	están	estaban	estuvieron	estarán	estarían	estén	estuvieran	
haber	he	había	hube	habré	habría	haya	hubiera	he (no hayas)
to have	has	habías	hubiste	habrás	habrías	hayas	hubieras	haya
habiendo	ha [hay]	había	hubo	habrá	habría	haya	hubiera	hayamos
habido	hemos	habíamos	hubimos	habremos	habríamos	hayamos	hubiéramos	habed (no hayáis)
	habéis	habíais	hubisteis	habréis	habríais	hayáis	hubierais	hayan
	han	habían	hubieron	habrán	habrían	hayan	hubieran	
*hacer	hago	hacía	hice	haré	haría	haga	hiciera	haz (no hagas)
to make, to do	haces	hacías	hiciste	harás	harías	hagas	hicieras	haga
haciendo	hace	hacía	hizo	hará	haría	haga	hiciera	hagamos
hecho	hacemos	hacíamos	hicimos	haremos	haríamos	hagamos	hiciéramos	haced (no hagáis)
	hacéis	hacíais	hicisteis	haréis	haríais	hagáis	hicierais	hagan
	hacen	hacían	hicieron	harán	harían	hagan	hicieran	

*Verbs with irregular *yo* forms in the present indicative

(continued)

Infinitive Present Participle Past Participle	Present Indicative	Imperfect	Preterite	Future	Conditional	Present Subjunctive	Past Subjunctive	Commands
ir *to go* yendo ido	voy vas va vamos vais van	iba ibas iba íbamos ibais iban	fui fuiste fue fuimos fuisteis fueron	iré irás irá iremos iréis irán	iría irías iría iríamos iríais irían	vaya vayas vaya vayamos vayáis vayan	fuera fueras fuera fuéramos fuerais fueran	ve (no vayas) vaya vamos (no vayamos) id (no vayáis) vayan
*oír *to hear* oyendo oído	oigo oyes oye oímos oís oyen	oía oías oía oíamos oíais oían	oí oíste oyó oímos oísteis oyeron	oiré oirás oirá oiremos oiréis oirán	oiría oirías oiría oiríamos oiríais oirían	oiga oigas oiga oigamos oigáis oigan	oyera oyeras oyera oyéramos oyerais oyeran	oye (no oigas) oiga oigamos oíd (no oigáis) oigan
poder (o → ue) *can, to be able* pudiendo podido	puedo puedes puede podemos podéis pueden	podía podías podía podíamos podíais podían	pude pudiste pudo pudimos pudisteis pudieron	podré podrás podrá podremos podréis podrán	podría podrías podría podríamos podríais podrían	pueda puedas pueda podamos podáis puedan	pudiera pudieras pudiera pudiéramos pudierais pudieran	puede (no puedas) pueda podamos poded (no podáis) puedan
*poner *to place, to put* poniendo puesto	pongo pones pone ponemos ponéis ponen	ponía ponías ponía poníamos poníais ponían	puse pusiste puso pusimos pusisteis pusieron	pondré pondrás pondrá pondremos pondréis pondrán	pondría pondrías pondría pondríamos pondríais pondrían	ponga pongas ponga pongamos pongáis pongan	pusiera pusieras pusiera pusiéramos pusierais pusieran	pon (no pongas) ponga pongamos poned (no pongáis) pongan
querer (e → ie) *to like* queriendo querido	quiero quieres quiere queremos queréis quieren	quería querías quería queríamos queríais querían	quise quisiste quiso quisimos quisisteis quisieron	querré querrás querrá querremos querréis querrán	querría querrías querría querríamos querríais querrían	quiera quieras quiera queramos queráis quieran	quisiera quisieras quisiera quisiéramos quisierais quisieran	quiere (no quieras) quiera queramos quered (no queráis) quieran
*saber *to know* sabiendo sabido	sé sabes sabe sabemos sabéis saben	sabía sabías sabía sabíamos sabíais sabían	supe supiste supo supimos supisteis supieron	sabré sabrás sabrá sabremos sabréis sabrán	sabría sabrías sabría sabríamos sabríais sabrían	sepa sepas sepa sepamos sepáis sepan	supiera supieras supiera supiéramos supierais supieran	sabe (no sepas) sepa sepamos sabed (no sepáis) sepan

*Verbs with irregular *yo* forms in the present indicative

(continued)

Infinitive / Present Participle / Past Participle	Present Indicative	Imperfect	Preterite	Future	Conditional	Present Subjunctive	Past Subjunctive	Commands
*salir	salgo	salía	salí	saldré	saldría	salga	saliera	
to go out	sales	salías	saliste	saldrás	saldrías	salgas	salieras	sal (no salgas)
saliendo	sale	salía	salió	saldrá	saldría	salga	saliera	salga
salido	salimos	salíamos	salimos	saldremos	saldríamos	salgamos	saliéramos	salgamos
	salís	salíais	salisteis	saldréis	saldríais	salgáis	salierais	salid (no salgáis)
	salen	salían	salieron	saldrán	saldrían	salgan	salieran	salgan
ser	soy	era	fui	seré	sería	sea	fuera	
to be	eres	eras	fuiste	serás	serías	seas	fueras	sé (no seas)
siendo	es	era	fue	será	sería	sea	fuera	sea
sido	somos	éramos	fuimos	seremos	seríamos	seamos	fuéramos	seamos
	sois	erais	fuisteis	seréis	seríais	seáis	fuerais	sed (no seáis)
	son	eran	fueron	serán	serían	sean	fueran	sean
*tener	tengo	tenía	tuve	tendré	tendría	tenga	tuviera	
(e → ie)	tienes	tenías	tuviste	tendrás	tendrías	tengas	tuvieras	ten (no tengas)
to have	tiene	tenía	tuvo	tendrá	tendría	tenga	tuviera	tenga
teniendo	tenemos	teníamos	tuvimos	tendremos	tendríamos	tengamos	tuviéramos	tengamos
tenido	tenéis	teníais	tuvisteis	tendréis	tendríais	tengáis	tuvierais	tened (no tengáis)
	tienen	tenían	tuvieron	tendrán	tendrían	tengan	tuvieran	tengan
*traer	traigo	traía	traje	traeré	traería	traiga	trajera	
to bring	traes	traías	trajiste	traerás	traerías	traigas	trajeras	trae (no traigas)
trayendo	trae	traía	trajo	traerá	traería	traiga	trajera	traiga
traído	traemos	traíamos	trajimos	traeremos	traeríamos	traigamos	trajéramos	traigamos
	traéis	traíais	trajisteis	traeréis	traeríais	traigáis	trajerais	traed (no traigáis)
	traen	traían	trajeron	traerán	traerían	traigan	trajeran	traigan
*venir	vengo	venía	vine	vendré	vendría	venga	viniera	
(e → ie, i)	vienes	venías	viniste	vendrás	vendrías	vengas	vinieras	ven (no vengas)
to come	viene	venía	vino	vendrá	vendría	venga	viniera	venga
viniendo	venimos	veníamos	vinimos	vendremos	vendríamos	vengamos	viniéramos	vengamos
venido	venís	veníais	vinisteis	vendréis	vendríais	vengáis	vinierais	venid (no vengáis)
	vienen	venían	vinieron	vendrán	vendrían	vengan	vinieran	vengan
ver	veo	veía	vi	veré	vería	vea	viera	
to see	ves	veías	viste	verás	verías	veas	vieras	ve (no veas)
viendo	ve	veía	vio	verá	vería	vea	viera	vea
visto	vemos	veíamos	vimos	veremos	veríamos	veamos	viéramos	veamos
	veis	veíais	visteis	veréis	veríais	veáis	vierais	ved (no veáis)
	ven	veían	vieron	verán	verían	vean	vieran	vean

*Verbs with irregular *yo* forms in the present indicative

Supplemental Structures

1. Perfect tenses

In **Capítulo 13** you learned that the perfect tense is formed by combining the present indicative of the verb **haber** with the past participle. Similarly, you learned in **Capítulo 14** that the past perfect is formed by combining the imperfect of the verb **haber** with the past participle. The future perfect and conditional perfect tenses are formed by combining the imperfect, future, and conditional of **haber** with the past participle.

Future perfect		Conditional perfect	
habré		habría	
habrás		habrías	
habrá	+ past	habría	+ past
habremos	participle	habríamos	participle
habréis		habríais	
habrán		habrían	

In general, the use of these perfect tenses parallels their use in English.

Para el año 2015, **habremos terminado** nuestros estudios aquí.
By the year 2015, we will have finished our studies here.

Yo lo **habría hecho** por ti.
I would have done it for you.

The present perfect subjunctive and past perfect subjunctive are likewise formed by combining the present subjunctive and past subjunctive of **haber** with the past participle.

Present perfect subjunctive		Past perfect subjunctive	
haya		hubiera	
hayas		hubieras	
haya	+ past	hubiera	+ past
hayamos	participle	hubiéramos	participle
hayáis		hubierais	
hayan		hubieran	

These tenses are used whenever the independent clause in a sentence requires the subjunctive and the verb in the dependent clause represents an action completed prior to the time indicated by the verb in the independent clause. If the time of the verb in the independent clause is present or future, the present perfect subjunctive is used; if the time is past or conditional, the past perfect subjunctive is used.

Dudo que lo **hayan leído.**
I doubt that they have read it.

Si **hubieras llamado,** no tendríamos este problema ahora.
If you had called, we would not have this problem now.

2. Past progressive tense

In **Capítulo 3** you learned that the present progressive tense is formed with the present indicative of **estar** and a present participle. The past progressive tense is formed with the imperfect of **estar** and a present participle.

The past progressive tense is used to express or describe an action that was in progress at a particular moment in the past.

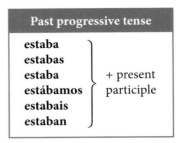

Past progressive tense	
estaba	
estabas	
estaba	+ present
estábamos	participle
estabais	
estaban	

Estábamos comiendo cuando llamaste.	*We were eating when you called.*
¿Quién **estaba hablando** por teléfono?	*Who was talking on the phone?*

Another past progressive tense can also be formed with the preterite of **estar** and the present participle. However, its use is of much lower frequency in Spanish.

3. Stressed possessive adjectives and pronouns

In **Capítulo 2** you learned to express possession using **de** or the possessive adjectives **mi(s), tu(s), su(s), nuestro(a, os, as), vuestro(a, os, as).** Possession may also be expressed using the stressed possessive adjectives equivalent to the English *of mine, of yours, of ours, of theirs.*

Stressed possessive adjectives and pronouns					
mío **míos**	**mía** **mías**	*my, (of) mine*	**nuestro** **nuestros**	**nuestra** **nuestras**	*our, (of) ours*
tuyo **tuyos**	**tuya** **tuyas**	*your, (of) yours*	**vuestro** **vuestros**	**vuestra** **vuestras**	*your, (of) yours*
suyo **suyos**	**suya** **suyas**	*its, his, (of) his hers, (of) hers your, (of) yours*	**suyo** **suyos**	**suya** **suyas**	*their, (of) theirs your, (of) yours*

A. As adjectives, the stressed possessives must agree in number and gender with the thing possessed.

Una amiga **mía** viene a visitarme hoy.	*A friend of mine is coming to visit me today.*
¿Qué hay en las maletas **suyas**, señor?	*What do you have in those suitcases, of yours?*
El coche **nuestro** nunca funciona.	*Our car never works.*

Note that stressed possessive adjectives *always* follow the noun they modify. Also note that the noun must be preceded by an article.

B. Stressed possessive adjectives can be used as possessive pronouns by eliminating the noun.

¿Dónde está **la suya,** señor?   *Where is yours, sir?*
El nuestro nunca funciona.   *Ours never works.*

Note that both the article and possessive adjective must agree in number and gender with the noun that has been eliminated.

C. A stressed possessive pronoun may be used without the article after the verb **ser.**

Esta maleta no es **mía,** señor.   *This suitcase is not mine, sir.*
¿Es **suya,** señora?   *Is it yours, ma'am?*

4. Present subjunctive of stem-changing verbs

A. Stem-changing -**ar** and -**er** verbs follow the same stem changes in the present subjunctive as in the present indicative. Note that the stems of the **nosotros** and **vosotros** forms do not change.

contar (ue)	
cuente	contemos
cuentes	contéis
cuente	cuenten

perder (ie)	
pierda	perdamos
pierdas	perdáis
pierda	pierdan

B. Stem-changing -**ir** verbs follow the same pattern in the present subjunctive, except for the **nosotros** and **vosotros** forms. These change **e → i** or **o → u.**

morir (ue)	
muera	muramos
mueras	muráis
muera	mueran

preferir (ie)	
prefiera	prefiramos
prefieras	prefiráis
prefiera	prefieran

pedir (i)	
pida	pidamos
pidas	pidáis
pida	pidan

5. Present subjunctive of verbs with spelling changes

As in the preterite, verbs that end in -**car,** -**gar,** and -**zar** undergo a spelling change in the present subjunctive in order to maintain the consonant sound of the infinitive.

A. -**car:**   **c** changes to **qu** in front of **e**

    buscar: bus**que,** bus**ques,** bus**que...**

B. -**zar:**   **z** changes to **c** in front of **e**

    almorzar: almuer**ce,** almuer**ces,** almuer**ce...**

C. -**gar:**   **g** changes to **gu** in front of **e**

    jugar: jue**gue,** jue**gues,** jue**gue...**

D. -**ger:**   **g** changes to **j** in front of **a**

    proteger: prote**ja,** prote**jas,** prote**ja...**

6. Irregular verbs in the present subjunctive

The following verbs are irregular in the present subjunctive:

dar	dé, des, dé, demos, deis, den
haber	haya, hayas, haya, hayamos, hayáis, hayan
ir	vaya, vayas, vaya, vayamos, vayáis, vayan
saber	sepa, sepas, sepa, sepamos, sepáis, sepan
ser	sea, seas, sea, seamos, seáis, sean

7. Past subjunctive and Conditional *Si* clauses

The past subjunctive of *all* verbs is formed by removing the -**ron** ending from the **ustedes** form of the preterite and adding the past subjunctive verb endings: -**ra, -ras, -ra, -ramos, -rais, -ran**. Thus, any irregularities in the **ustedes** form of the preterite will be reflected in all forms of the past subjunctive. Note that the **nosotros** form requires a written accent.

comprar		tener		ser	
comprar~~on~~		tuvier~~on~~		fueron	
comprara	compráramos	tuviera	tuviéramos	fuera	fuéramos
compraras	comprarais	tuvieras	tuvierais	fueras	fuerais
comprara	compraran	tuviera	tuvieran	fuera	fueran

An alternate form of the past subjunctive uses the verb endings -**se, -ses, -se, -semos, -seis, -sen.** This form is used primarily in Spain and in literary writing.

A. The past subjunctive has the same uses as the present subjunctive, except that it generally applies to past events or actions.

Insistieron en que **fuéramos.**	*They insisted that we go.*
Era imposible que lo **terminaran** a tiempo.	*It was impossible for them to finish it on time.*

B. In Spanish, as in English, conditional sentences express hypothetical conditions usually with an *if*-clause: *I would go if I had the money.* Since the actions are hypothetical and one does not know if they will actually occur, the past subjunctive is used in the *if*-clause.

Iría a Perú si **tuviera** el dinero.	*I would go to Peru if I had the money.*
Si **fuera** necesario, pediría un préstamo.	*If it were necessary, I would ask for a loan.*

C. Conditional sentences in the present use either the present indicative or the future tense. The present subjunctive is never used in *if*-clauses.

Si me **invitas,** iré contigo.	*If you invite me, I'll go with you.*

Grammar Guide

For more detailed explanations of these grammar points, consult the Index on pages 599–602 to find the places where these concepts are presented.

ACTIVE VOICE (La voz activa) A sentence written in the active voice identifies a subject that performs the action of the verb.

Juan	cantó	la canción.
Juan	***sang***	***the song.***
subject	**verb**	**direct object**

In the sentence above Juan is the performer of the verb **cantar**.

(*See also* **Passive Voice.**)

ADJECTIVES (Los adjetivos) are words that modify or describe **nouns** or **pronouns** and agree in **number** and generally in **gender** with the nouns they modify.

Las casas **azules** son **bonitas.**
*The **blue** houses are **pretty.***

Esas mujeres **mexicanas** son mis **nuevas** amigas.
*Those **Mexican** women are my **new** friends.*

- **Demonstrative adjectives** (Los adjetivos demostrativos) point out persons, places, or things relative to the position of the speaker. They always agree in **number** and **gender** with the **noun** they modify. The forms are: **este, esta, estos, estas / ese, esa, esos, esas / aquel, aquella, aquellos, aquellas.** There are also neuter forms that refer to generic ideas or things, and hence have no gender: **esto, eso, aquello.**

Este libro es fácil.	***This** book is easy.*
Esos libros son difíciles.	***Those** books are hard.*
Aquellos libros son pesados.	***Those** books **(over there)** are boring.*

Demonstratives may also function as **pronouns,** replacing the **noun** but still agreeing with it in **number** and **gender:**

Me gustan esas blusas verdes.	*I like those green blouses.*
¿Cuáles, **estas**?	*Which ones, **these**?*
No. Me gustan **esas**.	*No. I like **those**.*

- **Stressed possessive adjectives** (Los adjetivos posesivos acentuados) are used for emphasis and follow the noun that they modify. These adjectives may also function as pronouns and always agree in **number** and in **gender.** The forms are: **mío, tuyo, suyo, nuestro, vuestro, suyo.** Unless they are directly preceded by the verb **ser,** stressed possessives must be preceded by the **definite article.**

Ese perro pequeño es **mío.**	*That little dog is **mine.***
Dame el **tuyo;** el **nuestro** no funciona.	*Give me **yours; ours** doesn't work.*

- **Unstressed possessive adjectives** (Los adjetivos posesivos no acentuados) demonstrate ownership and always precede the **noun** that they modify.

La señora Elman es **mi** profesora.	*Mrs. Elman is **my** professor.*
Debemos llevar **nuestros** libros a clase.	*We should take **our** books to class.*

ADVERBS (Los adverbios) are words that modify **verbs, adjectives,** or other adverbs and, unlike **adjectives,** do not have **gender** or **number.** Here are examples of different classes of adverbs:

Practicamos **diariamente.**	*We practice **daily.*** (adverb of manner)
Ellos van a salir **pronto.**	*They will leave **soon.*** (adverb of time)
Jennifer está **afuera.**	*Jennifer is **outside.*** (adverb of place)
No quiero ir **tampoco.**	*I don't want to go **either.*** (adverb of negation)
Paco habla **demasiado.**	*Paco talks **too much.*** (adverb of quantity)
Esta clase es **extremadamente** difícil.	*This class is **extremely** difficult.* (modifies adjective)
Ella habla muy **poco.**	*She speaks **very** little.* (modifies adverb)

AGREEMENT (La concordancia) refers to the correspondence between parts of speech in terms of **number, gender,** and **person.** Subjects agree with their verbs; articles and adjectives agree with the nouns they modify, etc.

Toda**s la**s lengua**s** son interesante**s.**	*All languages are interesting.* (number)
Ella es bonit**a.**	*She is pretty.* (gender)
Nosotros somos de España.	*We are from Spain.* (person)

ARTICLES (Los artículos) precede nouns and indicate whether they are definite or indefinite persons, places, or things.

- **Definite articles (Los artículos definidos)** refer to particular members of a group and are the equivalent of *the* in English. The definite articles are: **el, la, los, las.**

El hombre guapo es mi padre.	***The** handsome man is my father.*
Las mujeres de esta clase son inteligentes.	***The** women in this class are intelligent.*

- **Indefinite articles (Los artículos indefinidos)** refer to any unspecified member(s) of a group and are the equivalent of *a(n)* and *some.* The indefinite articles are: **un, una, unos, unas.**

Un hombre vino a nuestra casa anoche.	*A man came to our house last night.*
Unas niñas jugaban en el parque.	***Some** girls were playing in the park.*

CLAUSES (Las cláusulas) are subject and verb combinations; for a sentence to be complete it must have at least one main clause.

- **Main clauses** (Independent clauses) **(Las cláusulas principales)** communicate a complete idea or thought.

Mi hermana va al hospital.	*My sister goes to the hospital.*

- **Subordinate clauses** (Dependent clauses) **(Las cláusulas subordinadas)** depend upon a main clause for their meaning to be complete.

Mi hermana va al hospital	cuando está enferma.
My sister goes to the hospital	*when she is ill.*
main clause	**subordinate clause**

In the sentence above, *when she is ill* is not a complete idea without the information supplied by the main clause.

COMMANDS (Los mandatos) (*See* **Imperatives.**)

COMPARISONS (Las comparaciones) are statements that describe one person, place, or thing relative to another in terms of quantity, quality, or manner.

- **Comparisons of equality (Las formas comparativas de igualdad)** demonstrate an equal share of a quantity or degree of a particular characteristic. These statements use a form of **tan(to)(ta)(s)** and **como.**

Ella tiene **tanto** dinero **como** Elena.	*She has **as much** money **as** Elena.*
Fernando trabaja **tanto como** Felipe.	*Fernando works **as much as** Felipe.*
Jim baila **tan** bien **como** Anne.	*Jim dances **as well as** Anne.*

- **Comparisons of inequality (Las formas comparativas de desigualdad)** indicate a difference in quantity, quality, or manner between the compared subjects. These statements use **más/menos... que** or comparative **adjectives** such as **mejor/peor, mayor/menor.**

México tiene **más** playas **que** España.	*Mexico has **more** beaches **than** Spain.*
Tú hablas español **mejor que** yo.	*You speak Spanish **better than** I.*

(*See also* **Superlative statements.**)

CONJUGATIONS (Las conjugaciones) represent the inflected form of the verb as it is used with a particular **subject** or **person**.

Yo bailo los sábados.	*I dance on Saturdays.* (1st-person singular)
Tú bailas los sábados.	*You dance on Saturdays.* (2nd-person singular)
Ella baila los sábados.	*She dances on Saturdays.* (3rd-person singular)
Nosotros bailamos los sábados.	*We dance on Saturdays.* (1st-person plural)
Vosotros bailáis los sábados.	*You dance on Saturdays.* (2nd-person plural)
Ellos bailan los sábados.	*They dance on Saturdays.* (3rd-person plural)

CONJUNCTIONS (Las conjunciones) are linking words that join two independent **clauses** together.

Fuimos al centro **y** mis amigos compraron muchas cosas.
*We went downtown **and** my friends bought a lot of things.*

Yo quiero ir a la fiesta, **pero** tengo que estudiar.
*I want to go to the party, **but** I have to study.*

CONTRACTIONS (Las contracciones) in Spanish are limited to preposition/article combinations, such as **de + el = del** and **a + el = al,** or preposition/pronoun combinations such as **con + mí = conmigo** and **con + ti = contigo.**

DIRECT OBJECTS (Los objetos directos) in sentences are the direct recipients of the action of the verb. Direct objects answer the questions *What?* or *Whom?*

¿Qué hizo?	*What did she do?*
Ella hizo **la tarea.**	*She did her **homework.***
Y luego llamó **a su amiga.**	*And then called **her friend.***

(*See also* **Pronoun, Indirect Object, Personal *a*.**)

EXCLAMATORY WORDS (Las palabras exclamativas) communicate surprise or strong emotion. Like interrogative words, exclamatory words also carry accents.

¡Qué sorpresa!	***What** a surprise!*
¡Cómo canta Miguel!	***How well** Miguel sings!*

(*See also* **Interrogatives.**)

IDIOMATIC EXPRESSIONS (Las frases idiomáticas) are phrases in Spanish that do not have a literal English equivalent.

Hace mucho frío.	*It is very cold.* (Literally, *It makes a lot of cold.*)

IMPERATIVES (Los imperativos) represent the mood used to express requests or commands. It is more direct than the **subjunctive** mood. Imperatives are commonly called commands and fall into two categories: affirmative and negative. Spanish speakers must also choose between using formal commands and informal commands based upon whether one is addressed as **usted** (formal) or **tú** (informal).

Habla conmigo.	**Talk** to me. (informal, affirmative)
No me hables.	**Don't talk to me.** (informal, negative)
Hable con la policía.	**Talk** to the police. (formal, singular, affirmative)
No hable con la policía.	**Don't talk** to the police. (formal, singular, negative)
Hablen con la policía.	**Talk** to the police. (formal, plural, affirmative)
No hablen con la policía	**Don't talk** to the police. (formal, plural, negative)
Hablad con la policía.	**Talk** to the police. (informal, plural, affirmative)
No habléis con la policía.	**Don't talk** to the police. (informal, plural, negative)

(*See also* **Mood.**)

IMPERFECT (El imperfecto) The imperfect tense is used to make statements about the past when the speaker wants to convey the idea of 1) habitual or repeated action, 2) two actions in progress simultaneously, or 3) an event that was in progress when another action interrupted. The imperfect tense is also used to emphasize the ongoing nature of the middle of the event, as opposed to its beginning or end. Age and clock time are always expressed using the imperfect.

Cuando María **era** joven, ella **cantaba** en el coro.
*When María **was young**, she **used to sing** in the choir.*

Aquel día **llovía** mucho y el cielo **estaba** oscuro.
*That day **it was raining** a lot and the sky **was** dark.*

Juan **dormía** cuando sonó el teléfono.
*Juan **was sleeping** when the phone rang.*

(*See also* **Preterite.**)

IMPERSONAL EXPRESSIONS (Las expresiones impersonales) are statements that contain the impersonal subjects of *it* or *one*.

Es necesario estudiar.	***It is necessary*** *to study.*
Se necesita estudiar.	***One needs*** *to study.*

(*See also* **Passive Voice.**)

INDEFINITE WORDS (Las palabras indefinidas) are **articles, adjectives, nouns** or **pronouns** that refer to unspecified members of a group.

Un hombre vino.	***A*** *man came.* (indefinite article)
Alguien vino.	***Someone*** *came.* (indefinite noun)
Algunas personas vinieron.	***Some*** *people came.* (indefinite adjective)
Algunas vinieron.	***Some*** *came.* (indefinite pronoun)

(*See also* **Articles.**)

INDICATIVE (El indicativo) The indicative is a mood, rather than a tense. The indicative is used to express ideas that are considered factual or certain and, therefore, not subject to speculation, doubt, or negation.

Josefina **es** española.	*Josefina **is** Spanish.*
(present indicative)	
Ella **vivió** en Argentina.	*She lived in Argentina.*
(preterite indicative)	

(*See also* **Mood.**)

INDIRECT OBJECTS (Los objetos indirectos) are the indirect recipients of an action in a sentence and answer the questions *To whom?* or *For whom?* In Spanish it is common to include an indirect object **pronoun** along with the indirect object.

Yo **le** di el libro **a Sofía.**	*I gave the book **to Sofía.***
Sofía **les** guardó el libro **a sus padres.**	*Sofía kept the book **for her parents.***

(*See also* **Direct Objects** *and* **Pronouns.**)

INFINITIVES (Los infinitivos) are verb forms that are uninflected or **not conjugated** according to a specific **person.** In English, infinitives are preceded by *to: to talk, to eat, to live.* Infinitives in Spanish end in **-ar (hablar)**, **-er (comer)**, and **-ir (vivir)**.

INTERROGATIVES (Las formas interrogativas) are used to pose questions and carry accent marks to distinguish them from other uses. Basic interrogative words include: **quién(es), qué, cómo, cuánto(a)(s), cuándo, por qué, dónde, cuál(es).**

¿**Qué** quieres?	***What*** *do you want?*
¿**Cuándo** llegó ella?	***When*** *did she arrive?*
¿De **dónde** eres?	***Where*** *are you from?*

(*See also* **Exclamatory Words.**)

MOOD (El modo) is like the word *mode,* meaning *manner* or *way.* It indicates the way in which the speaker views an action, or his/her attitude toward the action. Besides the **imperative** mood, which is simply giving commands, two basic moods in Spanish: the **subjunctive** and the **indicative.** Basically, the subjunctive mood communicates an attitude of uncertainty or negation toward the action, while the indicative indicates that the action is certain or factual. Within each of these moods there are many **tenses.** Hence you have the present indicative and the present subjunctive, the present perfect indicative and the present perfect subjunctive, etc.

- **Indicative mood** (**El indicativo**) is used to talk about actions that are regarded as certain or as facts: things that happen all the time, have happened, or will happen. It is used in contrast to situations where the speaker is voicing an opinion, doubts, or desires. (*See* **Mood** and **Subjunctive**.)

Yo **quiero** ir a la fiesta.	*I **want** to go to the party.*
¿**Quieres** ir conmigo?	*Do **you want** to go with me?*

- **Subjunctive mood** (**El subjuntivo**) indicates a recommendation, a statement of uncertainty or negation, or a hypothetical situation.

Yo recomiendo que tú **vayas** a la fiesta.	*I recommend that **you go** to the party.*
Dudo que **vayas** a la fiesta.	*I doubt that **you'll go** to the party.*
No creo que **vayas** a la fiesta.	*I don't believe that **you'll go** to the party.*
Si **fueras** a la fiesta, te divertirías.	*If **you were to go** to the party, you would have a good time.*

- **Imperative mood** (**El imperativo**) is used to make a command or request.

¡**Ven** conmigo a la fiesta!	***Come** with me to the party!*

(*See also* **Indicative, Imperative,** *and* **Subjunctive**.)

NEGATION (La negación) takes place when a negative word, such as **no,** is placed before an affirmative sentence. In Spanish, double negatives are common.

Yolanda va a cantar esta noche.	*Yolanda will sing tonight.* (affirmative)
Yolanda **no** va a cantar esta noche.	*Yolanda will **not** sing tonight.* (negative)
Ramón quiere algo.	*Ramón wants something.* (affirmative)
Ramón **no** quiere **nada**.	*Ramón **doesn't** want **anything**.* (negative)

NOUNS (Los sustantivos) are persons, places, things, or ideas. Names of people, countries, and cities are proper nouns and are capitalized.

Alberto	*Albert* (person)
el pueblo	*town* (place)
el diccionario	*dictionary* (thing)

ORTHOGRAPHY (La ortografía) refers to the spelling of a word or anything related to spelling such as accentuation.

PASSIVE VOICE (La voz pasiva), as compared to **active voice (la voz activa),** places emphasis on the action itself rather than the subject (the person or thing that is indirectly responsible for committing the action). The passive **se** is used when there is no apparent subject.

Luis vende los coches.	*Luis sells the cars.* (active voice)
Los coches **son vendidos por** Luis.	*The cars **are sold by** Luis.* (passive voice)
Se venden los coches.	*The cars **are sold**.* (passive voice)

(*See also* **Active Voice**.)

PAST PARTICIPLES (Los participios pasados) are verb forms used in compound tenses such as the **present perfect**. Regular past participles are formed by dropping the **-ar** or **-er/-ir** from the **infinitive** and adding **-ado** or **-ido**. Past participles are the equivalent of verbs ending in *-ed* in English. They may also be used as **adjectives,** in which case they agree in **number** and **gender** with their nouns. Irregular past participles include: **escrito, roto, dicho, hecho, puesto, vuelto, muerto, cubierto.**

Marta ha **subido** la montaña.	*Marta has **climbed** the mountain.*
Hemos **hablado** mucho por teléfono.	*We have **talked** a lot on the phone.*
La novela **publicada** en 1995 es su mejor novela.	*The novel **published** in 1995 is her best novel.*

PERFECT TENSES (Los tiempos perfectos) communicate the idea that an action has taken place before now (present perfect) or before a moment in the past (past perfect). The perfect tenses are compound tenses consisting of the verb **haber** plus the **past participle** of a second verb.

Yo **he comido.**	*I **have eaten**.* (present perfect indicative)
Antes de la fiesta, yo ya **había comido.**	*Before the party **I had already eaten**.* (past perfect indicative)
Yo espero que **hayas comido.**	*I hope that **you have eaten**.* (present perfect subjunctive)
Yo esperaba que **hubieras comido.**	*I hoped that **you had eaten**.* (past perfect subjunctive)

PERSON (La persona) refers to changes in the subject pronouns that indicate if one is speaking (first person), if one is spoken to (second person), or if one is spoken about (third person).

Yo hablo.	*I speak.* (1st-person singular)
Tú hablas.	*You speak.* (2nd-person singular)
Ud./Él/Ella habla.	*You/He/She speak(s).* (3rd-person singular)
Nosotros(as) hablamos.	*We speak.* (1st-person plural)
Vosotros(as) habláis.	*You speak.* (2nd-person plural)
Uds./Ellos/Ellas hablan.	*They speak.* (3rd-person plural)

PREPOSITIONS (Las preposiciones) are linking words indicating spatial or temporal relations between two words.

Ella nadaba **en** la piscina.	*She was swimming **in** the pool.*
Yo llamé **antes de** las nueve.	*I called **before** nine o'clock.*
El libro es **para** ti.	*The book is **for** you.*
Voy **a** la oficina.	*I'm going **to** the office.*
Jorge es **de** Paraguay.	*Jorge is **from** Paraguay.*

PRESENT PARTICIPLE (El participio del presente) is the Spanish equivalent of the *-ing* verb form in English. Regular participles are created by replacing the infinitive endings (**-ar, -er/-ir**) with **-ando** or **-iendo.** They are often used with the verb **estar** to form the present progressive tense. The present progressive tense places emphasis on the continuing or progressive nature of an action. In Spanish, this form is referred to as a gerund.

Miguel está **cantando** en la ducha.	*Miguel is **singing** in the shower.*
Los niños están **durmiendo** ahora.	*The children are **sleeping** now.*

(*See also* **Gerunds**)

GERUNDS (Los gerundios) in Spanish refer to the present participle. In English gerunds are verbals (based on a verb and expressing an action or a state of being) that function as nouns. In most instances where the gerund is used in English, the infinitive is used in Spanish.

(El) **Ser** cortés no cuesta nada.	***Being** polite is not hard.*
Mi pasatiempo favorito es (el) **viajar.**	*My favorite pasttime is **traveling.***
Después de **desayunar,** salió de la casa.	*After **eating** breakfast, he left the house.*

(*See also* **Present Participle.**)

PRETERITE (El pretérito) The preterite tense, as compared to the **imperfect tense,** is used to talk about past events with specific emphasis on the beginning or the end of the action, or emphasis on the completed nature of the action as a whole.

Anoche yo **empecé** a estudiar a las once y **terminé** a la una.
*Last night I **began** to study at eleven o'clock and **finished** at one o'clock.*

Esta mañana **me desperté** a las siete, **desayuné, me duché** y **vine** al campus para las ocho.
*This morning I **woke up** at seven, I **ate** breakfast, I **showered,** and I **came** to campus by eight.*

PERSONAL A (La *a* personal) The personal **a** refers to the placement of the preposition **a** before the name of a person or a pet when it is the **direct object** of the sentence.

Voy a llamar **a** María.	*I'm going to call María.*
El veterinario curó **al** perro.	*The veterinarian treated the dog.*

PRONOUNS (Los pronombres) are words that substitute for **nouns** in a sentence.

Yo quiero **este.**	*I want **this one.** (demonstrative—points out a specific person, place, or thing)*
¿**Quién** es tu amigo?	***Who** is your friend? (interrogative—used to ask questions)*
Yo voy a llamar**la.**	*I'm going to call **her.** (direct object—replaces the direct object of the sentence)*
Ella va a dar**le** el reloj.	*She is going to give **him** the watch. (indirect object—replaces the indirect object of the sentence)*
Juan **se** baña por la mañana.	*Juan bathes **himself** in the morning. (reflexive—used with reflexive verbs to show that the agent of the action is also the recipient)*

Es la mujer **que** conozco.	She is the woman ***that*** I know. (relative—used to introduce a clause that describes a noun)
Nosotros somos listos.	***We*** are clever. (subject—replaces the noun that performs the action or state of a verb)

SUBJECTS (Los sujetos) are the persons, places, or things which perform the action of a verb, or which are connected to a description by a verb. The **conjugated** verb always agrees with its subject.

Carlos siempre baila solo.	***Carlos*** always dances alone.
Colorado y **California** son mis estados preferidos.	***Colorado*** and ***California*** are my favorite states.
La cafetera produce el café.	The ***coffee pot*** makes the coffee.

(*See also* **Active Voice.**)

SUBJUNCTIVE (El subjuntivo) The subjunctive mood is used to express speculative, doubtful, or hypothetical situations. It also communicates a degree of subjectivity or influence of the main clause over the subordinate clause.

No creo que **tengas** razón.	I don't think that ***you're*** right.
Si yo **fuera** el jefe, es pagaría más a mis empleados.	If I ***were*** the boss, I would pay my employees more.
Quiero que **estudies** más.	I want ***you to study*** more.

(*See also* **Mood, Indicative.**)

SUPERLATIVE STATEMENTS (Las frases superlativas) are formed by adjectives or adverbs to make comparisons among three or more members of a group. To form superlatives, add a definite article (**el, la, los, las**) before the comparative form.

Juan es **el más alto** de los tres.	Juan is ***the tallest*** of the three.
Este coche es **el más rápido** de todos.	This car is ***the fastest*** of them all.

(*See also* **Comparisons.**)

TENSES (Los tiempos) refer to the manner in which time is expressed through the **verb** of a sentence.

Yo estudio.	I study. (present tense)
Yo estoy estudiando.	I am studying. (present progressive)
Yo he estudiado.	I have studied. (present perfect)
Yo había estudiado.	I had studied. (past perfect)
Yo estudié.	I studied. (preterite tense)
Yo estudiaba.	I was studying. (imperfect tense)
Yo estudiaré.	I will study. (future tense)

VERBS (Los verbos) are the words in a sentence that communicate an action or state of being.

Helen **es** mi amiga y ella **lee** muchas novelas.	Helen ***is*** my friend and she ***reads*** a lot of novels.

- **Auxiliary verbs** (**Los verbos auxiliares**) or helping verbs **haber, ser,** and **estar** are used to form the passive voice, compound tenses, and verbal periphrases.

Estamos estudiando mucho para el examen mañana.	***We are*** studying a lot for the exam tomorrow. (*verbal periphrases*)
Helen **ha** trabajado mucho en este proyecto.	Helen ***has*** worked a lot on this project. (*compound tense*)
La ropa fue hecha en Guatemala.	The clothing ***was*** made in Guatemala (*passive voice*)

- **Reflexive verbs** (**Los verbos reflexivos**) use reflexive **pronouns** to indicate that the person initiating the action is also the recipient of the action.

Yo **me afeito** por la mañana.	***I shave (myself)*** in the morning.

- **Stem-changing verbs** (**Los verbos con cambios de raíz**) undergo a change in the main part of the verb when conjugated. To find the stem, drop the **-ar, -er,** or **-ir** from the **infinitive: dorm-, empez-, ped-.** There are three types of stem-changing verbs: **o** to **ue, e** to **ie** and **e** to **i.**

dormir: Yo d**ue**rmo en el parque.	I sleep in the park. (**o** to **ue**)
empezar: Ella siempre emp**ie**za su trabajo temprano.	She always starts her work early. (**e** to **ie**)
pedir: ¿Por qué no p**i**des ayuda?	Why don't you ask for help? (**e** to **i**)

Asking questions
Question words

¿Adónde? To where?
¿Cómo? How?
¿Cuál(es)? Which? What?
¿Cuándo? When?
¿Cuánto/¿Cuánta? How much?
¿Cuántos/¿Cuántas? How many?
¿Dónde? Where?
¿Para qué? For what reason?
¿Por qué? Why?
¿Qué? What?
¿Quién(es)? Who? Whom?

Requesting information

¿Cómo es su (tu) profesor/profesora favorito/favorita? What's your favorite professor like?
¿Cómo se (te) llama(s)? What's your name?
¿Cómo se llama? What's his/her name?
¿Cuál es su (tu) facultad? What's your school/college?
¿Cuál es su (tu) número de teléfono? What's your telephone number?
¿De dónde es (eres)? Where are you from?
¿Dónde hay...? Where is/are there . . .?
¿Qué estudia(s)? What are you studying?

Asking for descriptions

¿Cómo es...? What is . . . like?
¿Cómo son...? What are . . . like?

Asking for clarification

¿Cómo? What?
Dígame (Dime) una cosa. Tell me something.
Más despacio. More slowly.
  No comprendo./No entiendo. I don't understand.
  ¿Perdón? Pardon me?
  ¿Qué? Otra vez, por favor. What? One more time, please.
  Repita (Repite), por favor. Please repeat.

Asking about and expressing likes and dislikes

¿Te (le) gusta(n)? Do you like it (them)?
No me gusta(n). I don't like it (them).
Sí, me gusta(n). Yes, I like it (them).

Asking for confirmation

... ¿de acuerdo? . . . agreed? (*Used when some type of action is proposed.*)
... ¿no? . . . isn't that so? (*Not used with negative sentences.*)
... ¿no es así? . . . isn't that right?

... ¿vale? . . . okay?
... ¿verdad? ¿cierto? . . . right?
... ¿está bien? . . . OK?

Asking for clarification

Disculpe. No entiendo. Excuse me. I don't understand.
¿Qué significa...? What does . . . mean?
¿Voleibolista? What is a *voleibolista*?

Complaining

Es demasiado caro/cara (costoso/costosa). It's too expensive.
Esto es el colmo. This is the last straw.
No es justo. It isn't fair.
¡No, hombre/mujer! No way!
No puedo esperar más. I can't wait anymore.
No puedo más. I can't take this anymore.
Pero, por favor... But, please . . .

Expressing belief

Es cierto/verdad. That's right./That's true.
Estoy seguro/segura. I'm sure.
Lo creo. I believe it.
No cabe duda de que... There can be no doubt that . . .
No lo dudo. I don't doubt it.
No tengo la menor duda. I haven't the slightest doubt.
Tiene(s) razón. You're right.

Expressing disbelief

Caben dudas. There are doubts.
Dudo si... I doubt/I'm doubtful whether . . .
Es poco probable. It's doubtful/unlikely.
Lo dudo. I doubt it.
No lo creo. I don't believe it.
No tienes razón. You're wrong.
Tengo mis dudas. I have my doubts.

Expressing frequency of actions and length of activities

¿Con qué frecuencia...? How often . . .?
de vez en cuando from time to time
durante la semana during the week
frecuentemente frequently
los fines de semana on the weekends
nunca never
por la mañana/por la tarde/por la noche in the morning/afternoon/evening
siempre always
todas las tardes/todas las noches every afternoon/evening
todos los días every day
Hace un año/dos meses/tres semanas que... for a year/two months/three weeks

Listening for instructions in the classroom

Abran los libros en la página... Open your books to page . . .
Cierren los libros. Close your books.
Complete (Completa) (Completen) la oración. Complete the sentence.
Conteste (Contesta) (Contesten) en español. Answer in Spanish.
Escriba (Escribe) (Escriban) en la pizarra. Write on the board.
Formen grupos de...estudiantes. Form groups of . . . students.
Practiquen en parejas. Practice in pairs.
¿Hay preguntas? Are there any questions?
Lea (Lee) en voz alta. Read aloud.
Por ejemplo... For example . . .
Prepare (Prepara) (Preparen)...para mañana. Prepare . . . for tomorrow.
Repita (Repite), (Repitan) por favor. Please repeat.
Saque (Saca) (Saquen) el libro (el cuaderno, una hoja de papel). Take out the book (the notebook, a piece of paper).

Greeting and conversing
Greetings

Bien, gracias. Fine, thanks.
Buenas noches. Good evening.
Buenas tardes. Good afternoon.
Buenos días. Good morning.
¿Cómo está usted (estás)? How are you?
¿Cómo le (te) va? How is it going?
Hola. Hi.
Mal. Ill./Bad./Badly.
Más o menos. So so.
Nada. Nothing.
No muy bien. Not too well.
¿Qué hay de nuevo? What's new?
¿Qué tal? How are things?
Regular. Okay.
¿Y usted (tú)? And you?

Introducing people

¿Cómo se (te) llama(s)? What is your name?
¿Cómo se llama(n) él/ella/usted(es)/ellos/ellas? What is (are) his/her, your, their name(s)?
¿Cuál es su (tu) nombre? What is your name?
El gusto es mío. The pleasure is mine.
Encantado/Encantada. Delighted.
Igualmente. Likewise.
Me llamo... My name is . . .
Mi nombre es... My name is . . .
Mucho gusto. Pleased to meet you.
Quiero presentarle(te) a... I want to introduce you to . . .
Se llama(n)... His/Her/Their name(s) is/are . . .

Entering into a conversation

Escuche (Escucha). Listen.
(No) Creo que... I (don't) believe that . . .
(No) Estoy de acuerdo porque... I (don't) agree because . . .
Pues, lo que quiero decir es que... Well, what I want to say is . . .
Quiero decir algo sobre... I want to say something about . . .

Saying good-bye

Adió s. Good-bye.
Chao. Good-bye.
Hasta la vista. Until we meet again.
Hasta luego. See you later.
Hasta mañana. Until tomorrow.
Hasta pronto. See you soon.

Chatting

(Bastante) bien. (Pretty) well, fine.
¿Cómo está la familia? How's the family?
¿Cómo le (te) va? How's it going?
¿Cómo van las clases? How are classes going?
Fenomenal. Phenomenal.
Horrible. Horrible.
Mal. Bad(ly).
Nada de nuevo. Nothing new.
¿Qué hay de nuevo? What's new?
¿Qué tal? How's it going?

Using exclamations

¡Caray! Oh! Oh no!
¡Dios mío ! Oh, my goodness!
¡Estupendo! Stupendous!
¡Fabuloso! Fabulous!
¡Qué barbaridad! How unusual! Wow! That's terrible!
¡Qué bien! That's great!
¡Qué desastre! That's a disaster!
¡Qué gente más loca! What crazy people!
¡Qué horrible! That's horrible!
¡Qué increíble! That's amazing!
¡Qué lástima! That's a pity! That's too bad!
¡Qué mal! That's really bad!
¡Qué maravilla! That's marvelous!
¡Qué padre! That's cool!
¡Qué pena! That's a pain! That's too bad!

Extending a conversation using fillers and hesitations

A ver... Let's see . . .
Buena pregunta... That's a good question . . .
Bueno... Well . . ..
Es que... It's that . . .
Pues...no sé. Well . . . I don't know.
Sí, pero... Yes, but . . .
No creo. I don't think so.

Expressing worry

¡Ay, Dios mío! Good grief!
¡Es una pesadilla! It's a nightmare!
¡Eso debe ser horrible! That must be horrible!

¡Pobre! Poor thing!
¡Qué espanto! What a scare!
¡Qué horror! How horrible!
¡Qué lástima! What a pity!
¡Qué mala suerte/pata! What bad luck!
¡Qué terrible! How terrible!
¡Qué triste! How sad!
¡Qué pena! What a shame!

Expressing agreement

Así es. That's so.
Cierto./Claro (que sí)./Seguro. Certainly. Sure(ly).
Cómo no./Por supuesto. Of course.
Correcto. That's right.
Es cierto/verdad. It's true.
Eso es. That's it.
(Estoy) de acuerdo. I agree.
Exacto. Exactly.
Muy bien. Very good. Fine.
Perfecto. Perfect.
Probablemente. Probably.

Expressing disagreement

Al contrario. On the contrary.
En absoluto. Absolutely not. No way.
Es poco probable. It's doubtful/not likely.
Incorrecto. That's not right.
No es así. That's not so.
No es cierto. It's not so.
No es verdad. It's not true.
No es eso. That's not it.
No está bien. It's no good/not right.
No estoy de acuerdo. I don't agree.
Todo lo contrario. Just the opposite./ Quite the contrary.

Expressing sympathy

Es una pena. It's a pity.
Le doy mi pésame. You have my sympathy.
Lo siento mucho. I'm very sorry.
Mis condolencias. My condolences.
¡Qué lástima! What a pity!

Expressing encouragement

¡A mí me lo dice(s)! You're telling me!
¿De veras?/¿De verdad? Really? Is that so?
¿En serio? Seriously? Are you serious?
¡No me diga(s)! You don't say!
¿Qué hizo (hiciste)? What did you do?
¿Qué dijo (dijiste)? What did you say?
¡Ya lo creo! I (can) believe it!

Expressing obligation

Necesitar + *infinitive* To need to . . .
(No) es necesario + *infinitive* It's (not) necessary to . . .
(No) hay que + *infinitive* One must(n't) . . ., One does(n't) have to . . .
(Se) debe + *infinitive* (One) should (ought to) . . .
Tener que + *infinitive* To have to . . .

In the hospital
Giving instructions

Aplicar una pomada. Apply cream/ ointment.
Bañarse con agua fría/caliente. Take a bath in cold/hot water.
Lavar la herida. Wash the wound.
Llamar al médico. Call the doctor.
Pedir información. Ask for information.
Poner hielo. Put on ice.
Poner una tirita/una venda. Put on a Band-Aid®/a bandage.
Quedarse en la cama. Stay in bed.
Sacar la lengua. Stick out your tongue.
Tomar la medicina/las pastilles después de cada comida (dos veces al día/antes de acostarse). Take the medicine/ the pills after each meal (two times a day/ before going to bed).

Describing symptoms

Me duele la cabeza/la espalda, etc. I have a headache/backache, etc.
Me tiemblan las manos. My hands are shaking.
Necesito pastillas (contra fiebre, mareos, etc.). I need pills (for fever, dizziness, etc.).
Necesito una receta (unas aspirinas, un antibiótico, unas gotas, un jarabe). I need a prescription (aspirin, antibiotics, drops, cough syrup).

Invitations
Extending invitations

¿Le (Te) gustaría ir a...conmigo? Would you like to go to . . . with me?
¿Me quiere(s) acompañar a...? Do you want to accompany me to . . .?
¿Quiere(s) ir a...? Do you want to go to . . .?
Si tiene(s) tiempo, podemos ir a... If you have time, we could go to . . .

Accepting invitations

Sí, con mucho gusto. Yes, with pleasure.
Sí, me encantaría. Yes, I'd love to.
Sí, me gustaría mucho. Yes, I'd like to very much.

Declining invitations

Lo siento mucho, pero no puedo. I'm very sorry, but I can't.
Me gustaría, pero no puedo porque... I'd like to, but I can't because . . .

Making reservations and asking for information

¿Dónde hay...? Where is/are there . . .?
¿El precio incluye...? Does the price include . . .?
Quisiera reservar una habitación... I would like to reserve a room . . .

Opinions and suggestions
Asking for opinions

¿Cuál prefiere(s)? Which do you prefer?
¿Le (Te) gusta(n)...? Do you like . . .?
¿Le (Te) interesa(n)...? Are you interested in . . .?
¿Qué opina(s) de...? What's your opinion about . . .?
¿Qué piensa(s)? What do you think?
¿Qué le (te) parece(n)? How does/do . . . seem to you?

Giving opinions

Creo que... I believe that . . .
Me gusta(n)... I like . . .
Me interesa(n)... I am interested in . . .
Me parece(n)... It seems . . . to me. (They seem . . . to me.)
Opino que... It's my opinion that . . .
Pienso que... I think that . . .
Prefiero... I prefer . . .

Adding information

A propósito/De paso... By the way . . .
Además... In addition . . .
También... Also . . .

Giving suggestions

Es bueno. It's good.
Es conveniente. It's convenient.
Es importante. It's important.
Es imprescindible. It's indispensable.
Es mejor. It's better.
Es necesario./Es preciso. It's necessary.
Es preferible. It's preferable.

Negating and contradicting

¡Imposible! Impossible!
¡Jamás!/¡Nunca! Never!
Ni hablar. Don't even mention it.
No es así. It's not like that.
No está bien. It's not all right.

Making requests

¿Me da(s)...? Will you give me . . .?
¿Me hace(s) el favor de...? Will you do me the favor of . . .?
¿Me pasa(s)...? Will you pass me . . .?
¿Me puede(s) dar...? Can you give me . . .?

¿Me puede(s) traer...? Can you bring me . . .?
¿Quiere(s) darme...? Do you want to give me . . .?
Sí, cómo no. Yes, of course.

In a restaurant
Ordering a meal in a restaurant

¿Cuánto es la entrada? How much is the cover charge?
¿Está incluida la propina? Is the tip included?
Me falta(n)... I need . . .
¿Me puede traer..., por favor? Can you please bring me . . .?
¿Puedo ver la carta/el menú/la lista de vinos? May I see the menu/the wine list?
¿Qué recomienda usted? What do you recommend?
¿Qué tarjetas de crédito aceptan? What credit cards do you accept?
Quisiera hacer una reserva para... I would like to make a reservation for . . .
¿Se necesitan reservaciones? Are reservations needed?
¿Tiene usted una mesa para...? Do you have a table for . . .?
Tráigame la cuenta, por favor. Please bring me the check/bill.

Describing food

Contiene... It contains . . .
Es como... It's like . . .
Es dulce (agrio/agria, etc.)... It's sweet (bitter, etc.) . . .
Huele a... It smells like . . .
Sabe a... It tastes like . . .
Se parece a... It looks like . . .
Su textura es blanda/dura/cremosa, etc. Its texture is soft/hard/creamy, etc.

Shopping
Asking how much something costs and bargaining

¿Cuál es el precio de...? What's the price of . . .?
¿Cuánto cuesta...? How much is . . .?
El precio es... The price is . . .
Cuesta alrededor de...almes. It costs around . . . per month.

¿Cuánto cuestan? How much do they cost?
¿Cuánto cuesta(n)? How much does it (do they) cost?
¿Cuánto vale(n)? How much is it (are they) worth?
De acuerdo. Agreed. All right.
Es demasiado. It's too much.
Es una ganga. It's a bargain.
No más. No more.
No pago más de... I won't pay more than . . .
sólo only
última oferta final offer

Describing how clothing fits

Me queda bien./Me quedan bien. It fits me well./They fit me well.
Te queda mal./Te quedan mal. It fits you badly. They fit you badly.
Le queda bien./Le quedan bien. It fits him/her/you well. They fit him/her/you well.

Getting someone's attention

con permiso excuse me
discúlpeme excuse me
oiga listen
perdón pardon
perdóneme pardon me

Expressing satisfaction and dissatisfaction

El color es horrible. The color is horrible.
El modelo es aceptable. The style is acceptable.
Es muy barato/barata. It's very inexpensive.
Es muy caro/cara. It's very expensive.
Me gusta el modelo. I like the style.

Thanking

De nada./Por nada./No hay de qué. It's nothing. You're welcome.
¿De verdad le (te) gusta? Do you really like it?
Estoy muy agradecido/agradecida. I'm very grateful.
Gracias. Thanks./Thank you.
Me alegro que le (te) guste. I'm glad you like it.
Mil gracias. Thanks a lot.
Muchas gracias. Thank you very much.
Muy amable de su (tu) parte. You're very kind.

This vocabulary includes all the words and expressions listed as active vocabulary in **Exporaciones**. The number following the definition refers to the chapter in which the word or phrase was first used actively. For example, an entry followed by **13** is first used actively in **Capítulo 13**. Nouns that end in -o are maculine and in -a are feminine unless unless otherwise indicated.

All words are alphabetized according to the 1994 changes made by the Real Academia: **ch** and **ll** are no longer considered separate letters of the alphabet.

Stem-changing verbs appear with the vowel change in parentheses after the infinitive: **(ie), (ue), (i), (ie, i), (e, i), (ue, u),** or **(i, i).** Most cognates, conjugated verb forms, and proper nouns used as passive vocabulary in the text are not included in this glossary.

The following abbreviations are used:

adj. adjective *n.* noun	*dem.* **demonstrative** *prep.* **preposition**	*form.* formal *s.* singular
adv. adverb *pl.* plural	*dir. obj.* **direct object** *pron.* **pronoun**	*indir. obj.* indirect object *subj.* subject
art. article *pp.* past participle	*f.* feminine *refl.* reflexive	*interj.* interjection *v.* verb
conj. conjunction *poss.* possessive	*f.* feminine	*m.* masculine

A

a to, at; **a causa de** on account of; **a cuadros** checkered; plaid (11); **a diferencia de** unlike; in contrast to; **a fin de que** so (that) (14); in order to (14); **a la derecha (de)** to the right (of) (4); **a la izquierda (de)** to the left (of) (4); **a lo largo (de)** along; **a lunares** polkadotted; **a menos que** unless (14); **a menudo** frequently, often; **a pesar de** in spite of; **a propósito** by the way; **a rayas** striped (11); **a tiempo completo** full-time; **a tiempo** on time (10); **a tiempo parcial** part-time; **a veces** at times; **a ver** let's see; **al contrario** on the contrary; **al contrario de** unlike; **al día** per day; **al fin y al cabo** after all; when all is said and done; **al final** in the end; **al fondo (de)** in (the) back (of); **al horno** baked (7); **al igual que** like; **al lado (de)** alongside (of); beside, next to (4); **al mes** per month; **al principio** at the beginning
abajo *adv.* below; **abajo de** under
abdomen *m.* abdomen
abogado(a) lawyer (5); attorney
abordar to board (10); **pase** *m.* **de abordar** boarding pass
abrazar (c) to hug (13)
abrigo coat (3)
abril *m.* April (3)
abrir to open (3)
abstracto(a) abstract; **arte** *m.* **abstracto** abstract art (11)
abuelo(a) grandfather/grandmother (2)
aburrido(a) bored (5); boring (1)
aburrirse to become bored (9)
acabar to finish (11); **acabar de** (+ *inf.*) to have just (*done something*)
acampar to go camping
acaso perhaps
acción *f.* action
aceite *m.* oil
aceituna olive
aceptar to accept
acera sidewalk (9)
acercarse (qu) to approach
acompañar to accompany
acondicionado(a): aire acondicionado *m.* air-conditioning
acontecimiento event
acostarse (ue) to lie down (6); to go to bed (6)
actividad activity
actor *m.* actor (5)
actriz *f.* actress (5)
actual current
acuerdo agreement; **de acuerdo** agreed, all right; **estar de acuerdo** to agree
adelgazar (c) to lose weight

además besides; furthermore; in addition
adiós good-bye (1)
adjetivo adjective
administración *f.* **de empresas** business and management
adolescencia adolescence (13)
adolescente *m. f.* adolescent (13)
¿adónde? to where? (3)
aduana customs (10); **agente de aduana** customs official
adulto adult (13)
aéreo(a) *adj.* air; **línea aérea** airline
aerolínea airline
aeropuerto (internacional) (international) airport (10)
afeitarse to shave (6)
aficionado(a) fan (6)
afuera *adv.* outside
agasajado(a) guest of honor
agenda date book, agenda
agente *m. f.* agent; **agente de aduana** customs official; **agente de seguridad** security agent (10); **agente de viajes** travel agent (5)
agosto August (3)
agradecido(a) grateful
agregar (gu) to add (8)
agresivo(a) aggressive (1)
agua *f.* (*but* **el agua**) water; **esquiar en el agua** to water ski
aguacate *m.* avocado
águila *f.* (*but* **el águila**) eagle
ahí there
ahora now; **hasta ahora** up to now, so far
aire acondicionado *m.* air-conditioning
ajedrez *m.* chess (8)
ajo garlic
alberca swimming pool
albergue estudiantil *m.* youth hostel
alegrarse to become happy (9)
alegre happy (5)
alemán *m.* German (*language*) (2)
alergia allergy (14)
alfombra carpet (4); rug
álgebra *m.* algebra
algo something (6); **algo que declarar** something to declare
algodón *m.* cotton (11)
alguien someone, somebody (6)
algún/alguno(a) some (6)
aliviar to relieve, alleviate
allá over there (11)
allí there (11)
almacén *m.* department store
almohada pillow
almorzar (ue) (c) to have lunch (4)
almuerzo lunch (7)
aló hello (*telephone response in some countries*)
alojamiento lodging (7)
alojarse to lodge (7), to stay (*in a hotel*) (7)

alpinismo mountain climbing (6); **hacer alpinismo** to climb mountains (6)
alquilar to rent (4)
alto(a) high; tall (1); **presión** *f.* **alta** high blood pressure (14)
amable kind (1)
amarillo(a) yellow (3)
ambiente *m.* atmosphere, environment
ambulancia ambulance (5)
americano: fútbol americano football (6)
amigo(a) friend (2)
amo(a) de casa homemaker (5)
anaranjado(a) orange (3)
ándale there you go
andar to walk (6); **andar en bicicleta** to ride a bike (6)
andén *m.* platform (10)
anfibio amphibian (12)
anfitrión(-ona) host
anillo ring (13)
animado(a) excited; **dibujos animados** cartoons (13)
ánimo encouragement
aniversario (wedding) anniversary (9)
anoche last night (6)
ante todo first of all, first and foremost
anteayer the day before yesterday
anterior before, prior
antes previously; **antes de** (+ *inf.*) before (*doing something*) (6); **antes (de) que** before
antibiótico antibiotic
antipático(a) unfriendly (1)
antropología anthropology
anuncio comercial commercial (13)
añadir to add
año year; **el año pasado** last year; **los quince años** girl's fifteenth birthday celebration (9); **tener... años** to be ... years old (2)
apagar (gu) to turn off (11)
aparcamiento parking lot
apartamento apartment (4)
apio celery
aplicarse (qu) to apply
apreciar to appreciate (11); to enjoy (11)
aprender (a +*inf.***)** to learn (*to do something*) (3)
apretado(a) tight (11)
aprobar (ue) to approve
aquel(la) *adj.* that (over there)
aquél(la) *pron.* that (one) (over there)
aquello *pron.* that (one)
aquellos(as) *adj.* those (over there)
aquéllos(as) *pron.* those (over there)
aquí here (11); **hasta aquí** up to now, so far
árbol *m.* tree (12); **trepar un árbol** to climb a tree (8)
ardilla squirrel (12)
arena sand (12)

arete *m.* earring
argentino(a) Argentine (14)
árido(a) dry, arid
armario closet, armoire (4)
arquitecto(a) architect (5)
arquitectura architecture
arreglar to arrange; **arreglarse** to get ready (6)
arriba up (with)
arroz *m.* rice (7)
arte *m.* art (2); **arte abstracto** abstract art (11); **arte dramático** theater; **artes marciales** *f. pl.* martial arts; **bellas artes** *f. pl.* fine arts
arterial: presión *f.* **arterial** blood pressure
artesanías handicrafts
artículo article; **artículos de limpieza** cleaning materials
artista *m. f.* artist
asado(a) grilled (7)
ascensor *m.* elevator (7)
así like this, thus, in this manner; **así es** that's so; **así que** thus, therefore; **¿no es así?** isn't that so?
asiento seat (10)
asistente *m. f.* **de vuelo** flight attendant (5); **asistir (a)** to attend (3)
aspiradora vacuum cleaner; **pasar la aspiradora** to vacuum (10)
aspirante *m. f.* job candidate
aspirina aspirin (14)
astronomía astronomy
asustado(a) scared (5)
asustarse to become frightened (9)
atención *f.* attention
atender (ie) a to wait on; to attend to; to pay attention to (*other people*)
aterrizar (c) to land (10)
ático small attic apartment
atleta *m. f.* athlete
atlético(a) athletic (1)
atracción *f.* attraction; **parque** *m.* **de atracciones** amusement park
atrasado(a) late; **estar atrasado(a)** to be late
atravesar (ie) to cross (9)
atropellar to run over (9)
atún *m.* tuna
audiencia audience (13)
audífonos headphones (13)
aumento increase
aunque although, though
auto car
autobús *m.* bus; **estación** *f.* **de autobuses** bus station
autorretrato self-portrait (11)
auxilio help; **primeros auxilios** first aid (14)
ave *f.* (*but* **el ave**) poultry; bird (12)
avergonzado(a) embarrassed (5)
avión *m.* plane
ayer yesterday (6)
ayudar to help (2)
ayuntamiento city hall
azafata *f.* flight attendant
azúcar *m.* sugar (7)
azul blue (3)
azulejo tile

B

bádminton *m.* badminton (6)
bahía bay (12)
bailar to dance (2)
bailarín/bailarina dancer
bajar de to get out of (*a vehicle*) (9)
bajo(a) short (1); **presión** *f.* **baja** low blood pressure (14)
balcón *m.* balcony
ballena whale (12)
balneario spa
balón *m.* (volley)ball

baloncesto basketball
banco bank (4)
bandera flag (1)
bañarse to bathe (6); to take a bath; to shower (*Mex.*) (6)
bañera bathtub (4)
baño bath; bathtub; bathroom (4); **traje de baño** bathing suit
bar *m.* bar (4)
barato(a) inexpensive, cheap (11)
barbilla chin
barco ship, boat
barrer to sweep (10)
básquetbol *m.* basketball (6)
bastante rather
basura trash, garbage, litter (10); **bote** *m.* **de basura** trashcan (10); **sacar (qu) la basura** to take the trash out (10)
batido(a) whipped; **crema batida** whipped cream
batir to beat (8)
bautizo baptism (9)
beber to drink (3)
bebida drink (7)
béisbol *m.* baseball (6)
bellas artes *f. pl.* fine arts
beneficios benefits
besar to kiss (13)
biblioteca library (4)
bibliotecario(a) librarian
bicicleta bicycle; **andar en bicicleta** to ride a bike (6)
bien fine (1); well; **llevarse bien** to get along well (13); **pasarlo bien** to have a good time; **¡qué bien te queda esa falda!** that skirt really fits you well! (11); **sentirse (e, i) bien** to feel well
billete *m.* ticket
biología biology (2)
birth nacimiento (13)
bisabuela great grandmother
bisabuelo great grandfather
blanco(a) white (3); **vino blanco** white wine (7)
blando(a) soft
blusa blouse (3)
bluyíns *m., pl.* blue jeans (3)
boca mouth (6)
bocadillo snack (9)
boda wedding (9)
boleto ticket (10)
bolígrafo pen (1)
boliviano(a) Bolivian (14)
bolsa bag; purse (11); handbag
bolso bag; beach bag; purse (11); handbag
bombero(a) firefighter; **estación** *f.* **de bomberos** fire station
bonito(a) pretty (1); **¡qué color tan bonito!** what a pretty color! (11)
borracho(a) drunk (5)
borrador *m.* (chalk) eraser
bosque *m.* forest (12); wood(s)
bota boot (3)
bote *m.* **de basura** trashcan (10)
botella bottle
botones *m. f., sing. pl.* bellhop (7)
brazo arm (6)
brillante bright, shiny
brindar to toast (9)
brindis *m.* toast (*with a drink*) (9)
brócoli *m.* broccoli (8)
bucear con tubo de respiración to snorkel
bucear to scuba dive (6)
buen/bueno(a) good (1); **buen provecho** enjoy your meal; **buenas noches** good night (1); **buenas tardes** good afternoon (1); **buenos días** good morning (1); **hace buen tiempo** it's nice weather (3); **¡que tengas un buen día!** have a nice day (1)
bufanda scarf (3)

burro ironing board
buscador *m.* search engine (13)
buscar (qu) to look for (2)
butaca seat (*theater*) (13)

C

caballero gentleman
caballo horse (2); **montar a caballo** to ride horseback
cabello hair
caber to fit; **no cabe duda** there can be no doubt
cabeza head (6); **me duele la cabeza** I have a headache
cablevisión *f.* cablevision (13)
cabo: al fin y al cabo after all; when all is said and done
cactus *m.* cactus
cada each, every
cadera hip
caer(se) to fall (9)
café *m.* coffee (7); café (4); brown (3); **tomar café** to drink coffee
cafetera coffee maker (4)
cafetería cafeteria
caja cash register (11)
calabacita zucchini
calabaza squash; pumpkin
calcetines *m. pl.* socks (3)
calculadora calculator
cálculo calculus
calefacción *f.* heat
caliente warm, hot
calle *f.* street (4)
calor *m.* warmth; heat; **hace calor** it's hot; **tener (mucho) calor** to be (very) hot (2)
calvo(a) bald (1)
cama bed (4); **cama matrimonial** double bed; **coche** *m.* **cama** sleeping car (10); **hacer la cama** to make the bed (10)
camarero(a) (hotel) maid (7)
camarón *m.* shrimp (7)
cambiar to change
cambio change; **en cambio** on the other hand
camilla stretcher (9)
caminar to walk (2)
camisa shirt (3)
camiseta T-shirt (3)
campo field (6)
cáncer *m.* cancer (14)
cancha court (*sports*) (6)
cangrejo crab
canicas *pl.* marbles (8)
cansado(a) tired (5)
cantante *m. f.* singer (5)
cantar to sing (2)
cara face (6)
característica characteristic
¡caray! oh!; oh no!
cariñoso(a) loving (1)
carne *f.* meat (7); **carne de res** beef; **carne de vacuno** beef
carnicería butcher shop
caro(a) expensive (11); **¡qué caro(a)!** how expensive! (11)
carretera highway
carrito toy car (8)
carta letter (4); menu; *pl.* playing cards (8)
cartel *m.* poster (1)
cartera billfold, wallet
casa house
casarse (con) to get married to (9)
cascada waterfall (*small*) (12)
caso: en caso (de) (que) in case (that) (14)
catarata waterfall (12)
catarro cold (*illness*) (14)
catedral *f.* cathedral
catorce fourteen (1)

catsup *m.* ketchup (8)
causa cause; **a causa de** on account of
causar to cause
caza hunting (12)
cazar (c) to hunt (12)
CD *m.* CD; **reproductor de CDs** CD player (13)
cebolla onion (8)
cebra zebra (12)
ceja eyebrow
celebrar to celebrate (9)
celos *m. pl.* jealousy; **tener celos** to be jealous
celoso(a) jealous (5)
cena dinner (7)
cenar to eat dinner (7)
censurar to censor (13)
centro center; **centro comercial** shopping center
cepillarse to brush (6)
cerca (de) close (to) (4)
cerdo pork (7); pig (12)
cerebro brain (14)
ceremonia ceremony (13); **maestro(a) de ceremonias** master of ceremony
cereza cherry
cero zero (1)
cerrar (ie) to close (3); to shut
cerro hill
certeza certainty
cerveza beer (7)
césped *m.* lawn; **cortar el césped** to mow the lawn (10)
cesta basket
ceviche (cebiche) *m. raw fish marinated in lime juice*
chaleco vest (3)
chalet *m. villa*
champán *m.* champagne (9)
champú *m.* shampoo (6)
chao good-bye (1)
chaqueta jacket (3)
charlar to chat
charlatán(-ana) gossipy
chatear to chat (*online*) (13)
cheque *m.* check; **cheque de viaje** traveler's check; **cheque de viajero** traveler's check
chico(a) child; *adj.* small (11)
chileno(a) Chilean (14)
chimenea fireplace
chismear to gossip
chiste *m.* joke (8)
chocar (qu) (con) to crash (*into something*) (9)
ciclista *m. f.* cyclist (9)
cielo sky (12)
cien/ciento one hundred (1) (7); **cien mil** (one) hundred thousand; **cien millones** (one) hundred million; **ciento uno** one hundred one (1) (7)
ciencias *f. pl.* science; **ciencias de la computación** computer science; **ciencias de la pedagogía** education; **ciencias económicas** economics; **ciencias naturales** natural science (2); **ciencias políticas** political science (2); **ciencias sociales** social science (2)
científico(a) scientist (5)
cierto(a) *adj.* sure, certain, true; *adv.* certainly, surely; **¿cierto?** right?
cinco five (1)
cincuenta fifty (1)
cine *m.* movie theater (4); cinema
cintura waist
cinturón *m.* belt (3); **cinturón de seguridad** safety (seat) belt (10)
circo circus
cirugía surgery (14)
cita date (13)

ciudadano(a) citizen (14)
civil civil
claro(a) *adj.* sure; clear; *adv.* certainly, surely; **claro que no** of course not; **claro que sí** certainly, surely, of course
clase *f.* class; **compañero(a) de clase** classmate (2); **hotel de primera clase** first-class hotel; **primera clase** first class (10); **salón** *m.* **de clase** classroom (1); **segunda clase** second class (10)
clásico(a) classic
clasificación *f.* TV rating (13)
clic: hacer clic (en) to click on (13)
clínica clinic
club *m.* club (4)
coche *m.* car; **coche cama** sleeping car (10)
cocina kitchen (4); **papel de cocina** paper towel
cocinar to cook (2)
cocinero(a) cook
cocodrilo crocodile (12)
coctel *m.* cocktail (7)
codo elbow (6)
cognado cognate
cola line, queue; **hacer cola** to stand in line
coleccionar to collect
colega *m. f.* colleague
colegio school (*secondary*)
colgar (ue) to hang (10)
colina hill (12)
collar *m.* necklace
colmo height; **¡esto es el colmo!** this is the last straw!
colombiano(a) Colombian (14)
color *m.* color; **¡qué color tan bonito!** what a pretty color! (11)
columna vertebral spinal column
comedor *m.* dining room (4)
comenzar (ie) (c) to begin (3); to start
comer to eat (3) (5)
comerciante *m. f.* merchant
comercio: tratado de comercio trade agreement (14)
comestibles *m. pl.* groceries
cometa kite (8)
cómico(a) funny (1); **tira cómica** comic strip (8)
comida meal; food (7); lunch (7)
comercial: anuncio comercial commercial (13); **centro comercial** shopping center
como like, as; **como consecuencia** as a consequence; **como resultado** as a result
¿cómo? how? (3); what?; **¿cómo está usted?** how are you (*form.*) (1); **¿cómo estás?** how are you (*fam.*) (1); **cómo no** of course
cómoda chest of drawers; bureau
compañero(a) companion, significant other, partner; **compañero(a) de clase** classmate (2); **compañero(a) de cuarto** roommate
comparación *f.* comparison
comparado(a) con compared with
comparar to compare
compartir to share
compasión *f.* sympathy
competencia competition
competición *f.* competition
competir (i, i) to compete (3)
completar to complete; to fill out
completo(a) complete; **a tiempo completo** full-time; **pensión** *f.* **completa** full board
complicado(a) complex (11)
componer to repair
comprar to buy (2)
comprender to understand (3)

comprobante *m.* voucher, credit slip
comprometerse (con) to get engaged (to) (13)
compromiso engagement (13)
computación: ciencias de la computación computer science
computadora computer (1)
con with; **con mucho gusto** with pleasure; **con tal (de) que** provided (that) (14)
concierto concert
concluir (y) to conclude
conclusión *f.* conclusión; **en conclusión** in conclusion
concurso contest; game show (13)
condición *f.* condition
condimentos condiments
condolencias condolences
condominio condominium
conducir (zc) to drive (5)
conductor(a) driver (9); TV host (13)
conejo rabbit (12)
conexión *f.* connection (10)
conferencia lecture
confirmar to confirm
confundido(a) (5)
conjunción *f.* conjunction
conjunto outfit
conmigo with me
conocer (zc) to know (5); to be acquainted with (5)
conocimiento knowledge
consecuencia consequence; **como consecuencia** as a consequence
conseguir (i, i) to get, obtain
consejero(a) adviser
conserje *m. f.* concierge
conservador(a) conservative (1) (11)
construir (y) to build, construct
consultar to look up (a webpage, a text, etc.); to consult
consultorio doctor's office
contabilidad *f.* accounting
contable *m. f.* accountant
contador(a) accountant (5)
contaminación pollution (12); contamination (12)
contar (ue) to count (8); to tell a story (8)
contener (*like* **tener)** to contain
contento(a) happy (5)
contestar to answer
continente *m.* continent
contra against
contradecir to contradict
contrario(a) opposite, contrary; **al contrario** on the contrary; **al contrario de** unlike
contraste *m.* contrast
control *m.* control; **control de pasaporte** passport control; **control de seguridad** security check; **control remoto** remote control (13)
conveniente convenient
conversación *f.* conversation
copa wine glass (7)
corazón *m.* heart (14)
corbata tie (3)
cordero lamb
cordillera mountain range
correcto(a) that's right
correo mail; post office (4); **oficina de correos** post office
correr to run (3); **pista de correr** track
cortacésped *m.* lawnmower (10)
cortar to cut (8); **cortarse** to cut (oneself) (6) (14); **cortar el césped** to cut, to mow the lawn (10)
cortina curtain
corto(a) short (1); **pantalones** *m. pl.* **cortos** shorts

cosa thing
costa coast (12)
costar (ue) to cost (4)
costarricense *m. f.* Costa Rican (14)
costoso(a) expensive
coyuntura join
crédito credit; **tarjeta de crédito** credit card (11)
creer to believe (3); to think
crema cream (8); **crema batida** whipped cream
cremoso(a) creamy
criminología criminology (2)
cruce *m.* crosswalk (9)
crucigrama *m.* crossword puzzle
cruel cruel (1)
cruzar (c) to cross (9)
cuaderno notebook (1)
cuadro square; painting (4); picture (4); **a cuadros** checkered; plaid (11)
¿cuál(es)? which? (3)
cuando when
¿cuándo? when? (3)
cuanto: en cuanto as soon as (14)
¿cuánto(a)? how much? (3)
¿cuántos(as)? how many? (3)
cuarenta forty (1)
cuarto quarter (*of an hour*); room; **cuarto de baño** bathroom; **cuarto oscuro** darkroom; **compañero(a) de cuarto** roommate
cuarto(a) *adj.* fourth (4)
cuatro four (1)
cuatrocientos(as) four hundred (7)
cubano(a) Cuban (14)
cubanoamericano(a) Cuban-American
cubierto(a) covered
cubiertos *m. pl.* table setting; cutlery
cubista *m. f.* cubist (11)
cuchara soupspoon (7)
cucharita teaspoon
cuchillo knife (7)
cuello neck (6)
cuenta bill (*restaurant*)(7); check
cuento story (8)
cuerda jumping rope (8)
cuero leather
cuerpo body
cuidado care; **tener (mucho) cuidado** to be (very) careful (2)
cuidar (de) to take care (of)
culpa fault
cultivar el jardín to garden (*flowers*)
cumpleañero(a) birthday boy (girl)
cumpleaños *m. sing., pl.* birthday (3) (9); **fiesta de cumpleaños** birthday party
cuñado(a) brother-in-law/sister-in-law (2)
curita small adhesive bandage (14)
curso term (2)
cutis *m.* complexion
cuyo(a), cuyos(as) whose

D

dama lady; *pl.* checkers (8)
dañado(a) damaged; **estar dañado(a)** to be damaged (9)
dañar to damage
dar to give (5); **dar a luz** to give birth (13); **darse cuenta de** to realize
de of, from; **de acuerdo** agreed, all right; **de diamantes** (of) diamonds; **¿de dónde eres tú?** were you (*fam.*) from? (1); **¿de dónde?** from where? (3); **de flores** floral; flowered; **de ida** one-way; **de ida y vuelta** round-trip; **de la mañana** a.m.; **de la noche** p.m.; **de la tarde** p.m.; **de lunares** polka-dotted (11); **de moda** fashionable (11); **de nuevo** new; again; **de paso** by the way; **de repente** suddenly

(9); **¿de veras?** really, is that so?; **de verdad** really; **del mismo modo** similarly
debajo (de) below; under (4)
deber (+ *inf.*) should/ought to (*do something*) (3)
décimo(a) tenth (4)
decir to say (5); to tell (5); **querer decir** to mean
declarar to declare; **algo que declarar** something to declare
decoración *m.* decoration (9)
dedo finger (6); **dedo del pie** toe (6)
definido(a) definite
deforestación *f.* deforestation (12)
dejar to leave; **dejar una propina** to leave a tip (7)
delante (de) in front (of)
delantero(a) front
delgado(a) thin (1)
delicioso(a) delicious
demasiado(a) too, too much
dentista *m. f.* dentist
dentrífico toothpaste (6)
dentro (de) inside (of) (4)
dependiente(a) clerk (5)
deportes *m. pl.* sports; **practicar (qu) deportes** to play sports (2)
deportivo(a) related to sports, sporting
depositar to deposit
depresión *f.* depression
deprimido(a) depressed (5)
derecha right; **a la derecha (de)** to the right (of) (4)
derecho law; right; **derechos humanos** human rights (14); **seguir (i) derecho** to go straight (10)
desacuerdo disagreement
desastre *m.* disaster
desayunar to eat breakfast (7)
desayuno breakfast (7)
descomponer to break down (*a machine*) (11)
describir to describe
descripción *f.* description
descriptivo(a) descriptive
desear to wish (2) (13); to desire (13); to want
desembarcar (qu) to deplane
desempleado(a) unemployed
desempleo unemployment (14)
desfile *m.* parade (9)
deshacer la maleta to unpack one's suitcase
deshechos industriales industrial waste (12)
desierto desert (12)
desmayarse to faint (14)
desmayo faint (14)
despacio slowly
despedida farewell; **despedida de soltera** bridal shower; **despedida de soltero** bachelor party
despedir (i, i) to fire; **despedirse** to say goodbye
despegar (gu) to take off (10)
despejado(a) clear (*weather*)
despertador *m.* alarm clock (6)
despertarse (ie) to wake up (6)
después then, next; **después de (que)** after (14); **después de** (+ *inf.*) after (*doing something*) (6)
destino destination
destruir (y) to destroy (5) (12)
desván *m.* attic
detergente *m.* **para platos** dish detergent
detrás (de) in back (of); behind (4)
devolver (ue) to return (*something*) (4)
día *m.* day (3); **al día** per day; **día de santo** saint's day; **día festivo** holiday; **¡que tengas un buen día!** have a nice day (1); **todos los días** every day (3)
diabetes *f.* diabetes (14)
diario(a) daily

diarrea diarrhea (14)
dibujar to draw (8)
dibujos animados cartoons (13)
diccionario dictionary (1)
diciembre *m.* December (3)
diecinueve nineteen (1)
dieciocho eighteen (1)
dieciséis sixteen (1)
diecisiete seventeen (1)
diente *m.* tooth (6)
diez ten (1)
diferencia difference; **a diferencia de** unlike; in contrast to
diferente different; **diferente de** unlike
digestión *f.* digestion
dinero money (4)
Dios *m.* God; **Dios mío** oh, my goodness
dirección *f.* direction; address
directo(a) direct
discoteca nightclub (4)
disculparse to excuse oneself
diseñador(a) designer (5)
diseñar to design (11)
disfrutar to enjoy
disponible available (7)
distraerse to get distracted (9)
diversión *f.* entertainment; hobby, pastime
divertido(a) funny (5); fun
divertirse (ie, i) to have fun (6)
divorciarse (de) to divorce (13)
doblar to bend; to turn (10)
doble double (7); **habitación doble** double room
doce twelve (1)
docena dozen
doctor(a) doctor
documental *m.* documentary (13)
doler (ue) to hurt (14); **me duele la cabeza** I have a headache
dolor *m.* pain(14); ache; **dolor de garganta** sore throat; **dolor muscular** muscle ache
doméstico(a) domestic, household
domingo *m.* Sunday (3)
dominicano(a) Dominican (14)
dominó *sing.* dominos (8)
donde where
¿dónde? where; **¿de dónde?** from where? (3); **¿de dónde eres tú?** where are you (*fam.*) from? (1)
dormir (ue, u) to sleep (4) (5); **dormirse (ue, u)** to fall asleep (6); **saco de dormir** sleeping bag (6)
dormitorio bedroom (4)
dos two (1)
doscientos(as) two hundred (7)
dramático(a) dramatic; **arte** *m.* **dramático** theater
ducha shower (4)
ducharse to shower (6)
duda doubt; **no cabe duda** there can be no doubt
dudar to doubt (12)
dudoso(a) doubtful
dulce sweet; **salsa de tomate dulce** tomato sauce; ketchup; *n. pl.* candies (9)
durazno peach (8)
duro(a) tough, hard

E

ecología ecology (12)
economía economics ; economy (2)
económico(a) *adj.* economical; inexpensive; **ciencias económicas** economics; **hotel** *m.* **económico** inexpensive hotel
ecuatoguineano Ecuatorial Guinean (14)
ecuatoriano(a) Ecuadorian (14)
edificio building (4)
efectivo cash (11)
efecto effect

eficiente efficient
egoísta selfish (1)
ejemplo example; **por ejemplo** for example
ejercicio exercise; **ejercicios aeróbicos** aerobics
el *def. art. m.* the; **el cual(es)** which, whom; **el que** that, which, whom, the one
él *sub. pron.* he
electrodoméstico electrical (household) appliance (4)
elefante *m.* elephant (12)
elegante elegant; **¡qué pantalones tan elegantes!** what elegant pants! (11)
elegir (i, i) (j) to elect; to choose
ella she
embarazada pregnant; **estar embarazada** to be pregnant (13)
embargo: sin embargo nevertheless; however
emergencia: sala de emergencias emergency room (14)
emigración *f.* emigration (14)
emigrar to emigrate (14)
emisora de radio radio station
emoción *f.* emotion
empatar to tie (*score*)
empezar (ie) (c) to begin (3); to start; **para empezar** to begin with
empresa firm, business; **administración** *f.* **de empresas** business and management
en in; on; at; **en cambio** on the other hand; **en caso (de) (que)** in case (that) (14); **en conclusión** in conclusion; **en particular** in particular; **en principio** in principle; **en resumen** in summary; **en suma** in conclusion; **en venta** on sale; **en voz alta** aloud
enamorado(a) (de) in love (*with*) (5)
encantado(a) delighted; nice to meet you (1)
encantador(a) enchanting
encantar to love, to be delighted
encerrar (ie) to lock up
encima (de) on top (of) (4)
encontrar (ue) to find (4)
enero January (3)
enfermero(a) nurse (5)
enfermo(a) sick (5)
enfrente (de) in front (of) (4)
engordar to gain weight
enojado(a) angry (5)
enojarse to become angry (9)
ensalada salad (7)
enseñar to teach (2)
entender (ie) to understand (3)
entonces then, next
entrada entrance; cover charge; ticket (6)
entrar to enter
entre among; between (4)
entregar (gu) to hand in, hand over
entremés *m.* appetizer (7)
entrenador(a) coach
entrenar to train, to coach
entreplanta loft
entrevista interview (5)
entusiasta enthusiastic
envolver (ue) to wrap
equipaje *m.* luggage (10); **facturar equipaje** to check luggage (10); **reclamo de equipaje** baggage claim (10); **revisión** *f.* **de equipaje** luggage screening (10)
equipo team (6); equipment (6); **equipo escolar** school supplies
equivocado(a) wrong (5)
equivocarse (qu) to make a mistake
escala layover (10); **hacer escala** to make a stop, layover
escalera stairs (7)
escoba broom (10)
escolar *adj.* school; **equipo escolar** school supplies

escondidas *f.* hide and seek (8)
escribir (un mensaje) to write (a message) (3)
escritor(a) writer (5)
escritorio desk; teacher's desk (1)
escuchar to listen (2)
escuela school (4)
esculpir to sculpt (11)
escultura sculpture (11)
ese(a) *adj.* that
ése(a) *pron.* that (one)
esmog *m.* smog (12)
eso *pron.* that (one); **por eso** therefore
esos(as) *adj.* those
ésos(as) *pron.* those
espalda back (6)
espanto fright
España Spain
español *m.* Spanish (*language*)
español(a) *m.* (*f.*) native of Spain; *adj.* Spanish (14)
especial special
espejo mirror
espera: sala de espera waiting room (10)
esperar to hope (for) (13); to expect; to wait
espinaca spinach
esponja sponge
esposo(a) husband/wife; spouse (2)
esqueleto skeleton (14)
esquí acuático *m.* water-skiing
esquiar to ski (2); **esquiar en el agua** to water ski (6); **esquiar en tabla** to snowboard (6)
esquina corner (9)
estación *f.* station; season; **estación de autobuses** bus station; **estación de bomberos** fire station; **estación de ferrocarril** train station; **estación de policía** police station
estacionar to park (9)
estadio stadium
Estados Unidos United States
estadounidense *m. f.* citizen of the United States
estampado(a) patterned (11)
estante *m.* shelf
estar to be (5); **¿cómo está usted?** how are you (*form.*) (1); **¿cómo estás?** how are you (*fam.*)? (1); **estar embarazada** to be pregnant (13); **estar atrasado(a)** to be late; **estar dañado(a)** to be damaged (9); **estar de acuerdo** to agree; **estar de moda** to be in style; **estar herido(a)** to be injured (9); **estar mareado(a)** to be dizzy (14); **está lloviendo** it's raining; **está nevando** it's snowing; **está nublado** it is cloudy (3); **está despejado** it is clear (3); **fuera de** outside of (4)
estatura height
este(a) *adj.* this
éste(a) *pron.* this (one)
estilográfico(a): pluma estilográfica fountain pen
estirarse to stretch (6)
esto *pron.* this (one); **¡esto es el colmo!** this is the last straw!
estómago stomach (6)
estornudar to sneeze (14)
estornudo sneeze (14)
estos(as) *adj.* these
éstos(as) *pron.* these
estrecho strait
estreñimiento constipation
estudiante *m. f.* student (1)
estudiantil *adj.* student; **albergue estudiantil** *m.* youth hostel
estudiar to study (2)
estudio efficiency apartment, studio
estufa stove (4)

estupendo(a) stupendous
evidente evident
exacto(a) exactly
examen *m.* exam (2); **examen médico** medical examination
examinar to examine (14)
exclamación *f.* exclamation
excursión: ir de excursión to hike (6)
excusarse to make an excuse
exhibición *f.* exhibition (11)
exhibir to exhibit (11)
éxito success; **éxito de taquilla** box office hit (13); **tener (mucho) éxito** to be (very) successful (2)
experiencia experience
expresar to express
expresión *f.* expression; **expresión oral** speech (2)
extinción: peligro de extinción danger of extinction (12)
extranjero: al extranjero abroad
extranjero(a) foreigner
extrañar to miss (13)
extremidad *f.* extremity
extrovertido(a) extrovert

F

fábrica factory
fabuloso(a) fabulous
fácil easy (1)
facturar equipaje to check luggage (10)
facultad *f.* school, college
falda skirt (3); **¡qué bien te queda esa falda!** that skirt really fits you well! (11)
falso(a) false
falta lack
familia family
famoso(a) famous (1)
farmacéutico(a) pharmacist
farmacia pharmacy (4)
fascinante fascinating
fascinar to fascinate, be fascinated by
fatal fatal
favor *m.* favor; **por favor** please
favorito(a) favorite
febrero February (3)
fecha date (*calendar*) (3)
felicitar to congratulate
feliz happy (5); **ponerse feliz** to become happy
femenino(a) feminine
feminista feminist
fenomenal phenomenal
feo(a) ugly (1)
ferrocarril *m.* railroad **estación** *f.* **de ferrocarril** train station
festejado(a) guest of honor
festejar to entertain, to celebrate
festival *m.* festival
festivo: día *m.* **festivo** holiday
fiambre *m.* luncheon meat, cold cut
fiebre *f.* fever
fiesta party; **fiesta de canastilla** baby shower; **fiesta de cumpleaños** birthday party; **fiesta sorpresa** surprise party
filosofía philosophy (2); **filosofía y letras** liberal arts
fin *m.* end; **fin de semana** weekend (3); **a fin de que** so (that) (14); in order that (14); **al fin y al cabo** after all; when all is said and done; **por fin** finally
final *m.* end; **al final** in the end
finalmente finally
física physics (2)
físico(a) physical
flan *m.* flan (7)
flojo(a) loose
flor *f.* flower (4); **de flores** floral, flowered
fluorescente fluorescent

forma shape; **mantenerse** (*like* **tener**) **en forma** to stay fit, keep in shape

formar to form

foto *f.* photo(graph); **revelar fotos** to develop photos; **sacar (qu) fotos** to take photos

fotógrafo(a) photographer (5)

fractura broken bone; fracture (14)

fracturarse to fracture (14)

francés *m.* French (*language*) (2)

frase *f.* phrase

fregadero kitchen sink (4)

fregar (ie) (gu) to mop; to scrub

freír (í, i) to fry (8)

frente a facing

frente *f.* forehead

fresa strawberry (8)

fresco(a) fresh, cool; **hace fresco** it's cool (*weather*)

frijol *m.* bean

frío(a) cold; **hace frío** it's cold (*weather*); **tener (mucho) frío** to be (very) cold (2)

frito(a) fried (7)

frustrado(a) frustrated (5)

frustrarse to become frustrated (9)

fruta fruit (7)

frutería fruit store

fuego fire; **fuegos artificiales** fireworks (9)

fuente *f.* soup bowl

fuera (de) outside (of) (4)

funeral *m.* funeral

furioso(a) furious

fútbol *m.* soccer (6); **fútbol americano** football

futbolista *m. f.* football (soccer) player

G

gafas *pl.* glasses; **gafas de sol** sunglasses

galería gallery (11)

gallina hen (12)

gallo rooster (12)

gamba shrimp

gana desire, wish; **tener ganas de** (+ *inf.*) to feel like (*doing something*)

ganar to earn (5); to win

ganga bargain

garaje *m.* garage (4)

garganta throat; **dolor** *m.* **de garganta** sore throat; **inflamación** *f.* **de la garganta** strep throat

gastar to spend

gato(a) cat (2)

gemelo(a) twin

general: por lo general generally

generalmente generally

generoso(a) generous (1)

gente *f.* people

geografía geography (2)

geología geology

geometría geometry

gerente *m. f.* manager

gimnasio gym(nasium) (4)

gis *m.* chalk

globalización *f.* globalization (14)

globo balloon (9)

golf *m.* golf (6)

golfo gulf

golosina candy (13)

goma (pencil) eraser

gordo(a) fat (1); plump

gorila gorilla (12)

gorra cap

gorro cap (3)

gota drop (14)

grabado engraving (11); print (11)

grabadora tape recorder

gracias thanks, thank you

gracioso(a) funny; charming

graduación *f.* graduation (9)

gran/grande great; big (1); large (11)

granja farm (12)

gripe *f.* flu (14)

gris gray (3)

grupo group; **grupo de música** musical group (9); band (9)

guante *m.* glove (3)

guapo(a) handsome (1)

guardar to keep; to put away (10)

guatemalteco(a) Guatemalan (14)

guerra war (14)

guineano(a) Guinean

guisante *m.* pea

gustar to like; to please; to be pleasing; **me gusta** I like (3); **le gusta** he/she likes (3); **te gusta** you (*fam. sing.*) like (3)

gusto pleasure; taste; **con mucho gusto** with pleasure; **mucho gusto** nice to meet you (1)

H

habitación *f.* room (4) (7); **habitación doble** double room; **habitación sencilla** single room

hablar to talk (2) (5); to speak; **hablar por teléfono** to talk on the phone (2)

hacer to do (5); to make (5); **hace buen tiempo** the weather is nice (3); **hace calor** it's hot (3); **hace fresco** it's cool (*weather*) (3); **hace frío** it's cold (*weather*) (3); **hace mal tiempo** the weather is bad (3); **hace sol** it's sunny (3); **hace viento** it's windy (3); **hacer alpinismo** to climb mountains (6); **hacer clic (en)** to click on (13) **hacer cola** to stand in line; **hacer escala** to make a stop, layover; **hacer juego** to match (11); **hacer la cama** to make the bed (10); **hacer la maleta** to pack one's suitcase; **hecho(a) a mano** handmade (11); **¿qué tiempo hace?** what's the weather like?; **hacer travesuras** to do mischievous things (8)

hambre *f.* hunger; **tener (mucha) hambre** to be (very) hungry (2)

hamburguesa hamburger (7)

hasta until; **hasta ahora** up to now, so far; **hasta aquí** up to now, so far; **hasta hace poco** until a little while ago; **hasta luego** see you later (1); **hasta mañana** see you tomorrow (1); **hasta pronto** see you soon (1); **hasta que** until

hay there is/are (1); **hay que** (+ *inf.*) one should (+ *verb*); it's necessary to (+ *verb*); **¿qué hay de nuevo?** what's new? (1)

helada frost

helado ice cream (7)

hembra female (12)

hepatitis *f.* hepatitis

herida wound

herido(a): estar herido(a) to be injured (9)

hermanastro(a) stepbrother/stepsister

hermano(a) brother/sister (2); **medio(a) hermano(a)** half brother/half sister (2)

hermoso(a) beautiful

hielo ice; **patinar sobre hielo** to ice skate

hierba grass

hígado liver (14)

hijastro(a) stepson/stepdaughter

hijo(a) son/daughter (2)

hipertensión *f.* hypertension; high blood pressure (14)

historia history (2); **historia médica** medical history

hogar *m.* home

hoja de papel piece of paper

hola hello (1)

holandés(esa) Dutch

hombre *m.* man (1)

hombro shoulder (6)

hondureño(a) Honduran (14)

honesto(a) honest (1)

hora time (*of day*)

hornear to bake (8)

horno oven (4); **al horno** baked (7)

horrible horrible

horror *m.* horror

hospital *m.* hospital (4)

hostal *m.* hostel

hotel *m.* hotel (4); **hotel económico** inexpensive hotel; **hotel de lujo** luxury hotel; **hotel de primera clase** first-class hotel

hoy today (3)

huelga strike

hueso bone (14)

huésped *m. f.* guest (7)

huevo egg (8)

huipil *m.* embroidered blouse

humano(a) human

I

ida: de ida one-way; **de ida y vuelta** round-trip

ideal ideal

idealista idealist (1)

identificación *f.* identification

iglesia church (4)

igual equal; **al igual que** like

igualmente likewise

impaciente impatient (1)

impermeable *m.* raincoat (3)

impersonal impersonal

importancia importance

importante important

imposible impossible

imprescindible indispensable

impresionante impressive

impresora printer

impuesto tax

incluido(a) included

incluir (y) to include

incorrecto(a) not right, incorrect

increíble incredible, amazing

independiente independent

indicar (qu) to indicate

indirecto(a) indirect

infantil childish, for children (13)

inferior lower

infinitivo infinitive

inflamación *f.* **de la garganta** strep throat

información *f.* information

informática computer science (2)

ingeniería engineering (2)

ingeniero(a) engineer

inglés *m.* English (*language*)

ingrediente *m.* ingredient

inicialmente initially

inmigración *f.* immigration (14)

inmigrante *m. f.* immigrant (14)

inmigrar to immigrate (14)

inodoro toilet (4)

insistir (en + *inf.*) to insist (*on*) (13)

insomnio insomnia (14)

instrucciones *f. pl.* instructions

instructor(a) instructor

inteligente intelligent (1)

interesado(a) interested (5)

interesante interesting (1)

interesar to interest, be interested in

internacional international; **aeropuerto internacional** international airport (10); **organismo internacional** international organization (14)

Internet *m.* Internet (13)

interno(a) internal

interrogativo(a) interrogative

intestino intestine (14)

introvertido(a) introvert

invierno winter (3)

invitación *f.* invitation (9)

invitado(a) guest (9)
invitar to invite
inyección *f.* injection (14); shot; **poner(le) una inyección** to give (him/her) an injection
ir to go (4); **irse** to leave, go away (6); **ir de excursión** to hike (6); **ir de pesca** to go fishing (6)
irracional irrational
irresponsable irresponsible
isla island (12)
izquierda left; **a la izquierda (de)** to the left (of) (4)

J

jabón *m.* soap (6); **jabón para platos** dish soap (10)
jade *m.* jade; **objeto de jade** jade object
jaguar *m.* jaguar (12)
jamás never (6)
jamón *m.* ham (8)
jarabe *m.* cough syrup (14)
jardín *m.* yard; garden (4); **jardín botánico** botanical garden; **cultivar el jardín** to garden (*flowers*)
jaula cage (12)
jeans *m. pl.* jeans
jirafa giraffe (12)
joven (*pl.* **jóvenes**) young (1)
jubilado(a) retired
judía verde green bean
juego game; **juego de mesa** board game (8); **hacer** *irreg.* **juego** to match (11)
jueves *m.* Thursday (3)
jugar (ue, u) (gu) to play (4)
jugo juice (7)
juguete *m.* toy (8)
juicio judgment
julio July (3)
junio June (3)
junto a beside, next to
jurar to swear, give one's word
justo(a) fair
juventud *f.* youth (13)

K

kilo kilogram (*2.2 pounds*)
kiosco kiosk, stand

L

la *f.* the; *d.o.* you (*form. sing.*); *d.o.* her/it/you (*form. sing.*)
labio lip
laboratorio laboratory
lado side; **al lado (de)** alongside (of); beside, next to (4)
lago lake (12)
lámpara lamp (4)
lana wool (11)
langosta lobster
lápiz *m.* (*pl.* **lápices**) pencil(s) (1)
largo(a) long (1); **a lo largo (de)** along
las *f. pl.* the; *d.o. pron.* you (*form. pl.*) them
lástima pity
lavabo bathroom sink (4)
lavadora washing machine (4)
lavandería laundry, laundry room
lavaplatos *m. sing., pl.* dishwasher (4)
lavar(se) to wash (6); **lavar platos** to do dishes (10); **lavar ropa** to do laundry
le *i.o.* you (*form. sing.*); to/for him, her, it; **le presento a...** I'd like to introduce you (*form.*) to . . . (1)
leal loyal
lección *f.* lesson
leche *f.* milk (8)
lechería dairy store
lechuga lettuce (8)
leer to read (3) (5)

lejos (de) far (from) (4)
lengua language (2); tongue; **lenguas modernas** modern languages; **sacar (qu) la lengua** to stick out one's tongue
lentes *m. pl.* glasses (3)
león *m.* lion
les *i.o. pron.* to, for you (*form. pl.*) them
letras: filosofía y letras liberal arts
levantar to lift; **levantarse** to get up (6); **levantar pesas** to lift weights (6)
ley *f.* law (14)
liberal liberal (1)
libra pound
libre free; **unión** *f.* **libre** common-law union (13)
librería bookstore (4)
libro book (1)
licuado *smoothie made with fruits, juices, and ice*
limitar to limit (13)
límite de velocidad speed limit (9)
limón *m.* lemon; lime
limpiador *m.* liquid cleaner; **limpiador para el hogar** all-purpose cleaner; **limpiador para ventanas** window cleaner
limpiar to clean (2)
limpieza: artículos de limpieza cleaning materials
lindo(a) pretty; **¡qué lindos zapatos!** what pretty shoes! (11)
línea aérea airline
lino linen (11)
liquidación *f.* sale
liso(a) solid (*color*) (11)
lista list
litera bunk (bed)
literatura literature (2)
litro liter
llama llama (12)
llamar to call (2); **llamarse** to be called/named; **me llamo...** my name is . . . (1)
llano plains (12)
llave *f.* key (7)
llegada arrival (10)
llegar (gu) to arrive (2)
lleno(a) full
llevar to take; to carry; to wear (3)
llevarse bien/mal to (not) get a long (13)
llover (ue) to rain; **está lloviendo** it's raining; **llueve** it is raining, it rains (3)
lluvia rain
lo *m. d.o.* you (*form. sing.*); him,/it; **lo cual** which; **lo que** what, which; **lo siento (mucho)** I'm (very) sorry
lobo wolf (12)
loco(a) crazy (5); **volverse loco(a)** to go crazy
locutor(a) announcer (13)
los *def. art. m. pl.* the; *d.o.* them/you (*form. pl.*)
lucha fight, struggle
luchar to fight, struggle
lucir (zc) to wear; to show off, sport (*wear*)
luego then, next; **hasta luego** see you later (1)
lugar *m.* place **tener lugar** to take place
lujo luxury (7); **hotel** *m.* **de lujo** luxury hotel
luna de miel honeymoon (13)
lunar: de lunares polka-dotted (11)
lunes *m.* Monday (3)
luz *f.* (*pl.* **luces**) light; **dar a luz** to give birth (13)

M

macho male (12)
madrastra stepmother
madre *f.* mother (2)
madrina godmother
maestro(a) teacher; **maestro(a) de ceremonias** master of ceremony
maíz *m.* corn (8); **palomitas de maíz** popcorn (13)

mal *adv.* badly; bad (1), not well; **hace mal tiempo** the weather is bad (3); **llevarse mal** to not get along (13); **sentirse (e, i)** to feel badly, ill
mal, malo(a) bad (1)
maleta suitcase (7); **deshacer la maleta** to unpack one's suitcase; **hacer la maleta** to pack one's suitcase
maletero porter
mamá mother (2)
mamífero mammal (12)
manantial *m.* spring (of water)
mandar to order (13); **mandar** to send (4)
mandato command
manejar to drive
manera way
mango mango
manguera hose (10)
mano *f.* hand (6); **equipaje** *m.* **de mano** hand luggage (10); **hecho(a) a mano** handmade (11); **me tiemblan las manos** my hands are shaking
mansión *f.* mansion
mantel *m.* tablecloth
mantenerse (*like* **tener**) **en forma** to stay fit, keep in shape
mantequilla butter (8)
manzana apple (8)
mañana tomorrow (3); morning; **de la mañana** a.m.; **hasta mañana** see you tomorrow (1)
mapa *m.* map (1)
maquillarse to put on make-up (6)
mar *m.* sea (12)
maravilla marvel, wonder
marcador *m.* marker
marcharse to leave, to go away
marcial: artes marciales *f. pl.* martial arts
mareado dizzy; **estar mareado(a)** to be dizzy (14)
marearse to feel dizzy
mareo dizziness; **tener mareos** to be dizzy
mariscal *m.* *raw shellfish marinated in lime juice*
mariscos shellfish
marrón brown
martes *m.* Tuesday (3)
marzo March (3)
más more; plus (*in mathematical functions*); **más que** more than
máscara mask (11)
masculino(a) masculine
masticar (qu) to chew
matemáticas *pl.* mathematics (2)
materia course, subject
materialista materialistic
matrimonial: cama matrimonial double bed
matrimonio: marriage **proponer matrimonio** to propose marriage (13)
mayo May (3)
mayonesa mayonnaise (8) (8)
mayor older (11); **el/la mayor** the oldest
me *d.o., i.o. pron.* me
mecánico(a) mechanic (5)
media stocking
mediano(a) medium (11)
medianoche *f.* midnight (3)
medias *pl.* panty hose
medicamento medication
medicina medicine
médico(a) *adj.* medical; **examen** *m.* **médico** medical examination; **historia médica** medical history; **receta médica** prescription (14)
médico(a) *n.* doctor (5)
medio(a) half; **medio(a) hermano(a)** half brother/half sister (2); **media pensión** half board (*breakfast and one other meal*)

mediodía *m.* noon (3)
mejilla cheek
mejillón *m.* mussel
mejor better (11); **el/la mejor** the best
melón *m.* melon (8)
menor younger (11); **el/la menor** the youngest
menos less; **minus** (*in mathematical functions*); **menos que** less than; **a menos que** unless (14)
mentir (ie, i) to lie (3) (5)
menú *m.* menu
menudo: a menudo frequently, often
mercado market
merecer (zc) to deserve
merendar (ie) to eat a snack
merienda snack
mermelada jam
mes *m.* month; **el mes anterior** the month before
mesa table; **poner la mesa** to set the table (10); **recoger (j) la mesa** to pick up the table (10); to clear the table (10)
mesero(a) (*Mex.*) (*restaurant*) waitperson; waiter (5)
meseta plateau
mesita coffee table (4); end table; **mesita de noche** night table
metro subway
mexicano(a) Mexican (14)
mezclar to mix (8)
mezclilla denim (11)
mezquita mosque (4)
mi my
microondas *m.* microwave (4)
miedo fear; **tenerle miedo a** to be afraid of (*person*); **tener (mucho) miedo** to be (very) afraid (2)
miel *f.* honey; **luna de miel** honeymoon (13)
miembro member
mientras while
miércoles *m.* Wednesday (3)
mil one thousand (7); **cien mil** (one) hundred thousand; **dos mil** two thousand (7)
millón *m.* million (7); **cien millones** (one) hundred million
mío(a) mine
mirar (la tele) to watch (TV) (2); to look (at)
misa mass
mismo(a) same; **del mismo modo** similarly
mochila backpack (1)
moda fashion, style; **de moda** fashionable (11); **estar de moda** to be in style; **pasado(a) de moda** out of style
modelo *m. f.* model (5)
moderno(a) modern; **lenguas modernas** modern languages
modesto(a) modest
modista dressmaker
modo way; **del mismo modo** similarly
molestar to bother, be bothered by
momento moment
mono monkey (12)
montaña mountain (12)
montañoso(a) mountainous
montar to climb; get on; **montar a caballo** to ride horseback
morado(a) purple (3)
moreno(a) dark-skinned/dark-haired (1), brunette
morir (ue, u) to die (4) (5)
mostaza mustard (8)
mostrador *m.* counter (10)
mostrar (ue) to show
motel *m.* motel
moto(cicleta) motorcycle
mover (ue) to move (*something*)

MP3 *m.* MP3 (13)
mucho(a) much; many; a lot (2); **lo siento (mucho)** I'm (very) sorry; **mucho gusto** nice to meet you (1)
mudarse to move (14)
muebles *m. pl.* furniture
muerte *f.* death (13)
muerto(a) dead; **naturaleza muerta** still life (11)
mujer *f.* woman (1); **mujer policía** police officer (5)
multa fine (9); ticket (9)
municipalidad *f.* city hall
muñeca wrist
muñeco(a) doll (8)
mural *m.* mural (11)
muscular muscular; **dolor** *m.* **muscular** muscle ache
museo museum (4)
música music (2)
músico(a) musician (5)
muslo thigh (6)
muy very (1)

N

nacer (zc) to be born (13)
nacionalidad *f.* nationality
nada nothing (1)
nadar to swim (2)
nadie no one (6), nobody (6)
naipes *m. pl.* (playing) cards
naranja orange (7) (8)
nariz *f.* nose (6)
natural natural; **recursos naturales** natural resources (12)
naturaleza nature (12); **naturaleza muerta** still life (11)
navegar (gu) a la vela to sail
necesario(a) necessary
necesitar to need (2)
negar (ie) (gu) to deny, to negate
negocios *pl.* business (2)
negro(a) black (3)
nevar (ie) to snow (3); **está nevando** it's snowing; **nieva** it is snowing, it snows (3)
ni... ni neither . . . nor
nicaragüense *m. f.* Nicaraguan (14)
niebla fog
nieto(a) grandson/granddaughter (2)
nieve *f.* snow
nilón *m.* nylon
ningún/ninguno(a) none, not any
niñera baby-sitter (8)
niñez *f.* childhood (13)
no no; **¿no?** isn't that so?; **¿no es así?** isn't that right?; **no obstante** however
noche *f.* night; **de la noche** p.m.; **mesita de noche** night table
nombre *m.* name
noreste *m.* northeast
normal normal
normalmente normally
noroeste *m.* northwest
norte *m.* north
norteamericano(a) North American
nos *d.o.* us; *i.o.* to/for us; *refl. pron.* ourselves; **nos vemos** see you later (1)
nosotros(as) *subj. pron.* we
nota grade (2); **nota adhesiva** sticky note; **sacar (qu) una buena/mala nota** to get a good/bad grade
noticiario news (13)
novecientos(as) nine hundred (7)
novelista *m. f.* novelist
noveno(a) ninth (4)
noventa ninety (1)

noviazgo engagement (13); relationship (13)
noviembre *m.* November (3)
novio(a) groom/bride; fiancé(e); boyfriend/girlfriend (2); *pl.* bride and groom (9)
nube *f.* cloud (12)
nublado(a) cloudy; **está nublado** it is cloudy (3)
nuboso(a) cloudy
nuera daughter-in-law
nuestro(a) *poss.* our
nueve nine (1)
nuevo(a) new; **de nuevo** new; again; **¿Qué hay de nuevo?** What's new? (1)
número number; size (*shoe*) (11)
nunca never (6)

O

o or; **o...o** either . . . or (6)
obesidad *f.* obesity (14)
objeto object; **objeto directo** direct object; **objeto indirecto** indirect object
obligación *f.* obligation
obra work (*of art, literature, theater, etc.*) (11)
obstante: no obstante however
obstinado(a) obstinate, stubborn
obtener to get
obvio(a) obvious
océano ocean
ochenta eighty (1)
ocho eight (1)
ochocientos(as) eight hundred (7)
octavo(a) eighth (4)
octubre *m.* October (3)
ocupado(a) busy (5)
ocurrir to occur
odiar to hate (13)
oferta offer
oficina office (4); **oficina de correos** post office
oficio occupation
oído inner ear
oír to hear (5)
ojalá (que) I hope (that) (13)
ojo eye
ola wave (12)
óleo oil painting (11)
oler (ue) to smell
olfato sense of smell
olla de cerámica ceramic pot
olvidar to forget (11)
once eleven (1)
onomástico saint's day
ópera opera
opinar to give one's opinion
opinión *f.* opinion
optimista *m., f.* optimist (1)
oración *f.* sentence
orden *f.* order (7)
ordenador *m.* computer
ordenar to tidy up (10); to straighten up (10)
ordinal ordinal
oreja (*outer*) ear (6)
organismo internacional international organization (14)
organizar (c) to organize, to tidy up
órgano organ; **órgano vital** vital organ (14)
orgulloso(a) (de) proud (of)
origen *m.* origin
oro gold
os *d.o.* (*Sp.*) you (*fam. pl.*); *i.o.* (*Sp.*) to/for you (*fam. pl.*); *refl. pron.* (*Sp.*) yourselves (*fam. pl.*)
oscuro(a) dark; **cuarto oscuro** darkroom
oso bear (12)
otoño autumn (3)

otro(a) other; **otra vez** again; **por otra parte** moreover; on the other hand
oveja sheep (12)

P

pachanga (rowdy) party
paciente patient (1) (14)
padrastro stepfather (2)
padre *m.* father (2); *pl.* parents
padrino godfather
pagado: viaje *m.* **todo pagado** all-inclusive trip (7)
pagar (gu) to pay
página page
paisaje *m.* landscape (11)
pájaro bird
palabra word
palacio palace
paleta pallet (11)
palmera palm tree (12)
palomitas de maíz popcorn (13)
pampa grasslands (12)
pan *m.* bread (7)
panadería bakery
panameño(a) Panamanian (14)
pantalla screen (13)
pantalones *m. pl.* pants (3); **pantalones cortos** shorts (3)
papá *m.* father (2)
papa potato (8)
papaya papaya
papel *m.* paper (1); **hoja de papel** piece of paper; **papel de cocina** paper towel
paperas mumps
para for; in order to; to (*in the direction of*)
para empezar to begin with; **para que** so (that) (14); **¿para qué?** for what reason?
parada stop (10)
parador *m.* **nacional** *government run historical inn, castle, or palace (Sp.)*
paraguas *m. sing., pl.* umbrella (3)
paraguayo(a) Paraguayan (14)
paramédico paramedic (9)
parcial partial; **a tiempo parcial** part-time
PARE: pasarse una señal de PARE to run a STOP sign (9)
parecer (zc) to seem
parecerse a to look like; to be similar/like
pared *f.* wall
pareja pair; couple (2) (13); partner (2)
pariente relative (2)
párpado eyelid
parque *m.* park (4); **parque de atracciones** amusement park
parquímetro parking meter (9)
parte *f.* part; **por otra parte** moreover; on the other hand
particular: en particular in particular
partido match; game (*sports*) (6)
pasa raisin
pasado(a) past; last; **el año pasado** last year; **la semana pasada** last week (6); **pasado(a) de moda** out of style
pasaje *m.* ticket (*transportation*)
pasajero(a) passenger (10)
pasaporte *m.* passport (10); **control de pasaporte** passport control
pasar to pass; to happen; **pasar la aspiradora** to vacuum (10); **pasarlo bien** to have a good time; **pasar por seguridad** to go through security (10); **pasarse un semáforo en rojo** to run a red light; **pasarse una señal de PARE** to run a STOP sign (9); **¿qué pasa?** what's going on? (1)
pase: pase *m.* **de abordar** boarding pass (10)
pasear to walk

paseo: dar un paseo to go on a walk (8)
pasillo hallway; aisle (10)
paso: de paso by the way
pastel *m.* pastry; cake (7) (9)
pastelería pastry shop
pastilla pill (14)
pasto grass, pasture (12)
patín *m.* skate
patinar to skate (6) (8); **patinar en hielo** to ice skate (6); **patinar sobre ruedas** to roller-skate, roller-blade
patineta skateboard (8)
patio patio (4); courtyard; yard; flower garden
patrocinador sponsor (13)
pato duck (12)
patrocinar to sponsor (13)
patrulla police car (9)
pavo turkey (7)
paz *f.* peace (14)
pecho chest (6)
pedagogía pedagogy; **ciencias de la pedagogía** education
pedir (i, i) to ask for (3) (5); to request
peinarse to comb/style one's hair (6)
pelar to peel (8)
pelear to fight (8); to argue (8)
película movie (4); film
peligro (de extinción) danger (of extinction) (12)
pelirrojo(a) red-haired (1)
pelo hair (6)
pelota ball (6)
península peninsula (12)
pensar (ie) to think (3); to intend
peor worse (11); **el/la peor** the worst
pepinillo pickle (8)
pepino cucumber (8)
pequeño(a) small (1)
pera pear
perder (ie) to lose (3)
perdón *m.* pardon
perdonarse to excuse oneself; **perdón** pardon me, excuse me
perezoso(a) lazy (1)
perfecto(a) perfect
periodismo journalism (2)
periodista *m. f.* journalist (5)
permiso permission (8)
pero *conj.* but
perro dog (2)
persona person
peruano(a) Peruvian (14)
pesa weight; **levantar pesas** to lift weights (6)
pesadilla nightmare
pésame *m. sing.* condolences
pesar to weigh
pesar: a pesar de in spite of
pesca: ir de pesca to go fishing (6)
pescadería fish store, fish market
pescado fish (*food*) (7)
pescar (qu) to fish
pesimista *adj. m. f.* pessimist (1)
pestaña eyelash
petróleo oil (12)
pez *m.* (*pl.* **peces**) fish (2)
piano piano; **tocar (qu) el piano** to play the piano
picar (qu) to snack
pico mountain peak
pie *m.* foot (6)
piel *f.* skin; leather (11)
pierna leg (6)
pijama *m. sing.* pajamas (3)
piloto *m. f.* pilot (5)
pimienta pepper (7)
pincel *m.* paintbrush (11)
ping-pong *m.* ping-pong (6)

pingüino penguin (12)
pintor(a) painter (5)
pintura paint
piña pineapple (8)
piñata piñata (9)
Pirineos Pyrenees
piscina swimming pool (4)
piso apartment; floor (*of a building*) (4)
pista (de correr) track
pizarra chalkboard (1)
plancha iron (10)
planchar to iron (10)
planta plant (4); floor (*building*)
plata silver
plátano banana (8)
platillo saucer
plato plate; dish; **detergente** *m.* **para platos** dish detergent; **jabón** *m.* **para platos** dish soap (10); **lavar platos** to do dishes (10); **plato principal** main dish (7)
playa beach
plaza city square (4)
pluma (estilográfica) (fountain) pen
pobre poor (1)
pobreza poverty (14)
poco(a) little, few (2); **hasta hace poco** until a little while ago
poder to be able to (4)
policía *f.* police (*force*); **estación** *f.* **de policía** police station
policía *m.* police officer (5); **mujer** *f.* **policía** police officer (5)
poliéster *m.* polyester
político(a) *n.* politician (5); *adj.* political; **ciencias políticas** political science
pollo chicken (7); chick (12)
pomada cream; ointment
poner to put, place; to put on; to put up; **poner la mesa** to set the table (10); **poner(le) una inyección** to give (him/her) an injection; **ponerse** to get (+ *adj.*) to become (+ *adj.*); **ponerse feliz** to become happy; **ponerse la ropa** to put on clothing (6); **ponerse triste** to become sad
por by; through; because of; due to; on account of; times (*in mathematical functions*); **por adelantado** in advance; **por ejemplo** for example; **por eso** therefore; **por favor** please; **por fin** finally; **por lo general** generally; **por otra parte** moreover; on the other hand; **por otro lado** on the other hand; **¿por qué?** why? (3); **por supuesto** of course; **por último** lastly, finally
porque because
portero door attendant
posada inn; *pl.* nine-day celebration before Christmas
posar to pose (11)
posesivo(a) possessive
posible possible
postre *m.* dessert (7)
postura posture
práctica activity; practice
practicar (qu) to practice; **practicar deportes** to play sports (2)
prado meadow
precio price
precioso(a) precious; lovely; beautiful
preciso(a) necessary
preferible preferable
preferir (ie, i) to prefer
pregunta question
preguntar to ask (2)
preguntón(-ona) inquisitive
prenda garment (11); article of clothing
preocupación *f.* worry

preocupado(a) worried (5)
preocuparse to worry
preparar to prepare
preposición *f.* preposition
presentar to introduce; **le presento a...** I'd like to introduce you (*form.*) to . . . (1); **te presento a...** I'd like to introduce you (*fam.*) to . . . (1)
preservar to preserve (12)
presidente *m. f.* president
presión *f.* **arterial** blood pressure; **presión alta/baja** high/low blood pressure (14); **tomar la presión** to take someone's blood pressure (14)
pretérito preterite
previamente previously
primavera spring (3)
primer, primero(a) first (4); **hotel** *m.* **de primera clase** first-class hotel; **primera clase** first class (10); **Primera Comunión** *f.* First Communion; **primeros auxilios** first aid (14)
primo(a) cousin (2)
principal main; **plato principal** main dish (7)
principio beginning; principle; **al principio** at the beginning; **en principio** in principle
prisa hurry, haste; **tener (mucha) prisa** to be in a (big) hurry (2)
privado(a) private
probable probable; likely
probablemente probably
probador *m.* dressing room (11); fitting room
probar(se) (ue) to try (on) (11); to test
problema *m.* problem
problemático(a) problematic
profesión *f.* profession
profesor(a) professor (1)
profundo(a) deep
programación *f.* programming (13)
programador(a) programmer
prohibir to prohibit
prometer to promise
prometido(a) fiancé(e) (13)
pronombre *m.* pronoun
pronto soon; **hasta pronto** see you soon (1); **tan pronto como** as soon as (14)
propina tip; **dejar una propina** to leave a tip (7)
proponer (matrimonio) to propose (marriage) (13)
propósito: a propósito by the way
propuesta proposal
proteger (j) to protect (12)
protesta protest
provecho: buen provecho enjoy your meal
prueba test
psicología psychology (2)
psicólogo(a) psychologist (5)
público(a) public; **funcionario(a) público(a)** public official
puerta door (1); **puerta de salida** gate (10)
puerto port, harbor
puertorriqueño(a) Puerto Rican (14)
puesto de trabajo position, job
pulgar *m.* thumb
pulmón *m.* lung (14)
pulpo octopus
pulsera bracelet
pulso pulse
punto point
puntual punctual
pupitre *m.* student desk (1)

Q

que that, which; than; **¡que tengas un buen día!** have a nice day (1)
¡qué! what!; **¡qué bien te queda esa falda!** that skirt really fits you well! (11); **¡qué**
caro(a)! how expensive! (11); **¡qué color tan bonito!** what a pretty color! (11); **¡qué lindos zapatos!** what pretty shoes! (11); **¡qué pantalones tan elegantes!** what elegant pants! (11)
¿qué? what? (3); **¿qué hay de nuevo?** what's new? (1); **¿qué pasa?** what's going on? (1); **¿qué tal?** how's it going? (1); **¿qué tiempo hace?** what's the weather like?
quedar to remain (11); to fit (11); **quedarse** to stay; **¡qué bien te queda esa falda!** that skirt really fits you well! (11)
quedarle to fit
quehacer *m.* chore (10)
quejarse to complain
quemadura de sol sunburn
querer to want (3); to love (13); **querer decir** to mean; **quisiera** I would like
queso cheese (8)
quien(es) who, whom
¿quién(es)? who? (3)
química chemistry (2)
quince fifteen (1); **los quince años** girl's fifteenth birthday celebration (9)
quinceañera girl celebrating her fifteenth birthday (9)
quinientos(as) five hundred (7)
quinto(a) fifth (4)
quitarse to take off (*clothing*)
quizá(s) perhaps

R

racional rational
radio: emisora de radio radio station
radiografía x-ray (14)
raíz *f.* (*pl.* **raíces**) root
rana frog (12)
rápido fast
raqueta racket (6)
ráquetbol *m.* racquetball
raro(a) strange
ratón *m.* mouse (2) (13)
raya stripe; **a rayas** striped (11)
rayos X X-rays; **sacar (qu) rayos X** to take X-rays
razón *f.* reason; **no tener razón** to be wrong; **tener razón** to be right (2)
realista realist (1) (11)
rebajado(a) on sale (11)
rebelde rebel (1)
recado message
recepción *f.* reception (13)
recepcionista *m. f.* desk clerk; receptionist (7)
receta médica prescription
rechazar (c) to decline, reject
recibir to receive (3)
recibo receipt
reciclaje *m.* recycling (12)
recién casado(a) newlywed (13)
recinto campus
reclamo de equipaje baggage claim (10)
recoger (j) la mesa to clear the table (10); to pick up the table (10)
recomendación *f.* recomendación
recomendar (ie) to recommend
recordar (ue) to remember (4)
recreación *f.* recreation; **sala de recreación** rec room
recreo recess (8); **sala de recreo** rec room
recuperarse to recover (14)
recursos naturales natural resources (12)
red *f.* net
redacción *f.* writing (2)
redes *f. pl.* **sociales** social networks (13)
refresco soda (7)
refrigerador *m.* refrigerator (4)
refugiado(a) refugee (14)

regalo gift (9)
regar (ie) (gu) to water (10)
regatear to bargain
regla ruler
regresar (a casa) to return (home) (2)
regular so-so (1); okay
reír (í, i) to laugh (3)
relación *f.* relationship
relacionado(a) related
relámpago lightning
relativo(a) relative
religioso(a) religious
rellenar to fill out
reloj *m.* clock (1); watch
remediar to remedy
remedio remedy
remoto: control *m.* **remoto** remote control (13)
renunciar to resign
reparar to repair
repente: de repente suddenly (9)
repetición *f.* repetition
repetir (i, i) to repeat (3) (5)
representante *m. f.* representative
reproductor: reproductor de CDs CD player (13); **reproductor de DVDs** DVD player (13)
reptil *m.* reptile (12)
res: carne de res beef
resaca hangover
reserva reservation
reservación *f.* reservation
resfriado cold (*illness*) (14)
resguardo voucher; credit slip
residencia dormitory
resistir to resist
resolución *f.* resolution
resolver (ue) to solve
respiración *f.* breathing; **bucear con tubo de respiración** to snorkel
respirar to breathe (14)
responder to respond
responsabilizar (c) to make (someone) responsible
responsable responsible
respuesta reply, answer
restaurante *m.* restaurant (4)
resultado result; **como resultado** as a result
resultar (de/en) to result (in)
resumen *m.* summary; **en resumen** in summary
retrasado(a) delayed (10)
retrato portrait (11)
revelar fotos to develop photographs
revisar to inspect
revisión *f.* **de equipaje** luggage screening (10)
revisor *m.* controller
revista magazine (13)
rezar (c) to pray (4)
rico(a) rich (1); delicious
riñón *m.* kidney
río *m.* river (12)
riqueza wealth (14)
rocoso(a) rocky
rodilla knee (6)
rojo(a) red (3); **pasarse un semáforo en rojo** to run a red light (9)
romántico(a) romantic
romper(se) to break (9) (11); **romper con** to break up with (relationship) (13)
ropa clothes; clothing; **lavar ropa** to do laundry (10)
ropero closet
rosado(a) pink (3); **vino rosado** rosé wine
rotulador *m.* marker
rubio(a) blond(e) (1)
rueda wheel; **patinar sobre ruedas** to roller-skate, roller-blade
rutina routine

S

sábado *m.* Saturday (3)
saber to know (*facts, how to do something*) (5)
sabroso(a) delicious
sacar (qu) to take (out); **sacar fotos** to take photographs; **sacar la basura** to take the trash out (10); **sacar la lengua** to stick out one's tongue; **sacar una buena/mala nota** to get a good/bad grade; **sacar rayos X** to take X-rays
saco suit coat; sport coat; **saco de dormir** sleeping bag
sacudidor *m.* duster (10)
sacudir to dust (10)
sal *f.* salt (7)
sala living room (4); **sala de emergencias** emergency room (14); **sala de espera** waiting room (10); **sala de recreación** rec room; **sala de recreo** rec room
salado(a) salty
salchicha sausage
salida departure (10); **puerta de salida** gate (10)
salir to leave, to go out
salmón *m.* salmon
salón *m.* living room; sitting room; hall; **salón de clase** classroom (1)
salsa de tomate (dulce) tomato sauce; ketchup
saltar to jump (8)
salud *f.* health (5) (14)
saludar to greet
saludo greeting
salvadoreño(a) Salvadorian (14)
salvaje wild
sandalia sandal (3)
sandía watermelon
sándwich *m.* sandwich (7)
sangre *f.* blood
sano(a) healthy
santo saint; saint's day (9); **día** *m.* **de santo** saint's day
sarampión *m.* measles
sastre *m.* tailor
satisfacción *f.* satisfaction
satisfecho(a) full (*stomach*); satisfied
sauna *m.* sauna (7)
secadora dryer (4)
secar(se) (qu) to dry (oneself) (6); to dry (10)
secretario(a) secretary (5)
secreto secret
sed *f.* thirst; **tener (mucha) sed** to be (very) thirsty (2)
seda silk (11)
seguir (i, i) to follow (5); **seguir (i) derecho** to go straight (10)
segundo(a) second (4); **segunda clase** second class (10)
seguridad *f.* security; **agente de seguridad** security agent (10); **cinturón** *m.* **de seguridad** safety (seat) belt (10); **control de seguridad** security check; **pasar por seguridad** to go through security (10)
seguro(a) *adj.* sure (5); *adv.* certainly; surely
seis six (1)
seiscientos(as) six hundred (7)
selva jungle (12); **selva tropical** tropical rain forest
semáforo stoplight; **pasarse un semáforo en rojo** to run a red light (9)
semana week (3); **fin de semana** weekend (3); **semana pasada** last week (6)
sencillo(a) single (*room*) (7); simple (11); **habitación** *f.* **sencilla** single room
sensacional sensational
sensible sensitive
sentarse (ie) to sit (down)

sentido sense
sentimental sentimental
sentir (ie, i) to feel; **lo siento (mucho)** I'm (very) sorry; **sentirse bien** to feel well; **sentirse mal** to feel badly, ill
señal *f.* sign; **pasarse una señal de PARE** to run a STOP sign (9)
separarse (de) to separate (from) (13)
septiembre *m.* September (3)
séptimo(a) seventh (4)
ser *m.* **humano** human being
ser to be (1); **¿de dónde eres tú?** where are you (*fam.*) from? (1); **yo soy de...** I'm from . . . (1)
serenata serenade (9)
serio(a) serious (1)
serpiente *f.* snake (12)
servicios utilities
servilleta napkin (7)
servir (i, i) to serve (3) (5)
sesenta sixty (1)
setecientos(as) seven hundred (7)
setenta seventy (1)
sexto(a) sixth (4)
si if, whether
sí yes
sicología psychology
sicólogo(a) psychologist
SIDA *m. sing.* AIDS (14)
siempre always (6)
sierra mountain range
siete seven (1)
silla chair (1)
sillón *m.* armchair (4)
sin without; **sin embargo** nevertheless; however; **sin que** without (14)
sino but (rather), instead; **sino (que)** *conj.* but
sobre on; on top of; over; about
sobremesa after-dinner conversation
sobrino(a) nephew/niece (2)
social social; **redes** *f. pl.* **sociales** social networks (13)
sociología sociology
sofá *m.* couch (4)
sol *m.* sun; **gafas de sol** sunglasses; **hace sol** it's sunny; **quemadura de sol** sunburn
solicitar to apply
solicitud *f.* application (5); want ad (5)
solidaridad *f.* solidarity
sólo only
soltero(a) single person; unmarried person (13); **despedida de soltera** bridal shower; **despedida de soltero** bachelor party
solución *f.* solution
solucionar to solve
sombrero hat (3)
sombrilla beach umbrella
sonreír (í, i) to smile (3)
soñar (ue) to dream (*about*) (4)
sopa soup (7)
sorprenderse to be surprised (9)
sorprendido(a) surprised (5)
sorpresa surprise; **fiesta sorpresa** surprise party
sostener to support
sótano basement
su *poss.* your (*form. sing., pl.*); his; her; its; their
subir a to get into (*a vehicle*) (9)
suegro(a) father-in-law/mother-in-law (2)
sueldo salary (5)
suelo floor
sueño dream; sleep; **tener (mucho) sueño** to be (very) sleepy (2)
suerte *f.* luck; **tener (mucha) suerte** to be (very) lucky (2)
suéter *m.* sweater (3)
sugerencia suggestion
sugerir (ie, i) to suggest (13)

suma sum; summary; **en suma** in conclusion
súper super (*used as prefix*)
superar to overcome
superior superior; upper
supermercado supermarket (4)
supersticioso(a) superstitious
supuesto: por supuesto of course
sur *m.* south
sureste *m.* southeast
suroeste *m.* southwest
surrealista *m. f.* surrealist
suspender to fail

T

tabla: esquiar en tabla to snowboard (6)
tablero keyboard (13)
tacto touch
tal vez perhaps
tal: ¿qué tal? how's it going? (1); **con tal (de) que** provided that (14)
taller *m.* workshop; garage
también also (6); in addition
tampoco neither (6), either (6)
tan so; **tan... como** as . . . as; **tan pronto como** as soon as (14); **¡qué color tan bonito!** what a pretty color! (11); **¡qué pantalones tan elegantes!** what elegant pants! (11)
tanto(a) *adj.* so much; *pl.* so many; **tanto(s)/tanta(s)... como** as many . . . as
tapete *m.* throw rug
taquilla ticket window (10); box office; **éxito de taquilla** box office hit (13)
tarde *adv.* late (6)
tarde *f.* afternoon; **de la tarde** P.M.
tarea homework
tarjeta de crédito credit card (11)
tarta pie
taza cup
tazón *m.* soup bowl
te *d.o.* you (*fam. sing.*); *i.o.* to/for you (*fam. sing.*); *refl.* yourself; **te presento a...** I'd like to introduce you (*fam.*) to . . . (1)
té *m.* tea, afternoon tea
teatro theater (2) (4)
techo ceiling
técnico(a) technician
tejer to knit (8)
tela fabric
teléfono telephone; **teléfono celular** cell phone (8)
telenovela soap opera (13)
televidente *m. f.* television viewer (13)
televisión *f.* television (*medium*); **televisión por satélite** satellite television (13)
televisor *m.* television set (1)
temblar (ie) to shake; **me tiemblan las manos** my hands are shaking
temer to fear
temperatura temperature
templo temple (4)
temprano early
tenedor *m.* fork (7)
tener to have; **tener que** (+ *inf.*) to have to (+ *verb*); **no tener razón** to be wrong; **¡que tengas un buen día!** have a nice day (1); **tener (mucha) hambre** to be (very) hungry (2); **tener (mucha) prisa** to be in a (big) hurry (2); **tener (mucha) sed** to be (very) thirsty (2); **tener (mucha) suerte** to be (very) lucky (2); **tener (mucho) calor** to be (very) hot (2); **tener (mucho) cuidado** to be (very) careful (2); **tener (mucho) éxito** to be (very) successful (2); **tener (mucho) frío** to be (very) cold (2); **tener (mucho) miedo** to be afraid of (2); **tener (mucho) sueño** to be (very)

sleepy (2); **tener celos** to be jealous; **tener ganas de** (+ *inf.*) to feel like (*doing something*); **tener lugar** to take place; **tener mareos** to be dizzy; **tener razón** to be right (2); **tener... años** to be . . . years old (2); **tenerle miedo a** to be afraid of (*person*)

tenis *m.* tennis (6); tennis shoes (3)

tercer, tercero(a) third (4)

terminal *m.* terminal

terminar to finish

ternera veal

terraza terrace

terrible terrible

testigo *m. f.* witness

textura texture

tiburón *m.* shark (12)

tiempo time; weather; **a tiempo** on time (10); **a tiempo completo** full-time; **a tiempo parcial** part-time; **hace buen tiempo** the weather is nice (3); **hace mal tiempo** the weather is bad (3); **¿Qué tiempo hace?** What's the weather like?

tienda shop; store (4); **tienda de campaña** camping tent (6)

tierno(a) tender

Tierra Earth (*planet*)

tierra land, earth

tigre *m.* tiger (12)

tinta ink (11)

tinto: vino tinto red wine (7)

tintorería dry cleaners

tío(a) uncle/aunt (2)

tira cómica comic strip (8)

tiza chalk

toalla towel (6); **toalla de papel** paper towel

tobillo ankle (6)

tocador *m.* dressing table

tocar (qu) to touch; **tocar (el piano)** to play (*the piano*) (8); to touch

tocino bacon

todo(a) all, every; **todos los días** every day (3)

tomar to take; **tomar (café)** to drink (coffee) (2); **tomar la presión** to take someone's blood pressure

tomate *m.* tomato (7); **salsa de tomate (dulce)** tomato sauce; ketchup

tonto(a) dumb (1)

topografía topography

torcerse (ue) (z) to twist (14)

tormenta storm

toro bull (12)

toronja grapefruit

torre *f.* tower

tortuga turtle (12)

tos *f.* cough (14)

toser to cough (14)

totopos *pl.* tortilla chips (7)

trabajador(a) *adj.* hard-working (1)

trabajador(a) social social worker (5)

trabajar to work (2)

trabajo work; job; **solicitud** *f.* **de trabajo** job application

tradicional traditional (11)

traductor(a) translator

traer to bring (5)

traidor(a) traitorous

traje *m.* suit (3); **traje de baño** swimming suit (3)

tranquilo(a) tranquil; calm

transicional transitional

transmitir to broadcast (13)

transporte *m.* transportation (7)

trapeador *m.* mop (10)

trapear to mop (10)

trapo dust cloth; rag (10); cleaning cloth (10)

tratado de comercio trade treaty (14)

tratamiento treatment (14)

travesura mischief (8); **hacer travesuras** to do mischievous things (8)

trece thirteen (1)

treinta thirty (1)

tren *m.* train

trepar (un árbol) to climb (a tree) (8)

tres three (1)

trescientos(as) three hundred (7)

triple triple (7)

triste sad (5); **ponerse triste** to become sad

tronco trunk

tropezar (ie) (c) to trip (9)

tropical tropical; **selva tropical** tropical rain forest

trucha trout

trueno thunder

tú *subj. pron.* you (*fam. sing.*); **¿de dónde eres tú?** where are you (*fam.*) from? (1); **¿y tú?** and you (*fam.*) (1)

tu(s) *poss.* your (*fam. sing.*)

tubo: bucear con tubo de respiración to snorkel

tuna cactus fruit

turista *m. f.* tourist (7)

U

ubicación *f.* location

último(a) final; last; **por último** lastly; finally

un/uno(a) a, an, one (1)

único(a) unique; only

unión *f.* **libre** common-law union (13)

universidad *f.* university

unos(as) some

urgente urgent

uruguayo(a) Uruguayan (14)

usado(a) used

usar to use

usted *subj. pron.* you (*form. sing.*); **¿cómo está usted?** how are you (*form.*)? (1); **¿y usted?** and you (*form.*)? (1)

usualmente usually

uva grape (8)

V

vaca cow (12)

vacaciones *f. pl.* vacation

vacuna vaccine (14)

vacunar to vaccinate

vacuno: carne de vacuno beef

vagón *m.* car, wagon (10)

valer to be worth; to cost; **¿vale?** okay?

valiente valiant, courageous

valle *m.* valley (12)

valor *m.* value

vanguardista *m. f.* revolutionary (11); avant-garde (11)

varicela chicken pox

varios several (2)

vaso glass

veinte twenty (1)

veinticinco twenty-five (1)

veinticuatro twenty-four (1)

veintidós twenty-two (1)

veintinueve twenty-nine (1)

veintiocho twenty-eight (1)

veintiséis twenty-six (1)

veintisiete twenty-seven (1)

veintitrés twenty-three (1)

veintiuno twenty-one(1)

vejez *f.* old-age (13)

vela candle (9)

velocidad: límite *m.* **de velocidad** speed limit (9)

vena vein

venado deer (12)

venda bandage

vendaje *m.* bandage (14)

vendedor(a) salesperson (5)

vender to sell (3)

venezolano(a) Venezuelan (14)

venir to come (5)

venta sale; **en venta** on sale

ventana window (1); **limpiador para ventanas** window cleaner

ventanilla window (10)

ver to see (5); **verse** to see oneself (6); **a ver** let's see; **nos vemos** see you later (1)

verano summer (3)

verbo verb

verdad *f.* truth; **¿verdad?** right?; **de verdad** really

verde green (3)

verduras *f. pl.* vegetables

vestido dress (3)

vestirse (i, i) to get dressed (6)

veterinaria veterinary medicine

veterinario(a) veterinarian (5)

vez *f.* time; **a veces** at times; **de vez en cuando** from time to time; **dos veces** two times, twice

viajar to travel (2)

viaje *m.* trip; **agente de viajes** travel agent (5); **cheque** *m.* **de viaje** traveler's check; **viaje todo pagado** all-inclusive trip

viajero(a) traveler; **cheque** *m.* **de viajero** traveler's check

videojuego videogame (8)

viejo(a) old (1)

viento wind; **hace viento** it's windy

viernes *m.* Friday (3)

VIH *m.* HIV

vinagre *m.* vinegar

vino wine; **vino blanco** white wine (7); **vino rosado** rosé wine; **vino tinto** red wine (7)

violeta violet

visa visa (10)

visitar to visit

vista view; sight

viudo(a) widower/widow (13)

vivienda housing

vivir to live (3) (5); **viva...** long live . . .

volar (ue) to fly (8)

volcán *m.* volcano (12)

voleibol *m.* volleyball (6)

voleibolista *m. f.* volleyball player

volver (ue) to return; to come back (4); **volverse loco(a)** to go crazy

vomitar to vomit (14)

vosotros(as) *subj. pron.* you (*fam. pl.*) (*Sp.*)

votar to vote (14)

voz *f.* voice; **en voz alta** aloud

vuelo flight (10); **asistente** *m. f.* **de vuelo** flight attendant

vuestro(a) *poss.* your (*fam. sing.*) (*Sp.*)

Y

y and; **¿y tú?** and you (*fam.*)? (1); **¿y usted?** and you (*form.*)? (1)

yerno son-in-law

yeso cast (14)

yo I; **yo soy de...** I'm from . . . (1)

Z

zanahoria carrot (8)

zapatilla slipper

zapato shoe (3); **¡qué lindos zapatos!** what pretty shoes! (11)

zona area

zoológico zoo (4)

zorro fox (12)

A

a, an un/uno(a)
a lot mucho(a) (2)
a.m. de la mañana
abdomen abdomen *m.*
able, to be poder (4)
about sobre
abstract art arte *m.* abstracto (11)
accept, to aceptar
accompany, to acompañar
account of, on a causa de
accountant contador(a) (5); contable *m. f.*
accounting contabilidad *f.*
ache dolor *m.*; **muscle ache** dolor muscular
acquainted with, to be conocer (zc) (5)
action acción *f.*
activity actividad *f.*, práctica
actor actor *m.* (5)
actress actriz *f.* (5)
ad, want solicitud *f.* (5)
add, to agregar (gu) (8); añadir
addition, in además; también
adjective adjetivo
adolescence adolescencia (13)
adolescent adolescente *m. f.* (13)
adopted adoptivo(a)
adult adulto (13)
adviser consejero(a) (5)
aerobics ejercicios aeróbicos
afraid, to be (very) tener (mucho) miedo; tener miedo de (*of a thing*) (2)
after (*doing something*) después de (+ *inf.*) (6); después (de) (que) (14)
after-dinner conversation sobremesa
afternoon tarde *f.*; **good afternoon** buenas tardes (1); **in the afternoon** por la tarde
again otra vez
against contra
agent agente *m. f.*; **security agent** agente *m., f.* de seguridad (10); **travel agent** agente *m., f.* de viajes (5)
aggressive agresivo(a) (1)
agree, to estar de acuerdo
agreed de acuerdo
agreement acuerdo; **trade agreement** tratado de comercio (14)
aid: first aid primeros auxilios (14)
AIDS SIDA *m.* (14)
air-conditioning aire acondicionado
airline aerolínea; línea aérea
airport aeropuerto (10); **international airport** aeropuerto international (10)
aisle pasillo (10)
alarm clock despertador *m.* (6)
algebra álgebra *m.* (2)
all todo(a)
all todo(a)(s); **after all** al fin y al cabo; **all right** de acuerdo; **when all is said and done** al fin y al cabo
all-inclusive trip viaje todo pagado (7)
allergy alergia (14)
alleviate, to aliviar
along a lo largo (de)
alongside (of) al lado (de)
aloud en voz alta
also también (6)
although aunque
always siempre (6)
amazing increíble
ambulance ambulancia (9)
among entre
amphibian anfibio (12)
amusement park parque *m.* de atracciones
and y; **and you?** ¿y tú? (*fam. sing.*) (1); ¿y usted? (*form. sing.*) (1)
angry enojado(a) (5); **to become angry** enojarse

ankle tobillo (6)
anniversary aniversario (*wedding*) (9)
announcer locutor(a) (13)
answer respuesta; **to answer** contestar
anthropology antropología
antibiotic antibiótico
any ninguno/ninguno(a) (6)
apartment apartamento (4); piso; **efficiency apartment** estudio
appetizer entremés *m.* (7)
apple manzana
appliance, electrical electrodoméstico (4)
application solicitud *f.* (5)
apply, to solicitar; aplicarse (qu)
appreciate, to apreciar (11)
approach, to acercarse (qu)
approve, to aprobar (ue)
April abril *m.* (3)
architect arquitecto(a) (5)
architecture arquitectura
area zona
Argentine argentino(a) (14)
argue, to pelear (8)
arm brazo (6)
armchair sillón *m.* (4)
armoire armario (4)
arrange, to arreglar
arrival llegada (10)
arrive llegar (gu) (2)
art arte *m.* (2); **abstract art** arte *m.* abstracto (11); **fine arts** bellas artes *f. pl.*; **liberal arts** filosofía y letras; **martial arts** artes *f. pl.* marciales
article artículo
artist artista *m. f.*
as como; **as... as** tan . . . como; **as many... as** tanto(s)/tanta(s) . . . como; **as soon as** tan pronto como (14); en cuanto (14)
ask, to preguntar (2); **to ask (for)** pedir (i, i) (3) (5)
aspirin aspirina (14)
astronomy astronomía
at a; en (4); **at the beginning** al principio
athlete atleta *m. f.*; deportista *m. f.* (5)
athletic atlético(a) (1)
attend, to (*function*) asistir a (3); **to attend to** atender (ie) a
attention atención *f.*
attic ático; desván *m.*
attorney abogado(a)
audience audiencia (13)
August agosto (3)
aunt tía (2)
autumn otoño (3)
available disponible (7)
avant-garde vanguardista *m. f.* (11)
avocado aguacate *m.*
away: to put away guardar (10)

B

baby-sitter niñera (8)
bachelor party despedida de soltero
back espalda (6); **in the back (of)** al fondo (de)
backpack mochila (1)
bacon tocino
bad mal (1); malo(a) (1)
badly mal; **to feel badly** sentirse (ie, i) mal
badminton bádminton *m.* (6)
bag bolsa; bolso; **bags** (*luggage*) equipaje *m.* (10)
baggage claim reclamo de equipaje (10)
bake, to hornear (8)
baked al horno (7)
bakery panadería
balcony balcón *m.*
bald calvo(a) (1)

ball balón *m.*; pelota (6)
balloon globo (9)
banana plátano (8)
band grupo de música (9)
bandage venda; vendaje *m.* (14); **small adhesive bandage** curita (14)
bank banco (4)
baptism bautizo (9)
bar bar *m.* (4)
bargain ganga; **to bargain** regatear
baseball béisbol *m.* (6)
basement sótano
basket cesta
basketball básquetbol *m.* (6); baloncesto
bath baño; **to take a bath** bañarse
bathe, to bañarse (6)
bathroom baño (4); **bathroom sink** lavabo (4)
bathtub bañera (4)
bay bahía (12)
beach playa; **beach umbrella** sombrilla
bean frijol *m.*; **green bean** judía verde
bear oso (12)
beat, to batir (8)
beautiful precioso(a); hermoso(a)
because porque; **because of** por
become: to become angry enojarse (9); **to become bored** aburrirse (9); **to become frustrated** frustrarse (9); **to become happy** alegrarse (9); **to become frightened** asustarse (9)
bed cama (4); **bunk bed** litera (10); **double bed** cama matrimonial; **to go to bed** acostarse (ue) (6); **to make the bed** hacer la cama (10)
bedroom dormitorio (4)
beef carne *f.* de res; carne *f.* de vacuno
beer cerveza (7)
before anterior; antes (de) (que) (14); **before** (*doing something*) antes de que (+ *inf.*) (6)
begin, to comenzar (ie) (c) (3); empezar (ie) (c) (3); **to begin with** para empezar
beginning principio
behind detrás (de) (4)
believe, to creer (3)
bellhop botones *m. f., sing. pl.* (7)
below debajo (de)
belt cinturón *m.* (3); **safety (seat) belt** cinturón *m.* de seguridad (10)
bend, to doblar
benefits beneficios
beside al lado (de) (4); junto a
besides además
best, the el/la mejor (11)
better mejor (11)
between entre (4)
bicycle bicicleta
big gran, grande (1)
bill cuenta (7)
billfold cartera
biology biología (2)
bird pájaro (2); ave *f.* (*but* el ave) (12)
birth nacimiento (13); **to give birth** dar a luz (13)
birthday cumpleaños *m. sing., pl.* (3) (9); **birthday boy(girl)** cumpleañero(a)
black negro(a) (3)
blackboard pizarra
blond(e) rubio(a) (1)
blood sangre *f.* (14); **blood pressure** presión *f.* arterial; **high blood pressure** hipertensión *f.* (14); presión *f.* alta (14); **to take someone's blood pressure** tomar la presión (14)
blouse blusa (3)
blue azul (3)
blue jeans bluyíns *m., pl.* (3)

board game juego de mesa (8)
board, to abordar (10)
board: ironing board burro (10)
boarding pass pase *m.* de abordar (10)
boat barco
body cuerpo
Bolivian boliviano(a) (14)
bone hueso (14); **broken bone** fractura (14)
book libro (1)
bookstore librería (4)
boot bota (3)
bored aburrido(a) (5); **to become bored** aburrirse (9)
boring aburrido(a) (1)
born, to be nacer (zc) (13)
bother, to molestar; **to be bothered by** molestar
bottle botella
bottom fondo
box office taquilla; **box office hit** éxito de taquilla (13)
boyfriend novio (2)
bracelet pulsera
brain cerebro (14)
bread pan *m.* (7)
break, to romper (9) (11); fracturarse (*bone*); **to break down** (*machine*) descomponer (11); **to break up with** (*relationship*) romper con (13)
breakfast desayuno (7); **to eat breakfast** desayunar (7)
breathe, to respirar (14)
breathing respiración *f.*
bridal shower despedida de soltera
bride novia (9)
bridge puente (9)
bright brillante
bring, to traer (5)
broadcast, to transmitir (13)
broccoli brócoli *m.* (8)
broken bone fractura
broom escoba (10)
brother hermano
brother-in-law cuñado (2)
brown marrón; café (3)
brush, to cepillarse (6)
build, to construir (y)
building edificio (4)
bull toro (12)
bunk (bed) litera (10)
bureau cómoda
bus autobús *m.*; **bus station** estación *f.* de autobuses
business empresa; negocios (*subject*) (2); **business and management** administración *f.* de empresas
busy ocupado(a) (5)
but *conj.* pero;
butcher shop carnicería
butter mantequilla (8)
buy, to comprar (2)
by por; **by the way** a propósito; de paso

C

cablevision cablevisión *f.* (13)
cactus cactus *m.* (12); **cactus fruit** tuna
cafeteria cafetería
cage jaula (12)
cake pastel *m.* (7) (9)
calculator calculadora
calculus cálculo (2)
call, to llamar (2)
calm tranquilo(a)
camping, to go acampar (6); **camping tent** tienda de campaña (6)
campus recinto
cancer cáncer *m.* (14)
candidate, job aspirante *m. f.*
candies dulces *m. pl.* (9) golosinas (13)
candle vela (9)
cap gorro (3)

car auto; vagón *m.* (10); **toy car** carrito (8); **sleeping car** coche *m.* cama (10)
card tarjeta; **credit card** tarjeta de crédito (11)
cards (*playing*) cartas (8); naipes *m. pl.*
care cuidado
careful, to be (very) tener (mucho) cuidado
carpet alfombra (4)
carrot zanahoria (8)
carry, to llevar
cartoons dibujos animados (13)
cascade cascada (12)
case (that), in en caso (de) (que) (14)
cash efectivo (11); **cash register** caja (11)
cast yeso (14)
cat gato(a) (2)
cathedral catedral *f.*
cause causa; **to cause** causar
CD player reproductor *m.* de CDs (13)
ceiling techo
celebrate, to festejar; celebrar (9)
celery apio
cell phone teléfono celular (8)
censor, to censurar (13)
center centro
ceremony ceremonia (13)
certain cierto(a)
certainly cierto; claro (que sí); seguro
certainty certeza
chair silla (1)
chalk gis *m.*; tiza
chalkboard pizarra (1)
champagne champán *m.* (9)
change cambio; **to change** cambiar
characteristic característica
charming gracioso(a)
chat, to charlar (8); chatear (*online*) (13)
cheap barato(a) (11)
check cuenta (*restaurant*) (7); cheque *m.* (*bank*); **traveler's check** cheque de viaje/viajero
check, to consultar (*webpage, text, etc.*); **check luggage, to** facturar el equipaje (10)
checkered a cuadros (11)
checkers damas (8)
cheek mejilla
cheese queso (8)
chemistry química (2)
cherry cereza
chess ajedrez *m.* (8)
chest pecho (6)
chew, to masticar (qu)
chick pollo (12)
chicken pollo (7)
chicken pox varicela
child niño(a) (1)
childhood niñez *f.* (13)
childish infantil (13)
children, for infantil (13)
Chilean chileno(a) (14)
chin barbilla
chips, tortilla totopos (7)
choose, to elegir (i, i) (j)
chore quehacer *m.* (10)
Christmas Navidad *f.*; **nine-day celebration before Christmas** posadas (9)
church iglesia (4)
cinema cine *m.*
circus circo
citizen ciudadano(a) (14)
city ciudad; **city hall** ayuntamiento; **city square** plaza (4)
civil civil
claim: baggage claim reclamo de equipaje (10)
class clase *f.*; **first class** primera clase (10); **second class** segunda clase (10)
classic clásico(a)
classmate compañero(a) de clase (2)
classroom salón *m.* de clases (1)
clean, to limpiar (2)
cleaner (*liquid*) limpiador *m.*

cleaning: cleaning cloth trapo (10); **cleaning materials** artículos de limpieza
clear claro(a); despejado(a) (*weather*); **it is clear** está despejado (3); **to clear the table** recoger (j) la mesa (10)
clerk dependiente(a) (5); **desk clerk** recepcionista *m. f.*
click (on), to hacer clic (en) (13)
climb, to montar; **to climb a tree** trepar un árbol (8); **to climb mountains** hacer alpinismo (6)
climbing, mountain alpinismo (6)
clinic clínica
clock reloj *m.* (1); **alarm clock** despertador (6)
close (to) cerca (de) (4)
close, to cerrar (ie) (3)
closet ropero; armario (4)
cloth: cleaning cloth trapo (10)
clothes/clothing ropa; prenda; **to put on clothing** ponerse la ropa (6); **to take off clothing** quitarse la ropa (6)
cloud nube *f.* (12)
cloudy nublado(a); nuboso(a); **it is cloudy** está nublado (3)
club club *m.* (4)
coach entrenador(a)
coach, to entrenar
coast costa (12)
coat abrigo (3); **suit coat** saco; **sport coat** saco
cocktail coctel *m.* (7)
coffee café *m.* (7); **coffee maker** cafetera (4); **coffee table** mesita (4); **to drink coffee** tomar café
cold *adj.* frío(a); **it's cold** (*weather*) hace frío; **to be (very) cold** tener (mucho) frío; *n.* catarro (14); resfriado (14)
colleague colega *m. f.*
collect, to coleccionar
college (*university division*) facultad *f.*
Colombian colombiano(a) (14)
color color *m.*; **what a pretty color!** ¡qué color tan bonito! (11)
comb one's hair, to peinarse (6)
come, to venir (5); **come back, to** volver (ue) (4)
comic strip tira cómica (8)
command mandato
commercial anuncio comercial (13)
common-law union unión *f.* libre (13)
companion compañero(a)
compare, to comparar; **compared with** comparado(a) con
comparison comparación *f.*
compete, to competir (i, i) (3)
competition competencia; competición *f.*
complain, to quejarse
complete completo(a); **to complete** completar
complex complicado(a) (11)
complexion cutis *m.*
computer computadora (1); ordenador; **computer science** informática (2); ciencias de la computación
concert concierto
concierge conserje *m. f.*
conclude, to concluir (y)
conclusion conclusión *f.*; **in conclusion** en conclusión; en suma
condiments condimentos
condition condición *f.*
condolences condolencias
condominium condominio
confirm, to confirmar
congratulate, to felicitar
conjunction conjunción *f.*
connection conexión *f.* (10)
consequence, as a como consecuencia
conservative conservador(a) (1) (11)
constipation estreñimiento
construct, to construir (y)
contain, to contener (ie)
contamination contaminación *f.* (12)
contest concurso

continent continente *m.*
contradict, to contradecir
contrary contrario(a); **on the contrary** al contrario
contrast contraste *m.*; **in contrast to** a diferencia de
control control *m.*; **remote control** control *m.* remoto (13)
controller revisor *m.* (10)
convenient conveniente
conversation conversación *f.*
cook cocinero(a); **to cook** cocinar (2)
cool fresco(a); **it's cool** (*weather*) hace fresco
corn maíz *m.* (8)
corner esquina (9)
cortacésped *m.* lawnmower (10)
cost, to costar (ue) (4)
Costa Rican costarricense *m. f.* (14)
cotton algodón *m.* (11)
couch sofá *m.* (4)
cough tos *f.* (14); **cough syrup** jarabe *m.* (14); **to cough** toser (14)
count, to contar (ue) (8)
counter mostrador *m.* (10)
couple pareja (2) (13)
courageous valiente
course materia
court (*sports*) cancha (6)
courtyard patio
cousin primo(a) (2)
cover charge entrada
covered cubierto(a)
cow vaca (12)
crab cangrejo
crash (into something), to chocar (qu) (con) (9)
crazy loco(a) (5)
cream crema (8); pomada (*ointment*)
creamy cremoso(a)
credit crédito; **credit card** tarjeta de crédito (11); **credit slip** comprobante *m.*; resguardo
criminology criminología (2)
crocodile cocodrilo (12)
cross, to atravesar (ie) (9); cruzar (c) (9)
crosswalk cruce *m.* (9)
crossword puzzle crucigrama *m.*
cruel cruel (1)
Cuban cubano(a) (14); **Cuban-American** cubanoamericano(a)
cubist cubista *m. f.*
cucumber pepino (8)
cup taza (7)
current actual
curtain cortina (4)
customs aduana (10); **customs official** agente *m. f.* de aduana
cut, to cortar (8); **to cut oneself** cortar(se) (6) (14); **to cut the lawn** cortar el césped (10)
cutlery cubiertos *m. pl.*
cyclist ciclista *m., f.* (9)

D

daily diario(a)
dairy store lechería
damage, to dañar (9)
damaged: to be damaged estar dañado(a) (9)
dance, to bailar (2)
dancer bailarín/bailarina (5)
danger (of extinction) peligro (de extinción) (12)
dark oscuro(a)
dark-haired moreno(a) (1)
dark-skinned moreno(a) (1)
darkroom cuarto oscuro
date book agenda
date fecha (*calendar*) (3); cita (13)
daughter hija
daughter-in-law nuera
day día *m.* (3); **day before yesterday** anteayer; **every day** todos los días (3); **per day** al día
death muerte *f.* (13)

December diciembre *m.* (3)
declare, to declarar
decline, to rechazar (c)
decoration decoración *f.* (9)
deep profundo(a)
deer venado (12)
definite definido(a)
deforestation deforestación *f.* (12)
delayed retrasado(a) (10)
delicious delicioso(a), rico(a), sabroso(a)
delighted encantado(a); **to be delighted** encantar
denim mezclilla (11)
dentist dentista *m. f.*
deny, to negar (ie) (gu)
department store almacén *m.*
departure salida (10)
deplane, to desembarcar (qu)
deposit, to depositar (4)
depressed deprimido(a) (5)
depression depresión *f.*
describe, to describir
description descripción *f.*
descriptive descriptivo(a)
desert desierto (12)
deserve, to merecer (zc)
design, to diseñar (11)
designer diseñador(a) (5)
desire, to desear (13)
desk pupitre *m.* (*student*) (1); escritorio (*teacher's*) (1); **desk clerk** recepcionista *m. f.*; **ticket window** taquilla (10); ventanilla
dessert postre *m.* (7)
destination destino
destroy, to destruir (y) (5) (12)
develop photographs, to revelar fotos
diabetes diabetes *f.* (14)
diarrhea diarrea (14)
dictionary diccionario (1)
die, to morir (ue, u) (4) (5)
difference diferencia
different diferente
difficult difícil (1)
digestion digestión *f.*
dining room comedor *m.* (4)
dinner cena (7); **to eat dinner** cenar (7)
direct directo(a); **direct object** objeto directo
direction dirección *f.*
disagreement desacuerdo
disaster desastre *m.*
dish plato; **dish detergent** detergente *m.* para platos; **dish soap** jabón *m.* para platos (10); **main dish** plato principal (7); **to do dishes** lavar platos (10)
dishwasher lavaplatos *m.* (4)
distracted, to get distraerse (9)
dive: to scuba dive bucear (6)
divorce, to divorciarse (de) (13)
dizziness mareo
dizzy mareado(a); **to be dizzy** estar mareado(a) (14); **dizzy, to be** tener mareos, marearse
do, to hacer (5); **to do dishes** lavar platos (10); **to do laundry** lavar ropa (10); **to do mischievous things** hacer travesuras (8)
doctor doctor(a), médico(a) (5); **doctor's office** consultorio
documentary documental *m.* (13)
dog perro (2)
doll muñeco(a) (8)
domestic doméstico
Dominican dominicano(a) (14)
dominos dominó *sing.* (8)
door puerta (1); **door attendant** portero
dormitory residencia
double doble (7); **double room** (*hotel*) habitación *f.* doble
doubt duda; **there is no doubt** no cabe duda; **to doubt** dudar (12)
doubtful dudoso(a)

down (below) abajo
dozen docena
draw, to dibujar (8)
dream sueño; **to dream** soñar (ue) (4)
dress vestido (3)
dressed, to get vestirse (i, i) (6)
dresser tocador
dressing room probador *m.* (11)
dressing table tocador
dressmaker modista
drink bebida (7); **to drink** tomar (2); beber (3)
drive, to conducir (zc) (5), manejar
driver conductor(a) (9)
drop gota (14)
drunk borracho(a) (5)
dry árido(a); **to dry (oneself)** secar(se) (qu) (6) (10)
dry cleaners tintorería
dryer secadora (4)
duck pato (12)
due to por
dumb tonto(a) (1)
dust cloth trapo; **to dust** sacudir (10)
duster sacudidor *m.* (10)
Dutch holandés(esa)
DVD player reproductor *m.* de DVDs (13)

E

each cada
eagle águila *f.* (*but* el águila) (12)
ear oído (*inner*); oreja (*outer*) (6)
early temprano (6)
earn, to ganar (5)
earring arete *m.*; **dangling earring** pendiente *m.*
earth tierra; **Earth** Tierra (*planet*)
easy fácil (1)
eat, to comer (3) (5)
ecology ecología (12)
economics ciencias económicas; economía
economy economía (2)
Ecuadorian ecuatoriano(a) (14)
education ciencias de la pedagogía; **physical education** educación física (2)
effect efecto
efficiency apartment estudio
efficient eficiente
egg huevo (8)
eight ocho (1)
eighteen dieciocho (1)
eighth octavo(a) (4)
eighty ochenta (1)
either... or o . . . o (6); tampoco (6)
elbow codo (6)
elect, to elegir (i, i) (j)
elegant elegante; **what elegant pants!** ¡qué pantalones tan elegantes! (11)
elephant elefante *m.* (12)
elevator ascensor *m.* (7)
eleven once (1)
embarrassed avergonzado(a) (5)
emergency emergencia; **emergency room** sala de emergencias (14); **emergency service** servicio de emergencias (9)
emigrate, to emigrar (14)
emigration emigración *f.* (14)
emotion emoción *f.*
enchanting encantador(a)
encouragement ánimo
end, in the al final
engaged (to), to get comprometerse (con) (13)
engagement compromiso (13); noviazgo (13)
engine: search engine buscador *m.* (13)
engineer ingeniero(a) (5)
engineering ingeniería (2)
English (*language*) inglés *m.* (2)
engraving grabado (11)
enjoy, to apreciar (11); disfrutar; **enjoy your meal** buen provecho
enter, to entrar (en)
entertain, to festejar
entertainment diversión *f.*

enthusiastic entusiasta
entrance entrada
entrée plato principal (7)
environment ambiente *m.*
equal igual
Equatorial Guinean ecuatoguineano (14)
equipment (6)
eraser borrador *m.* (*chalk*); goma (*pencil*)
evening noche *f.*; **in the evening** por la noche
event acontecimiento
every todo(a); cada; **every day** todos los días (3)
evident evidente
exactly exacto(a)
exam examen (2)
examination (*medical*) examen médico *m.*
examine, to examinar (14)
example ejemplo; **for example** por ejemplo
excited animado(a)
exclamation exclamación *f.*
excuse excusa; **to excuse oneself** disculparse; **to make an excuse** excusarse
exercise ejercicio
exhibit, to exhibir (11)
exhibition exhibición *f.* (11)
expect, to esperar
expensive caro(a) (11); costoso(a); **how expensive!** ¡qué caro(a)! (11)
experience experiencia
express, to expresar
expression expresión *f.*
extinction: danger of extinction peligro de extinción (12)
extrovert(ed) extrovertido(a)
eye ojo (6)
eyebrow ceja
eyelash pestaña
eyelid párpado

F

fabric tela (11)
fabulous fabuloso(a)
face cara (6)
facing frente a
factory fábrica
fail, to (*class*) suspender
faint desmayo (14); **faint, to** desmayarse (14)
fair justo(a)
fall, to caer(se) (9); **to fall asleep** dormirse (ue, u) (6); **to fall in love with** enamorarse (de) (13)
false falso(a)
family familia (2)
famous famoso(a) (1)
fan aficionado(a) (6)
far (from) lejos (de) (4)
farm granja (12)
fascinate, to fascinar (8)
fascinated by, to be fascinar
fascinating fascinante
fashion moda, modo
fashionable de moda (11)
fast rápido
fat gordo(a) (1)
fatal fatal
father padre *m.*, papá *m.* (2)
father-in-law suegro (2)
fault culpa
favor favor *m.*
favorite favorito(a)
fear miedo; **to fear** temer
February febrero (3)
feel, to sentirse (ie, i) (9); **to feel like (doing something)** tener ganas de (+ inf.)
female hembra (12)
feminine femenino(a)
feminist feminista
festival festival *m.*
fever fiebre *f.*
few, (a) poco(a) (2)
fiancé(e) novio(a); prometido(a) (13)

field cancha (*sports*); campo (*sports*) (6)
fifteen quince (1); **girl's fifteenth birthday celebration** los quince años (9)
fifteen-year-old (female) quinceañera
fifteenth: girl celebrating her fifteenth birthday quinceañera (9)
fifth quinto(a) (4)
fifty cincuenta (1)
fight lucha; **to fight** luchar; pelear (8)
fill out, to completar, rellenar
film película (4)
final último(a)
finally por último, finalmente, por fin
find, to encontrar (ue) (4)
fine *adv.* bien (1); *n.* multa (9)
fine arts bellas artes *f. pl.*
finger dedo (6)
finish, to acabar (11); terminar
fire station estación *f.* de bomberos
fire, to despedir (i, i)
firefighter bombero(a)
fireplace chimenea
fireworks fuegos artificiales (9)
firm empresa
first primer/primero(a) (4); **first aid** primeros auxilios (14); **first and foremost** ante todo; **first class** primera clase (10); **first-class hotel** hotel *m.* de lujo; hotel *m.* de primera; **first of all** ante todo
fish pescado (*food*) (7); pez (*pl.* peces) (2); **fish store/market** pescadería; *raw fish marinated in lime* ceviche *m.*
fishing, to go ir de pesca (6)
fit, to quedar (11); caber; **that skirt really fits you well!** ¡qué bien te queda esa falda! (11)
fitting room probador *m.*
five cinco (1)
five hundred quinientos(as) (7)
flag bandera (1)
flan flan *m.* (7)
flight vuelo (10); **flight attendant** asistente *m. f.* de vuelo (5); azafata *f.*
flip-flop zapatilla
floor suelo; piso (*of a building*) (4); planta (*of a store or business*)
floral de flores
flower flor *f.* (4)
flowered de flores
flu gripe *f.* (14)
fluorescent fluorescente
fly, to volar (ue) (8)
fog niebla
follow, to seguir (i, i) (5)
food comida
foot pie *m.* (6)
football fútbol *m.* americano (6); **football player** futbolista *m. f.*
for para; **for example** por ejemplo
forehead frente *f.*
foreigner extranjero(a)
forest bosque *m.* (12); **tropical rain forest** bosque tropical
forget, to olvidar (11)
fork tenedor *m.*
form, to formar
forty cuarenta (1)
four cuatro (1)
four hundred cuatrocientos(as) (7)
fourteen catorce (1)
fourth cuarto(a) (4)
fox zorro (12)
fracture fractura (14); **to fracture** fracturarse (14)
French (*language*) francés *m.* (2)
frequency repetición *f.*; frecuencia
frequently a menudo
fresh fresco(a)
Friday viernes *m.* (3)
fried frito(a)
friend amigo(a) (2)
friendly amable
fright espanto

frightened: to become frightened asustarse (9)
frog rana (12)
from de; **where are you** (*fam.*) **from?** ¿de dónde eres tú? (1); **I am from...** yo soy de . . . (1)
front delantero(a); **in front (of)** enfrente (de) (4)
fruit fruta
fruit store frutería
frustrated frustrado(a) (5); **to become frustrated** frustrarse (9)
full lleno(a); satisfecho(a) (*after eating*)
full-time a tiempo completo
fun, to have divertirse (ie, i) (6)
fun *adj.* divertido(a)
funeral funeral *m.*
funny cómico(a) (1); divertido(a) (5); gracioso(a)
furious furioso(a)
furniture muebles *m. pl.* (4)
furthermore además

G

gain weight, to engordar
gallery galería (11)
game juego; partido (*sports match*) (6); **board game** juego de mesa (8); **game show** concurso (13)
garage garaje *m.* (4); taller *m.* (*shop*)
garbage basura (10)
garden, jardín *m.* (4); **to garden** (*flowers*) cultivar el jardín
garlic ajo
garment prenda (11)
gate puerta (de salida) (10)
generally generalmente, por lo general
generous generoso(a) (1)
gentleman caballero
geography geografía (2)
geology geología
geometry geometría (2)
German (*language*) alemán *m.* (2)
get, to conseguir (i, i) (g); obtener; **to get a good/bad grade** sacar (qu) una buena/mala nota; **to (not) get along** llevarse bien/mal (13); **to get distracted** distraerse (9); **to get dressed** vestirse (ie, i) (6); **to get into** montar; subir a (*a vehicle*) (9); **to get married (to)** casarse (con) (9); **to get out of** (*vehicle*) bajar de (9); **to get ready** arreglarse (6); **to get up** levantarse (6)
gift regalo (9)
giraffe jirafa (12)
girlfriend novia (2)
give, to dar (5); **to give birth** dar a luz (13)
glad, to be alegrarse
glass vaso; **wine glass** copa (7)
glasses gafas *f. pl.*; lentes *m. pl.* (3)
globalization globalización *f.* (14)
glove guante *m.* (3)
go, to ir (4); **to go away; to go out** salir (5); **to go straight** seguir (i) derecho (10)
God dios *m.*
godfather padrino
godmother madrina
gold oro
golf golf *m.* (6)
good buen/bueno(a) (1); **good afternoon** buenas tardes (1); **good morning** buenos días (1); **good night** buenas noches (1)
good-bye adiós (1); chao (1)
gorilla gorila (12)
gossip, to chismear
gossipy charlatán(-ana)
grade nota (2)
graduation graduación *f.* (9)
granddaughter nieta (2)
grandfather abuelo (2); **great-grandfather** bisabuelo
grandmother abuela (2); **great-grandmother** bisabuela
grandson nieto (2)

grape uva (8)
grapefruit toronja
grass hierba; pasto (12)
grasslands pampa (12)
grateful agradecido(a)
great gran/grande
green verde (3); **green bean** judía verde
greet, to saludar
greeting saludo
grey gris (3)
grilled asado(a) (7)
groceries comestibles
groom novio (9)
group grupo; **musical group** grupo de música (9)
Guatemalan guatemalteco(a) (14)
guest invitado(a) (9); huésped *m. f.* (7); **guest of honor** agasajado(a); festejado(a)
Guinean guineano(a)
gulf golfo
gym(nasium) gimnasio (4)

H

hair cabello; pelo (6); **to comb/style one's hair** peinarse (6)
half medio(a); **half board** (*breakfast and one other meal*) media pensión *f.*; **half brother** medio hermano (2); **half sister** media hermana (2)
hall (*banquet, event*) salón *m.*
hallway pasillo
ham jamón *m.* (8)
hamburger hamburguesa (7)
hand mano *f.* (6); **hand luggage** equipaje *m.* de mano (10); **my hands are shaking** me tiemblan las manos; **on the other hand** por otra parte, en cambio, por otro lado
handbag bolso/bolsa
handicrafts artesanías
handmade hecho(a) a mano (11)
handsome guapo(a) (1)
hang, to colgar (ue) (10)
hangover resaca
happen, to pasar
happy feliz (5); alegre (5); contento(a) (5); **to become happy** ponerse feliz; alegrarse (9)
harbor puerto
hard duro(a); difícil (*difficult*)
hard-working trabajador(a) (1)
haste prisa
hat sombrero (3)
hate, to odiar (13)
have, to tener (ie); **to have fun** divertirse (ie, i) (6); **to have to** (*do something*) deber (+ *inf.*); tener que (+ *inf.*)
he él
head cabeza (6)
headache dolor *m.* de cabeza; **I have a headache** me duele la cabeza
headphones audífonos (13)
health salud *f.* (5) (14)
healthy sano(a)
hear, to oír (5)
hearing (*sense*) oído
heart corazón *m.* (14)
heat calor *m.*; calefacción *f.* (*system*)
height estatura
hello hola (1); aló (*telephone*)
help, to ayudar (2)
hen gallina (12)
hepatitis hepatitis *f.*
her *poss.* su(s); *d.o.* la; **to/for her** *i.o.* le
here aquí (11)
hi hola (1)
hide and seek escondidas *pl.* (8)
high alto(a) (1); **high blood pressure** hipertensión *f.* (14); presión *f.* alta (14)
highway carretera
hike, to ir de excursión (6)
hill cerro; colina (12)

him lo *d.o.*; **to/for him** le *i.o.*
hip cadera
his *poss.* su(s); *d.o.* le; **to/for him** *i.o.* le
history historia (2)
hit: box office hit éxito de taquilla (13)
HIV VIH *m.*
hobby diversión *f.*
holiday día *m.* festivo
home hogar *m.*; **to return home** regresar a casa
homemaker amo(a) de casa (5)
homework tarea (2)
Honduran hondureño(a) (14)
honest honesto(a) (1)
honeymoon luna de miel (13)
hope (for), to esperar (13); **I hope** ojalá (13)
horrible horrible
horror horror *m.*
horse caballo (2)
horseback, to ride montar a caballo (6)
hose manguera (10)
hospital hospital *m.* (4)
host anfitrión(-ona); **TV host** conductor(a) (13)
hostel hostal *m.*; **youth hostel** albergue *m.* estudiantil
hot caliente; **it's hot** (*weather*) hace calor; **to be (very) hot** tener mucho calor
hotel hotel *m.* (4); **first-class hotel** hotel de lujo, hotel de primera clase; **inexpensive hotel** hotel económico
house casa
household *adj.* doméstico
housing vivienda
how expensive! ¡qué caro(a)! (11)
how? ¿cómo? (3); **how are you** (*form. sing.*)? ¿cómo está usted? (1); **how are you** (*fam. sing.*)? ¿cómo estás? (1); **how many?** ¿cuántos(as)? (3); **how much?** ¿cuánto(a)? (3); **how's it going?** ¿qué tal? (1)
however sin embargo, no obstante
hug, to abrazar (c) (13)
human humano(a); **human being** ser *m.* humano
hundred million, one cien millones
hundred thousand, one cien mil
hundred, one cien/ciento (1) (7); **one hundred one** ciento uno (1) (7)
hunger hambre *f.*
hungry, to be (very) tener (mucha) hambre
hunt, to cazar (c) (12)
hunting caza (12)
hurry prisa; **to be in a (big) hurry** tener (mucha) prisa
hurt, to doler (ue) (14)
husband esposo (2)
hypertension hipertensión *f.*

I

I yo; **I am from...** yo soy de . . . (1); **I hope** ojalá
ice cream helado (7)
ice hielo; **to ice skate** patinar en hielo (6)
ideal ideal
idealist idealista (1)
identification identificación *f.*
if si
ill enfermo(a); mal; **to feel ill** sentirse (ie, i) mal
immigrant inmigrante *m. f.* (14)
immigrate, to inmigrar (14)
immigration inmigración *f.* (14)
impatient impaciente (1)
importance importancia
important importante
impossible imposible
impressive impresionante
in en (4); **in back (of)** detrás (de); **in front (of)** delante (de)
include, to incluir (y)
included incluido(a)
incorrect incorrecto(a)
increase aumento
incredible increíble
independent independiente

indirect indirecto(a); **indirect object** objeto indirecto
indispensable imprescindible
industrial waste deshechos industriales (12)
inexpensive barato(a) (11)
infinitive infinitivo
information información *f.*
ingredient ingrediente *m.*
initially inicialmente
injection inyección *f.* (14)
injured: to be injured estar herido
ink tinta (11)
inn posada; parador *m.* nacional (*government-run historical inn*) (*Sp.*)
inquisitive preguntón(-ona)
inside (of) dentro (de) (4)
insist (on), to insistir (en + *inf.*) (13)
insomnia insomnio (14)
inspect, to revisar
instructions instrucciones *f. pl.*
instructor instructor(a)
intelligent inteligente (1)
intend, to pensar (ie) (3)
interest, to interesar (8)
interested interesado (a) (5); **to be interested in** interesar
interesting interesante (1)
internacional international; **international airport** aeropuerto internacional (10); **international organization** organismo internacional (14)
internal interno(a)
Internet Internet *m.* (13)
interrogative interrogativo(a)
interview entrevista (5)
intestine intestino (14)
introduce, to presentar; **I'd like to introduce you to...** le presento a . . . (*form. sing.*) (1); te presento a . . . (*fam. sing.*) (1)
introvert(ed) introvertido(a)
invitation invitación *f.* (9)
invite, to invitar
iron plancha (10); **to iron** planchar (10)
ironing board burro (10)
irrational irracional
irresponsible irresponsable
is that so? ¿de veras?
island isla (12)
isn't: isn't that right? ¿no es así?; **isn't that so?** ¿no?
it *d.o.* lo, la; **to/for it** *i.o.* le; **it is raining** llueve (3); **it is snowing** nieva (3)
its *poss.* su(s)

J

jacket chaqueta (3)
jaguar jaguar *m.* (12)
jam mermelada (8)
January enero (3)
jealous celoso(a) (5); **to be jealous** tener celos
jealousy celos *m. pl.*
jeans jeans *m. pl.*
job candidate aspirante *m. f.*
job puesto de trabajo
joint coyuntura
joke chiste *m.* (8)
journalism periodismo (2)
journalist periodista *m. f.* (5)
judgment juicio
juice jugo (7)
July julio (3)
jump, to saltar (8)
June junio (3)
jungle selva (12)
just (*done something*), **to have** acabar de (+ *inf.*)

K

keep, to guardar; **to keep in shape** mantenerse en forma
ketchup catsup *m.* (8); salsa de tomate (dulce)

key llave *f.* (7)
keyboard tablero (13)
kidney riñón *m.*
kilogram kilo
kind amable (1)
kiosk kiosco
kiss, to besar (13)
kitchen cocina (4); **kitchen sink** fregadero (4)
kite cometa (8)
knee rodilla (6)
knife cuchillo (7)
knit, to tejer (8)
know, to saber (*facts, how to do something*) (5); conocer (zc) (*a person*) (5)
knowledge conocimiento

L

laboratory laboratorio
lack falta; **to lack** faltar
lady dama
lake lago (12)
lamb cordero
lamp lámpara (4)
land tierra; **to land** aterrizar (c) (10)
landscape paisaje *m.* (11)
language lengua (2); **modern languages** lenguas modernas
large gran/grande (11)
last último(a) (*final*); pasado(a) (*past*); **last night** anoche (6); **last year** el año pasado
lastly por último
late *adv.* tarde (6); *adj.* atrasado (a); **to be late** estar atrasado(a)
later luego (1); **see you later** hasta luego (1); nos vemos (1)
laugh, to reír (í, i) (3)
laundromat lavandería
laundry/laundry room lavandería; **to do laundry** lavar ropa (10)
law derecho; ley *f.* (14)
lawn césped *m.*; **to cut, mow the lawn** cortar el césped (10)
lawyer abogado(a) (5)
layover escala (10)
lazy perezoso(a) (1)
learn (*to do something*), **to** aprender a (+ *inf.*) (3)
leather cuero; piel *f.* (11)
leave, to dejar; salir (5), irse (6), marcharse; **to leave a tip** dejar una propina (7)
lecture conferencia
left (of), to the a la izquierda (de) (4)
leg pierna (6)
lemon limón *m.*
less menos; **less than** menos que; menos de (+ *number*)
lesson lección *f.*
letter carta (4)
lettuce lechuga (8)
liberal liberal (1); **liberal arts** filosofía y letras
librarian bibliotecario(a)
library biblioteca (4)
lie, to mentir (ie, i) (3) (5); **to lie down** acostarse (ue) (6)
lift, to levantar; **to lift weights** levantar pesas (6)
light: to run a red light pasarse un semáforo en rojo (9)
lightning relámpago
like como; al igual que; **like this** así
like, to gustar; **I like** me gusta (3); **I would like** quisiera; **he/she likes** le gusta (3); **you like** te gusta (3)
likely probable
likewise igualmente
lime limón *m.*
limit limitar (13)
limit: speed limit límite *m.* de velocidad (9)
line (*queue*) cola; **to stand in line** hacer cola
linen lino (11)
lion león *m.* (12)
lip labio

liquid cleaner limpiador *m.*
list lista
listen, to escuchar (2)
liter litro
literature literatura (2)
litter basura (10)
little (bit), a un poco (1)
live, to vivir (3) (5); **long life** viva
liver hígado (14)
living: living area zona de estar; **living room** sala (4)
llama llama (12)
lobster langosta
lock up, to encerrar (ie)
lodge, to alojarse (7)
lodging alojamiento (7)
long largo(a) (1)
look: to look (at) mirar (2); **to look for** buscar (qu) (2); **to look like** parecerse (zc) a; **to look up** consultar
loose flojo(a)
lose, to perder (ie) (3) **to lose weight** adelgazar (c)
lot: a lot mucho(a) (2)
love, to querer (13); encantar; **in love (with)** enamorado (de) (5); **to fall in love with** enamorarse de (13)
lovely precioso(a)
loving cariñoso(a) (1)
low blood pressure presión *f.* baja (14)
lower inferior
loyal leal
luck suerte *f.*
lucky, to be (very) tener (mucha) suerte (2)
luggage equipaje *m.* (10); **hand luggage** equipaje *m.* de mano (10); **facturar equipaje** to check luggage (10); **luggage screening** revisión *f.* de equipaje (10)
lunch almuerzo (7); comida (7); **to have lunch** almorzar (ue) (c) (4)
lung pulmón *m.* (14)
luxury lujo (7)

M

magazine revista (13)
maid camarero(a) (*hotel*) (7)
mail correo
main dish plato principal(7)
make-up, to put on maquillarse (6)
make, to hacer (5); **to make the bed** hacer la cama (10)
male macho (12)
mammal mamífero (12)
man hombre *m.* (1)
manager gerente *m. f.*
mango mango
manner, in this así
mansion mansión *f.*
many muchos(as)
map mapa *m.* (1)
marbles canicas (8)
March marzo (3)
marker marcador *m.*; rotulador *m.*
market mercado (4)
marriage matrimonio; **to propose marriage** proponer matrimonio (13)
married: to get married (to) casarse (con) (9)
martial arts artes *f. pl.* marciales
masculine masculino(a)
mask máscara (11)
mass Misa
master of ceremonies maestro(a) de ceremonias
match (*sports*) partido; **to match** hacer *irreg.* juego (11)
materialistic materialista
mathematics matemáticas (2)
May mayo (3)
mayonnaise mayonesa (8)
me *d.o.* me; **to/for me** *i.o.* me

meadow prado
meal comida; **enjoy your meal** buen provecho
mean, to querer decir
measles sarampión *m.*; **German measles** rubéola
meat carne *f.* (7); **luncheon meat** fiambre *m.*
mechanic mecánico(a) (5)
medical médico(a)
medication medicamento (14)
medicine medicina; **veterinary medicine** veterinaria (2)
medium mediano(a) (11)
meet, to conocer (zc) a; **nice to meet you** encantado(a) (1); mucho gusto (1)
melon melón *m.* (8)
member miembro
menu carta, menú *m.*
merchant comerciante *m. f.*
message recado, mensaje *m.*; **escribir un mensaje** to write a message (3)
Mexican mexicano(a) (14)
microwave microondas *m.* (4)
midnight medianoche *f.* (3)
milk leche *f.* (8)
million millón *m.* (7); **one hundred million** cien millones
mine mío(a)
minus (*in mathematical functions*) menos
mirror espejo (4)
mischief travesura (8)
mischievous things, to do hacer travesuras (8)
miss, to extrañar (13)
mistake, to make a equivocarse (qu)
mix, to mezclar (8)
model modelo *m. f.* (5)
modern moderno(a)
modest modesto(a)
moment momento
Monday lunes *m.* (3)
money dinero (4)
monkey mono (12)
month mes *m.*; **per month** al mes; **the month before** el mes anterior
mop trapeador *m.* (10); **to mop** fregar (ie) (gu); trapear (10)
more más; **more than** más que; más de (+ *number*)
moreover por otra parte
morning mañana; **in the morning** por la mañana; **good morning** buenos días (1)
mosque mezquita (4)
motel motel *m.*
mother madre *f.* (2); mamá (2)
mother-in-law suegra (2)
motorcycle motocicleta
mountain montaña (12); **mountain climbing** alpinismo (6); **mountain pass** puerto; **mountain peak** pico; **mountain range** cordillera, sierra; **to climb mountains** hacer alpinismo (6)
mountainous montañoso(a)
mouse ratón *m.* (2) (13)
mouth boca (6)
move, to (*something*) mover (ue); (*houses*) mudarse (14)
movie película (4); **movie theater** cine *m.* (4)
mow the lawn, to cortar el césped (10)
MP3 MP3 *m.* (13)
much mucho(a)
mumps paperas
mural mural *m.* (11)
muscle ache dolor *m.* muscular
muscular muscular
museum museo (4)
music música (2)
musical group grupo de música (9)
musician músico(a) (5)
mussel mejillón *m.*
must (*do something*) deber (+ *inf.*)

mustard mostaza (8)
my *poss.* mi(s)

N

name nombre *m.*; **my name is...** me llamo . . . (1)
named, to be llamarse
napkin servilleta
nationality nacionalidad *f.*
natural natural; **natural resources** recursos naturales (12); **natural science** ciencias naturales (2)
nature naturaleza (12)
near cerca de (4)
necessary necesario(a); preciso(a); **it's necessary to** (+ *verb*) hay que (+ *inf.*)
neck cuello (6)
necklace collar *m.*
need, to necesitar (2); faltar
negate, to negar (ie) (gu)
neither tampoco (6); **neither... nor** ni . . . ni (6)
nephew sobrino (2)
nervous nervioso(a)
net red *f.* (6)
networks, social redes *f. pl.* sociales (13)
never jamás (6), nunca (6)
nevertheless sin embargo
new nuevo(a); **what's new?** ¿qué hay de nuevo? (1)
newlywed recién casado(a) (13)
news (*program*) noticiario (13)
next después, entonces, luego; **next to** al lado de (4)
next to junto a
Nicaraguan nicaragüense *m. f.* (14)
nice: nice to meet you encantado(a) (1); mucho gusto (1); **have a nice day!** ¡que tengas buen día! (1)
niece sobrina (2)
night noche *f.*; **good night** buenas noches (1); **last night** anoche (6)
night table mesita de noche
nightclub discoteca (4)
nightmare pesadilla
nine hundred novecientos(as)
nine nueve (1)
nineteen diecinueve (1)
ninety noventa (1)
ninth noveno(a) (4)
no no; **no one** nadie (6)
nobody nadie (6)
none ningún/ninguno(a) (6)
noon mediodía *m.* (3)
nor: neither... nor ni . . . ni (6)
normal normal; **normally** normalmente
North American norteamericano(a)
north norte *m.*
northeast noreste *m.*
northwest noroeste *m.*
nose nariz *f.* (6)
not: not well mal; **not right** incorrecto(a)
notebook cuaderno (1)
nothing nada (1)
novelist novelista *m. f.*
November noviembre *m.* (3)
now ahora
number número
nurse enfermero(a) (5)
nylon nilón *m.*

O

obesity obesidad *f.* (14)
object objeto; **direct object** objeto directo; **indirect object** objeto indirecto
obligation obligación *f.*
obstinate obstinado(a)
obtain, to conseguir (i, i) (g)
obvious obvio(a)
occupation oficio
occur, to ocurrir
ocean océano

October octubre *m.* (3)
octopus pulpo
of de; **of course** claro que sí; cómo no; por supuesto; **of course not** claro que no
offer oferta
office oficina (4); **box office** taquilla; **box office hit** éxito de taquilla (13); **doctor's office** consultorio; **post office** correo (4); oficina de correos
officer, police policía *m.* (5); mujer *f.* policía (5)
official, customs agente *m. f.* de aduana
often a menudo
oh: oh (no)! ¡caray!; **oh, my goodness** Dios mío
oil aceite *m.*; petróleo (12); **oil painting** óleo (11)
ointment pomada
okay regular; **okay?** ¿vale? ¿está bien?
old viejo(a) (1)
old-age vejez *f.*
older mayor (11)
oldest, the el/la mayor (11)
olive aceituna
on en (4); sobre; **on top (of)** encima (de) (4)
one uno (1); **one thousand** mil (7); **the one(s)** el(la) / los(las) que (1)
one-way (*ticket*) de ida
onion cebolla (8)
only sólo; único(a)
open house banquete *m.*; convite *m.*
open, to abrir (3)
opera ópera; **soap opera** telenovela (13)
opinion opinión *f.*; **to give one's opinion** opinar
opposite contrario(a)
optimist optimista (1)
or o; **either... or** o . . . o (6)
orange anaranjado(a) (*color*) (3); naranja (*fruit*) (7) (8)
order orden *f.* (7); **to order** mandar (13); **in order that** a fin de que (14)
ordinal ordinal
organ órgano; **vital organ** órgano vital (14)
organization: international organization organismo internacional (14)
organize, to organizar (c)
origin origen *m.*
other otro(a)
ought to deber
our *poss.* nuestro(a)
out: to get out of (*a plane, train, etc.*) bajar de; **to take the trash out** sacar (qu) la basura (10)
outfit conjunto
outside afuera; **outside of** fuera de (4)
oven horno (4)
over sobre; **over there** allá (11)
overcome, to superar

P

p.m. de la tarde; de la noche
pack one's suitcase, to hacer la maleta
page página
pain dolor *m.* (14)
paintbrush pincel *m.* (11)
painter pintor(a) (5)
painting cuadro (4); **oil painting** óleo (11)
pair pareja; par
pajamas pijama *m. f.* (3)
pal amiguito(a)
palace palacio
pallet paleta (11)
palm tree palmera (12)
Panamanian panameño(a) (14)
pants pantalones *m. pl.* (3); **what elegant pants!** ¡qué pantalones tan elegantes! (11)
panty hose medias *pl.* (3)
papaya papaya
paper papel *m.* (1); **paper towel** papel de cocina, toalla de papel; **piece of paper** hoja de papel
parade desfile *m.* (9)
Paraguayan paraguayo(a) (14)
paramedic paramédico (9)

pardon perdón *m.*
parents padres *m. pl.* (2)
park parque *m.* (4); **amusement park** parque de atracciones; **to park** estacionar (9)
parking lot aparcamiento
parking meter parquímetro (9)
part parte *f.*
part-time a tiempo parcial
partial parcial
particular, in en particular
partner compañero(a); pareja (2)
party fiesta; pachanga (*rowdy*); **bachelor party** despedida de soltero; **birthday party** fiesta de cumpleaños; **surprise party** fiesta sorpresa
pass, to pasar
pass: boarding pass pase *m.* de abordar; **mountain pass** puerto
passenger pasajero(a) (10)
passport pasaporte *m.* (10); **passport control** control *m.* de pasaporte
past pasado(a)
pastime diversión *f.*
pastry pastel *m.*; **pastry shop** pastelería
pasture pasto (12)
patient paciente (1) (14)
patio patio (4)
patterned estampado(a) (11)
pay, to pagar (gu); **to pay attention to** prestar atención
pea guisante *m.*
peace paz *f.* (14)
peach durazno (8)
peak, mountain pico
pear pera
pedestrian peatón, peatona (9)
peel, to pelar (8)
pen pluma; bolígrafo (1); **fountain pen** pluma estilográfica
pencil lápiz *m.* (*pl.* lápices) (1)
penguin pingüino (12)
peninsula península (12)
people gente *f.*
pepper pimienta (7)
per: per day al día; **per month** al mes
perfect perfecto(a)
perhaps acaso, quizá(s), tal vez
permission permiso (8)
person persona; **unmarried person** soltero(a) (13)
Peruvian peruano(a) (14)
pessimist pesimista (1)
pharmacist farmacéutico(a)
pharmacy farmacia (4)
phenomenal fenomenal
philosophy filosofía (2)
photo(graph) foto *f.*; **to develop photographs** revelar fotos; **to take photographs** sacar (qu) fotos
photographer fotógrafo(a) (5)
phrase frase *f.*
physical education educación física (2)
physics física (2)
piano piano; **to play the piano** tocar (qu) el piano (8)
pick up the table, to recoger (j) la mesa (10)
pickle pepinillo (8)
picture cuadro (4)
pie tarta
pig cerdo (12)
pill pastilla (14)
pillow almohada
pilot piloto *m. f.* (5)
piñata piñata (9)
pineapple piña (8)
ping-pong ping-pong *m.* (6)
pink rosado(a) (3)
pity lástima
place lugar *m.*; **to place** poner; **to take place** tener lugar

plaid a cuadros (11)
plains llano (12)
plane avión *m.*
plant planta (4)
plate plato (7)
plateau meseta
platform andén *m.* (10)
play, to jugar (ue) (gu) (4); **to play sports** practicar (qu) deportes (2); **to play (the piano)** tocar (qu) (el piano)
player: CD player reproductor *m.* de CDs (13); **DVD player** reproductor *m.* de DVDs (13); **football player** futbolista *m. f.*; **volleyball player** voleibolista *m. f.*
please por favor; **to please** gustar
pleasure gusto
police policía *f.* (*force*); **police car** patrulla (9); **police officer** policía *m.* (5); mujer *f.* policía (5)
political science ciencias políticas (2)
politician político(a) (5)
polka dots, with de lunares (11)
pollution contaminación *f.* (12)
pool, swimming piscina (4)
poor pobre (1)
popcorn palomitas de maíz (13)
pork cerdo (7)
portrait retrato (11)
pose, to posar (11)
post poste *m.* (9)
poster cartel *m.* (1)
potato papa (8)
poverty pobreza (14)
practice, to practicar (qu) (2)
pray, to rezar (c) (4)
pregnant, to be estar embarazada (13)
prepare, to preparar
prescription receta médica (14)
preserve, to preservar (12)
preterite pretérito
pretty bonito(a) (1); lindo; **what a pretty color!** ¡qué color tan bonito! (11); **what pretty shoes!** ¡qué lindos zapatos! (11)
previously previamente
principle principio; **in principle** en principio
print grabado (11)
prior anterior
probably probablemente
profession profesión *f.*
professor profesor(a) (1)
programmer programador(a)
programming programación *f.* (13)
prohibit, to prohibir
promise, to prometer
pronoun pronombre *m.*
propose (marriage), to proponer (matrimonio) (13)
protect proteger (j) (12)
provided that con tal (de) que (14)
psychologist psicólogo(a) (5)
psychology psicología (2)
Puerto Rican puertorriqueño(a) (14)
pulse pulso
pumpkin calabaza
purple morado (3)
purse bolsa (11)
put, to poner (5); **to put away** guardar (10); **to put on clothing** ponerse (6); **to put on make-up** maquillarse (6)
puzzle, crossword crucigrama *m.*

Q

question pregunta

R

rabbit conejo (12)
racket raqueta (6)
rag trapo (10)
rain lluvia; **to rain** llover (ue) (3); **it is raining** llueve (3)

raincoat impermeable *m.* (3)
raining: it is raining llueve (3)
rather sino, sino (que); bastante
rational racional
read, to leer (3) (5)
ready listo(a); **to get ready** arreglarse (6)
realist realista (1) (11)
realize, to darse cuenta de
really? de veras
rebel rebelde (1)
rec room sala de recreo
receipt recibo
receive, to recibir (3)
reception recepción *f.* (13)
receptionist recepcionista *m. f.* (7)
recess recreo (8)
recommend, to recomendar (ie)
recommendation recomendación *f.*
recover, to recuperarse (14)
recreation recreación
recycling reciclaje *m.* (12)
red rojo(a) (3); **to run a red light** pasarse un semáforo en rojo (9); **red wine** vino tinto (7)
red-haired pelirrojo(a) (1)
refrigerator refrigerador *m.* (4)
refugee refugiado(a) (14)
register, cash caja (11)
related relacionado(a)
relationship relación; noviazgo (13)
relative pariente (2)
religioso(a) religious
remain, to quedar (11)
remedy remedio; **to remedy** remediar
remember, to recordar (ue) (4)
rent, to alquilar (4)
repair, to reparar
repeat, to repetir (3) (5)
repetition repetición *f.*
representative representante
reptile reptil (12)
reservation reserva; reservación
resign, to renunciar
resist, to resistir
resource recurso; **natural resources** recursos naturales (12)
responsible responsable; **to make (someone) responsible** responsabilizar (c)
restaurant restaurante *m.* (4)
result resultado; **as a result** como resultado; **to result in** resultar (de/en)
return, to regresar (*place*) (2); devolver (ue) (*something*) (4); **to return home** regresar a casa (2)
revolutionary vanguardista *m. f.* (11)
rice arroz *m.* (7)
rich rico(a) (1)
ride, to (*animal*) montar a (6); **to ride a bike** andar en bicicleta (6); **to ride horseback** montar a caballo
right derecha; derecho; **a la derecha (de)** to the right (of) (4); **human rights** derechos humanos (14) **to be right** tener razón (2)
ring anillo (13)
river río (12)
rollerblade, to patinar sobre ruedas
rollerskate, to patinar sobre ruedas
room habitación *f.* (4) (7); **waiting room** sala de espera (10)
rooster gallo (12)
root raíz *f.* (*pl.* raíces)
rope (*jumping*) cuerda (8)
round-trip de ida y vuelta
routine rutina
rug alfombra (4)
run, to correr; **to run over** atropellar (9); **to run a red light** pasarse un semáforo en rojo (9); **to run a STOP sign** pasarse una señal de PARE (9)

S

sad triste (5)
safety belt cinturón *m.* de seguridad (10)
saint's day santo (9); onomástico
salt sal (7)
salad ensalada (7)
salary sueldo (5)
sale liquidación *f.*; **on sale** rebajado(a) (11); en venta
salesperson vendedor(a) (5)
salmon salmón *m.*
salty salado(a)
Salvadoran salvadoreño(a) (14)
sand arena (12)
sandal sandalia (3)
sandwich sándwich *m.* (7)
Saturday sábado (3)
sauna sauna *m.* (7)
sausage salchicha
say, to decir (5)
scared asustado(a) (5)
scarf bufanda (3)
school escuela (4); colegio (*secondary*); **school supplies** equipo escolar
science ciencia; **computer science** informática (2); **natural science** ciencias naturales (2); **political science** ciencias políticas (2); **social science** ciencias sociales (2)
scientist científico(a) (5)
screen pantalla (13)
screening: luggage screening revisión *f.* de equipaje (10)
scrub, to fregar (ie) (gu)
scuba dive, to bucear (6)
sculpt, to esculpir (11)
sculpture escultura (11)
sea mar *m.* (12)
search engine buscador *m.* (13)
season estación *f.* (3)
seat asiento (10); butaca (*theater*) (13); **seat belt** cinturón *m.* de seguridad (10)
second segundo(a) (4); **segunda clase** second class (10)
secret secreto
secretary secretario(a) (5)
security seguridad *f.*; **security agent** agente *m., f.* de seguridad (10); **to go through security** pasar por seguridad (10)
see, to ver (5); **let's see** vamos a ver; **see you later** hasta luego (1); nos vemos (1); **see you soon** hasta pronto (1); **see you tomorrow** hasta mañana (1); **to see oneself** verse (6);
seek: hide and seek escondidas *pl.* (8)
seem, to parecer(zc)
self-portrait autorretrato (11)
selfish egoísta (1)
sell, to vender (3)
send, to mandar (4)
sentence oración
separate (from), to separarse (de) (13)
September septiembre *m.* (3)
serenade serenata (9)
serious serio(a) (1)
serve, to servir (3) (5)
server mesero(a), camarero(a)
servicio de emergencias emergency service (9)
set, to poner (5); **to set the table** poner la mesa (10)
seven hundred setecientos(as) (7)
seven siete (1)
seventeen diecisiete
seventh séptimo(a) (4)
seventy setenta (1)
several varios(as) (2)
shampoo champú *m.* (6)
shape, to keep in mantenerse en forma
shark tiburón *m.* (12)
shave, to afeitarse (6)
sheep oveja (12)
shiny brillante

ship barco
shirt camisa (3)
shoe zapato (3); **what pretty shoes!** ¡qué lindos zapatos! (11)
shopping center centro comercial
short corto(a) (*length*) (1); bajo(a) (*height*) (1)
shorts pantalones *m. pl.* cortos (3)
should deber (3)
shoulder hombro
show: game show concurso (13); **to show** mostrar (ue)
shower ducha (4); **baby shower** fiesta de canastilla; **bridal shower** despedida de soltera; **to shower** bañarse (*Mex.*) (6); ducharse (6)
shrimp camarón *m.* (7); gamba
shy tímido (1)
sick enfermo(a) (5)
sidewalk acera (9)
sign señal *f.* (9); **to run a STOP sign** pasarse una señal de PARE (9)
silk seda (11)
similarly del mismo modo
simple sencillo(a) (11)
sing, to cantar (2)
singer cantante *m., f.* (5)
single sencillo (*room*) (7)
sister-in-law cuñada (2)
six hundred seiscientos(as) (7)
six seis (1)
sixteen dieciséis (1)
sixth sexto(a) (4)
sixty sesenta (1)
size talla (*clothing*) (11); número (*shoe*) (11)
skate patín *m.* (6); **to skate** patinar (6) (8)
skateboard patineta (8)
skeleton esqueleto (14)
ski, to esquiar (2); **to water ski** esquiar en el agua (6)
skin piel *f.*
skirt falda (3); **that skirt really fits you well!** ¡qué bien te queda esa falda! (11)
sky cielo (12)
sleep, to dormir (ue, u) (4) (5)
sleeping: sleeping bag saco de dormir (6); **sleeping car** coche *m.* cama (10)
sleepy: to be (very) sleepy tener (mucho) sueño (2)
slip: credit slip comprobante *m.*
slipper zapatilla
small pequeño(a) (1); chico(a) (11)
smell (*sense*) olfato
smile, to sonreír (í, i) (3)
smog esmog *m.* (12)
snack bocadillo (9); **to eat a snack** merendar (ie)
snake serpiente *f.* (12)
sneeze estornudo; **to sneeze** estornudar (14)
snorkel, to bucear con tubo de respiración
snow nieve *f.*; **to snow** nevar (ie) (3); **it is snowing** nieva (3)
snowboard, to esquiar en tabla (6)
snowing: it's snowing nieva (3)
so that a fin de que (14); para que (14)
so, so regular (1)
soap jabón *m.* (6); **dish soap** jabón *m.* para platos (10); **soap opera** telenovela (13)
soccer fútbol *m.* (6)
sociable sociable (1)
social social; **social networks** redes *f. pl.* sociales (13); **social sciences** ciencias sociales (2); **social worker** trabajador(a) social (5)
sociology sociología
socks calcetines *m. pl.* (3)
soda refresco (7)
soft blando(a)
solid (*color*) liso(a) (11)
solidarity solidaridad *f.*
solve, to resolver (ue); solucionar
some algún/alguno(a) (6)
somebody alguien (6)
someone alguien (6)

something algo (6)
son-in-law yerno
soon pronto; **as soon as** en cuanto (14); tan pronto como (14); **see you soon** hasta pronto (1)
sorry: I'm sorry lo siento
soup sopa (7)
soupspoon cuchara (7)
south sur *m.*
southeast sureste *m.*
southwest suroeste *m.*
spa balneario
Spanish (*language*) español *m.; adj.* español(a) (14)
speech (*class*) expresión *f.* oral (2)
speed limit límite *m.* de velocidad (9)
spinach espinaca
spinal column columna vertebral
spite: in spite of a pesar de
sponsor patrocinador *m.* (13); **to sponsor** patrocinar
spouse esposo(a) (2)
spring primavera (3)
square cuadro; **city square** plaza (4)
squash calabaza
squirrel ardilla (12)
stairs escalera (7)
stand in line, to hacer cola
station estación *f.*
stay, to (*hotel room*) alojarse (7)
stepbrother hermanastro (2)
stepfather padrastro (2)
stepmother madrastra (2)
stepsister hermanastra (2)
still life naturaleza muerta (11)
stomach estómago (6)
stop parada (10); **to make a stop** hacer escala; **to run a STOP sign** pasarse una señal de PARE (9)
store tienda (4)
story cuento (8); **to tell a story** contar (ue) (8)
stove estufa (4)
straight, to go seguir (i) derecho (10)
straighten up, to ordenar (10)
strawberry fresa (8)
street calle *f.* (4)
strep throat inflamación *f.* de garganta
stretch, to estirarse (6)
stretcher camilla (9)
strip, comic tira cómica (8)
stripe raya
striped a rayas (11)
struggle, to luchar
student estudiante *m., f.* (1); *adj.* estudiantil
study, to estudiar (2)
style one's hair, to peinarse (6)
subject materia
subway metro
successful: to be (very) successful tener (mucho) éxito (2)
suddenly de repente (9)
sugar azúcar *m.* (7)
suggest, to sugerir (ie, i) (13)
suggestion sugerencia
suit traje *m.* (3); **suit coat** saco; **swimming suit** traje *m.* de baño (3)
suitcase maleta (7); **to pack one's suitcase** hacer la maleta; **to unpack one's suitcase** deshacer la maleta
summary resumen *m.*; **in summary** en resumen
summer verano (3)
sunburn quemadura de sol
Sunday domingo (3)
sunglasses gafas de sol
supermarket supermercado (4)
support, to sostener
sure seguro(a) (5)
surgery cirugía (14)

surprised sorprendido(a) (5); **to be surprised** sorprenderse (9)
surrealist surrealista *m. f.* (11)
swear, to jurar
sweater suéter *m.* (3)
sweep, to barrer (10)
swim, to nadar (2)
swimming pool piscina (4)
swimming suit traje *m.* de baño (3)
sympathy compasión *f.*
syrup, cough jarabe (14)

T

T-shirt camiseta (3)
table mesa; **coffee table** mesita (4); **table setting** cubiertos; **to clear the table** recoger (j) la mesa (10); **to pick up the table** recoger (j) la mesa (10); **to set the table** poner la mesa (10)
tailor sastre *m.*
take, to tomar (2); **take off, to** despegar (gu) (*airplane*) (10); **to take off clothing** quitarse la ropa (6); **to take place** tener lugar; **to take someone's blood pressure** tomar la presión (14); **to take the trash out** sacar (qu) la basura (10)
talk, to hablar (2) (5); **to talk on the telephone** hablar por teléfono (2)
tall alto(a)
tea té *m.*
teach, to enseñar (2)
team equipo (6)
technician técnico(a)
telephone teléfono; **to talk on the telephone** hablar por teléfono (2)
television (*medium*) televisión *f.*; **satellite television** televisión *f.* por satélite (13); **television viewer** televidente *m. f.* (13); **to watch television** mirar la tele (2)
television set televisor *m.* (1)
tell, to decir (5); **to tell a story** contar (ue) (8)
temperature temperatura
temple templo (4)
ten diez (1)
tenth décimo
tennis tenis *m.* (6); **tennis shoes** tenis *m. pl.* (3)
tent, camping tienda de campaña (6)
tenth décimo (4)
term curso (2)
terrible terrible
that ese(a) (11); aquel(la) (*over there*) (11)
theater teatro (2) (4); **movie theater** cine *m.* (4); arte *m.* dramático
there allí (11); **over there** allá (11)
there is/are hay (1)
therefore así que; por eso
thigh muslo (6)
thin delgado (1)
think, to pensar (ie) (3)
third tercero(a) (4)
thirsty: to be (very) thirsty tener (mucha) sed (4)
thirteen trece (1)
thirty-one treinta y uno (1)
this este(a) (11)
thousand, one mil (7); **two thousand** dos mil (7)
three hundred trescientos(as) (7)
three tres (1)
thunder trueno
Thursday jueves *m.* (3)
thus así; así que
ticket boleto (10); pasaje; ; entrada (*to event*) (6); multa (*fine*) (9)
tidy up, to ordenar (10)
tie corbata (3)

tiger tigre *m.* (12)
tight apretado(a) (11)
time (*of day*) hora; **at times** a veces; **on time** a tiempo (10); **to have a good time** pasarlo bien
tip, to leave a dejar una propina (7)
tired cansado(a) (5)
toast *n.* (*with a drink*) brindis *m.* (9); **to toast** brindar (9)
today hoy (3)
toe dedo del pie (6)
toilet inodoro (4)
tomato tomate *m.* (7)
tomorrow mañana (3); **see you tomorrow** hasta mañana (1)
tongue lengua; **to stick out one's tongue** sacar la lengua
tooth diente *m.* (6)
toothpaste dentrífico (6)
tortilla chips totopos (7)
touch, to tocar (qu)
tough duro(a)
tourist turista *m. f.* (7)
towel toalla (6)
tower torre *f.*
toy juguete *m.* (8)
trade agreement tratado de comercio (14)
traditional tradicional (11)
train, to entrenar
tranquil tranquilo(a)
translator traductor(a)
transportation transporte *m.* (7)
trash basura (10); **to take the trash out** sacar (qu) la basura (10)
trashcan bote *m.* de basura (10)
travel agent agente de viajes (5)
travel, to viajar (2)
traveler's check cheque *m.* de viaje; cheque *m.* de viajero
treatment tratamiento (14)
tree árbol *m.* (12); **to climb a tree** trepar un árbol (8)
treinta thirty (1)
trip viaje *m.*; **all-inclusive trip** viaje todo pagado (7); **to trip** tropezar (ie) (c) (9)
triple triple (7)
tropical tropical; **tropical rain forest** selva tropical
trout trucha
try, to (*to do something*) tratar (*de + inf.*); **to try on** probarse (ue) (11)
Tuesday martes *m.* (3)
tuna atún *m.*
turkey pavo (7)
turn, to doblar (10); **to turn off** apagar (gu) (11); **to turn years old** cumplir años (9)
turtle tortuga (12)
TV televisión *f.*; **TV host** conductor(a) (13); **TV rating** clasificación *f.* (13)
twelve doce (1)
twenty veinte
twenty-eight veintiocho (1)
twenty-five veinticinco (1)
twenty-four veinticuatro (1)
twenty-nine veintinueve (1)
twenty-one veintiuno (1)
twenty-seven veintisiete (1)
twenty-six veintiséis (1)
twenty-three veintitrés (1)
twenty-two veintidós (1)
twist, to torcerse (ue) (z) (14)
two dos (1); **two hundred** doscientos(as) (7); **two thousand** dos mil

U

ugly feo(a) (1)
umbrella paraguas *m. sing., pl.* (3); **beach umbrella** sombrilla

uncle tío (2)
under abajo de; debajo de (4)
understand, to comprender (3); entender (ie) (3)
unemployed desempleado(a)
unemployment desempleo (14)
unfriendly antipático(a) (1)
union: common-law union unión *f.* libre (13)
unique único(a)
university universidad *f.*
unless a menos que (14)
unmarried person soltero(a) (13)
unpack one's suitcase, to deshacer la maleta
up to now hasta aquí
Uruguayan uruguayo(a) (14)
use, to usar
usually usualmente
utilities servicios

V

vacation vacaciones *f. pl.*
vaccinate vacunar
vaccine vacuna (14)
vacuum cleaner aspiradora (10)
vacuum, to pasar la aspiradora (10)
valiant valiente
valley valle *m.* (12)
value valor *m.*
vegetable verdura
Venezuelan venezolano(a) (14)
very muy (1)
vest chaleco (3)
veterinarian veterinario(a) (5)
veterinary medicine veterinaria (2)
videogame videojuego (8)
viewer: television viewer televidente *m. f.* (13)
visa visa (10)
volcano volcán *m.* (12)
volleyball voleibol (6); **balón** *m.* (*ball*)
vomit, to vomitar (14)
vote, to votar (14)
voucher comprobante *m.*

W

wagon vagón *m.* (10)
wait, to esperar; **to wait on** atender (ie) a
waiter/waitress mesero(a) (5)
waiting room sala de espera (10)
waitperson camarero(a)
wake up, to despertarse (ie) (6)
walk, to andar (6); caminar (2); **to go on a walk** dar un paseo (8)
want ad solicitud *f.* (5)
want, to querer (3)
war guerra (14)
warmth calor *m.*
wash, to lavar(se) (6)
washing machine lavadora (4)
waste, industrial deshechos industriales (12)
watch reloj *m.*; **to watch** mirar (2); **to watch television** mirar la tele (2)
water agua (*f., but* **el agua**); **to water** regar (ie) (gu) (10); **to water ski** esquiar en el agua (6)
water-skiing esquí *m.* acuático
watermelon sandía
waterfall cascada (12); catarata (12)
wave ola (12)
way manera; **by the way** a propósito
wealth riqueza (14)
wear, to llevar (3)
weather tiempo; **hace buen tiempo** the weather is nice (3); **hace mal tiempo** the weather is bad (3)
wedding boda (9)
Wednesday miércoles *m.* (3)
week semana (3); **last week** la semana pasada (6)
weekend fin *m.* de semana (3)

weight: to gain weight engordar; **to lose weight** adelgazar (c)
weights pesas; **to lift weights** levantar pesas (6)
whale ballena (12)
what? ¿qué? (3); **what's going on?** ¿qué pasa? (1); **what's new?** ¿qué hay de nuevo? (1)
what... !: what a pretty color! ¡qué color tan bonito! (11); **what elegant pants!** ¡qué pantalones tan elegantes! (11); **what pretty shoes!** ¡qué lindos zapatos! (11)
wheel rueda
when? ¿cuándo? (3)
where? ¿dónde? (3); **from where?** ¿de dónde? (3)
whether si
which lo cual; lo que
which? ¿cuál(es)? (3)
whipped batido(a); **whipped cream** crema batida
white blanco(a) (3); **white wine** vino blanco
who? ¿quién(es)? (3)
whose cuyo(a)
why? ¿por qué? (3)
widow viudo (13)
widower viuda (13)
wind viento
window ventana (1); ventanilla (10); **ticket window** taquilla (10)
windy: it is windy hace viento (3)
wine vino; **red wine** vino tinto (7); **wine glass** copa (7); **white wine** vino blanco
winter invierno (3)
wish, to desear (2) (13)
without sin; sin que (14)
witness testigo *m., f.* (9)
wolf lobo (12)
woman mujer *f.* (1)
wonder maravilla
wool lana (11)
word palabra
work (*of art, literature, theater, etc.*) obra (11); **to work** trabajar (2)
worker, social trabajador(a) social (5)
workshop taller *m.*
worried preocupado(a) (5)
worry, to preocuparse
worse peor (11)
wound herida
wrap, to envolver (ue)
wrist muñeca
write, to escribir (3); **to write a message** escribir un mensaje (3)
writer escritor(a) (5)
writing redacción *f.* (2)
wrong equivocado(a) (5)

X

x-ray radiografía (14)

Y

yard patio
year año; **to be... years old** tener . . . años (2)
yellow amarillo(a) (3)
yes sí
yesterday ayer (6); **day before yesterday** anteayer
you tú (*fam. sing.*); usted (*form. sing.*); ustedes (*pl.*); vosotros(as) (*pl. fam.*)
young joven (*pl.* jóvenes) (1)
younger menor (11)
youth juventud *f.*; **youth hostel** albergue *m.* estudiantil

Z

zebra cebra (12)
zero cero (1)
zoo zoológico (4)

negative words, 192–193
Neruda, Pablo, 385
neuter demonstrative pronouns, 368
Nicaragua, 532–533
ningún / ninguno(s) /ninguna(s), 193
"Niños de Somalia" (Fuertes), L-3
"No hay que complicar la felicidad" (Denevi), L-10–11
"No pienses en mañana" (Alegría), L-5
nosotros commands, 337
noun expressions, 43
nouns
    agreement in gender and number, 7
    defined, 7, 571
    describing another noun with **de,** 236
    plural, 7
nuestro, 62
numbers
    0 to 20, 8
    21 to 101, 13
    100 and above, 220
    ordinal, 134
    spelling of, 13
    telephone, 15
nurses/nursing, 500
nutrition guides, 474

O

obesity, 240
office workers, 32
official languages, 24–25
oír
    forms, 166
    tenses reviewed, 561
ojalá (que), 445
ordinal numbers, 134
    gender, 135
Orozco, José Clemente, 168
orthography, 571
"Otros sistemas universitarios", 52–53

P

pagar, 559
Panama, 534–535
para, uses, 228
Paraguay, 536–537
"Los parques nacionales de Costa Rica y de Ecuador", 412–413
passive voice, 571
past participles
    defined, 571
    estar with, 381
    present perfect, 408
past perfect subjunctive, 563
past perfect tense, 494
    reviewed, 557
past progressive tense, 564
past subjunctive, with **si** clauses, 481, 566
Paz, Octavio, 298
pedir
    preterite tense, 206
    tenses reviewed, 558
    uses, 99
pensar
    + *preposition,* 99
    tenses reviewed, 558
Pérez Holguín, Melchor, 348
perfect tenses, 563
    defined, 571
person, defined, 572
personal **a**
    with **alguien** or **nadie,** 458
    with **conocer,** 170
    defined, 561
    uses, 58
personal trainers, 212
Peru, 538–539

physical education, 212
plural nouns, 7
poco, 48
poder, tenses reviewed, 561
poetic voice, L-1
poetry, 457
poner, tenses reviewed, 561
ponerse, 309
por, uses, 228
Posada, Guadalupe, 82
possession, **de** indicating, 63
possessive adjectives, 62–63
    forms, 62
    with reflexive verbs, 188
    stressed, 564–565
possessive pronouns, stressed, 564–565
Pre-Columbian culture, 205
preguntar, 99
prepositional pronouns, 229
prepositions
    defined, 572
    of place, 115–116
present participles
    defined, 572
    estar with, 152
    forms, 151
    written accents with, 238
present perfect subjunctive, 563
present perfect tense, 408–409
    reviewed, 557
present progressive, 151–152
    gerunds, 569
    reviewed, 557
present subjunctive
    with adjective clauses, 458
    in adverbial clauses, 489–490
    expressing desire, 444–445
    expressing doubt or uncertainty, 422
    expressing emotions, 453
    with impersonal expressions, 417–418
    irregular verbs, 566
    spelling change verbs, 565
    stem-changing verbs, 565
present tense
    -ar verbs, 58–59
    -er and **-ir** verbs, 84–85
    present subjunctive compared, 422, 489–490
preterite tense
    defined, 572
    with emotions and mental states, 309–310
    forms, 201
    imperfect compared, 295, 300
    imperfect meanings compared, 310
    irregular, 201
    irregular verbs, 223–224
    uses, 314
probability, expressing, future tense, 404
"Profesiones poco comunes", 174–175
professions
    gender and indefinite articles with, 162
    See also by individual profession
pronouns
    with commands, 350
    defined, 572
    demonstrative, 368
    relative, 331
    used after prepositions, 229
pronunciation
    alphabet, 5
    y and **e,** 26
proverbs (**refranes**), 133
    list of, 190
Puerto Rico, 540–541
punctuation, inverted question marks, 93

Q

¿qué?, 93, 94
que
    as relative pronoun, 331
    uses with subjunctive, 453
quedar, uses, 364
"¿Qué es poesía?" (Bécquer), L-1
querer, 98
    tenses reviewed, 561
questions, inversion, 85
question words, 14
quien(es)
    as relative pronoun, 331
    replacing **que,** 331
¿quién/es?, 93
¿Quiénes son más felices?, 150–151
quinceañera celebrations, 294

R

reacting, during conversations, 460
reading strategies
    cognates, 16, 30
    combining strategies, 282
    guessing verb tenses, 160
    identifying patterns, 376
    note taking, 196
    overview, 484, 498
    paying attention to parts of speech, 174
    predicting, 52
    questioning the reading, 448
    reading aloud, 232
    read interactively, 304
    recognizing root words, 268
    re-reading, 124
    skimming, 88
    testing comprehension after reading, 412
    underlining words, 102
    visualizing and paraphrasing, 340
reciprocal verbs, 439
reflexive pronouns, position of, 187–188
reflexive verbs, 187–188
    defined, 573
    forms, 187
    with subjunctive, 454
refranes, 133, 190
regular verbs, tenses reviewed, 557
reír, 99
relationships, 442–443
relative pronouns, 331
    use and omission of (English), 331
religion, 83
"Remedios Varo", 390–391
restaurants, famous, 240
"Rimas" (Díaz Mirón), 155
Rivera, Angélica, 20
Rivera, Diego, 24, 312

S

saber
    compared to **conocer,** 170
    forms, 170
    tenses reviewed, 561
    uses, 170
saint's day, 83
salespeople, 392
se
    impersonal, 265
    indicating accidental occurrences, 386
seguir
    forms, 166
    tenses reviewed, 559
sentirse
    tenses reviewed, 558
    uses, 309, 454
"La SEP difunde lista de útiles escolares", 6

Vocabulario 1

CD1–7

Saludos

bien	*fine*
buenas noches	*good night*
buenas tardes	*good afternoon*
buenos días	*good morning*
¿Cómo estás?	*How are you? (informal)*
¿Cómo está usted?	*How are you? (formal)*
hola	*hello*
mal	*bad*
nada	*nothing*
¿Qué hay de nuevo?	*What's new?*
¿Qué pasa?	*What's going on?*
¿Qué tal?	*How's it going?*
regular	*okay*
¿y tú?	*and you? (informal)*
¿y usted?	*and you? (formal)*

Presentaciones

Encantado(a).	*Nice to meet you.*
Me llamo...	*My name is . . .*
Mucho gusto.	*Nice to meet you.*
Le presento a...	*I'd like to introduce you to . . . (formal)*
Te presento a...	*I'd like to introduce you to . . . (informal)*

Despedidas

adiós	*good-bye*
chao	*bye*
Hasta luego.	*See you later.*
Hasta mañana.	*See you tomorrow.*
Hasta pronto.	*See you soon.*
Nos vemos.	*See you later.*
¡Qué tengas un buen día!	*Have a nice day!*

El salón de clases

bandera	*flag*
bolígrafo	*pen*
cartel (m.)	*poster*
computadora	*computer*
cuaderno	*notebook*
diccionario	*dictionary*
escritorio	*teacher's desk*
estudiante (m.f.)	*student*
lápiz (m.)	*pencil*
libro	*book*
mapa (m.)	*map*
la mesa	*table*
mochila	*backpack*
papel (m.)	*paper*
pizarra	*chalkboard*
profesor(a)	*professor*
puerta	*door*
pupitre (m.)	*student desk*
reloj (m.)	*clock*
salón de clases	*classroom*
silla	*chair*
televisor (m.)	*television set*
ventana	*window*

Palabras adicionales

hay	*there is/there are*
¿De dónde eres tú?	*Where are you from?*
Yo soy de...	*I am from . . .*

Gramática

Gender and number of nouns

1. A noun is a person, place, or thing. In order to make a noun plural, add an **-s** to words ending in a vowel. Add **-es** to words ending in a consonant, unless that consonant is **-z** in which case the **-z** changes to **-c** before adding **-es.** (lápiz → lápices)

2. Some nouns lose an accent mark or gain an accent mark when they become plural. (examen → exámenes) You will learn more about accents in **Capítulo 2.**

3. Nouns have gender (masculine / feminine) whether or not they refer to people. In general, if they are not referring to people, nouns that end in **-o** are masculine, and nouns that end in **-a** are feminine. Exceptions include **el** día (m.), **el** mapa (m.), **el** problema (m.), **la** mano (f.), **la** foto (f.), and **la** moto (f.).

Definite and indefinite articles

1. Definite articles mean *the*, and are used to refer to specific nouns or nouns already mentioned. They agree in gender and number with the noun they modify.

	masculino	femenino
singular	**el**	**la**
plural	**los**	**las**

2. Indefinite articles mean *a / an* or *some*, and are used to refer to non-specific nouns. They also agree in gender and number with the noun they modify.

	masculino	femenino
singular	**un**	**una**
plural	**unos**	**unas**

Hay

1. **Hay** means *there is* when followed by a singular noun and *there are* when followed by a plural noun.

Hay un libro en el pupitre.
There is a book on the desk.

Hay veinte estudiantes en la clase.
There are twenty students in the class.

Los números

uno	*one*		**veintiuno**	*twenty-one*
dos	*two*		**veintidós**	*twenty-two*
tres	*three*		**veintitrés**	*twenty-three*
cuatro	*four*		**veinticuatro**	*twenty-four*
cinco	*five*		**veinticinco**	*twenty-five*
seis	*six*		**veintiséis**	*twenty-six*
siete	*seven*		**veintisiete**	*twenty-seven*
ocho	*eight*		**veintiocho**	*twenty-eight*
nueve	*nine*		**veintinueve**	*twenty-nine*
diez	*ten*		**treinta**	*thirty*
once	*eleven*		**treinta y uno**	*thirty-one*
doce	*twelve*		**cuarenta**	*forty*
trece	*thirteen*		**cincuenta**	*fifty*
catorce	*fourteen*		**sesenta**	*sixty*
quince	*fifteen*		**setenta**	*seventy*
dieciséis	*sixteen*		**ochenta**	*eighty*
diecisiete	*seventeen*		**noventa**	*ninety*
dieciocho	*eighteen*		**cien**	*one hundred*
diecinueve	*nineteen*		**ciento uno**	*one hundred one*
veinte	*twenty*			

Vocabulario 2

🔊 CD1–8

Describir la personalidad

aburrido(a)	*boring*
agresivo(a)	*aggressive*
amable	*nice*
antipático(a)	*mean*
atlético(a)	*athletic*
bueno(a)	*good*
cariñoso(a)	*loving*
cómico(a)	*funny*
conservador(a)	*conservative*
cruel	*cruel*
egoísta	*selfish*
famoso(a)	*famous*
generoso(a)	*generous*
honesto(a)	*honest*
idealista	*idealist*
impaciente	*impatient*
inteligente	*intelligent*
interesante	*interesting*
liberal	*liberal*
malo(a)	*bad*
optimista	*optimist*
paciente	*patient*
perezoso(a)	*lazy*
pesimista	*pessimist*
pobre	*poor*
realista	*realist*
rebelde	*rebel*
rico(a)	*rich*
serio(a)	*serious*
simpático(a)	*nice*
sociable	*sociable*
tímido(a)	*timid, shy*
tonto(a)	*dumb*
trabajador(a)	*hard-working*

Describir el aspecto físico

alto(a)	*tall*
bajo(a)	*short*
bonito(a)	*pretty*
calvo(a)	*bald*
delgado(a)	*thin*
feo(a)	*ugly*
gordo(a)	*fat*
grande	*big*
guapo(a)	*handsome*
joven	*young*
moreno(a)	*dark-skinned/dark-haired*
pelirrojo(a)	*red-haired*
pequeño(a)	*small*
rubio(a)	*blond(e)*
viejo(a)	*old*

Palabras adicionales

corto(a)	*short (length)*
difícil	*difficult*
fácil	*easy*
el hombre	*man*
largo(a)	*long*
la mujer	*woman*
muy	*very*
el (la) niño(a)	*child*
un poco	*a little*
ser	*to be*

Gramática

Subject pronouns

1. The subject pronouns in Spanish are **yo, tú, él, ella, usted, nosotros/nosotras, vosotros/vosotras, ellos, ellas,** and **ustedes.**

2. **Tú** and **usted (Ud.)** both mean *you*. **Tú** is informal, **usted** is formal.

3. The subject pronouns **nosotros, vosotros,** and **ellos** must be made feminine when referring to a group of only females (**nosotras, vosotras, ellas**). If there is a mixed-gender group, the subject pronouns remain in the masculine form.

4. **Vosotros** and **ustedes** both mean *you* (plural). **Vosotros** is used in Spain with a familiar group of people. **Ustedes** is always used to address a group formally, and in Latin America, it is also used to address a familiar group.

Ser

1. The verb **ser** means *to be,* and its forms are as follows:

yo	**soy**	nosotros / nosotras	**somos**
tú	**eres**	vosotros / vosotras	**sois**
usted	**es**	ustedes	**son**
él / ella	**es**	ellos / ellas	**son**

2. **Ser** is used when describing someone's traits (tall, intelligent, etc.) and to say where someone is from.

Adjective agreement

1. Adjectives describe a person, place, or thing. In Spanish, adjectives must agree in gender and number with the nouns that they modify.

2. If a singular masculine adjective ends in **-o,** the ending must be changed to **-a** when modifying a feminine noun (**alto → alta**).

3. If a singular masculine adjective ends in **-a** or **-e,** it does not need to be changed when modifying a feminine noun (**idealista, paciente**).

4. If a singular masculine adjective ends in a consonant, it does not need to be made feminine, unless the ending is **-or,** in which case you would add an **-a** (**trabajador → trabajadora**).

5. Once you have made the adjective agree in gender, you must make it also agree in number. To modify plural nouns, you add **-s** to adjectives that end in vowels or **-es** to adjectives that end in consonants.

Vocabulario 1

🔊 CD1–12

Las materias académicas

alemán (m.)	*German*
álgebra (m.)	*Algebra*
arte (m.)	*Art*
biología	*Biology*
cálculo	*Calculus*
ciencias naturales	*Natural Science*
ciencias políticas	*Political Science*
ciencias sociales	*Social Science*
criminología	*Criminology*
economía	*Economy*
educación física (f.)	*Physical Education*
expresión oral (f.)	*Speech*
filosofía	*Philosophy*
física (f.)	*Physics*
francés (m.)	*French*
geografía	*Geography*
geometría	*Geometry*
historia	*History*
informática	*Computer Science*
ingeniería	*Engineering*
inglés (m.)	*English*
literatura	*Literature*
matemáticas	*Mathematics*
música	*Music*
negocios	*Business*
periodismo	*Journalism*
psicología	*Psychology*
química	*Chemistry*
redacción (f.)	*Writing*
teatro	*Theater*
veterinaria	*Veterinary Medicine*

Expresiones con *tener*

tener... años	*to be . . . years old*
tener (mucho) calor	*to be (very) hot*
tener (mucho) cuidado	*to be (very) careful*
tener (mucho) éxito	*to be (very) successful*
tener (mucho) frío	*to be (very) cold*
tener (mucha) hambre	*to be (very) hungry*
tener (mucho) miedo	*to be (very) afraid*
tener (mucha) prisa	*to be in a (big) hurry*
tener razón	*to be right*
tener (mucha) sed	*to be (very) thirsty*
tener (mucho) sueño	*to be (very) sleepy*
tener (mucha) suerte	*to be (very) lucky*

Palabras adicionales

compañero(a) de clase	*classmate*
curso	*term*
examen (m.)	*exam*
lenguas	*languages*
mucho	*a lot*
nota	*grade*
poco	*a little, few*
tarea	*homework*
varios	*several*

Gramática

The verb *tener*

1. The verb **tener** means *to have*, and its forms are as follows:

yo	**tengo**	nosotros(as)	**tenemos**
tú	**tienes**	vosotros(as)	**tenéis**
él / ella / usted	**tiene**	ellos / ellas / ustedes	**tienen**

2. The verb **tener** can also mean *to be* when used in certain expressions. See **expresiones con *tener*** on the left-hand column of this page.

Mi mejor amiga **tiene** diecinueve años.
*My best friend **is** nineteen years old.*

Yo siempre **tengo** hambre antes del almuerzo.
*I **am** always hungry before lunch.*

Adjective placement

1. In Spanish, adjectives are generally placed after the noun they describe.

La química no es una clase **fácil.**
*Chemistry is not an **easy** class.*

2. Adjectives such as **mucho, poco,** and **varios** that indicate quantity or amount are placed in front of the object.

Tengo **varias** clases los jueves, pero no tengo clase los viernes.
I have several classes on Thursdays, but I don't have class on Fridays.

3. When using more than one adjective to describe a noun, use commas between adjectives and **y** (*and*) before the last adjective.

Mis clases son largas, difíciles **y** aburridas.
My classes are long, difficult, and boring.

Vocabulario 2

La familia

abuelo(a)	grandfather/grandmother
amigo(a)	friend
cuñado(a)	brother-in-law/sister-in-law
esposo(a)	spouse
hermanastro(a)	stepbrother/stepsister
hermano(a)	brother/sister
hijo(a)	son/daughter
madrastra	stepmother
madre (mamá)	mother
medio(a)	half brother/
hermano(a)	half sister
nieto(a)	grandson/granddaughter
novio(a)	boyfriend/girlfriend
padrastro	stepfather
padre (papá)	father
pareja	couple; partner
pariente (m.)	relative
primo(a)	cousin
sobrino(a)	nephew/niece
suegro(a)	father-in-law/
	mother-in-law
tío(a)	uncle/aunt

Las mascotas

caballo	horse
gato(a)	cat
pájaro	bird
perro(a)	dog
pez (m.)	fish
ratón (m.)	mouse

Los verbos

ayudar	to help
bailar	to dance
buscar	to look for
caminar	to walk
cantar	to sing
cocinar	to cook
comprar	to buy
desear	to wish
enseñar	to teach
escuchar	to listen
esquiar	to ski
estudiar	to study
hablar (por teléfono)	to talk (on the phone)
limpiar	to clean
llamar	to call
llegar	to arrive
mirar (la tele)	to look, to watch (TV)
nadar	to swim
necesitar	to need
perder	to lose
practicar (deportes)	to practice (to play sports)
preguntar	to ask
regresar (a casa)	to return (home)
tomar (café)	to take, to drink (coffee)
trabajar	to work
viajar	to travel

Gramática

Regular -ar verbs

1. The verbs presented on the left are in the *infinitive* form. This form identifies the action, and is translated as *to (do something)* in English. (**Bailar** means <u>to</u> dance.)

2. Verbs in the infinitive form need to be conjugated when you are identifying the person who is doing the action. Regular **-ar** verbs are all conjugated in the same way. To form a present tense verb, the **-ar** is dropped from the infinitive and an ending is added that reflects the subject (the person doing the action).

nadar					
yo	-o	nado	nosotros(as)	-amos	nadamos
tú	-as	nadas	vosotros(as)	-áis	nadáis
él / ella / usted	-a	nada	ellos / ellas / ustedes	-an	nadan

3. When using two verbs together that are dependent upon each other, the second verb remains in the infinitive.

> Los estudiantes **necesitan estudiar.**
>
> *The students need to study.*

However, both verbs are conjugated if they are not dependent on each other.

> Mi primo **trabaja, practica** deportes y estudia en la universidad.
>
> *My cousin works, plays sports, and studies at the university.*

4. Place the word **no** before the conjugated verb to make a statement negative.

5. To form a yes/no question, you simply use intonation to raise your voice and place the subject after the conjugated verb. There is no need for a helping word in Spanish.

> ¿**Cocinas tú** bien?
>
> *Do you cook well?*

Possessive adjectives

1. The possessive adjectives in Spanish are as follows:

mi(s)	my	nuestro(a)(s)	our
tu(s)	your	vuestro(a)(s)	your (plural, informal)
su(s)	his, her, its, your (formal)	su(s)	their, your (plural, informal or formal)

2. Possessive adjectives, like other adjectives, must agree in gender and number with the nouns that they modify. **Nuestro** and **vuestro** are the only possessive adjectives that need to change for gender.

> **Nuestra familia** es muy grande.   *Our family is very big.*
>
> **Mis primos** son jóvenes.   *My cousins are young.*

3. In Spanish, the 's does not exist. Instead, if you want to be more specific about who possesses or owns something, it is necessary to use **de**.

> Elena es la hija **de** Juan.
>
> *Elena is Juan's daughter.*

4. When **de** is followed by **el** in Spanish, you form the contraction **del**.

> Anita es una amiga **del** profesor.
>
> *Anita is the professor's friend.*

Vocabulario 1

🔊 CD1–16

Los días de la semana

lunes (m.)	*Monday*
martes (m.)	*Tuesday*
miércoles (m.)	*Wednesday*
jueves (m.)	*Thursday*
viernes (m.)	*Friday*
sábado (m.)	*Saturday*
domingo (m.)	*Sunday*

Los meses

enero	*January*
febrero	*February*
marzo	*March*
abril	*April*
mayo	*May*
junio	*June*
julio	*July*
agosto	*August*
septiembre	*September*
octubre	*October*
noviembre	*November*
diciembre	*December*

Los verbos

abrir	*to open*
aprender (a + infinitive)	*to learn (to do something)*
asistir (a)	*to attend*
beber	*to drink*
comer	*to eat*
comprender	*to understand*
correr	*to run*
creer	*to believe*
deber	*should, ought to*
escribir (un mensaje)	*to write (a message)*
leer	*to read*
recibir	*to receive*
vender	*to sell*
vivir	*to live*

Palabras adicionales

cumpleaños (m.)	*birthday*
día (m.)	*day*
fecha	*date*
fin de semana (m.)	*weekend*
hoy	*today*
mañana	*tomorrow*
medianoche (f.)	*midnight*
mediodía (m.)	*noon*
semana	*week*
todos los días	*every day*

Expresiones importantes

me gusta	*I like*
te gusta	*you like*
le gusta	*he/she likes*

Gramática

Me gusta / te gusta / le gusta

1. The Spanish equivalent of *I like* is **me gusta**, which literally means *it pleases me*. The expressions **me gusta** (*I like*), **te gusta** (*you like*), and **le gusta** (*he/she likes*) are followed by singular nouns.

> ¿**Te gusta** la clase?
> *Do you like the class? (Does the class please you?)*

> No **me gusta** la pizza.
> *I don't like pizza. (Pizza doesn't please me.)*

2. The expressions **me gustan, te gustan,** and **le gustan** are followed by plural nouns.

> No **me gustan** los exámenes.
> *I don't like exams.*

> **Nos gustan** las lenguas.
> *We like languages.*

3. When followed by a verb or a series of verbs, the singular form **gusta** is used.

> A Julio **le gusta** practicar deportes y leer.
> *Julio likes to play sports and read.*

4. When using **gustar** with a noun, you must use the definite article as well.

> No me gusta **el** invierno.
> *I don't like winter.*

5. To clarify who he or she is, it is necessary to use an **a** in front of the name.

> **A Marta** le gusta correr.
> *Marta likes to run.*

6. To express different degrees, use the terms **mucho** (*a lot*), **poco** (*a little*), and **para nada** (*not at all*).

> No me gusta trabajar **para nada**.
> *I don't like working at all.*

Regular *-er* and *-ir* verbs

1. When conjugating regular **-er** and **-ir** verbs, you follow the same steps as you would to conjugate an **-ar** verb.

2. The endings for regular **-er** verbs are as follows:

comer					
yo	**-o**	com**o**	nosotros(as)	**-emos**	com**emos**
tú	**-es**	com**es**	vosotros(as)	**-éis**	com**éis**
él / ella / usted	**-e**	com**e**	ellos / ellas / ustedes	**-en**	com**en**

3. The endings for regular **-ir** verbs are as follows:

vivir					
yo	**-o**	viv**o**	nosotros(as)	**-imos**	viv**imos**
tú	**-es**	viv**es**	vosotros(as)	**-ís**	viv**ís**
él / ella / usted	**-e**	viv**e**	ellos / ellas / ustedes	**-en**	viv**en**

Vocabulario 2

🔊 CD1–17

La ropa y los accesorios

abrigo	coat
blusa	blouse
bluyíns (m.)	blue jeans
botas	boots
bufanda	scarf
calcetines (m.)	socks
camisa	shirt
camiseta	T-shirt
chaleco	vest
chaqueta	jacket
cinturón (m.)	belt
corbata	tie
falda	skirt
gorro	cap
guantes (m.)	gloves
impermeable (m.)	raincoat
lentes (m.)	glasses
medias	panty hose
pantalones (m.)	pants
pantalones cortos	shorts
paraguas (m.)	umbrella
pijama	pajamas
sandalias	sandals
sombrero	hat
suéter (m.)	sweater
tenis (m.)	tennis shoes
traje (m.)	suit
traje de baño (m.)	swimming suit
vestido	dress
zapatos	shoes

El tiempo

Está despejado.	It is clear.
Está nublado.	It is cloudy.
Hace buen tiempo.	The weather is nice.
Hace calor.	It's hot.
Hace fresco.	It is cool.
Hace frío.	It's cold.
Hace mal tiempo.	The weather is bad.
Hace sol.	It's sunny.
Hace viento.	It is windy.
Llueve.	It rains./It is raining.
Nieva.	It snows./It is snowing.

Las estaciones

invierno	winter
otoño	fall
primavera	spring
verano	summer

Los verbos

cerrar (ie)	to close
comenzar (ie)	to begin
competir (i)	to compete
empezar (ie)	to begin
entender (ie)	to understand
llevar	to wear
mentir (ie)	to lie
nevar (ie)	to snow
pedir (i)	to ask for
pensar (ie)	to think
preferir (ie)	to prefer
reír (i)	to laugh
repetir (i)	to repeat
querer (ie)	to want
servir (i)	to serve
sonreír (i)	to smile

Gramática

Interrogatives

1. In most questions:
   - the subject is placed after the verb.
   - the question word is often the first word of the question.
   - it is not necessary to have a helping word such as *do* or *does*.
   - it is necessary to have an inverted question mark at the beginning of the questions and another question mark at the end.

2. Prepositions (**a, con, de, en, por, para,** etc.) cannot be placed at the end of the question. They must be in front of the question word.

   > ¿**Con** quién estudias?
   > **With** whom do you study?

3. **Quién** and **cuál** must agree in number with the noun that follows, and **cuánto** must agree in both gender and number with the noun it precedes.

4. **Qué** and **cuál** could both be translated as *what* or *which.* **Qué** is used to ask for a definition or an explanation when it is used in front of a verb. When it is used in front of a noun, it implies choice. **Cuál** often implies choice. It can be used in front of a verb or the preposition **de,** but is generally not used in front of a noun.

   > ¿**Qué** libro lees?
   > *What book are you reading?*

   > ¿**Cuáles** de los libros te gustan más?
   > *Which of the books do you like the most?*

Stem-changing verbs e → ie and e → i

1. Most of the verbs that appear in the **verbos** section of vocabulary, to the left, are stem-changing verbs. That means that their stems change in all forms, except **nosotros** and **vosotros** forms. For all forms the endings are the same as regular **-ar, -er,** and **-ir** verbs.

2. **Querer** is an **e → ie** stem-changing verb:

quiero	queremos
quieres	queréis
quiere	quieren

3. The **e → ie** stem-changing verbs **comenzar** and **empezar** are followed by the preposition **a** when used with an infinitive.

   > **Empieza a** llover.
   > *It's starting to rain.*

4. **Pedir** is an **e → i** stem-changing verb. Note that **pedir** means to ask *for* something or to order, where as **preguntar** means to ask a question. Here are the forms of **pedir:**

pido	pedimos
pides	pedís
pide	piden

5. The verbs **reír** and **sonreír** require accents on the **í** in the conjugated forms.

   > Los niños **sonríen** en la foto.
   > *The children smile in the photo.*

Los colores

amarillo	yellow
anaranjado	orange
azul	blue
blanco	white
café	brown
gris	grey
morado	purple
negro	black
rojo	red
rosado	pink
verde	green

Palabras interrogativas

¿Adónde?	To where?
¿Cómo?	How?
¿Cuál(es)?	Which?
¿Cuándo?	When?
¿Cuánto(a)?	How much?
¿Cuántos(as)?	How many?
¿De dónde?	From where?
¿Dónde?	Where?
¿Por qué?	Why?
¿Qué?	What?
¿Quién(es)?	Who?

Vocabulario 1

🔊 CD1–21

Los lugares

banco	bank
bar (m.)	bar
biblioteca	library
café (m.)	cafe
calle (f.)	street
cine (m.)	movie theater
club (m.)	club
correo	post office
discoteca	nightclub
edificio	building
escuela	school
farmacia	pharmacy
gimnasio	gym
hospital (m.)	hospital
hotel (m.)	hotel
iglesia	church
librería	bookstore
mercado	market
mezquita	mosque
museo	museum
oficina	office
parque (m.)	park
piscina	swimming pool
plaza	city square
restaurante (m.)	restaurant
sinagoga	synagogue
supermercado	supermarket
teatro	theater
templo	temple
tienda	store
zoológico	zoo

Los verbos

depositar	to deposit
ir	to go
mandar	to send
rezar	to pray

Palabras adicionales

carta	letter
dinero	money
película	movie

Las preposiciones

a la derecha de	to the right of
a la izquierda de	to the left of
al lado de	beside, next to
cerca de	near
debajo de	under
dentro de	inside
detrás de	behind
en	in, on, at
encima de	on top of
enfrente de	in front of
entre	between
fuera de	outside
lejos de	far from

Gramática

Estar with prepositions

1. Estar means *to be* when talking about position or location. Its forms are as follows:

estoy	estamos
estás	estáis
está	están

2. You will always use **estar** when using any of the **prepositions** listed on the left of this page.

> El café **está entre** la farmacia y la biblioteca.
> *The coffee shop is (located) between the pharmacy and the library.*

The verb *ir* and *ir + a + infinitive*

1. The verb **ir** means *to go*:

voy	vamos
vas	vais
va	van

2. To tell where someone is going, it is necessary to use the preposition **a** *(to)*. When asking where someone is going, the preposition **a** is added to the word **dónde (adónde).** When **a** is followed by the definite article **el,** you must use the contraction **al.**

> ¿**Adónde** van?
> *(To) where are they going?*

> Mis amigos van **al** museo.
> *My friends are going to the museum.*

3. Note that most of the prepositional phrases listed in this chapter include the word **de.** Remember to form the contraction **del** when **de** is followed by the definite article **el.**

> Vivo lejos **del** supermercado.
> *I live far from the supermarket.*

3. Similar to English, the verb **ir** can be used to talk about the future. To tell what someone is going to do use the structure **ir + a +** *infinitive.*

> El viernes, **vamos a bailar.**
> *On Friday, we're going to dance.*

> Miguel **va a estudiar** este fin de semana.
> *Miguel is going to study this weekend.*

Vocabulario 2

🔊 CD1–22

Habitaciones de la casa

baño	*bathroom*
cocina	*kitchen*
comedor (m.)	*dining room*
dormitorio	*bedroom*
garaje (m.)	*garage*
jardín (m.)	*garden*
patio	*patio*
sala	*living room*

Muebles, utensilios y aparatos electrodomésticos

alfombra	*carpet*
armario	*closet, armoire*
bañera	*bathtub*
cafetera	*coffee maker*
cama	*bed*
cuadro	*painting, picture*
ducha	*shower*
espejo	*mirror*
estufa	*stove*
flor (f.)	*flower*
fregadero	*kitchen sink*
horno	*oven*
horno de microondas	*microwave oven*
inodoro	*toilet*
lámpara	*lamp*
lavabo	*bathroom sink*
lavadora	*washer*
lavaplatos (m.)	*dishwasher*
mesita	*coffee table*
planta	*plant*
refrigerador (m.)	*refrigerator*
secadora	*dryer*
sillón (m.)	*armchair*
sofá (m.)	*couch*

Los verbos

almorzar (ue)	*to have lunch*
alquilar	*to rent*
costar (ue)	*to cost*
devolver (ue)	*to return (something)*
dormir (ue)	*to sleep*
encontrar (ue)	*to find*
jugar (ue)	*to play*
llover (ue)	*to rain*
morir (ue)	*to die*
poder (ue)	*to be able to*
recordar (ue)	*to remember*
soñar (ue) (con)	*to dream (about)*
volver (ue)	*to come back*

Palabras adicionales

apartamento	*apartment*
habitación (f.)	*room*
mueble (m.)	*furniture*
piso	*floor*
planta baja	*ground floor*

Gramática

Stem-changing verbs (*o* → *ue*)

1. Most of the verbs that appear in the **verbos** section of vocabulary, to the left, are stem-changing verbs. That means that their stems change in all forms, except **nosotros** and **vosotros** forms. For all forms the endings are the same as regular **-ar**, **-er**, and **-ir** verbs.

2. **Poder** is an **o** → **ue** stem-changing verb:

p**ue**do	podemos
p**ue**des	podéis
p**ue**de	p**ue**den

3. The verb **jugar** follows the same pattern, but its stem changes from **u** → **ue**:

j**ue**go	jugamos
j**ue**gas	jugáis
j**ue**ga	j**ue**gan

Adjective placement

1. As you remember from **Capítulo 2,** other than adjectives of quantity, adjectives are generally placed behind the noun they modify. However, there are some other exceptions. **Bueno** and **malo** are often used in front of the noun they modify, and they drop the **o** when used in front of a masculine singular noun.

> La señora es una **buena** profesora.
> *The woman is a good teacher.*

> Es un **mal** día.
> *It is a bad day.*

2. Ordinal numbers are used to sequence. They also go before the noun that they modify. As with adjectives, these words must agree in gender and number with the noun. Like **bueno** and **malo,** the ordinal numbers **primero** and **tercero** drop the **-o** before a masculine noun. The ord

Los números ordinales

1º	primero	6º	sexto
2º	segundo	7º	séptimo
3º	tercero	8º	octavo
4º	cuarto	9º	noveno
5º	quinto	10º	décimo

> Ana es la **séptima hija** de su familia.
> *Ana is the seventh daughter in her family.*

> Carlos es el **tercer estudiante** en su clase.
> *Carlos is the third student in his class.*

3. **Grande** can be used in front of a noun; however, its meaning normally changes from *big* to *great*. **Grande** becomes **gran** when used in front of singular nouns.

> En la casa **grande** vive una **gran** familia.

Michelle White
thornetech@gmail.com
831.821.9378

Vocabulario 1

🔊 CD1-26

Los estados de ánimo y otras expresiones con el verbo *estar*

aburrido(a)	bored
alegre	happy
asustado(a)	scared
avergonzado(a)	embarrassed
borracho(a)	drunk
cansado(a)	tired
celoso(a)	jealous
confundido(a)	confused
contento(a)	happy
deprimido(a)	depressed
divertido(a)	to be entertained; to be in a good mood
enamorado(a)	in love
enfermo(a)	sick
enojado(a)	angry
equivocado(a)	wrong
feliz	happy
frustrado(a)	frustrated
interesado(a)	interested
loco(a)	crazy
nervioso(a)	nervous
ocupado(a)	busy
preocupado(a)	worried
sano(a)	healthy
seguro(a)	sure
sorprendido(a)	surprised
triste	sad

Palabras adicionales

salud (f)	health

Los verbos

comer	to eat
destruir	to destroy
dormir	to sleep
estar	to be
hablar	to speak
leer	to read
mentir	to lie
morir	to die
pedir	to ask for
repetir	to repeat
servir	to serve
traer	to bring
vivir	to live

Gramática

Estar with adjectives and present progressive

1. Remember that **estar** is an irregular verb:

estar	
estoy	estamos
estás	estáis
está	están

2. Apart from indicating location, the verb **estar** is also used to express an emotional, mental, or physical condition.

   > Mis padres **están** felices.
   > *My parents **are** happy.*

3. The verb **estar** is also used with present participles to form the present progressive. The present progressive is used to describe actions in progress. To form the present participle, add **-ando** (**-ar** verbs) or **–iendo** (**-er** and **-ir** verbs) to the stem of the verb.

   > El profesor **está hablando** con Tito ahora.
   > *The professor **is talking** to Tito now.*

4. The present participle of the verb **ir** is **yendo**. However, it is much more common to use the present tense of the verb when the action is in progress.

5. When the stem of an **-er** or an **-ir** verb ends in a vowel, **-yendo** is used instead of **-iendo**.

6. Stem changing **-ir** verbs have an irregular present participle. An **e** in the stem becomes an **i,** and an **o** in the stem becomes a **u.**

mentir – m**i**ntiendo	dormir – d**u**rmiendo

7. In the present progressive, the verb **estar** must agree with the subject; however, you will notice that the present participle does NOT agree in gender (masculine/feminine) or number (singular/plural) with the subject.

   > Mis hijos están estudiando inglés.
   > *My children are studying English.*

Ser and *estar*

1. The verb **ser** is used in the following ways:
   a. to describe characteristics of people, places, or things

   > La profesora **es** inteligente.
   > *The professor **is** intelligent.*

   b. to identify a relationship, occupation, or nationality

   > Mi novia **es** peruana.
   > *My girlfriend **is** Peruvian.*

   c. to express origin

   > Yo **soy** de Bolivia.
   > *I **am** from Bolivia.*

   d. to express possession

   > El libro **es** de Álvaro.
   > *The book **belongs** to Álvaro.*

   e. to tell time and give dates

   > **Son** las dos.
   > It **is** two o'clock.

2. The verb **estar** is used in the following ways:
   a. to indicate location

   > Ella **está** en la casa.   She **is** in the house.

   b. to express an emotional, mental, or physical condition

   > Mi madre **está** enferma hoy.
   > *My mother **is** sick today.*

   c. in the present progressive

   > **Estoy** estudiando.   *I **am** studying.*

3. It is important to realize that the use of **ser** and **estar** with some adjectives can change the meaning of the adjectives. The use of ser indicates a characteristic or a trait, while the use of **estar** indicates a condition. Some common adjectives that change meaning are: **aburrido(a), alegre, feliz, bueno(a), malo(a), guapo(a), listo(a),** and **rico(a).**

   > Carlos **es** aburrido.
   > *Carlos is boring. (personality)*

   > Graciela **está** aburrida.
   > *Graciela is bored. (present condition)*

Vocabulario 2

🔊 CD1-27

Las profesiones

abogado(a)	lawyer
actor (m.)	actor
actriz (f.)	actress
agente de viajes	travel agent
ama de casa (m.)	housewife
arquitecto(a)	architect
asistente de vuelo (m.f.)	flight attendant
bailarín (balarina)	dancer
cantante (m.f.)	singer
científico(a)	scientist
cocinero(a)	cook
consejero(a)	adviser
contador(a)	accountant
dependiente (m.f.)	clerk
deportista (m.f.)	athlete
diseñador(a)	designer
enfermero(a)	nurse
escritor(a)	writer
fotógrafo(a)	photographer
ingeniero(a)	engineer
jefe(a)	boss
maestro(a)	elementary/high school teacher
mecánico(a)	mechanic
médico(a)	doctor
mesero(a)	waiter
modelo	model
músico(a)	musician
periodista	journalist
piloto (m.f.)	pilot
pintor(a)	painter
policía (m.) mujer policía (f.)	police officer
político(a)	politician
psicólogo(a)	psychologist
secretario(a)	secretary
trabajador(a) social	social worker
vendedor(a)	salesperson
veterinario(a)	veterinary

Palabras adicionales

entrevista (f.)	interview
solicitud (f.)	application, want ad
sueldo (m.)	salary

Los verbos

conducir	to drive
conocer	to know, to be acquainted with
dar	to give
decir	to say, to tell
ganar	to earn, to make money
hacer	to do, to make
oír	to hear
poner	to put, to set
saber	to know (facts, how to do something)
salir	to go out, to leave
seguir	to follow
traer	to bring
venir	to come
ver	to see

Gramática

Verbs with changes in the first person

1. The following verbs have irregular first person forms:

poner →	pongo	conducir →	conduzco
salir →	salgo	dar →	doy
traer →	traigo	ver →	veo

2. The following verbs are not only irregular in the first person form, but also have other changes:

decir		venir	
digo	decimos	**vengo**	venimos
dices	decís	vienes	venís
dice	dicen	viene	vienen

seguir		oír	
sigo	seguimos	**oigo**	oímos
sigues	seguís	oyes	oís
sigue	siguen	oye	oyen

Saber and *conocer*

1. *Saber* and *conocer* are irregular in the first person form.

saber		conocer	
sé	sabemos	**conozco**	conocemos
sabes	sabéis	conoces	conocéis
sabe	saben	conoce	conocen

2. While the verbs *saber* and *conocer* both mean *to know*, they are used in different contexts. *Saber* is used to express knowledge of facts or information as well as skills. *Conocer* is used to express acquaintance or familiarity with a person, place or thing.

> Ana **conoce** Chile.   (*famililiarity*)
> Ana **sabe** dónde está Chile.   (*fact*)

3. When using *saber* to mean *to know how to do something*, it is followed by the infinitive.

> El profesor **sabe** enseñar.
> *The professor **knows how to** teach.*

4. Remember to use the *personal **a*** with *conocer* when referring to a person or a pet.

> **Conozco** al piloto.   *I **know** the pilot.*

Vocabulario 1

🔊 CD1-29

Los verbos reflexivos

acostarse (ue)	to lie down, to go to bed
afeitarse	to shave
arreglarse	to get ready
bañarse	to bathe, to shower (Mex.)
cepillarse	to brush
cortarse	to cut
despertarse (ie)	to wake up
divertirse (ie)	to have fun
dormirse (ue)	to fall asleep
ducharse	to shower
estirarse	to stretch
irse	to leave, to go away
lavarse	to wash
levantarse	to get up
maquillarse	to put on make-up
peinarse	to comb or style one's hair
ponerse (la ropa)	to put on (clothing)
quitarse (la ropa)	to take off (clothing)
secarse	to dry oneself
sentarse (ie)	to sit down
verse	to see oneself
vestirse (i)	to get dressed

Las partes del cuerpo

boca	mouth
brazo	arm
cabeza	head
cara	face
codo	elbow
cuello	neck
dedo	finger
dedo (del pie)	toe
diente (m.)	tooth
espalda	back
estómago	stomach
hombro	shoulder
mano (f.)	hand
muslo	thigh
nariz (f.)	nose
ojo	eye
oreja	ear
pecho	chest
pelo	hair
pie (m.)	foot
pierna	leg
rodilla	knee
tobillo	ankle

Palabras adicionales

antes de + infinitive	before (doing something)
champú (m.)	shampoo
dentrífico	toothpaste
despertador (m.)	alarm clock
después de + infinitive	after (doing something)
jabón (m.)	soap
tarde	late
temprano	early
toalla	towel

Expresiones indefinidas y negativas

algo	something
alguien	someone, somebody
algún (alguno), alguna	some
jamás	never
nada	nothing
nadie	no one, nobody
ni... ni	neither . . . nor
ningún (ninguno), ninguna	none, any
nunca	never
o... o	either . . . or
siempre	always
también	also
tampoco	neither, either

Gramática

Reflexive verbs

1. Reflexive verbs are verbs whose subject also receives the action performed. Simply put, they describe what one does to oneself. In Spanish, these verbs are characterized by the reflexive pronoun **se** that follows the infinitive form of the verb. Many of the verbs used to talk about daily routine are reflexive verbs.

2. Reflexive verbs are conjugated like regular verbs, except that the reflexive pronoun **se** must also be changed to reflect the subject.

levantarse	
me levanto	nos levantamos
te levantas	os levantáis
se levanta	se levantan

3. The reflexive pronoun can always go in front of the conjugated verb. If you are using two verbs, it will precede the first verb.

> **Nos lavamos** las manos antes de comer.
> *We wash our hands before eating.*

> Paula **se está estirando.**
> *Paula is stretching.*

4. When using a reflexive verb with the infinitive, you can attach the pronoun to the infinitive.

Indefinite and negative words

1. Indefinite and negative words are listed on the left-hand side of this page.

2. In Spanish, it is correct to use a double negative. When using a negative expression after a verb, be sure to put **no** before the verb.

> Jaime **no** estudia **nunca**.

> **No** tengo **ningún** dinero.

3. **Nadie, jamás, nunca,** and **tampoco** can all be placed before the verb. **Nada** can go before the verb only if it is used as the subject.

> Andrés no quiere ir, y yo **tampoco** quiero ir.
> *Andrés doesn't want to go, and I don't want to go either.*

When using a reflexive verb with the present participle, you can attach the pronoun to the present participle, but you must then add an accent to maintain the original stress. The pronoun will still always agree with the subject.

> ¿**Vas a ducharte** antes de salir?

> Gilberto **está poniéndose** la ropa en su habitación.

5. Verbs may be reflexive or nonreflexive depending on who receives the action.

> Roberto **se lava.**

> Roberto **lava** a su perro.

6. Use the definite article rather than the possessive adjective after a reflexive verb.

> Mariana **se cepilla** los dientes.

7. Using a reflexive pronoun may change the meaning of a verb.

> Vivián **se va** porque está enojada con su novio.

> *Vivian left because she was angry at her boyfriend.*

> Mi prima **va** a la iglesia a las diez.
> *My cousin goes to church at ten.*

> **Nada** es mejor que la familia.
> *Nothing is better than family.*

4. The words **ningún** and **algún** are used before singular masculine nouns. The words **ninguno** and **alguno** must agree in gender and number with the nouns that they modify.

> ¿Tienes **algunos amigos** que puedan venir con nosotros?

> Los estudiantes no tienen **ninguna tarea** durante las vacaciones.

Vocabulario 2

🔊 CD1-31

Los deportes

alpinismo	mountain climbing
bádminton (m.)	badminton
básquetbol (m.)	basketball
béisbol (m.)	baseball
fútbol (m.)	soccer
fútbol americano	American football
golf (m.)	golf
ping-pong (m.)	ping-pong, table tennis
tenis (m.)	tennis
voleibol (m.)	volleyball

El equipo

campo	field
cancha	court
equipo	equipment, team
patín (m.)	skate
pelota	ball
raqueta	racquet
red (f.)	net
saco de dormir	sleeping bag
tienda de campaña	camping tent

Los verbos

acampar	to go camping
andar (en bicicleta)	to walk, (to ride a bike)
bucear	to scuba dive
esquiar en el agua	to water-ski
esquiar en tabla	to snowboard
hacer alpinismo	to climb mountains
ir de excursión	to hike
ir de pesca	to go fishing
levantar pesas	to lift weights
montar a	to ride (an animal)
patinar	to skate
patinar en hielo	to ice skate
pescar	to fish

Palabras adicionales

aficionado(a)	fan (of a sport)
entrada	ticket
partido	game
anoche	last night
ayer	yesterday
la semana pasada	last week

Gramática

The preterite

1. The preterite is used to discuss actions completed in the past. To form the preterite of regular **-ar** verbs, add these endings to the stem of the verb.

ballar			
yo	bail**é**	nosotros(as)	bail**amos**
tú	bail**aste**	vosotros(as)	bail**asteis**
él / ella / usted	bail**ó**	ellos / ellas / ustedes	bail**aron**

José **viajó** a México.   *José traveled (did travel) to Mexico.*

2. The preterite endings for regular **-er** and **-ir** verbs are identical. They are as follows:

beber / vivir			
yo	beb**í** / viv**í**	nosotros(as)	beb**imos** / viv**imos**
tú	beb**iste** / viv**iste**	vosotros(as)	beb**isteis** / viv**isteis**
él / ella / usted	beb**ió** / viv**ió**	ellos / ellas / ustedes	beb**ieron** / viv**ieron**

¿**Escribiste** tú una carta?   *Did you write a letter?*

3. **-Ar** and **-er** verbs that have stem changes in the present tense do not change in the preterite tense. You will learn about stem-changing **-ir** verbs below.

4. Verbs ending in **-car, -gar,** and **-zar** have spelling changes in the **yo** form in the preterite. Notice that the spelling changes preserve the original sound of the infinitive for **-car** and **-gar** verbs.

car → qué   **Busqué** el libro. *I looked for the book.*

gar → gué   **Llegué** tarde a la fiesta. *I arrived late to the party.*

zar → cé   **Empecé** a estudiar español el año pasado. *I started studying Spanish last year.*

5. The third person singular and plural of **oír** and **leer** also have spelling changes when conjugated in the preterite tense. These verbs carry accents in all forms of the preterite except for the third person plural.

oír → **oyó, oyeron**   leer → **leyó, leyeron**

Stem-changing verbs in the preterite

1. **-Ir** verbs that have stem changes in the present tense also have stem changes in the preterite. The third person singular and plural change **e → i** and **o → u.**

pedir		dormir	
pedí	pedimos	dormí	dormimos
pediste	pedisteis	dormiste	dormisteis
p**i**dió	p**i**dieron	d**u**rmió	d**u**rmieron

Mi hermano **pidió** pollo, pero yo **pedí** la sopa.
My brother ordered chicken, but I ordered soup.

2. Other common stem-changing verbs:

conseguir (i)	morir (u)	repetir (i)	servir (i)
divertirse (i)	preferir (i)	seguir (i)	vestirse (i)

Vocabulario 1

🔊 CD1-34

El hotel

alojamiento	lodging
ascensor (m.)	elevator
botones (m./f.)	bellhop
camarero (a)	maid
escaleras	stairs
habitación (f.)	room
huésped (m./f.)	guest
llave (f.)	key
maleta	suitcase
recepción (f.)	reception
recepcionista (m./f.)	receptionist
sauna (m.)	sauna
transporte (m.)	transportation
turista (m./f.)	tourist

Verbos

alojarse	to lodge, to stay (in a hotel)
bajar	to go down
quedarse	to lodge, to stay
subir	to go up

Palabras adicionales

clase turista (f.)	economy class
disponible	available
doble	double
lujo	luxury
sencillo	single
triple	triple
viaje pagado (m.)	all-inclusive trip

Los números

cien	100
ciento uno	101
doscientos	200
trescientos	300
cuatrocientos	400
quinientos	500
seiscientos	600
setecientos	700
ochocientos	800
novecientos	900
mil	1000
dos mil	2000
un millón	1 000 000

Gramática

Irregular verbs in the preterite

1. There are a number of verbs that are irregular in the preterite. **Ser** and **ir** have the same forms in the preterite.

ser/ir

fui	fuimos
fuiste	fuisteis
fue	fueron

2. The verbs **dar** and **ver** have similar conjugations in the preterite.

dar

di	dimos
diste	disteis
dio	dieron

ver

vi	vimos
viste	visteis
vio	vieron

3. Other irregular verbs can be divided into three groups. Notice that there are no accents on these verbs and that they all take the same endings (with the exception of the 3rd person plural of the verbs with **j** in the stem).

Verbs with *u* in the stem: tener

tuve	tuv**imos**
tuv**iste**	tuv**isteis**
tuv**o**	tuv**ieron**

Verbs with *i* in the stem: venir

vine	vin**imos**
vin**iste**	vin**isteis**
vin**o**	vin**ieron**

Verbs with *j* in the stem: traer

traje	traj**imos**
traj**iste**	traj**isteis**
traj**o**	traj**eron**

Other irregular verbs with similar patterns

andar	**anduv-**	hacer	**hic-**
estar	**estuv-**	querer	**quis-**
poder	**pud-**	conducir	**conduj-**
poner	**pus-**	decir	**dij-**
saber	**sup-**	producir	**produj-**
tener	**tuv-**	traducir	**traduj-**

4. The preterite tense of **hay** is **hubo**.

Hubo mucha información para estudiar.

Por and *para* and prepositional pronouns

1. **Por** and **para** can both be translated as *for* in English, but they have different uses in Spanish. **Por** is used to indicate:

a. cause, reason, or motive (*because of, on behalf of*)

Nos tuvimos que poner los abrigos **por** el frío.

b. duration, period of time (*during, for*)

El presidente habló **por** una hora y media.

c. exchange (*for*)

Mi padre pagó diez mil dólares **por** el coche.

d. general movement through space (*through, around, along, by*)

Pasamos **por** el parque porque es más bonito.

e. expressions:

por ejemplo	for example
por eso	that's why
por favor	please
por fin	finally
por supuesto	of course

2. **Para** is used to indicate:

a. goal or purpose (*in order to, used for*)

Fueron al cine **para** ver una película.
They went to the movie theater to see a film.

b. recipient (*for*)

La abuela preparó la comida **para** sus nietos.
The grandmother prepared the food for her grandchildren.

c. destination (*to*)

Vamos **para** la playa este verano.
We're going to the beach this summer.

d. deadline (*for, due*)

Tenemos que leer el texto **para** el lunes.
We have to read the text for Monday.

e. contrast to what is expected.

Para un turista, Marcos sabe mucho de la ciudad.
For a tourist, Marcos knows a lot about the city.

f. expressions:

para colmo	to top it all off
para nada	not at all
para siempre	forever
para variar	for a change

3. After a preposition, use the same pronoun that you use as a subject pronoun, except for **yo** and **tú**. **Yo** becomes **mí** after a preposition, and **tú** becomes **ti**.

La habitación grande es **para ellos**.
The large room is for them.

4. Instead of **mí** or **ti** with **con**, **conmigo** and **contigo** are used.

¿Puedo venir **contigo**?
Can I come with you?

¡Claro que sí! Puedes venir **conmigo**.
Of course! You can come with me.

Vocabulario 2

🔊 CD1–37

Los utensilios

copa	*wine glass*
cuchara	*spoon*
cuchillo	*knife*
mantel (m.)	*tablecloth*
plato	*plate*
plato hondo	*bowl*
servilleta	*napkin*
taza	*cup*
tazón (m.)	*serving bowl*
tenedor (m.)	*fork*
vaso	*glass*

La comida

arroz (m.)	*rice*
azúcar (m.)	*sugar*
bebida	*drink*
café (m.)	*coffee*
camarón (m.)	*shrimp*
carne (f.)	*meat*
cerdo	*pork*
cerveza	*beer*
coctel (m.)	*cocktail*
ensalada	*salad*
entremés (m.)	*appetizer*
flan (m.)	*flan*
fruta	*fruit*
hamburguesa	*hamburger*
helado	*ice cream*
jugo	*juice*
naranja	*orange*
pan (m.)	*bread*
pastel (m.)	*cake*
pavo	*turkey*
pescado	*fish*
pimienta	*pepper*
pollo	*chicken*
postre (m.)	*dessert*
refresco	*soda*
sal (f.)	*salt*
sándwich (m.)	*sandwich*
sopa	*soup*
tomate (m.)	*tomato*
totopos	*tortilla chips*
vino blanco	*white wine*
vino tinto	*red wine*

Verbos

cenar	*to eat dinner*
dejar (una propina)	*to leave (a tip)*
desayunar	*to eat breakfast*

Palabras adicionales

al horno	*baked*
almuerzo	*lunch*
asado(a)	*grilled*
cena	*dinner*
comida	*food, lunch*
cuenta	*bill*
desayuno	*breakfast*
frito(a)	*fried*
orden (f.)	*order*
plato principal	*main dish*

Gramática

Direct object pronouns I

1. Direct object pronouns are used to replace the direct object, or the noun that receives the action of the verb. In Spanish, the direct object pronoun must agree in gender and number with the noun that it replaces.

> Esteban dejó **la propina.**
> *Esteban left the tip. (Tip is the direct object.)*

> Esteban **la** dejó.
> *Esteban left it. (**La,** to reflect the feminine gender of **la propina.**)*

2. Here are the direct object pronouns for the third person:

	singular	plural
masculino	**lo** *it, him, you*	**los** *them, you*
femenino	**la** *it, her, you*	**las** *them, you*

3. Note that the direct object pronoun is placed before the conjugated verb.

Direct object pronouns II

1. The direct object pronouns outlined above are only for the third person. Here are all of the direct object pronouns:

	singular	plural
first person	**me** *me*	**nos** *us*
second person	**te** *you*	**os** *you (plural)*
third person	**lo / la** *it, him, her, you*	**los / las** *them, you (plural)*

¿Comiste el pescado?
Did you eat the fish?

Sí, **lo** comí.
Yes, I ate it.

¿Hiciste la tarea?
Did you do the homework?

La estoy haciendo ahora.
I am doing it now.

4. The direct object pronoun can also be attached to the infinitive for the present participle. An accent is necessary when adding the pronoun to the end of the present participle.

¿Quieres ver**los** mañana?
Do you want to see them tomorrow?

María está preparando **el flan.**
María is preparing the flan.

Lo está preparando. / Está preparándo**lo.**
She is preparing it.

2. The following verbs are frequently used with direct object pronouns:

ayudar	escuchar	querer
buscar	felicitar	saludar
conocer	invitar	ver
creer	llamar	visitar
encontrar	llevar	